U0135341

商務印書館（上海）有限公司 出品
The Commercial Press (Shanghai) Co.Ltd

复旦哲学·中国哲学丛书

美德伦理学

从宋明儒的观点看

黄　勇　著

商务印书馆
The Commercial Press

图书在版编目（CIP）数据

美德伦理学：从宋明儒的观点看 / 黄勇著 . — 北京：
商务印书馆，2022
（复旦哲学·中国哲学丛书）
ISBN 978 - 7 - 100 - 20177 - 3

Ⅰ.①美… Ⅱ.①黄… Ⅲ.①伦理学—研究 Ⅳ.
① D82

中国版本图书馆 CIP 数据核字（2021）第 145962 号

美德伦理学
从宋明儒的观点看
黄 勇 著

商 务 印 书 馆 出 版
（北京王府井大街 36 号 邮政编码 100710）
商 务 印 书 馆 发 行
苏州市越洋印刷有限公司印刷
ISBN 978 - 7 - 100 - 20177 - 3

2022 年 2 月第 1 版 开本 670×970 1/16
2022 年 2 月第 1 次印刷 印张 25⅓

定价：118.00 元

　　黄勇,复旦大学哲学系博士、哈佛大学神学博士。现任香港中文大学哲学系教授、系主任。除出国前短暂在复旦大学任教外,曾长期任教于美国宾州库兹城大学哲学系,并兼任美国宗教学会儒学传统组共同主任、哥伦比亚大学宋明儒学讨论班共同主任、北美中国哲学家协会主席等。创办并主编英文学术刊物 *Dao: A Journal of Comparative Philosophy* 和英文学术丛书 *Dao Companions to Chinese Philosophy*（Springer）与 *Fudan Studies in Encountering Chinese Philosophy*（Bloomsbury）。主要研究领域为中国哲学、中西比较哲学、伦理学、政治哲学和宗教哲学。除在有关学术刊物和文集中发表中英文学术论文各百余篇外,出版英文专著 3 部、中文著作 5 部。

目　录

导　言

一　引　言

本书取名《美德伦理学：从宋明儒的观点看》，而不是《宋明儒学：从美德伦理学的观点看》，是有意的。这个书名表明，美德伦理学是一个中性的概念，你可以从亚里士多德主义的观点去看，从休谟主义的观点去看，也可以从儒学，特别是宋明儒的观点去看，当然你也可以从很多别的观点去看。换句话说，如果你想知道美德伦理学，你可以看亚里士多德的著作、看大卫·休谟（1711—1776）的著作，也可以看儒家，包括宋明儒的著作，当然你还可以看很多别的著作。就是说，美德伦理学不是美德伦理学的哪个特殊的历史形态（如亚里士多德主义的美德伦理学）的特权。另外，这个书名也表明，本书所讨论的不是从美德伦理学的角度去考察宋明儒学，证明宋明儒学也是一种美德伦理学。相反，本书要做的是从宋明儒学的角度去考察美德伦理学，虽然并不是要证明美德伦理学也是一种宋明儒学，但确实是要证明宋明儒学可以为美德伦理学的发展做出贡献。尽管美德伦理学在当代西方获得了长足的复兴，成了自近代以来西方伦理学主流的义务论和后果论的有力挑战者，但它不仅经常遭到义务论和后果论的批评，而且自身也确实存在着各种缺陷。对于前者，它需要做出恰当的回应，对于后者，它需要得到创造性的修正和发展，而宋明儒在这两方面都可以做出贡献。本导言将对本书各章讨论的宋明儒能在这方面做出的贡献做一个概要的说明（第四节）。但在此之前，我想先说明一下，我为什么采用"美德伦理学"的说法，而不是也有人用的"德性伦理学"和"德行伦理学"（第二节）。另外，虽然本书的目的不是要证明儒家伦理学是一种美德伦理学，但我确实也持这样一种看法，因此有必要对一些认为儒家伦理学不是美德伦理学的说法谈一下我的看法（第三节）。最后，本导言会做一个简单的小结。

二　美德伦理学、德性伦理学、德行伦理学

　　我对儒家和美德伦理学的研究基本上都是以英文发表的，其中有相当一部分经他人翻译成中文后发表。有的将 virtue ethics 翻译成"德性伦理学"，有的将其翻成"美德伦理学"，开始我也不以为然，但后来凡有机会在出版之前校对译文的，我都统一采用"美德伦理学"。我的一个主要考虑是，如果将 virtue 翻译成"德性"，那么其反义词 vice 就很难翻译成相应的中文。当然我们可以将其翻译成"恶性"，但这样一来我们就很难用 virtue 和 vice 来讨论以性善论为主流的儒家伦理学了。[①] 我们应该注意到，virtue 和 vice 都是人的品格（character），前者是好的品格，而后者是坏的品格。如果我们将前者翻译成"美德"，我们就可以很方便地将后者翻译成"恶德"。但近来阅读一些汉语世界讨论儒家和美德伦理学的作品，我惊讶地发现，除"德性伦理学"和"美德伦理学"以外，还有人用"德行伦理学"，或者是作为 virtue ethics 的翻译，或者是作为对儒家伦理学的概括。我认为作为 virtue ethics 的翻译，"德行伦理学"是完全不恰当的，而作为对儒家伦理学的刻画，则不仅涉及对美德伦理学的理解，也涉及对儒家伦理学的理解，问

---

　　① 邓安庆虽然也用"美德伦理学"，但认为用"德性伦理学"更恰当："Virtue Ethics，如果就 virtue 的希腊词源而言，翻译为'德性伦理学'更为准确，因为在被视为 virtue ethics 最为经典表达的亚里士多德那里，'德性'是个中性词，他不仅研究'美德'，而且也研究'恶德'。"（邓安庆2019，1）先不管在中文中"德性"是不是一个中性词，我想无论说 virtue（至少在用来指人的品格特征时）还是说 virtue ethics 是中性词都有问题。Virtue 是对希腊字 αρετή 的英文翻译，有时也翻译成 excellence 即卓越，在亚里士多德那里就是好的品格特征即"美德"，因此是个褒义词，与此相反的贬义词"恶德"则是 vice。而美德伦理学或者亚里士多德作为美德伦理学家当然既讨论美德也讨论恶德，但不能说它们是中性的。美德伦理学作为规范伦理学（亚里士多德作为规范伦理学家），与像心理学这样的经验科学（经验科学家）不一样，不只是纯粹描述性地去研究美德与恶德，而是告诉我们为什么要有美德、为什么不要有恶德和如何获得美德、如何克服恶德，因此不是中性的。

题就比较复杂。但在我看来，还是"美德伦理学"比"德行伦理学"能更好地体现儒家伦理学的特质。我先讨论翻译的问题，再讨论对儒家伦理学的理解问题。

关于翻译，我先一般地说明一下 virtue ethics 不能翻译成"德行伦理学"的几个理由，然后再做比较详细的展开。首先，在其当代复兴运动中，virtue ethic 的倡导者们都是将其作为近代哲学中发展出来的义务论和后果论伦理学的替代物。在他们看来，义务论和后果论的共同点是将行动作为主要关注点（前者关心的是行动的动机，而后者关心的是行动的后果），而 virtue ethics 将人作为主要关注点。义务论和后果论主要关心的是行动的对错的问题，而 virtue ethics 主要关注的是人的好坏的问题。如果我们认为 virtue ethics 是一种德行伦理学，那也就意味着它关注的也是行动，而且在此意义上，后果论和义务论也是德行论，因为它们很显然也强调道德的行动；这样一来，它就无法反映美德伦理学的倡导者们认为美德伦理学所具有的独特性，从而也无法将它与他们想用它来替代的伦理学相区分。其次，虽然作为美德伦理学的最主要代表的亚里士多德没有办法将他自己的伦理学与在西方历史上后来才发展出来的以行动为焦点的伦理学做这样的对照，但在亚里士多德那里，virtue 是一种品格。品格是中性的，有好的品格，这就是 virtue 即美德，也有不好的品格，这就是 vice 即恶德。品格是人的一种内心状态，而不是外在的行动，所以称它为德行显然也是有问题的。最后，具有好的品格即 virtue 的人当然会有德行。但一方面，德行乃是内在的好的品格即 virtue 的外在体现，所谓有诸中必形诸外。很显然，我们不能将一种内在的品质与其外在的显现混为一谈。另一方面，virtue 这种内在的品格不仅体现在一个人的行动上，而且也体现在，并首先体现在一个人的情感上。我们可以看一下亚里士多德是如何说明我们今天称作 virtue 的东西的。

在《尼各马可伦理学》第二卷第五章，亚里士多德说，virtue（当然也连同 vice）存在于灵魂当中。很显然，德行作为行动并不存在于灵魂之中。他进一步说，在灵魂中有三样东西，情感、能力和状态，因此 virtue（和 vice）必定是其中之一。他所谓的情感包括仇恨、愤怒、信心、嫉妒、欢乐和怜悯等，他所谓的能力则是使我们能够感到这样的情感的东西（faculty），而他所谓的状态则指灵魂相对于这些情感的或好或坏的内在倾向（disposition）。他说，virtue 和 vice 本身都不是情感，因为一个人之好坏、之被称赞和责备不是由于这个人有情感，而是由于这个人的 virtue 或者 vice。virtue 和 vice 也不是能力，因为一个人之好坏、之被称赞和责备也不是因为这个人有感觉这些情感的能力，而是由于这个人的 virtue 或 vice。所以在紧接着的第六章里，亚里士多德说，virtue 和 vice 只能是灵魂中剩下的第三者，即状态了。所谓的状态也就是灵魂相对于那些情感的或好或坏的内在状态：在相应的情景下感到太多这样的情感、感到太少这样的情感和感到不多不少而恰如其分的情感。前两者都是 vice，一是过，一是不足，而后者作为前两者之间的中庸则是 virtue（亚里士多德）。从这里我们看到，virtue 和 vice 虽然本身不是情感，但它们首先与情感有关。这是将 virtue 称为"德行"（也许将 vice 翻译成"恶行"？）的一个重要弊病，因为它完全忽略了 virtue 的情感成分。

当然，如我们上面指出的，具有 virtue 这种内在倾向、这种品格的人一定也会有相应的行动。例如一个具有勇敢这种 virtue 的人不只是感觉到不多不少而恰如其分的信心这种情感，而且由于情感本身具有驱动性，这个人也会做出既不鲁莽也不胆小而是勇敢的行动，这种外在的行动来自其内在的品格或者自然倾向，在这种意义上是派生的。这是一方面。另一方面，在某些情形下，一个人之所以被认为具有 virtue，并不是因为这个人的行动。这些情形至少可以分为三种。第一种情形是一个人失去了行动的能力。假如有人躺在病床上，不得动弹，看到邻床的一个老人非常痛苦地摔倒在地，他无法做出任何行动去帮助他解除痛苦，但他有一种恰当的情感，如痛心、怜悯之类，因此与另一个处于同样情形却没有这种情感甚至有幸灾乐祸的相反情感的人相区别。我们称赞前者，认为他有 virtue，而责备后者，认为他没有 virtue，甚至有 vice。但既然两个人都没有做出相应的行动，很显然这两个人之间的区分不是一个人有德行而另一个人没有德行，或者一个人有德行，而另一个人有恶行。相反，我们认为一个人具有 virtue 是因为他有恰当的情感，而另一个人之所以有 vice 是因为他没有恰当的情感。

第二种情形是，两个人的行动本身似乎都没有问题，都是道德的行动，因此至少在某种意义上都是德行，但一个人的行动伴随有恰当的情感，而另一个人则没有。我们认为前一个人有 virtue，而后一个人则没有。说明这一点的最好办法，是看一下亚里士多德在三类人之间做的区别。第一类是所谓的意志软弱（incontinent）的人。这些人知道什么是对的事情，知道他们应该做对的事情，而且有能力做对的事情，但还是不去做对的事情，甚至去做他知道不对的、他不该做的，而且可以不去做的事情。第二类是与此相反的、有自制的（continent）人。这些人不仅也知道什么是对的事情，知道他们应该做对的事情，有能力去做对的事情，而且确实去做了对的事情。但这些人由于对做这样的事情没有感到一种恰当的情感，因此并没有欲望去做对的事情，甚至有欲望去做他不该做的事情。他们之所以能够成功地去做对的事情，是因为他们通过强烈的意志力量克服了他们具有的相反的自然倾向，其结果就是他们没办法在做对的事情中感到快乐。第三类就是具有 virtue 的人。他们不仅也知道什么是对的事情，知道他们应该做对的事情，有能力去做对的事情，去做了对的事情，而且对做对的事情有一种恰当的情感，使得他们有一种强烈的欲望要去做对的事情，从而不需要强烈意志的加入，因此不仅做了对的事情（实现了自己的欲望），而且在做对的事情的过程中感到快乐。在这里，具有自制的人和具有 virtue 的人都做了对的事情，他们之间的不同不是他们的行动，而是他们的情感。如果将 virtue 翻译成德行就无法区分这两类人。

第三种情形是，两个人的行动（包括行动的缺失）本身似乎都有问题，也就是说在严格意义上都不是道德的行动，但一个人的行动伴随有恰当的情感，而另一个人则没有恰当的情感甚至有不恰当的情感。前者是具有 virtue 的人，而后者是缺乏 virtue 甚至具有 vice 的人。说明这一点的最好方式是假设他们面临一种真正的悲剧性的道德两难。我所谓的真正的（即不可解决的）悲剧性的道德两难，就是一个人要么做甲的行动，要么做乙的行动（这个乙可以是与甲不同的行动，但也可以是甲这个行动的缺失），但这两个行动有严重程度一样的问题。我们可以用大家熟悉的有轨电车难题作为这种真正的悲剧两难的一个例子。① 这个扳道工要么（甲）不扳道而让电车前行从而压死前面轨道上的五个人，要么（乙）为了救这五个人而扳道让电车改道到另一条轨道从而压死在这条轨道上的一个人。现在假定有两个具有同等程度的 virtue 的人，张三和李四，面对这个两难。由于从道德层面上（甲）和（乙）没有区别，他们可能都采取（甲），也可能都采取（乙），也可能张三采取（甲），李四采取（乙）。为讨论方便，我们假设第三种可能，即具有同等程度的 virtue 的张三和李四采取了相反的行动。现在我们再假定两个具有同等程度的 vice 的人，王五和赵六，也面对这个两难。同样，由于在道德的层面上（或更确切地说，在不道德的层面上）（甲）和（乙）没有任何分别，他们可能都采取（甲），也可能都采取（乙），也可能王五采取（甲），赵六采取（乙）。同样也为讨论方便，我们假设第三种可能，即王五和赵六采取了相反的行动。现在我们会问，为什么张三和李四采取了相反的行动但我们却认为他们都有 virtue，而王五和赵六也采取了这两个相反的行动但我们却认为他们都有 vice 呢？从另一种角度，我们也可以问，张三和王五采取了相同的行动，但为什么一个人有 virtue，而另一个人则没有 virtue；同样李四和赵六采取了相同的行动，但为什么一个人有 virtue 而另一个人则没有 virtue 呢？在这里确定一个人有没有 virtue 的不是其行动，不管是（甲）还是（乙），而是其在行动时所伴有的情感。具有 virtue 的人在采取其行动时，不管是行动（甲）还是行动（乙），不但不会以为自己做出了正确的决定，并为自己这个决定沾沾自喜，或者因为他救了五个人的命，或者他没有有意压死一个人。相反他会为自己的行动杀死了一个本来不会死的人，或者没有救他本来可以救的五个人的命而感到懊恼、沮丧、痛心甚至内疚和负罪感等。罗莎琳德·霍斯特豪斯（Rosalind Hursthouse）称之为道德的剩余物（moral remainder）（Hursthouse 1999, 44–48）。而没有 virtue、有 vice 的人则没有这样的道德的剩余物。

---

① 有些人可能认为电车难题呈现的不是不可解决的道德两难，即认为虽然这个难题为我们呈现的两项选择都不是好的选择，但其中的一个选择没有另一个那么不好。但为我们的讨论的目的计，我们这里假设这是一个不可解决的两难。

在上述的三种情形中，第一种是两个人都没有任何行动，第二种是两个人都有道德的行动，第三种是两个人都有不道德的行动，但在这三种情形中，我们都可以区分具有 virtue 的人和没有 virtue 甚至有 vice 的人。由此可知，光从其行动中，我们没有办法区分有 virtue 的人和有 vice 的人。这都说明 virtue 最多可以而且在通常的情况下会产生德行，但德行本身不是 virtue。在这一点上，大多用中文的"德行"来表示英语中的 virtue 的人没有说明其理由，但台湾学者潘小慧专门写了一篇文章，论证为什么应该将 virtue ethics 翻译为"德行伦理学"。她提供了三个理由，但在我看来没有一个是有说服力的。第一个理由根据的是汉语中"德"的字源。在说了"德"字中的"直"部分和双人偏旁都与"行"有关后，她说"德"的"重点在强调'心'在正视前方某物或确定目标而行动时所具有的主导与自由的作用。据此可知，'德'的本义即与人的行为相关，并非仅是人心灵的状态或人本性潜能的一面"（潘小慧 2006，23）。她的第二个根据是在中国传统文化中已经有"德行"的用法，所以"我们没有创立新字"（潘小慧 2006，24）。这两个论据本身都不能证明我们应该用"德行"来翻译 virtue。即使德即表示行（但如果这样，将德与行联系在一起不就是重复了吗？），而且"德行"一词在中国文化传统中古已有之，但作为 virtue 一词的翻译，最关键的是要看它在西方的 virtue ethics 传统中的意思究竟为何。

这正是潘小慧所提供的第三个理由，但恰恰是在这关键的第三点上，我认为潘小慧没有证明 virtue 是德行。她先引一英文词典对 virtue 的定义，说它是"思与行正确之事并避免错误之事"（潘小慧 2006，24）。不管这个定义精确与否（在我看来是不精确的），这里行只是 virtue 涉及的两个方面（思与行）之一，因此将其翻成"德行"显然是不确切的。事实上这个定义反映了亚里士多德的思想，因为在亚里士多德那里，virtue 就是为人所特有的理性活动的卓越发挥，而人的理性有思辨活动和实践活动。因此"德行"最多只能表达实践理性活动之卓越（但如我上面指出的，即使实践理性所涉及的也不只是行动，也包括情感），而我们需要另一个词，也许"德思"（？），来翻译作为思辨理性活动之卓越的 virtue。潘小慧继续说，伦理学家和神学家在狭义上使用 virtue 时指"一种加之于灵魂能力的习惯"（潘小慧 2006, 25）。既然是属于灵魂的东西，那么怎么是行动呢？然后她更具体地引亚里士多德的说法，说它是"心灵的一种性质，因着这种性质，他在选择行动与情绪时，遵守与本人相关的中庸之道"（潘小慧 2006, 25）。在这里，首先，virtue 是心灵的一种性质，而"德行"作为一种行动显然不是心灵的一种性质。确实，这样一种性质会影响我们的行动，但行动也只是受其影响的两个方面之一，另一个是情绪。因此即使不从 virtue 的本义（作为一种品格）而从受 virtue 这种品格影响的方面来看，将它翻成"德行"也是不全的，因为 virtue 也包括德情。在潘小慧看来可以支持她的翻译的最重要的根据是亚里士多德认为 virtue 是一种习惯，因为"只要将 virtue 定义为一种好习惯，就应译为'德行'而非'德性'"（潘小慧 2006, 25）。我看不出为什么作为习惯，它就一定是行动。作为习惯，它也是心灵的习惯。这种习惯当然会促人以一种稳定的、一贯的方式从事恰当的行动，但它也使人以一种稳定的、一贯的方式感到恰当的情感。

南京大学的陈继红教授也写过一篇材料丰富、分析细致的文章，讨论"德性伦理学""美德伦理学"和"德行伦理学"三个概念，但她的侧重点不是这三者之中哪一个是对英文中的 virtue ethics 一词的最好翻译，而是这三个概念中哪一个更能体现儒家伦理学的特质。她的回答是德行概念，其主要理由是德性和美德都只有内在的意思。关于德性，陈继红说："在儒家原典中，'德性'主要被视为一个说明'性'的概念，指向于'德'的'内得于己'之向度。"（陈继红 2017, 151）关于美德，陈继红认为，虽然它是一个兼及内外的概念，"但是从语义表达上看，'美德'与'德性'一样，皆无法鲜明地呈现'在心为德'与'施之为行'的双重意蕴"（陈继红 2017, 153）。与此相反，陈继红认为德行这个概念在儒家原典中有三个含义，一是指出了德与行的内在统一性，二是涵摄了德为行本的意思，三是指出了由德而行的必然进路，由此她做出结论说："较之于'德性'，'德行'更准确地表达了'德'的意涵；较之于'美德'，'德行'以'德'与'行'的统合在语义上更为鲜明地表现了内外兼及之意蕴。因之，'德行'才是与'德'最为相契的概念，而'儒家德行伦理'亦是儒家伦理形态最为恰当的表达。"（陈继红 2017, 156）

　　这里陈继红一直认为"德"这个概念本身兼及内外，德性甚至美德只涉及其内在的一面，而德行包含了这两个方面，因而比较全面地反映了儒家伦理。这里有两个问题，第一个是"德"是否兼及内外。陈继红认为德兼及内外，认为德既有内在向度（道德心理），又有外在向度（道德行为）（陈继红2017，154）。但如果德本身已经有道德行为这个外在向度在里面，那么在"德"后面再加一个"行"不是重复了吗（就好像她认为在"德"前面加一个"美"字是重复了一样）？我们将儒家伦理学称为德伦理学不是更恰当吗？但事实上，德并不包含道德行为这个外在的向度。陈继红用来证明她的观点的是孔颖达《春秋左传正义》中的说法："德者，得也。谓内得于心，外得于物，在心为德，施之为行，德是行之未发者也。"但在这段话中，德只有内在的方面，"在心为德"，德的施行才是行，而"德是行之未发者也"。所以虽然德与行有密切关系，用陈继红自己的话说，存在着"由德而行的必然进路"，但德本身并不包含行，而只是包含了行的倾向。事实上，在解释德行的三个含义时，陈继红也一定假定了德没有外在的向度，不然就无法说通。关于德与行的内外统一性，她引郑玄的"德行，内外之称，在心为德，施之为行"，这里明确地说德在内而行在外，没有说德既在内又在外。关于第二个含义，即德为行本，和第三个含义，即由德而行，都说明德并不包含行。如果德已经包含行，那说德为行本就说不通了。同样如果德已经包含行，那怎么说由德而行呢？

　　但如果接受我们的这种解释，认为德并不包含行，那么像陈继红建议的那样在"德"后面加一个"行"字，称儒家伦理学为德行伦理学，使之不仅涉及内在的德而且还包含外在的行不就反而合理了吗？这涉及了我要讲的另一个问题：将德与行合在一起到底是丰富了德的内容还是缩小了它的内容，从而更全面地还是更片面地反映了儒家伦理学？这要看我们如何看待"德行"这个概念。如果我们将德看作行的修饰词，强调这种行是由德而来的行，那么德作为内在的心之德就失去了其自身内在的价值和地位，也忽略了儒家跟西方美德伦理学同样重视的情感在有德之人的生活中的价值和地位，这样"德行"反而限制了儒家伦理的内容。如果德行指的是"德＋行"，说儒家伦理是德＋行的伦理，这又可以做两种理解。一种是综合的理解，意味单单德不能概括儒家伦理，单单行也不能刻画儒家伦理，儒家伦理必须是关于致行的德和源于德的行同时出现。这种理解同样否定了由于特定原因未发为行之德和情的内在价值。当然对"德＋行"也可以做分析的理解，因此儒家伦理学可以是关于德的伦理学，也可以是行的伦理学，但这样的理解便割断了德与行的联系。

无论如何理解，在我看来"德行"伦理学限制了儒家伦理学的范围。按照这样一种理解，不仅德本身，而且情感，除非与行动有关，在儒家伦理学中没有任何地位，因为情感本身既不是德也不是行。但道德情感当然对于德行很重要，因为德行是发之于德的行，是伴随有恰当道德情感的行。例如，在《论语·为政》第七章，孔子抱怨"今之孝者，是为能养。至于犬马，皆能有养；不敬，何以别乎"。虽然关于"至于犬马，皆能有养"的意义历史上有不同的理解[①]，但大家都同意，孔子抱怨的是子女养父母的这种行动没有伴之以敬这种情感。换言之，要使养父母这种行动成为孝行，它必须伴有敬这种情感。在同一篇紧接着的第八章，孔子又说："色难。有事弟子服其劳，有酒食先生馔，曾是以为孝乎？"至少根据一种理解，帮父亲做劳累的事情、给父亲好吃好喝的东西，必须伴有和颜悦色，才可以算是德行。[②] 所以德行概念，如果指的是由德而发出的行，而不是仅仅符德的行，必须包含情感这一层面。陈继红的德行概念如果强调的是由德而发出的行而不是仅仅与德一致的行，也许可以包括这个层面上的情感。

我要指出的是，还有些情感没有陪伴行动，但儒家认为它们同样有价值，而如果我们将儒家伦理学刻画为德行伦理学的话，儒家伦理学的这个方面就被忽略了。我们可以举几个例子来说明。《论语·子张》第十九章记述

---

① 基本上有三种观点。第一种认为孔子抱怨的是子女养父母的方式与养犬马的方式一样（即把父母当犬马养），第二种认为孔子说的是子女养父母的方式与犬马养他们（子女的父母）的方式一样（就是说子女像犬马一样养他们的父母），第三种认为，子女养父母的方式与犬马养它们（犬马的）父母的方式一样。

② 根据另外一种理解，"色难"指的是要理解父亲的脸色难，意指不要等父亲说了才去照顾他，而是一看父亲的脸色就知道应该为父亲做什么。

曾子弟子阳夫受聘法官而请教曾子。曾子说："上失其道，民散久矣。如得其情，则哀矜而勿喜。"这里曾子既没有告诉他的弟子应该怎样发现案情，也没有告诉他应该怎样判刑，即没有告诉他要有什么行，而是告诉他在发现案情以后，应该有什么样的情感：不要因为自己发现了有人犯罪的案情而沾沾自喜，而应该为民之犯罪感到哀伤和怜悯，因为人们之所以犯罪，（至少主要）不是他们自己的过错，而是因为当权者失其道。

在出土文献《性自命出》中有这样一段话："凡人情为可悦也。苟以其情，虽过不恶；不以其情，虽难不贵。苟有其情，虽未之为，斯人信之矣。"（《郭店楚墓竹简》，181）可以说，这是最能体现情在儒家伦理学中的重要性的一段话。这段话的第一句就称赞人的真情之令人喜悦，表明其本身是好的，接下来从三个不同的方面来加以说明。首先，如果一个人的行动出自这样的真情，即使不完全恰当（过），我们也不要厌恶它。其次，如果一个人的行动不是来自这样的情，虽然是不容易的而且（很显然是）恰当的行动，我们也不会推崇它。最后，如果一个人有这样的情，但却没有发出相应的行动，别人也会信服。这三种情形中，也许第二种可以为"德行"概念所包括：这种行动不是来自德，因而不是德行，但第一种和第三种都无法用"德行"来说明。第一种之所以可贵（或者之所以不应该被厌恶），是因为其情，而不是因为其行动，毕竟这行动并不恰当（有过），而在第三种情形中，则根本没有行动发生，但这样的情仍然可贵。

另外我们可以看一下《孟子·公孙丑上》第六章一段非常著名的话：

> 人皆有不忍人之心。先王有不忍人之心，斯有不忍人之政矣。以不忍人之心，行不忍人之政，治天下可运之掌上。所以谓人皆有不忍人之心者，今人乍见孺子将入于井，皆有怵惕恻隐之心。非所以内交于孺子之父母也，非所以要誉于乡党朋友也，非恶其声而然也。由是观之，无恻隐之心，非人也；无羞恶之心，非人也；无辞让之心，非人也；无是非之心，非人也。恻隐之心，仁之端也；羞恶之心，义之端也；辞让之心，礼之端也；是非之心，智之端也。

这里有几点与我们讨论的问题有关。第一，在孟子看来，人与非人的差别是恻隐、羞恶、辞让和是非之情，他在这里至少没有提到相应的德行。第二，之所以这些情可以用来区分人与非人是因为他们是仁义礼智之端。根据朱熹（1130—1200）的解释，仁义礼智是人的性之德或者德之性（在朱熹那里这两者没有分别，因为仁义礼智既是德目，又是性的构成部分），而恻隐等四端就是在这些内在的性或德感于物而发之于外者。第三，当然这不是说，德行不重要或者可有可无，而是指有了这样的德，在恰当的情况下，就自然会有相应的情，而有了这样的情，就自然会有相应的行动。这是因为这样的情不只具有认知性（cognitive）和感受性（affective），而且也有向外驱动性（conative）。例如，当我们看到孺子将入于井，我们不仅知道孩子有危险（认知性），而且会为此而感到自己隐隐作痛（感受性）。由于这种痛是不好受的感觉，我们就有做些事情将其去除的欲望（向外驱动性）。由于我们的痛是孺子将入于井这个事实造成的，因此解除这个痛的办法就是去救这个孩子，这就是行，或者德行。说我们有恻隐之心而不去救这个孩子是自相矛盾的（这里我们假定了这个人有能力去救孩子，而且他没有与此相冲突的其他更值得做的事情）。从这个角度看，德与情和行的关系类似一棵植物的根与茎和叶的关系：前者并不包含后两者，但后两者可以自然地从前者生发出来。因此我们没有必要为了表示全面，说儒家的伦理学不只是德伦理学，而是包含德和行的德行伦理学，甚至（更全面地）包含德、情和行的德情性伦理学。这是因为将行加上来，不仅没有给德增加什么内容，而且在有些情况下反而限制了儒家伦理学的内容。还是以见孺子入井为例。一个人看到这个情况后产生了怵惕恻隐之心，而且也产生了去救他的欲望，但由于他坐在轮椅上没有办法去救他，附近也没有别的人他可以呼唤去救这个小孩。在这种情况下，很显然他跟有能力去救这个小孩而且实际上去救这个小孩的人在道德品质上没有任何高低优劣之分。

另外孟子上面这段话中用了不忍之心这个正面的概念，而与此相反的能忍之心在这种情况下就是一个负面的概念。但能忍之心在有些情况下也有正面意义。关于这一点我们可以以王阳明（1472—1529）为例子。在其

《大学问》中，王阳明论证了仁者以万物为一体说。因以万物为一体，仁者便有不忍万物之心：

> 是故见孺子之入井，而必有怵惕恻隐之心焉，是其仁之与孺子而为一体也；孺子犹同类者也，见鸟兽之哀鸣觳觫，而必有不忍之心焉，是其仁之与鸟兽而为一体也；鸟兽犹有知觉者也，见草木之摧折而必有悯恤之心焉，是其仁之与草木而为一体也；草木犹有生意者也，见瓦石之毁坏而必有顾惜之心焉，是其仁之与瓦石而为一体也；是其一体之仁也。（《王阳明全集》，968）

这里的不忍之心是正面的。[①] 但为了说明《大学》里讲的要区分厚薄，不能"其所厚者薄，而其所薄者厚"，王阳明又将能忍作为一种正面价值：

> 惟是道理，自有厚薄。此如身是一体，把手足捍头目，岂是偏要薄手足，其道理合如此。禽兽与草木同是爱的，把草木去养禽兽，又忍得。人与禽兽同是爱的，宰禽兽以养亲，与供祭祀，燕宾客，心又忍得。至亲与路人同是爱的，如箪食豆羹，得则生，不得则死，不能两全，宁救至亲，不救路人，心又忍得。（《王阳明全集》，108）

为什么能忍在这里是一个正面价值呢？我们必须看到，王阳明在这里讨论的也是道德两难，只是跟我们上面讲的不可解决的两难不同，王阳明这里讲的是可以解决的两难。这是两难，因为我们必须在其中择其一的两个选项都会有负面成分，然而这种负面的程度在两者不同，一个比另一个的负面程

---

①　值得指出的是，孟子和王阳明在这里说的不忍之心并不是指一个人在看到他人／物受伤时想忍住不去帮助他们，但实在忍不住才去帮助他们。而是要说明有不忍之心的人在这种情况下想帮助他们的欲望和动机是如此强烈，即使你想忍住不去帮助他们都不可以，或者说"不容己"。关于这一点，王阳明就说："盖其天地万物一体之仁疾痛追切，虽欲已之而自有所不容已。"（《王阳明全集》，81）

度更严重。这里的能忍或"忍得"之所以具有正面的即道德的价值有两个方面。一方面，正由于能"忍得"，一个人在面临（例如）爱草木与爱禽兽的矛盾时，能够"把草木去养禽兽"。但另一方面，由于即使在这样做的时候他也是爱草木的，所以他必须忍着才能用草木喂禽兽。这里的忍实际上也就是我们上面提到的霍斯特豪斯所谓的作为道德残余物的情感。如果一个人对草木没有任何爱惜之心，那么他在用草木去喂禽兽时就不需要有任何"忍"的努力。很显然，如果我们认为儒家的伦理学是一种德行伦理学的话，它也没办法说明这种"忍"。

　　所以在我看来，无论是作为对 virtue ethics 的翻译，还是作为对儒家伦理学的概括，德行伦理学都并不恰当。作为其替代，我主张用美德伦理学，虽然潘小慧和陈继红都反对。潘小慧反对用美德翻译 virtue 的一个理由是这个词没有出现在儒家典籍中。关于这一点，陈继红已经正确地指出了"美德"这个词在儒家经典中非常常见。陈继红具体举了孔颖达解释《尚书》与《诗经》、邢昺注《论语》时用了"美德"一词和朱熹用"美德"指具体的德目等。事实上，在先秦儒家典籍《荀子》中就有用"美德"一词的。这是在《尧问》篇第三章周公与其子伯禽的老师之间的对话。周公问伯禽的老师，他的儿子有什么美德："汝将行，盍志而子美德乎？"伯禽的老师回答说："其为人宽，好自用，以慎。此三者，其美德已。"对此周公还有些不解地说，"呜呼，以人恶为美德乎"，并接下来具体说明了为什么此三者为人恶（王先谦 1988，548）。这里不仅用了美德一词，还列举了三个德目。另外《诗经》中有"民之秉彝，好是懿德"的说法，孟子在《告子上》引了这个说法，而赵岐在其《孟子注疏》中就将"懿德"解为美德，说："民之秉夷，夷，常也，常好美德，孔子谓之知道。故曰人皆有是善者也。"（《孟子注疏》，301）孙奭在为这一段作疏时，更指出："民之秉执其常善，故好是美德而已。所谓常即善也，所谓善即美德也，谓美德者，即仁义礼智是也。"（《孟子注疏》，302）此外，在《毛诗》《史记》《楚辞》等很多经典及其各种注疏中美德一词也多有出现。

　　但尽管如此，陈继红和潘小慧认为，德本身就是美的，因此在德之前再加一个美是多余的。但我想指出的是，虽然德这个词常常具有正面的意义，指的就是美德，但正如刘梁剑所指出的，在很多场合下，德是个中性词，指一切得自于天的东西。他特别举《尚书》中"和顺为善德，怨恶为凶德"为例加以说明（刘梁剑 2011，34）。[①] 这里的"善德"实际上跟后来在儒家文献中更频繁出现的"美德"是一个意思，因为这里的美也是善的意思。而这里的"凶德"跟儒家经典中也使用的"恶德"也是一回事。在《尚书·说命中》有"官不及私昵，惟其能；爵罔及恶德，惟其贤"，主张不要将官职给亲近的人，而要给有能力的人，不要把爵位给有恶德的人，而要给贤明的人。蔡沈就说这里的"恶德"之"恶"作"凶"解（《尚书译注》，137）。《礼记·缁衣》篇第三章引孔子的话说，因苗民的君子没有教民以德，齐民以礼，而用刑罚来统治他们，"是以民有恶德，而遂绝其世也"（《礼记译注》，905）。宋明儒一般将德字作正面用，意即美德，但也有将德作中性用，而用"恶德"者。例如，程颐（1033—1107）在其《周易程氏传》卷三《蹇》卦有这样一段话："凡处难者，必在乎守贞正。设使难不解，不失正德，是以吉也。若遇难而不能固其守，入于邪滥，虽使苟免，亦恶德也，知义命者不为也。"（《周易程氏传》卷三，895）这里他将恶德与正德相对。朱熹在其《诗集传》卷五引广汉张氏曰："夫子谓与其奢也宁俭。则俭虽失中，本非恶德。然而俭之过，则至于吝啬迫隘，计较分毫之间，而谋利之心始急矣。"（《朱子全书》第一册，491）这里不仅用了恶德一词，而且还给我们举了恶德之一例——吝啬，并说俭虽失中但本身不是恶德。王阳明虽未用"恶德"一词，但在其《书陈世杰卷》中用了同义的"凶德"一词："盖自古圣贤未有不笃于谦恭者。向见世杰以足恭为可耻，故遂入于简抗自是。简抗自是则傲矣；傲，凶德也，不可长。"（《王阳明全集》卷二十四，919）这里他认为傲

---

① 但刘梁剑虽然没有明说，但似乎隐含这样一种看法，跟德有中性的意义一样，virtue 也是中性的。因为他先是说 virtue 的希腊文对应词在亚里士多德那里的用法，然后说"上古汉语中'德'也有类似的用法"，之后了举了《管子》和《庄子》的德字用法后，便说德即使是在道德上也是一个中性词。如果他真的持这种看法，我认为是不对的。事实上，相应于中性的"德"的是 character，好的 character 是 virtue，而坏的 character 则是 vice。而在亚里士多德那里，相应于德的，如我们上面讨论的，是灵魂相对于情感的状态，不偏不倚的状态是美德，而过与不及是恶德。

是一种凶德也即恶德。

所以无论是作为对 virtue ethics 的翻译，还是作为对儒家伦理学的概括，美德伦理学都比德性伦理学和德行伦理学更恰当。作为翻译，美德（virtue）是相对于恶德（vice）的。如我们上面指出，virtue 和 vice 用亚里士多德的话说，都是灵魂的内在状态，或者用现在的语言来说，都是人的品格特征。虽然这种内在状态和品格特征具有向外施发出行的倾向和力量，而且在正常情况下会施发出行，但他们本身不是行也并不包含行。在这种意义上，将其翻译为德行伦理学是不恰当的。作为对儒家伦理学的概括，表面上看，"美德伦理学"缺乏"行"字而似乎比"德行伦理学"狭隘、不恰当，因为儒家伦理学很显然也强调行。但一方面，儒家强调的这种美德，如我上面所说的，本身就有向外施发出行的倾向和力量，而且在正常情况下会施发出行。就是说，对德的强调也就是对行的强调，而要关心行就必须关心德。关于这一点，孟子在《尽心上》第二十一章的一段话就特别能说明问题，"君子所性，仁义礼智根于心。其生色也，睟然见于面，盎于背，施于四体，四体不言而喻"。有仁义礼智根于心，就自然会有相应的行动形于外，而你要想有"睟然见于面，盎于背，施于四体，四体不言而喻"之生色，你不能做别的，而只能在心里培养仁义礼智之德。在这个意义上，"美德伦理学"不比"德行伦理学"狭隘。另一方面，虽然美德本身就有向外施发出行的倾向、欲望和情感，而且在正常情况下会施发出行，但如我在上面所指出的，在某些特定情况下美德虽然会产生行的倾向、欲望和情感却无法产生出相应的行，儒家认为这样的倾向、欲望和情感本身同行动同样重要（如果不是更为重要的话），而德行伦理学不能体现这一点。在这个意义上，"美德伦理学"能比"德行伦理学"更全面地反映儒家伦理学。把上述两个方面合而言之，美德伦理学可以包含所有德行伦理学要讨论的东西，而德行伦理学无法包含所有美德伦理学讨论的东西。

因此我并不否认，在儒家伦理学中，无论是一般意义上的美德还是具体的德目，除了指人的品格外，有时也指情感、行动甚至行动原则，但我们必须看到，品格是美德的本义，而其他都是派生出来的。这就好像亚里士多德关于"健康"所说的。健康本来是指身体的品质，但在派生的意义上，我们也可以说健康的食物，意指有益于身体之健康的食物，也可以说健康的环境，意指有益于身体健康的环境，等等。当美德运用于情感、行动甚至是行动原则时也有类似的情况。例如，恻隐之情之所以是仁，是德情，是因为这种情发自仁这种美德；同样，救将要入井之孺子的行动之所以是仁，是德行，也是因为这种行动发自仁这种美德。而义和礼之所以有时也表示道德规则，不仅因为这些规则本身来自作为美德的义和礼，而且还是因为它们可以帮助人们培养义和礼这样的美德。所以我们没有必要为了表示全面而说儒家伦理学既是美德伦理学，又是美情伦理学，既是德行（或美行）伦理学，又是规则伦理学，甚至还是后果伦理学。虽然我们可以在儒家伦理学里找到所有这些成分。但在其中美德是首要的，而其他则是派生的，因此一旦确立了美德，其他方面也可以派生出来。同样，一旦我们将其规定为美德伦理学，其他伦理学所谈论的一些因素也就已经自然包括在里面了，因此如果我们需要其他伦理学所强调的一些方面，我们所需要做的也就是培养美德，所谓"君子务本，本立而道生"①。

　　事实上，不仅儒家伦理学，而且几乎所有其他历史形态的美德伦理学也都包含了所有这些不同的方面，但我们还是将其称为美德伦理学，因为美德在这样的伦理学体系中也是首要的概念。更重要的是，义务论和后果论也包含所有这些方面，包括美德，只是在义务论中，义务是首要的，而所有其他方面，包括美德，都是从属的、派生的；而在后果论者，后果是首要的，而所有其他方面，包括美德，都是从属的、派生的。所以当我们将它们分别称为义务论和后果论时，我们当然并不是说前者只讲义务，后者只讲后果。因此我不同意有些学者的看法，他们认为，美德伦理学只讲美德是片面的，就像义务论伦理学只讲行动的规则和后果论只讲行动后果都是

---

　　① 《论语·学而》第二章记载的这句有子的话后面还有"孝弟也者，其为仁之本也"。通常人们认为有子说的是孝悌是仁的本，但程颐认为（后来朱熹也同意）有子讲的是孝悌是"为仁"之本，即实践仁的出发点，因此仁才是孝悌之本。但对于我们这里的讨论，两种解释都可以接受，因为无论是仁和孝都是美德，它们是我们制定规范人的行动的规则（"道生"）之本。

片面的一样；[1] 正确的做法应该是把美德、行动规则和后果统一起来。事实上，这三种伦理学各自都已经以其独特的方式将三者统一起来了。美德论将行动规则和行动后果统一于美德，义务论将美德和后果统一于行动规则，而后果论则将美德和行动规则统一于后果。如果有人认为，这三种统一方式都是片面的，我们需要建立一种新的伦理学，其中美德、行动规则和行动后果各自有其独立的根据（而不是让其中之一推导出、支配着、规范着其他两项）从而具有平等的地位，那么这样一种伦理学，如果能够建立起来的话，就一定不是一种稳定的伦理学系统；因为在我们面临具体的伦理问题时，来自这三个不同源泉的规范往往会发生冲突，而由于这些规范具有同样的权威，这样的伦理学就从根本上无法解决这样的冲突。相反，在美德伦理学、义务论伦理学和后果论伦理学中，美德、行动规则和行动后果的统一是以其中之一为基础的，因此理论上这三者之间不会发生冲突，而如果真的有冲突，也可以很容易地以作为基础的这一项为主导来解决这样的冲突。当然，我们上面提到的那种企图保持四平八稳的伦理学，为了避免上述这种在美德、行动规则和行动后果之间的冲突，可以将这三者统一在另一个共同的基础上。但不管这个作为三者的共同基础的第四项是什么，这样的伦理学马上就出现了它本身想要解决的片面性问题：它片面地把这第四项看作比美德、行动原则和行动后果更重要的一项。而为了进一步避免这样的片面性而建立一个在其中这四项具有平等地位的伦理学，那么我们又要面临的问题是，要么这四者之间出现不可调和的冲突，要么找一个第五项作为这四项的基础来避免冲突，但又出现对这第五项片面强调的问题，从而陷入无限的恶性循环。

---

[1]　例如刘余莉就认为，不仅儒家伦理学是美德与规则的统一，而且美德伦理学和规则伦理学本身都是片面的（见刘余莉 2005，27-33）。陈来在其《儒学美德论》中也明确赞成刘余莉的看法，将其所说的原则与美德的统一作为他所要强调的五种统一（包括德性与德行的统一）之一（见陈来 2019，300）。最近，杨国荣在对拙著《当代美德伦理：古代儒家的贡献》的非常宽宏大量的评论中也主张德性与规范在平等基础上的统一（即既不是将规范统一于德性，也不是将德性统一于规范）（见杨国荣 2020，30-34）。

三　儒家伦理学：从美德伦理学的观点看

我们在上一节讨论的学者基本有一个共识，即儒家是美德或德性或德行伦理学，分歧只是在用哪一个词比较合适。虽然用什么词也影响我们对儒家伦理学的理解，但基本上与西方特别是英语世界近几十年复兴起来的美德伦理学有关。随着美德伦理学在西方世界的复兴，从美德伦理学的角度看儒家哲学的中英文著作、文章和学位论文也汗牛充栋。就好像我对virtue一词的中文翻译以前没有太多注意一样，对儒家伦理学是不是美德伦理学，我以前也没有太多关注，因为我一直在做的不是想用西方的美德伦理学来解释儒家伦理学，而是要看儒家伦理学，不管它是不是美德伦理学，是否能够对美德伦理学的发展做出贡献。但在长期从事这项工作的过程中，我确实也感到儒家伦理学基本上是一种美德伦理学，也许要加上两个限制条件。一方面，如果我这里说的美德伦理学是西方哲学史上的某种或某些美德伦理学的历史形态，我的意思是，较之像义务论和后果论这些西方哲学史上规范伦理学的历史形态，儒家跟美德伦理学的这些历史形态更接近。另一方面，如果我说儒家伦理学就是美德伦理学，那么我不是以西方哲学中作为历史形态出现的某种美德伦理学为标准，而是以理想形态的美德伦理学为标准，而以这种理想形态为标准，我们甚至可以说儒家伦理学，较之西方历史上的美德伦理学，如亚里士多德主义的和休谟主义的，是更加本真的美德伦理学（见黄勇2018a，28-39）。但还有一些学者，如南乐山、李明辉、安乐哲（Roger Ames）、萧阳等，却认为儒家伦理学不是美德伦理学。这几位都是非常严肃的、我非常尊敬的学者和朋友，在几十年的交流和交往中，我从他们那里学到了很多东西。因此我在这里，在儒家伦理学与美德伦理学的关系问题上，愿意再次向他们请益。[①]

首先是台湾学者李明辉的看法。大家知道，李明辉一直认为儒家伦理

---

① 因我已撰专文跟南乐山展开过讨论，这里不再重复（见黄勇2018b，16-23）。

学跟康德主义更接近，所以他反对用美德伦理学（李明辉用的是"德行伦理学"）来解释儒家伦理学。关于儒家伦理学本质上是康德主义的义务论，李明辉写了很多，我当然无法在这里评论。我的评论仅限于他认为儒家伦理学不是美德伦理学的论证，尽管这两个方面并不是可以很容易分开的。

李明辉反对将儒家伦理学看成美德伦理学有一个根本的理由，就是认为"'义务论伦理学'与'目的论伦理学'之划分既是以二分法为依据，两者便是'既穷尽又排斥'的关系"（李明辉 2019，113）。根据这样一种两分法，没有美德伦理学作为一种独立的伦理学系统存在的空间。因此一个具体的伦理学形态，包括儒家伦理学，要么是目的论，要么是义务论。所谓的美德伦理学只可能作为"这两种伦理学类型的次级类型，例如，将'德行伦理学'视为'目的论伦理学'的次级类型"。也就是说，只有目的论的美德论（在这里美德从属于目的）或者义务论的伦理学（在这里美德从属于义务）。①我认为这个说法是有问题的。在做分类时，我们都根据某个特定的标准。如果我们采用不同的标准，分类的结果就不一样。李明辉之所以说义务论和目的论是对伦理学既穷尽而又相互排斥的分类，是因为在他看来，"一个行为或行为规则之所以有道德意义，其最后判准"要么"在于其产生的非道德价值"（目的论），要么"在于其自身的特性或行为者的动机"（义务论）（李明辉 2019，113）。这里我们可以看到，这两种伦理学都是想确定一个行为或行为规则的道德价值，即其对错。即使我们可以承认只有这两种相互排斥的方法来确定行为或行为规则的道德价值，这是否就表示不可能有别的伦理学了呢？如果伦理学要讨论的唯一的问题是"一个行为或行为规则"的道德意义，而且假定目的论和义务论这两种相互排斥的伦理学确实是穷尽了所有关于行为或行为规则的伦理学，那么回答也许是肯定的。但是美德伦理

---

① 这里，李明辉还认为美德论可以作为义务论和目的论的次级系统，而邓安庆的观点似乎更狭窄，认为美德论只能从属于义务论，作为义务论伦理学下面的一个次级体系。在这样的体系中，美德是为义务论的道德原则规定的。例如他说："'美德'体现为一个人的为人处事的原则上，这个源就是行动以可普遍化的法则为自己主观的准则立法，继而把这种自律的德行法则落实为自己的义务上践行：对自身的义务，对他人的义务等。"（邓安庆 2019，15）

学的核心问题不是一个行为或者行为规则的对错问题，而是一个人的好坏问题。① 从这个意义上讲，我们可以将伦理学分成两类。一类主要关心的问题是行为的对错问题，一类关心人的好坏或者具有美德还是具有恶德的问题。根据这样的分类，义务论伦理学和目的论伦理学都属于前者，而美德伦理学则属于后者。

对我上述的分类的一个可能反应是：一方面，作为一种伦理学，美德伦理学怎么能不关心行动呢？另一方面，我们义务论和目的论不是只关心行动，而且也关心作为行为者的人啊！关于第一方面，我的回答是，美德伦理学不仅可以讨论人也可以讨论人的行动，不仅可以讨论人的品质，也可以讨论道德原则或者行动后果，但后者都从前者推导出来并可还原为前者。例如行动的对错是由从事这个行动的人的品质的好坏决定的（对的行动就是具有美德的人在特定的情形下典型地从事的行动），道德原则是从人的美德（由此推出肯定的原则，如应该做勇敢的事）和恶德（vice）（由此推出否定的原则，如不要做胆小的事情和不要做鲁莽的事情）推出的。这些道德原则不仅是从美德和恶德推出来的，而且其目的也只是为了帮助那些还不具有美德的人获得美德，而一旦这些人成了具有美德的人，能够从心所欲不逾矩，这样的道德原则对他们就没有意义了。在这一点上，在我看来当代最出色的亚里士多德主义的理性主义美德伦理学家霍斯特豪斯就做出了特别重要的贡献（见 Hursthouse 1999, chap. 1-3）。而当代最重要的休谟主义的情感主义美德伦理学家迈克尔·斯洛特（Michael Slote）则特别着力于如何可以从作为美德的道德情感里面推出一些义务论的概念，如自主（autonomy）、平等（包括反对家长主义）、正义（包括分配正义）、伤害人与不帮助人之间的差别等等（Slote 2007, chap. 3-6; 2010, chap. 8-10）。当然一个具有美德的人也一定会考虑其行动的后果。例如，斯洛特说，"如果一个具有充分仁慈和关

---

① 在区分美德伦理学与其他两种伦理学时，人们通常会说，义务论和目的论关心的是行动（action），而美德论关心的是行动者（agent）。这里我特别强调美德伦理学关心的是人而不是行动者，因为美德伦理学关心的人当然也是行动者，但人还包含行动以外的别的层面，特别是情感，而这些别的层面，特别是情感，也是美德伦理学所关心的对象。

爱动机的人却袖手旁观，结果伤害了或者没有能够帮助她本来想帮助的人"（Slote 2001, 34），她的行动不能不受到批评。但这并不是说，美德伦理学就与后果论无异，因为"如果一个人力尽所能地了解了有关的事实并非常小心地行动，那么我们不能批评这个人的行为不道德，不管结果如何坏"（Slote 2001, 34）。

但我主要要关注的是第二方面，因为这也正是李明辉所强调的。由于他自己是个义务论者，他主要关心的是义务论与美德论之间的关系。他注意到人们通常在这两者之间做这样的区分："（1）'义务论伦理学'强调'义务'（duty），'德行伦理学'强调'德行'；（2）前者强调'原则'（principle）或'规则'（rule），后者强调'品格'（character）；（3）前者强调'行为'（action），后者强调'行为者'（agent）。"（李明辉 2012, 114）但他否认这样的区分，并以康德的伦理学为例，说义务论伦理学不仅关心义务，也关心美德（即他所谓的"德行"）；不仅关心原则，也关心品格；不仅关心行为，也关心行为者。他并且列举了一系列认为康德有美德理论的康德学者的著作。在这一系列学者中有两位甚至（一度）认为康德不仅有美德理论，而且他的伦理学就是美德伦理学：昂诺娜·奥尼尔（Onora O'Neill）和罗伯特·劳顿（Robert Lauden）。我在 2011 年发表的一篇文章中考察过他们这方面的观点，事实上他们最后都否认康德是个美德伦理学家，但都没有否认美德伦理学的存在空间（见 Huang 2011, 247-281，特别是 250-251）。[①]

在1983年讨论阿拉斯戴尔·麦金太尔（Alasdaire MacIntyre）《德性之后》（*After Virtue*）一书的书面圆桌会议上，奥尼尔发表了一篇文章，模仿麦金太尔的书名，她用 "Kant After Virtue" 作为这篇文章的题目。在这篇文章里她分析了康德的准则（maxim）概念，认为准则在康德那里所"关心的主要

① 在这篇文章中，我第一次（是我自己第一次而不是我比别人更早的意义上的第一次）提出了我迄今还坚持的观点：要确定一个伦理学属于什么类型，不能光看这个伦理学使用了哪些概念，而要看哪一个概念具有首要性。这篇文章的大概思想我曾以"当代西方美德伦理学的两个两难"为题分两次发表于《中国社会科学报》2010 年 4 月 1 日第 13 版和 4 月 6 日第 13 版，而完整的中文版则以"美德伦理的二重困境以及从朱熹新儒学而来的对策"为题发表于《思想与文化》2012 年第 11 辑。经进一步扩充，该文收于本书，作为第五章。

不是特定类型的行动的对与错，而是一种生活（或者这种生活的若干方面）的基本道德品质……因此，具有道德上恰当的准则所涉及的是过某种特定的生活，或者成为某种特定的人"（O'Neill 1989, 152）；由此她做出结论说："康德为我们提供的主要是一个美德伦理学而不是规则伦理学。"（O'Neill 1989, 161）但六年后，在将该文收入她自己的一部论文集时，她加了一个后记，说她不再同意这篇论文的结论，不再认为康德为我们提供的是美德伦理学，因为"康德的最根本观念是道德上有价值的原则，这些原则不仅为外在的正确和义务问题，而且也为好的品格和构造，提供了指南"（O'Neill 1989, 162）。她在后记中还说，她之所以将这篇她不再同意其结论的文章在没做实质修改的情况下收入这部论文集，是因为有些人受了这篇文章的错误影响而认为康德是个美德伦理学家，而她提到的这些人中就包括上面提到的劳顿。劳顿写了一篇文章，其题目就是"康德的美德伦理学"。劳顿从康德的善良意志出发，认为康德的善良意志"是一种品格状态，它是一个人的所有行动的基础"；由此他指出，"康德伦理学中真正重要的不是行动而是行动者"（Lauden 1997, 289）。在这种意义上，他认为康德的伦理学就是一种美德伦理学。但与奥尼尔过了好几年才认识到自己的错误不同，劳顿在同一篇文章就承认，康德的善良意志和美德都是根据对道德律的服从来定义的，而道德律在康德哲学中是首要的概念，因而本质上康德的伦理学不是美德伦理学（Lauden 1997, 290）。

　　我之所以在这里重复我以前讨论过多次的奥尼尔和劳顿的看法是要说明，不仅这两位康德专家认为康德不是一个美德伦理学家，而且他们之所以这样认为，不是因为在康德的伦理学中没有美德、行为者等的位置，而是因为这样的概念在康德伦理学中不是首要的概念，而从属于作为其伦理学的首要概念的道德原则或者道德义务的概念。这就说明，我们要确定一个伦理学属于哪一类型，要看在这个伦理学中哪个概念具有首要性。[1]就好像美

---

　　[1]　在这一点上，我看到国内学者陈真持类似的看法。在反对玛莎·努斯鲍姆（Martha Nussbaum）关于美德伦理学不能成为一门独立的伦理学类型的观点时，他也主张以伦理学的基本概念来决定一种规范伦理学的类型。在他看来，"所谓基本概念是指在一个理论系统中可以（转下页）

德伦理学不仅可以有美德概念，也可以有义务和行动后果概念一样，义务论中也不仅有义务或道德原则概念，也可以有美德和后果或者目的概念。就好像前者之所以是美德伦理学是因为美德是个首要概念，而所有其他概念都是从这个概念推导出来或者从属于这个概念，后者之所以是义务论是因为义务是个首要概念，而所有其他概念都是从这个概念推导出来或者从属于这个概念。这就是说，美德论不仅可以像李明辉所说的那样作为从属性的次级系统存在于义务论和目的论中，从而成为义务论的美德论和目的论的美德论，而且也可以作为独立的伦理学系统存在。但这没有什么好奇怪的。因为目的论虽然可以作为独立的伦理学系统存在，也可以作为从属性的次级系统存在于美德论和义务论中，从而成为美德论的目的论和义务论的目的论。同样，虽然义务论可以作为独立的伦理学系统存在，但也可以作为从属性的次级系统存在于美德论和目的论中，从而成为美德论的义务论和目的论的义务论。

　　由于他根本否认美德伦理学可以作为一种独立的伦理学形态而存在，李明辉对于那些认为儒家伦理学是美德伦理学的学者的回应也基本上就是说，这些人用美德伦理学"来诠释儒家思想的策略只会治丝益棼"（李明辉2012，115）。他不仅提到了汉语世界的学者如蔡信安、潘小慧和唐文明，也提到英语世界的学者如余纪元和万百安等。这些学者是否真的具有李明辉所说的问题应该由这些学者自己去回答（当然余纪元除外）。我所关心的是李明辉自己有没有说明儒家伦理学不是美德伦理学。在这一点上，他采取的似乎是排除法论证。由于在他看来，先秦儒家的伦理学是康德式的义务论伦理学，因此它就不可能是美德伦理学，至少不可能是一种独立形态的美

（接上页）用来说明或定义其他概念，而本身无须其他概念来加以说明和定义的概念"（陈真2019，11）。不过他将这种以基本概念分类的方式与以对象或问题分类的方式相对立，这在我看来是没有必要的。我们也可以区分基本对象和非基本对象、基本问题和非基本问题，并以基本对象、基本问题来确定一个伦理学的类型。事实上，基本对象、基本问题和基本概念都是相关的。为什么美德在伦理学中是基本概念呢？这是因为美德伦理学的基本问题是人的品质的好坏问题而不是人的行为的对错问题。为什么美德伦理学的基本问题是人的品质的好坏问题而不是行为的对错问题呢？这是因为美德伦理关注的基本对象是人而不是人的行为。

德伦理学，"因为它不可能同时属于康德式的'义务论伦理学'与亚里士多德式的'德行伦理学'"（李明辉 2012，116）。我们知道李明辉在别的地方花了很多时间讨论儒家伦理学是康德式的义务论，我们在这里当然无法详加考察，但事实上，如果我们也采取他的排除法论证，我们能够论证儒家伦理学是美德伦理学，那么我们也就可以说它不可能是义务论的伦理学。我在别的两篇文章做过这样的努力。在一篇文章中只是论证儒家伦理学可以恰当地被看作一种美德伦理学（黄勇 2018b，16-23），而在另一篇文章中我则以朱熹为例，证明较之西方历史上的所有美德伦理学的历史形态，儒家伦理学甚至是一种更严格意义上的美德伦理学（黄勇 2018a，28-39）。在此无法也不应该重复。

不过我们可以做的也许是，考察一下李明辉用来证明儒家伦理学是义务论因而不是美德论的一个论证。这个论证根据的是《孟子·梁惠王上》首章中他所谓的"义利之辨"。他说："'义利之辨'其实便是'道德之善'与'自然之善'的区分，蕴含'善'之异质性。"（李明辉 2012，113；2015，343）我们这里可以先看一下孟子这段话的原文：

> 孟子见梁惠王。王曰，"叟不远千里而来，亦将有以利吾国乎？"孟子对曰，"王何必曰利？亦有仁义而已矣。王曰'何以利吾国？'大夫曰'何以利吾家？'士庶人曰'何以利吾身？'上下交征利，而国危矣！万乘之国弑其君者，必千乘之家；千乘之国弑其君者，必百乘之家。万取千焉，千取百焉，不为不多矣；苟为后义而先利，不夺不餍。未有仁而遗其亲者也，未有义而后其君者也。王亦曰仁义而已矣，何必曰利？"

孟子在这里强调的是仁义，而不是利益。我想由此可以比较确定的是，孟子不是一个后果论者，但他是如李明辉所说的是一个义务论者，还是如我所认为的是一个美德论者，则至少并不明确。关键是要确定孟子在这里说的仁义到底指的是什么。如果仁义的首要意义是指由理性在排除了所有经验的因素以后而确立的规范人的行动的义务或者道德原则，那么我们可以说孟子是个义务论者，而如果仁义的首要意义与人性有关，是人生来具有的（虽然也可能会失去，但只要努力还是可以失而复得的）使人之为人的内在特质和品性①，则孟子是个美德论者。由于光从孟子与梁惠王的上述对话中我们还无法断定这一点，我们可以考察一下《孟子》一书中有关仁义的其他一些段落。

在《告子上》首章孟子与告子的对话中，告子为了表示孟子的观点的荒谬性，复述了孟子的观点，"以人性为仁义"（更确切地说是"以仁义为人性"），而对此，为了证明仁义为人性，孟子回应说，如果不以仁义为人性，那么就会出现这样的荒谬情形：要使人有仁义，就必须毁坏人性。在《尽心上》第十五章，孟子又说："人之所不学而能者，其良能也。所不虑而知者，其良知也。孩提之童，无不知爱其亲者，及其长也，无不知敬其兄也。亲亲，仁也。敬长，义也。无他，达之天下也。"这也说明，仁义作为人性是人生来就有的。当然，人生来就有的东西，如果不加悉心照顾，也可能会丢失。在《告子上》第八章，孟子就说明了这一点："虽存乎人者，岂无仁义之心哉？其所以放其良心者，亦犹斧斤之于木也。"更重要的是，说仁义是人性，不只是说他们是人生来就有的东西，而且还是说他们是将人与动物区分开来的东西。关于这一点，孟子在《离娄下》第十九章说："人之所以异于禽兽者几希，庶民去之，君子存之。舜明于庶物，察于人伦。由仁义行，非行仁义也。"这里不仅说明了有无仁义是人与禽兽的分界线，而且还说明庶民与君子的分界线就在于前者去之，而后者存之。因此，当一个人没有了仁义（以及礼智），孟子不会说这个人的行动违背了道德原则、这个人违背了其义务，而是说这个人有了缺陷，甚至不再是人了。因此在《公孙丑上》第六章，孟子说了下面这段著名的话："无恻隐之心，非人也；无羞恶之心，非人也；

---

① 就此而言，仁义也是自然的性质，但并不因为它们是自然的性质就不能是道德的性质。在道德性质的实在论立场中，有自然主义和非自然主义之争，儒家和今天大多数美德伦理学家一样，是自然主义者。事实上，今天的大多数道德实在论者是自然主义者，认为道德性质要么本身就是自然性质，要么依附于（supervene）自然性质。在儒家那里，作为道德品质的恻隐、羞恶、辞让、是非等都是自然而不是非自然现象，是我们可以用经验的方法加以考察和研究的对象。

无辞让之心，非人也；无是非之心，非人也。恻隐之心，仁之端也；羞恶之心，义之端也；辞让之心，礼之端也；是非之心，智之端也。人之有是四端也，犹其有四体也。"当然，仁义作为人性的道德品质，虽然本身不是行动，但有在恰当情况下发出行动的自然倾向。因此在《离娄上》第二十七章，孟子说："仁之实，事亲是也。义之实，从兄是也。智之实，知斯二者弗去是也。礼之实，节文斯二者是也。乐之实，乐斯二者，乐则生矣。生则恶可已也？恶可已，则不知足之蹈之、手之舞之。"这里不仅说明了仁义作为内在之人性、美德会外发为行，而且还说明了发自仁义这样的美德的行动是自然的、自发的、愉悦的行动。在我们上引的《离娄下》第十九章中，这样的行被称为"由仁义行"，并与"行仁义"相区别。所谓行仁义，赵岐在其《孟子注疏》中说是"强力行仁义"，而朱熹在《孟子集注》中则更进一步说，是"以仁义为美，而后勉强形之"。根据这样理解的孟子所贬抑的"行仁义"是否与康德认为真正具有道德价值的行动相似，不是我这里要论证的，但孟子在这里称赞的"由仁义行"则是对具有美德的人的行动的非常恰当的描述。

我们从上文看到，在孟子那里仁义（礼智）是与人性联系在一起的。这里需要说明的是，为什么人性概念对于美德伦理学如此重要。我们说美德伦理学主要关心的是人的好坏的问题。但好坏是个规范性概念，那么用克里斯蒂娜·科思嘉（Christine Korsgarrd）的话说，这种规范性的根源是什么呢？或者说我们根据什么来确定一个人之好坏呢？大多数美德伦理学家，包括亚里士多德本人和新亚里士多德主义者霍斯特豪斯，当然也包括儒家，都诉诸人性概念，虽然他们各自的人性概念不尽相同，而这也影响他们的努力成功与否。因为人性就是使人之为人者，因此一个好的人就是将人之为人的特征很好地体现出来的人，而一个坏的人则是没有将这些特征很好体现出来的人，因而是与别的存在物特别是动物没有（太大）差别的人。这也可以说是美德伦理学对邓安庆认为离开了义务美德就缺乏规范性的观点的回应："不从行动的立法原理出发，'有美德的人'如何能成为一种'规范'就是根本说不清楚的问题。"（邓安庆 2019，15）事实上，在美德伦理学家（至少是像伊丽莎白·安斯康［Elizabeth Anscombe］

这样比较极端的美德伦理学家）看来，离开了美德，"义务"如何成为"规范"就是根本说不清楚的问题。但我认为，这样的说法都有偏见的成分：前者是康德主义的偏见，而后者则是一些美德伦理学家的偏见。在康德主义那里，美德概念是从属于义务的，因此美德的规范性离开了义务概念确实就无从谈起。同样在美德伦理学那里，义务概念是从属于美德概念的，因此义务概念的规范性离开了美德概念确实也就无从谈起。但就好像美德伦理学没有必要否认义务概念具有首要性而美德概念只有从属性的义务论伦理学，康德主义者也没有必要否认美德概念具有首要性而义务概念只有从属性的美德论伦理学。关键是义务论伦理学要说明其作为首要概念的义务概念的规范性的来源（我们上面提到的科思嘉就做过这样的工作，是否成功是另一回事），而美德伦理学要说明其作为首要概念的美德的规范性的来源（我们在这里讨论的孟子就通过人性概念做这样的工作）。因此，就好像义务论伦理学的可信性（plausibility）在很大程度上取决于对义务概念之规范性的根源之说明的可信性，美德论伦理学的可信性在很大程度上取决于对美德概念之规范性的根源之说明的可行性。[①]

安乐哲和罗思文（Henry Rosemont）也曾撰文反对将儒家伦理学看作美德伦理学。如大家知道，安乐哲和罗思文认为早期儒家伦理学可以更好地被看作角色伦理学而不是美德伦理学或者任何别的西方伦理学类型。我在这里主要关心的是他们认为儒家伦理学不是美德伦理学的理由，而不是去考察角色伦理学是不是对儒家伦理学的恰当刻画。但我想首先要指出的是，角色伦理学跟它试图要替代的规范伦理学的三种类型，即义务论、美德论和后果论不是根据同一个标准划分而得出的结果。根据我对他们提出的角色伦理学的理解，角色伦理学强调的是关系，因为角色，至少在他们的描述中，总是由关系得来的角色，而他们对我们所熟悉的伦理学形态的一个主要抱怨就是它们所关心的都是个体，或者是个体的行动（义务论和后果

---

① 关于后者的一个出色讨论，可见刘梁剑 2011，33-38。

论），或者是作为个体的人（美德伦理学）。所以我们可以根据其所关心的是关系还是个体而将伦理学划分为关系伦理学和个体伦理学。安乐哲和罗思文的角色伦理学是当然是关系的伦理学，但是否上述的三种传统的规范伦理学就一定是个体伦理学呢？或者说作为关系伦理学的角色伦理学是否就不能从属于这三种传统的规范伦理学中的任何一种呢？在我看来，回答都是否定的。即使我们熟知的这三种规范伦理学的主要的历史形态确实只关注个体，或者至少关注个体甚于关注关系，它们本身却并非只能关注个体。后果论、义务论和美德论可以分别根据后果、义务和美德来确定（例如）什么样的父子关系是好的关系或者什么样的父亲、儿子是好的父亲、儿子。这就是说，一方面，后果论、义务论和美德论可以是个体的伦理学，也可以是关系的伦理学；另一方面，作为关系伦理学的角色伦理学可以是后果论的，可以是义务论的，也可以是美德论的。不管如何，要成为一种规范伦理学，角色伦理学必须有个标准（如果不是义务、后果或者美德，那就是别的什么标准）来确定什么样的关系和角色是道德的关系和角色，而什么样的关系和角色是不道德的关系和角色，因为很显然并非所有的关系和角色都是道德的关系和角色。例如奴隶和奴隶主的角色及他们之间的关系就是不道德的角色和关系。义务、后果和美德都可以以其各自独特的方法是来确定什么样的角色和关系是道德的角色和关系、什么样的是不道德的角色和关系。

现在我们开始考察安乐哲和罗思文反对将儒家伦理学看成美德伦理学的理由。虽然他们也认为美德伦理学比康德主义的义务论和功利主义的后果论能够更好地（或者问题较少地）刻画儒家的道德生活观（Ames and Rosemont 2011, 17），他们还是反对将其看作美德伦理学。他们对此有一个一般的理由，它也可以用来反对将儒家伦理学看成康德主义，或者后果主义，或者任何西方的伦理学。这个一般的理由就是，如果我们将西方的某种伦理学的历史形态作为标准来衡量儒家伦理学，我们总会觉得儒家伦理学较之用作样板的西方理论有些缺陷，而如果这样，我们为什么还要不厌其烦地阅读孔孟儒学呢？我也非常同情这个看法，因为这样做的时候我们在问的事实上是（例如）亚里士多德和孔子比起来谁更亚里士多德。这也是为什么我虽然在从事儒学研究时也侧重美德伦理学，但主要不是要说明儒家是美德伦理学，而是要揭示儒家对当代美德伦理学的贡献。这可以避免安乐哲所说的问题。避免安乐哲所说的问题的另一个办法是，如我在2018年的一篇论文中所说的，当我们说儒家是美德伦理学时，我们不是以美德伦理学在西方的某个历史形态为尺度，用它来量度儒家。如果这样做就一定会出现安乐哲所说的问题。相反，我们应该用美德伦理学的理想形态为尺度，用它来量度中国和西方哲学史上的各种美德伦理学的历史形态。在这样做的时候，如我在这篇文章中指出的，亚里士多德的伦理学不是理想形态意义上的美德伦理学，而朱熹的伦理学才是（黄勇2018a, 28-39）。

安乐哲和罗思文反对将儒家伦理学看成美德伦理学还有一些具体的理由。第一个理由是美德伦理学讲的具有美德的人太抽象，至少较之作为家庭成员的父亲或者母亲这样的角色更抽象。当然他们也承认，这里只是抽象的程度的问题。我们以他们文中反复使用的母亲这个角色为例。儒家传统中的母亲与伊斯兰教、基督教、犹太教、印度教等传统中的母亲就很不一样。在儒家传统里面，两千多年前孔子时代的母亲跟当代中国的母亲也很不一样；在当代中国的儒家传统中，一个只有一个孩子的母亲跟有五个孩子的母亲也很不一样；在当代中国的儒家传统中，有一个孩子的母亲中，作为单亲的母亲与作为双亲之一的母亲也很不一样；在当代中国的儒家传统中，有一个孩子的作为双亲之一的母亲中，一个抚养婴儿的母亲和在八十、九十岁被照顾的母亲也很不一样。由此看来，"母亲"本身就是一个非常抽象的概念。如果抽象真的有问题的话，最后我们不能用任何名词，而只能用像"这个""那个"那样的指示代词。当然，我上面提到，安乐哲和罗思文已经承认母亲这个词具有抽象性，但毕竟没有美德伦理学所讲的人那么抽象。但我的问题是，既然我们可以使用像母亲这样的已经高度抽象的概念，那我们用再高一度抽象的人这个概念就一定有问题吗？这里我们不会出现相反的问题，即既然我们可以用人这样的高度抽象的概念，为什么我们就不能用像动物、有生命物、物这样的更高度抽象的概念？这是因为我们这里讨论的是伦理学，而伦理学关心的是人（不管抽象程度多高）应该是什么和做什么的问题，而不是动物、植物和所有存在物应该是什么和做什么的问题，因此抽象到人的概念，对于伦理学来说，是不高不低、恰如其分的抽象程度。更重要的是，好的母亲和好的父亲，由于其角色不同，可能有很不相同的品质，但他们都作为家庭成员，其好的品质一定有相通之处。一个人不可能是一个不好的家庭成员，却是一个好的母亲或者好的父亲。同样的道理，好的家庭成员和好的教会成员、好的老师、好的学生、好的校长等，由于角色不同，其好的品质也会很不相同，但他们都作为人，其好的品质一定有相通处。一个人不可能是一个不好的人，却是一个伦理学意义上好的家庭成员或好的其他角色。① 一个好的母亲就是以母亲这种特殊的身份、以其特殊的方式体现好人的品质，而且好人的品质也确实只有通过各种特殊的身份以其特殊的方式才能体现出来。不存在一般的，即没有具体角色的人，也不存在一般的、不通过特殊的人的角色体现出来的好人的品质。但这并不表示就不存在好人的品质，而只存在好母亲的品质。这就好像好母亲的品质是通过各种特殊的母亲的特殊角色以其特殊的方式体现出来的。不存在一般的、抽象的母亲，也不存在一般的、不通过特殊的母亲的角色体现出来好母亲的品质，但这并不表明一般的好母亲的品质不存在，而只存在这样或那样具体的母亲的品质。

　　要知道一个好的人的品质，即美德，我们就需要了解什么是人，或者说什么是人性，即把人与别的存在物区分开来的独特性是什么。这就涉及了安乐哲和罗思文认为美德伦理学不能用来刻画儒家伦理学的第二个理由：美德伦理学把固定的、最后的东西（人性或者人的美德）放在经验之前，而不是把它们看作是在经验中实现的东西（Ames and Rosemont 2011, 22）；它倾向于"对什么是人的存在（human *being*）提供一种回顾性的、因果的或者目的论的说明，而不是对如何变成人（*becoming* human），即对人的变成

---

　　①　我这里之所以要加"伦理学意义上的"这个限制词是因为，我们当然可以想象一个母亲以偷窃为职业，因此是一个不好的人，但她用偷来的钱为孩子做任何在我们看来是一个好的母亲会为其子女做的事情，因此是一个好的母亲，但这样的好的母亲之好显然不是伦理学意义上的好。

（human *becoming*）做出总体性的、前瞻性的和脉络化的说明"（Ames and Rosement 2011, 34）。作为回应，我们可以做两点说明。一方面，说"变成人"或者"人的变成"实际上也已经事先假定了人的概念，因为很显然变成人、人的变成不同于变成狼（*becoming* wolf）和狼的变成（wolf *becoming*）。不同在什么地方呢？就在于人的性和狼的性不同。当我们看到一个婴儿出生时，即使我们用安乐哲和罗思文的语言，我们就已经知道这是一个人的变成（*human* becoming），而不是狼的变成（*wolf* becoming），或者在变成人（becoming *human*），而不是在变成狼（becoming *wolf*）。也许我们会说，这个婴孩不是自动变成人的，而是在社会环境中被教化成人的，但如果你把一个狼的幼崽放在同一个社会环境中，它能成为人吗？另一方面，虽然儒家与亚里士多德在什么是人性问题上有很不相同的看法，但在认为人性是人生来就有（虽然需要发展而且也可能会在某种意义上丢失）这一点上，则持有相同的看法。例如，孟子在《尽心上》中说："人之所不学而能者，其良能也。所不虑而知者，其良知也。孩提之童，无不知爱其亲者，及其长也，无不知敬其兄也。亲亲，仁也。敬长，义也。无他，达之天下也。"这里他明确说仁和义是人之所不学而能、不学而知者。孟子在《离娄下》十九章还说："人之所以异于禽兽者几希，庶民去之，君子存之。"这里孟子没有说君子是变成与禽兽相异者，而庶民没有，而是说君子保存了其生来就有的与禽兽相异处，而庶民则没有。事实上，庶民由于没有保持其与禽兽相异处而变成了（becoming）禽兽，但这种变成没有使它们成为健全的禽兽，而是使它们成了有缺陷的人，因为他们本来是人（human being），因此通过求放心，还可以重新成为健全的人。

安乐哲和罗思文认为儒家伦理学不是美德伦理学的第三主要理由是美德伦理学强调的是个体，而儒家伦理学强调的是关系和由这个关系构成的角色：

> 根据儒家的道德生活观，我们不是孤立的个体，而是与他人交往中的人，是（而不是扮演）各种不同的角色，正是这些角色构成了我们之

所是，使我们能够在我们的行动中追寻独特的差异性和精湛性，结合了我们的理智和情感。换言之，我们是在与我们的伙伴在认知和情感上和谐地生活着的各种角色的总和。(Ames and Rosemont 2011, 20)

这也是南乐山认为儒家伦理学不是美德伦理学的一个原因，因此我在回应南乐山的那篇文章中已经对此做了回应。这个回应有两个方面。一个是理论上的，如果我们要强调的是个体总是在关系中的个体，而关系总是个体之间的关系，那么美德伦理学也是注重关系的。对于美德伦理学在当代的复兴起了举足轻重作用的麦金太尔本人就对自由主义的个人主义不满，因而也是当代社群主义的重要代表。他认为美德只有在一个人的社会关系中才有意义，例如，他指出，勇敢这种美德"之所以重要，并非只是因为它是个体的品质，而是因为他是为维持一个家庭和社群所必要的品质"(MacIntyre 1984, 122)。但另一方面，麦金太尔又认为"任何人、所有人之所以能够成为道德主体"，是因为"道德的主体性只能在自我中，而不是在社会的角色中或者实践中才能找到"(MacIntyre 1984, 32)。所以，虽然他始终强调自我是社会性的自我，麦金太尔也反复说明："但这也并不像有些理论家以为的那样，意味着自我不过就是它所继承的各种社会角色。"(MacIntyre 1984, 31)很显然，安乐哲和罗思文所持的观点就是麦金太尔在这里所不同意的"某些理论家"的观点。在麦金太尔看来，美德伦理学所讨论的既不是没有关系的主体，也不是没有主体的关系，而是处于关系中的主体和主体之间的关系。而如果安乐哲和罗思文的角色伦理学关心的确实是没有主体的关系，那么他们的角色伦理学确实与美德伦理学不同。但在我看来不仅这种没有主体的关系观本身可能是有问题的，而且说儒家持这样一种观点也缺乏文本的根据。这就转到了我对此要做的第二个回应。一方面，儒家传统强调对他人的道德教育，如孟子要"先知觉后知、先觉觉后觉"；另一方面，也强调人的自我修养，如孟子要求人去求放心，并批评人们自暴自弃。无论是对他人的道德教育，还是一个人的自我修养，都假定了主体的存在，虽然这些主体都是关系中的主体。

在写这篇导言时，我看到萧阳在《华东师大学报》上刚刚发表的一篇文章《论"美德伦理学"何以不适用于儒家》。在这篇文章中，萧阳正确地认为，我们应该在"美德伦理学"与"关于美德的理论"之间做出区分。尽管在一些细节上，我对他的观点持保留意见①，但他正确地看到，义务论和目的论虽然不是美德伦理学，但都可以有关于美德的理论，而在他看来，美德伦理学和关于美德的理论的差别是"前者以美德为基础概念，而后者以美德为衍生概念"（萧阳 2020，50）。在此基础上，他认为我们上面讨论的李明辉"似乎也没有看到'美德伦理学'和'关于美德的理论'，是不同的"（萧阳2020，51）。② 由此他认为，说儒家伦理学是美德伦理学就要表明在儒家伦理学中，美德是一个基础概念而不是一个衍生概念，我认为这是对的。他说迄今为止认为儒家伦理学是美德伦理学的学者由于都没有区分美德伦理学和关于美德的理论，因此"这些学者至今依然还欠我们一个关于儒家美德伦理学的证明"（萧阳 2020，51）。我没有仔细去看这些学者是如何论证儒家是美德伦理学的，所以无法为他们辩护，而我自己由于主要不是努力论证儒家是美德伦理学，而是论证儒家能对当代美德伦理学做出贡献，所以在大多数情况上也没有提供萧阳所需要的证明。③ 但萧阳进一步说，以美德为基础概念的"美德伦理学"不能用来描述儒家伦理学。他提出了几个论证，在我看来都缺乏足够的说服力。

萧阳的第一个论证是以《论语》中的"礼"为焦点。他说：

---

　　① 例如，在我看来，严格地说来，所有美德伦理学都是关于美德的理论，但并非所有关于美德的理论都是美德伦理学。美德伦理学是美德在其中具有首要性的关于美德的理论。

　　② 不过他马上补充说："李明辉之所以看不见二者之别，很大程度上是因为那些对儒家做美德伦理学解读的学者，也犯了同样的错误。"（萧阳 2020，51）

　　③ 不过，在 2018 年一篇回应南乐山认为儒家不是美德伦理学的文章中，我实际上是提供了这样的证明的，虽然我没有用"基础概念"和"衍生概念"，但我用了"首要概念"和"从属概念"，意思是一样的，并且我确实论证了在儒家伦理学中美德概念是首要的，因此儒家伦理学可以被恰当地看作美德伦理学。见黄勇 2018b，16-23。而这个思想更在我 1997 年的文章中讨论加里·沃森（Gary Watson）的著名论文《品格的首要性》（Huang 1997）时提出了。见 Huang 2011，247-281。实际上，我在后一篇文章中力图论证，在将美德作为首要概念上，朱熹比起亚里士多德是个更称职的美德伦理学家。

> 孔子以周礼为人们提供行为指南。他又将"知礼"或"好礼"定义
> 为重要的德性。人们最终应该获得许多美德，"好礼"就是其中的一种
> 美德。但是，这个美德不是基础概念。至少就好礼这一美德来说，"礼"
> 是基础概念，"礼"是在独立于好"礼"这一美德的条件下先被给出的，
> 再从"礼"这个基础概念衍生出来"好礼"这一美德概念：那些使人喜
> 好礼的品性特质就是"好礼"的美德。（萧阳2020，53）

虽然萧阳承认，只是在"礼"这一局部生活领域，孔子不是一个美德伦理学家，但《论语》总体上也没有把礼作为基础概念。但他没有进一步去问，《论语》所体现的伦理学到底有没有基础概念？而如果有，礼与这个基础概念的关系又是什么？如果我们做了这样的追问，我们就会发现，仁也是在《论语》中体现的孔子的伦理学的重要概念。仁是人性的一种美德，因此孔子往往用仁来描述人，而不是人的行动。例如在《里仁》篇第二章，孔子说，"不仁者，不可以久处约，不可以长处乐。仁者安仁，知者利仁"；在该篇第三章又说，"唯仁者，能好人，能恶人"；在该篇第六章，又说，"我未见好仁者，恶不仁者。好仁者，无以尚之；恶不仁者，其为仁矣，不使不仁者加乎其身"。在《子路》篇有关于雍也和子路是否是仁者的讨论（第五、第八章）。在《雍也》篇也有"仁者乐山""仁者静""仁者寿"等说法（第二十三章）和"夫仁者，己欲立而立人，己欲达而达人"（第三十章）。在其他各篇类似的说法还有很多，都说明仁是人的一种品质。关键是，在孔子那里仁与礼哪一个更重要，或者用萧阳的话说，哪一个是基本概念，而哪一个是衍生概念。当然在这一点上，学界是有争论的。有的认为礼是实现仁的手段，并由此认为仁比礼更根本，还有的则根据《颜渊》篇第一章回答颜渊问仁时说的"克己复礼为仁"而认为礼是定义仁的，因此礼比仁更根本。我在这里没有办法就此做出详细的论证，但我认为在孔子那里礼是实现仁的工具或手段。其主要理由有二。一是孔子认为礼在不同的历史阶段是可以改变的（有损益），而仁是不变的。二是孔子有些话清楚地表明礼是从属于仁的。如在《八佾》篇第三章中孔子说："人而不仁，如礼何？"（Shun 2002, 53-72）

至于孔子所说的"克己复礼为仁"并不是我们今天在形式逻辑意义上的用"克己复礼"来定义"仁"。事实上，孔子真正说的是，你要有仁，就要克己复礼，克己复礼的目的是仁，因此仁是首要的。这与《颜渊》篇紧接着的第二和第三章在分别回答仲弓和司马牛时孔子分别说的"出门如见大宾，使民如承大祭。己所不欲，勿施于人。在邦无怨，在家无怨"和"仁者其言也讱"类似，孔子在这里也不是在对仁下定义，而是说仁者会做什么样的事情或者一个人做什么样的事情才能成为仁者。所有这些都不影响仁在孔子伦理学中作为基础概念的地位。而如果在《论语》中，仁是基础概念，礼是衍生概念，那么体现在论语中的伦理学还是美德伦理学。虽然在这个伦理学体系中还有一些次要的美德，例如好礼，是从礼衍生出来的，但一方面，这不影响《论语》中伦理学的总体上的美德伦理学性质；另一方面，好礼之所以是一个美德，是因为通过好礼，一个人可以实现仁这种最根本的美德。

萧阳关于不能用美德伦理学来指称儒家伦理学的第二个理由陈述得不是很清楚，但它似乎涉及了美德伦理学自身的一个问题，而儒家伦理没有这个问题。这与他所说的独立性教条有关。所谓的独立性教条就是指，（例如）由于在美德伦理学中美德是个基础概念，其他概念都衍生于这个美德概念，或者说不能独立于这个美德概念，但美德概念本身独立于这些别的概念，因此不能用别的概念来定义美德。其结果就是要么这个基本概念就无法定义，要么可以被其他概念定义，但它就失去了其作为基础概念的地位（萧阳 2020，54）。这实际上就是沃森在其著名的《品格的首要性》（"Primacy of Character"）一文中揭示的美德伦理学的两个两难之一：美德伦理学要么说明什么是美德，即给美德下一个定义，而其结果是美德失去了其首要性或者（用萧阳的话说）基础性（因为用来定义美德的东西变成首要的了），因而也就不再是美德伦理学了；要么为了保持美德在其伦理学中的首要性或者基础性而不给美德下定义，即不说明什么是美德，但一种以美德为基础的伦理学却不告诉人们什么是美德又是很奇怪的。我在 2010 年发表的那篇文章（本书的第五章是该文的扩充版）就专门讨论沃森的美德伦理学的这个两难（和另外一个两难），并以朱熹的伦理学为例，说明儒家的美德伦理学何以可以同时避免这个两难，即给美德提供一个并非循环的定义而同时又保持美德在这个伦理学中的首要性。在我看来，萧阳在文中用孟子为例子所做的事情实际上与我用朱熹为例子做的事情没有本质的不同，虽然在我看来他做得没有我做得那么成功。但如果这样，这不能成为我们拒绝将"美德伦理学"用于儒家伦理学的一个理由，而恰好说明儒家伦理学能对美德伦理学做出贡献。

　　萧阳用来论证儒家伦理不是美德伦理的第三个理由是，在孟子的伦理学中作为基础概念的是人伦概念，而不是美德概念。所谓的人伦就是人与人之间的关系，萧阳这里特指孟子在《滕文公上》第四章提到的五伦：父子、君臣、夫妇、长幼、朋友。在他看来，"从孟子把人伦视为基础概念的角度来看，他的伦理学也是'以关系为本位'的"（萧阳 2020，54）。但是他没有提供任何文本的证据说明人伦在孟子的伦理学中是一个基本的概念。他唯一说的是："孟子有句名言，说父子关系是人之'大伦'。"（萧阳 2020，55）这是指孟子在《公孙丑下》第二章景丑氏说的"内则父子，外则君臣，人之大伦也"。所以大伦不仅包括父子关系，也包括君臣关系。在《万章上》第二章回答万章关于舜不告而娶的问题时，孟子说："告则不得娶，男女居室，人之大伦也。"这里将夫妇关系也看作人之大伦。事实上，所有这五种人伦关系都是大伦，即它们是人与人之间最基本的关系。但人与人之间的这五种关系可以是好的，可以是坏的。例如，可以有好的父子关系，也可以有不好的父子关系。关于这一点，萧阳自己也看到了。他说孟子有时候谈论的是好的人伦关系，但孟子"另一方面又认为，在某些情况下，特定的父子关系仍可能成为'恶'的"（萧阳 2020，55）。既然有好的人与人之间的关系，也有不好的人与人之间的关系，那么用什么标准来确定什么是好的关系、什么是不好的关系呢？或者我们怎样保证有好的关系，而避免不好的关系呢？孟子在提到这五伦的《滕文公上》第四章中的这段话中讲得很清楚：靠美德。孟子说，圣人担心人们饱食、煖衣、逸居而无教、近于禽兽，便"使契为司徒，教以人伦：父子有亲，君臣有义，夫妇有别，长幼有序，朋友有信"。事实上，萧阳自己也看到，这五种人伦关系"分别对应五种美德：亲、义、别、序、信"（萧阳 2020，54）。很显然，这五种关系是有这五种美德规范的，因而不可能是比这五种美德更根本者，也就不可能是基础概念。①

我在上面考察了三位学者认为儒家伦理学不是美德伦理学的观点。我有没有证明儒家伦理学是美德伦理学呢？恐怕没有。我有没有证明儒家不是这些学者所认为的别的伦理学（如李明辉的康德主义的义务论和安乐哲与罗思文的角色伦理学）呢？我在本节中根本没有试图去做这样的证明。本节的目的只是想表明，这三位学者认为儒家伦理学不是美德伦理学的论证并非完全令人信服，至少在我看来是如此。事实上，虽然我同意，关于儒家伦理学到底是不是美德伦理学对于理解儒家伦理学的性质确实很重要，但我想指出两点来结束本节。一方面，就好像我在 2018 年的那篇文章中区分了作为历史形态的美德伦理学和作为理想形态的美德伦理学，或许我们也应当区分作为历史形态的儒家伦理学和作为理想形态的儒家伦理学。虽然无论是就美德伦理学而言还是就儒家伦理学而言，其历史形态和理想形态不可能是完全隔绝的，但两者之间还是有一定的差别。作为历史形态的儒家伦理学有两千多年的历史，在这两千多年中不同儒者的伦理学虽然都有某种家族相似性（甚至比家族相似性更强的相似性），但毕竟还是存在着相当大的差别，不然我们如果要知道儒家伦理学就只要研究其中一个儒者的观点就行了。因此如果我们要说所有这些儒者都持一种美德伦理学的立场（或者义务论伦理学的立场，或者目的论伦理学的立场，或者角色伦理学的立场，或者任何别的什么立场），一定有不很确切之处。但是如果我们在考察了儒家伦理学的（如果不是所有，至少是重要的）历史形态以后，根据其共享的一些特征，构造一种理想形态的儒家伦理学（不只是历史上的儒家是如何说的，而是所有作为儒家的人应该怎么说），然后用某种理想形态的

---

① 萧阳还提出了不能将"美德伦理学"用于儒家的第四个理由，即"孟子的广义的伦理学包含政治与经济"（萧阳 2020，55）。但他事实上说的是狭义的美德伦理学不能包含孟子的广义的伦理学，但这不是美德伦理学的问题：跟孟子的狭义的伦理学相应的是狭义的美德伦理学，而跟孟子的广义的伦理学相应的是广义的美德伦理学，广义的美德伦理学也包含政治与经济。例如斯洛特就从他的美德伦理学中推出公正、平等、自由等政治和经济的概念。最近，我自己也试图以孟子为焦点提出儒家的美德政治学（见 Huang 2019，277-294）。

伦理学系统来刻画它，问题或许较少，意义或许也较大。另一方面，将儒家伦理学，不论是其历史形态还是其理想形态，刻画成某种类型的伦理学，虽然无论对于理解还是发展儒家和伦理学，都有重要意义，但我一直以为，不仅对于儒家伦理学，还是对于伦理学本身，意义更大的也许是去探索儒家伦理学对于解决伦理学的一些理论问题能够做出什么贡献。因此，由于在儒家之外我主要关心的是美德伦理学，我在最近十几年的研究重点一直是儒家对于当代美德伦理学的发展所能做出的贡献，而没有着力去证明儒家伦理学是美德伦理学。

四　美德伦理学：从宋明儒的观点看

我在上文对认为儒家伦理学不是美德伦理学的一些学者的观点做了回应。本书的目的不是要论证儒家伦理学是美德伦理学，而是要说明儒家伦理学，具体地说，宋明儒的伦理学对当代美德伦理学所能做出的贡献。这样的贡献包括如何回应来自外部的对美德伦理学的批评，如何避免美德伦理学自身存在的一些问题和如何扩展美德伦理学的问题域。本书共有九章，分别在九个不同的方面阐述二程（第一到第三章）、朱熹（第四到第六章）和王阳明（第七到第九章）对当代美德伦理学所做出的贡献。

第一章讨论程颢对当代美德伦理学的贡献。在当代美德伦理学的复兴运动中，亚里士多德主义是主流。它是一种理性主义的美德伦理学，这不只是因为它将理性作为人之为人的独特标志，而且还因为它试图对什么是美德做出一种理性的说明：美德是导致人的繁荣（eudaimonia）的品质。理性主义美德伦理学的问题之一是，在做了这样的说明以后，美德不再是首要的，而成了从属于人的繁荣的概念，而这样，这种伦理学是否还是美德伦理学便成了问题。与此形成对照的是当代美德伦理学复兴运动中的休谟主义。它是一种情感主义的美德伦理学，这不仅因为被它作为美德的是像爱（love）、关怀（care）特别是同感（empathy）这样的情感，而且因为它拒绝给为什么这样的情感是美德提供一种理性的说明。理由是大家凭直觉就知道这样的情感是美德，是好的，或者更确切地说是令人羡慕的（admirable）；而一些相反的情感，如仇恨、冷淡和无感等，则是令人厌恶的（deplorable），即是坏的，是恶德。但一种美德伦理学不告诉人们什么是美德，总是一种缺陷。

这种情感主义的最主要代表是斯洛特。他认为同感是情感主义美德伦理学的最重要美德。在说明这个美德时，他特别提到中国哲学家程颢（1032—1082）是迄今我们所知道的最早的同感哲学家，因为程颢说仁者所具有的万物一体感实际上就是同感。大家知道，程颢在解释儒家最重要的美德"仁"时，同医家的"不仁"类比："医家以不认痛痒谓之不仁，人以不知觉不认义理为不仁，譬最近。"（《遗书》卷二上，33）反过来，医家说的仁就是能够知觉自身的痛痒，而作为儒家的美德的仁便是能够将这种知觉痛痒的能力不断向外扩展，一直到万物，也就是将可以认作自己身体之一部分的范围不断往外扩展，一直到能以万物为一体。所以，在程颢那里，感到与某物为一体就是能感到该物的痛痒。我能感到自己手脚的痛痒就说明我的手脚与我一体，我能感到我父母的痛痒说明我与父母为一体，我能感到万物的痛痒就表明我与万物为一体。当然如果一个人感到自己身体（而仁者将万物都作为自己的身体的一部分）的某一部位有痛痒，就一定会很自然地去设法去除这种痛痒。在这个意义上，程颢的万物一体观即同感观确实与斯洛特的情感主义美德伦理学非常一致。不一样的是，斯洛特是以其情感主义美德伦理学来替代理性主义的美德伦理学，但在程颢那里，这种情感主义的美德伦理学是与理性主义美德伦理学一致的。关键是，虽然同感即万物一体感作为一种美德在程颢哲学中占有核心地位，但程颢为它作为美德提供了一种解释：同感就是儒家传统中最重要的仁的表现，而仁是规定人之为人的东西；换言之，要成为一个人，就必须要有仁，而仁者便能以万物为一体。更为重要的是，程颢用来说明仁这种美德的人性概念本身就是由仁构成的，这样的说明保持了仁这种美德在其伦理学中的首要性，因而他的伦理学是一种美德伦理学。正是在这个意义上，我认为程颢的美德伦理学既有情感主义的成分，又有理性主义的成分，从而超越了美德伦理学内部理性主义与情感主义之争。

第二章则试图从美德伦理学的角度去回答规范伦理学的一个古老而又根本的问题。规范伦理学的目的，说到底，就是要人有道德。所以从古代开始，就出现了"我为什么应该有道德"这个利己主义者提出的问题，意为"我有道德对我有什么好处"或者"我有什么理由应该有道德"。值得指出的是，这是一个与"我们为什么要有道德"不一样的问题，因为后者相对来说比较容易回答：如果我们都不道德，如托马斯·霍布斯通过其对自然状态的描述所表明的，我们都不能存在下去。这个问题的最早形式是柏拉图的"我为什么应该有正义"，而正义是一种美德，因此这个问题在柏拉图那里问的是"我为什么应该成为具有正义这种美德的人"。只是在近代以来，随着义务论和后果论伦理学开始占主导地位，这个问题逐渐变成了"我为什么应该做有道德的行动"。由于这个问题因此而变得很难回答，一些哲学家干脆将其看作一个荒唐的问题而不予理睬。他们要么将其看作一个同义反复的问题，道德就是我应该做的事情，而问"我为什么应该有道德"就是问"我为什么应该做我应该做的事情"；要么将其看作一个自相矛盾的问题，道德就是要求我们不要将私利作为行动的出发点，而既然问这个问题的人关心的是做道德的事对我的私利有什么好处，那么这个问题实际上就是问"不把私利作为我的行动的出发点对我的私利有什么好处"。在我看来，要对这个问题做出恰当的回答，还是要回到美德伦理学的进路，即"我为什么应该成为有美德的人即有德者"，但柏拉图和亚里士多德那里的美德伦理学回答还是不能令人满意。柏拉图的问题是，真正能具有公正这种美德的人只是少量的哲学家，而问这个问题的大多数人不是而且（根据柏拉图的观点）由于缺乏恰当的出生和教育也不可能是哲学家。亚里士多德的问题是，虽然他认为理性是人的独特功能，但如当代哲学家伯纳德·威廉斯（Bernard Williams）和约翰·麦克道尔（John McDowell）所指出的，他没有在理性与实践美德之间建立起必然的联系，也就是说，他没有令人信服地说明，一个理性的人一定是有（实践）美德的人。

正是在这个背景下，我认为程颐对这个问题的回答最有道理。我为什么要成为一个有德者呢？程颐的回答，简单来说就是，"因为你是人"。为什么呢？因为在程颐看来，人的独特性即把人与其他存在物区分开来者，不是亚里士多德所说的理性，而是由仁义礼智构成的人性，而仁义礼智又是儒家的根本美德。例如，程颐说："君子所以异于禽兽者，以有仁义之性也。苟纵其心而不知反，则亦禽兽而已。"（《遗书》卷二十五，323）虽然程颐在这里说，一旦失去了仁义之性、仁义之德，这个人就成了禽兽，但这并不表示这个人就成了健全的禽兽，而只表示他成了有缺陷的人。这是因为这样的人就其实际情形而言确实与禽兽无异，但就其潜能来说，他们还是与禽兽不同，因为后者无论如何不能成为有仁义的人，而前者只要努力做好事就可以变成人。所以要成为一个人，成为一个健全的、没有缺陷的人，这个人就必须是有德者。正是因为这样，程颐认为成为一个有德者即成为一个心体上健康的人，同成为一个身体上健康的人一样，是一件非常愉悦的事情。所以当有人问如何求道之大本时，程颐"告之以君臣、父子、夫妇、兄弟、朋友，于此五者上行乐处便是"（《遗书》卷十八，187）。

　　第三章以二程的孟子解释学为例，考察他们如何可以帮助我们将美德伦理学扩展到解释学的范围，以形成美德解释学。2005 年，我写过一篇文章，讨论解释学的两种类型，我分别称之为作为为己之学的解释学和作为为人之学的解释学（黄勇 2005, 46）。[①] 作为为人之学的解释学的解释对象是作为我们的行动对象的，即为我们的行动影响的他者，而解释活动的目的是要理解这些他者的独特性，从而使我们涉及他们的行动具有道德上的恰当性。这是因为我们对一个行动对象做的对的事情，如果对另一个行动对象做，就不一定是对的。相反，作为为己之学的解释学的解释对象也可以是与我们打交道的他者，但更多的是古代的经典，而我们的解释活动的目的则是从他者那里学到对我们有益的东西，使我们自己变成更好的人，生活变得更

---

　　①　我这里用的"为己"与孔子在《宪问》篇第二十四章讲的"古之学者为己"中的"为己"意近但稍广，但我用的"为人"则与孔子在同一个地方讲的"今之学者为人"中的"为人"不同。孔子肯定为己而反对为人，而在我这里两者都是褒义词，它们表示的两种解释学服务于两个不同的目的，而这两个目的都是正面的。

加丰富。在当代西方哲学中几乎成为显学的解释学领域，有几位大师级代表人物，包括德国的汉斯–格奥尔格·伽达默尔（Hans-Georg Gadamer）、法国的保罗·利科（Paul Ricoeur）和美国的理查德·罗蒂（Richard Rorty），都提倡为己之学的解释学。例如，罗蒂认为，解释学"主要不是对外部世界存在什么东西或历史上发生了什么东西感兴趣，而是对我们能从自然和历史中得到什么东西为我们所用感兴趣"，因此，"它不是把认识而是把修养、教育（自我形成）作为思考的目的"；在他看来，"当我们继续去读书、继续去对话、继续去写作时，我们就变成了不同的人，就改造了我们自己"（Rorty 1979, 359）。为了与此形成对照，我在那篇文章中强调了几乎没有人谈论过的作为为人之学的解释学。

但我这里要强调的二程的美德解释学则属于一种为己的解释学。根据这种解释学，我们的解释活动是为了作为解释者的自己。但与同样作为为己之学的当代西方解释学的主要不同是，二程强调的是为后者所忽略的为己的道德层面，而不是他们所强调的知识的层面、趣味的层面、精神的层面。在二程看来，圣人作经，本欲明道，而这里圣人欲明之道就是成人、成圣之道，而要理解经典不只是要在理智上知道这种成人、成圣之道，而是要自己学习成人、成圣。所以程颐在其著名的《颜子所好何学论》一文中就说，虽然孔子的三千弟子无不精通《诗》《书》等六艺，颜子所独好之处就是"学以至圣人之道"。程子认为："学者必知所以入德。不知所以入德，未见其能进也。"值得指出的是，在二程那里，这种作为为己之学的解释学与作为为人之学的解释学是互为条件的。一方面，为人的解释学的目的是要了解我们的行为对象的独特性，从而使我们涉及他们的行为更加恰当。可是，如果一个人缺乏必要的美德，他就不会有关心他人的动机，因而也就没有去了解他人之独特性的欲望。另一方面，有了美德解释学这种为己的解释学，一个学者就成了具有美德的人，而作为一个具有美德的人，他一定会有帮助人的动机，而为了恰当地帮助人，他就要了解其行为对象的独特性，而这就需要有为人的解释学。所以程颐不主张"强恕而行"，因为强恕而行是"以己之好恶处人而已，未至于无我也"（《遗书》卷二十一下，275）。说以己之好恶处人，实际上就是己所欲，施于人（所谓的道德金律），和己所不欲，勿施于人（所谓的道德银律）。这假定了己之好恶就是人之好恶。相反，二程认为圣人无我。怎么实现无我呢？程颢说，如果"以物待物，不以己待物，则无我也"（《遗书》卷十一，125）。同样，程颐也说，我们应该"以物待物，不可以以己待物"（《遗书》卷十五，165）。我在别的地方将二程的这种思想概括为与上述道德金律、银律不同的道德"铜律"：人所欲，施于人；人所不欲，勿施于人。

从第四章起我们转向朱熹。首先我们看朱熹如何可以帮助美德伦理学回应主要来自康德主义的一个批评，即认为美德伦理学具有自我中心的倾向。根据功利主义，一个人要做道德的事情，因为这样可以增加幸福的总量；根据义务论，一个人要做道德的事情，因为这是普遍的道德法则的要求；而根据美德伦理学，一个人要做道德的事，因为这样他可以成为一个具有美德的人。比较下来，在美德伦理学中，一个人做好事是为了自己，因而具有自我中心倾向。当然我们可以说，一个人要成为具有美德的人就必须帮助人，因而具有利他主义倾向。但批评美德伦理学具有自我中心倾向的人所指的是更深刻的两层意义。一方面，具有美德的人确实会帮助人，但他帮助的是他人的外在福祉如福寿康宁等，而通过这种帮助活动他自己获得的却是内在福祉即美德，同时他又认为内在福祉比外在福祉更有价值。这就是说，他把不那么重要的东西给他人，而将更有价值的东西给自己。在这个意义上，他是自我中心的。另一方面，具有美德的人当然会帮助人，而且是为他人的缘故而不是为了自利而帮助人，但他之所以这样做，还是为了自己成为具有美德的人，因为如果他不帮助人，甚至他帮助人但不是为他人之故而是为自身的利益（例如希望以后能够得到他人的帮助），他就不能成为一个有美德的人。因此，虽然他在表面的意义上不是自私的，但在基础的意义上还是自私的，因为他似乎将"无私地"帮助人作为自己成为具有美德的人的手段。我曾做过详细的论证，表明作为西方美德伦理学主流的亚里士多德主义，无论是亚里士多德本人还是当代的新亚里士多德主义者，都确实具有这两种意义上的自我中心倾向。

在此背景下我以朱熹为例，说明儒家的美德伦理学如何可以在上述两个深刻的层面上回应这样的批评。一方面，儒家具有美德的人不仅会关心他人的外在福祉，也会关心其内在福祉。对于孔子的"己欲立而立人，己欲达而达人"和"己所不欲，勿施于人"的说法，朱熹强调这不只指外在的方面，也指内在的方面，因此，他很赞成一个学生就其内在的方面的领悟："如己欲为君子，则欲人皆为君子；己不欲为小人，则亦不欲人为小人。"（《语类》卷四十二，1071）朱熹在解释大学一开头的"明明德，新民"时也强调，明明德就是明自己的德，即自己要成为有德者，而新民就是要帮助他人明其明德，即使他人成为有德者。更重要的是，在朱熹看来，一个人如果不去帮助他人明其明德，他自己的明德也不可能止于至处。另一方面，在明明德与新民之间存在相互促进的关系。自己的德愈明，就愈能帮助他人明其明德，而一个人愈是帮助他人明其明德，自己的德也就愈明。这里不存在工具与手段的关系。一个人去新民不只是为了使自己成为有德者，因而他不是基础意义上的利己主义者；同时一个人明自己的明德的目的也不只是为了去明他人之明德，因而他也不是基础意义上的利他主义者。由于利己与利他在一个有德者那里完全重合了，你可以说他既是利己主义者又是利他主义者，也可以说他既不是利己主义者又不是利他主义者，但肯定不会只是其中之一而不是其中之二。换言之，利己主义与利他主义不是对这样的人的恰当描述。

如果第四章关注的是朱熹如何回应外来的对美德伦理学的批评，第五章则转而讨论朱熹如何能够帮助美德伦理学克服它自身的一个问题，我这里主要指的是沃森在其非常有影响的一篇论文《品格的首要性》中提出的美德伦理学的两个两难。我们前面提到，美德伦理学是美德在其中具有首要性的伦理学，而不是所有具有美德概念的伦理学。那么什么是美德呢？在沃森看来，面对这个问题便出现了第一个两难。如果我们对什么是美德提供一种说明，大家知道了什么是美德，这个时候，用来说明美德的东西便获得了首要性，而美德只具有次要性，这也就是说这种伦理学已经不再是美德伦理学了。而另一方面，为了保持美德概念的首要性并使这个伦理学成为美德伦理学，我们可以拒绝给什么是美德提供一个说明，但这样一来，我们对连在美德伦理学中具有首要性的美德概念都缺乏一个明确的认识。假如我们决定对什么是美德做一个说明，一个最恰当的办法是诉诸一种人性论，即关于人之为人的独特性的理论，而在这个时候，沃森认为，我们便遇到了美德伦理学的第二个两难。如果我们诉诸的这种人性理论是一种客观的理论，那么就无法从中推出具有规范性的美德概念；而如果为了推出具有规范性的美德概念而诉诸一种规范的人性论，它却失去了客观性，而如果没有客观性，我们怎么能证明它所说的真的是人性呢？我曾做过详细的考察，认为西方的美德伦理学家确实还没有对这两个两难提供恰当的解决方案。

正是在这里，我们可以看到朱熹的贡献。面对沃森所谓的第一个两难，朱熹采取的是给美德提供一种说明，而且这种说明也诉诸一种人性概念。但是它诉诸的儒家的人性论认为，把人作为人的独特性，即把人与其他动物区分开来的东西，不是别的，就是仁义礼智，而仁义礼智恰恰就是儒家的美德。也就是说，在儒家那里美德与人性是合一的，因此在用人性来说明美德时，美德概念在儒家伦理学中没有失去其首要性，因而儒家伦理学在提供了对美德的说明后还是一种美德伦理学，这样就避免了第一个两难。但这种避免第一个两难的方式似乎有循环论证之嫌：它用人性来说明美德，又用美德来说明人性。要确定这是否是一种廉价论证，关键是要看，当朱熹说人性就是仁义礼智的美德时，他有没有客观根据，而这涉及了沃森提到的第二个两难。朱熹的人性概念由于认为人性是仁义礼智而毫无疑问地具有规范性，但朱熹怎么知道人性即把人与动物区分开来的就是仁义礼智呢？朱熹没有简单地说，人应该有仁义礼智，而是提出了两个论证。一个是我们看到人有恻隐、羞恶、辞让、是非等情，而如果没有仁义礼智之性，是不可能有这样的人情的。另一个是即使有些人失去了这四端而成了恶人，从而在某种意义上与禽兽无异，但所有这些人只要不自暴自弃都可以重新获得这四端而成为善人，但动物无论如何都不能成为善人。这就表明，朱熹的儒家人性观既有客观性又有规范性，从而不仅避免了沃森提到的第二个两难，而且也表明朱熹用以避免第一个两难的论证不是循环论证。

第六章则延续上一章,特别是朱熹关于美德伦理学的第二个两难上的看法,但我们的目的则是要扩展美德伦理学的视阈。美德伦理学本身是一种规范伦理学,我们这里将考察这种美德伦理学在元伦理学的一个最根本的问题上所能做出的贡献。这个最根本的问题就是道德性质的地位问题。在这个问题上,首先有认知主义和非认知主义之间的争论。从直观上来说,如果可以得到证明,认知主义是一种比较可取的立场,因为按照非认知主义,我们所有的道德命题都不过是经过伪装了的情绪表达,因而只有恰当与否的问题,而没有真假的问题。认知主义又可分为道德实在论和道德反实在论。从直观上来说,如果可以得到证明,道德实在论是一种比较可取的立场,因为按照反实在论,判断道德命题之真假的标准都是主观甚至任意的。而道德实在论又可以分为自然主义和非自然主义。从直观上来说,如果可以得到证明的话,自然主义的道德实在论比较可取,因为非自然主义的实在论往往只能通过类比告诉我们,道德性质是与(例如)数学性质类似的非自然性质,而不告诉我们这到底是什么样的性质。但要论证在道德性质的地位问题上的这种认知主义的、实在论的、自然主义的元伦理学立场却因面临重重困难而鲜有成功者。这些困难至少包含这四个:(1)休谟的从是推不出应该的论证;(2)摩尔(G. E. Moore)的开放论证难题(不管你说道德性质是什么,我们都可以问:这个真的是道德性质吗?);(3)约翰·麦基(John Mackie)的怪异性(queerness)论证(如果道德性质是客观的,那它一定是一种非常怪异的性质,因为我们从来没有看到过行动之“对”和“错”这样的性质,而且如果这样的性质客观地存在的话,我们需要有一种与我们现在已有的不同的感觉器官才能发现他们);(4)麦基和吉尔伯特·哈曼(Gilbert Harman)的不可追踪的道德分歧论证(如果道德性质是客观的,那么在道德问题上的争论应该类似于在科学问题上的争论:在证据齐全后这样的争论就会自动消失,但道德问题上的争论往往与客观的证据无关)。

在我看来,自然主义的实在论之所以很难成功地避免这四大问题,主要是因为我们现在看到的这类实在论往往以行动为中心,试图确立呈现在行动中的道德上的“对”或“错”的性质。朱熹在这个元伦理学问题上采取的是美德伦理学的进路，它要确定其客观性的道德性质不是行动的对或者错，而是人的好或者坏。而要确定人的好与坏，我们首先要知道人是什么，即将人与其他存在物区分开来的东西是什么。好人就是很好地体现了这种人性的人，而坏人就是没有很好地体现这种人性的人。那么什么是人性呢？人性就是使人之为人者，而"人之所以为人者，以其有此（即仁）而已。一心之间，浑然天理，动容周旋，造次颠沛，不可违也。一违，则私欲间乎其间，为不仁矣。虽曰二物，其实一理。盖仁即心也，不是心外别有仁也"；又说，"人之所以得名，以其仁也。言仁而不言人，则不见理之所寓；言人而不言仁，则人不过是一块血肉耳。必合而言之，方见得道理出来"（《语类》卷六十一，1459）。这就说明人之所以为人是因为其有仁，没有了仁，一个人就不再是人了，或者是有缺陷的人了，或者只是名义上的人了，或者是与动物没有太大差别的人了。值得注意的是，在第一段话中的"不可违也"的"不可"是规范意义的"不可"，意为不容许、"不应该"或"不应当"，而不是描述意义上"不能够"，因为这一段接下来马上就讲了人能够违仁。但既然一个人能够违仁，为什么就不应该违仁呢？就是因为仁是人之所以为人者。因此在朱熹那里，人性论是一种客观的理论，即建立在我们的经验观察基础上的。

　　从第七章起我们开始考察王阳明对当代美德伦理学的贡献。我们首先讨论同感概念。同感（empathy）是当代情感主义美德伦理学的一个核心概念，而斯洛特是这种美德伦理学的最重要代表。同感与我们更熟悉的同情（sympathy）不同。同感是在看到他人有痛痒时，自己也能感到这个人的痛痒，就好像这是自己的痛痒，而同情的人并不感到他人的痛痒，而是在知道他人有痛痒以后而产生的像遗憾这样的情感。所以同感的人感到的与同感对象感到的是一致的，而同情的人感到的与同情对象感到的不一样。虽然具有同感的人和具有同情的人都往往有帮助其对象解除痛痒的行动，但这样的帮助行动的性质很不一样。具有同感的人由于对其对象的痛痒感同身受，就很自然地有一种欲望要去帮助他人解除这样的痛痒，与我们在感到（例如）自己背上有痒时想去抓痒的行动一样自然，并且不仅因为这种行动的成功（即解除了痛痒）而感到快乐，而且在这个行动过程中也感到快乐。

具有同情的人不一定有去帮助其同情对象解除痛痒的欲望，但出于道德的考虑还是会去帮助，因此他的帮助行为就不那么自然（有时候还得克服相反的不想去做这种帮助行动的欲望），而且往往也不能从其帮助行动中感到快乐。因此，在斯洛特看来，在我们面临他人的负面处境时，同感是比同情更加可取的一种情感。斯洛特注意到，在西方哲学史上，休谟是最早具有同感思想的哲学家，不过他认为中国哲学家发现同感现象要早得多。他这里指的是中国哲学中的"以万物为一体"的思想，因为以万物为一体，就是能够感到万物的痛痒，而这就是同感。这种同感思想不仅王阳明有，而且程颢也有。但斯洛特同时又认为，当代心理学和伦理学对同感现象的研究已经大大超过了休谟、王阳明和程颢的同感观，因而后者只有历史的意义而没有现实的意义。

但我认为，王阳明的万物一体观可以对当代同感理论做出至少两个重大的贡献。在当代西方心理学和伦理学里讨论的同感都是对他人外在福祉方面缺失的同感，而在王阳明那里，具有万物一体感即同感的人不仅对他人的身体上的痛苦感同身受，而且也对他人心体上的痛苦感同身受。前者是身体上有缺陷的人，而后者是心体即道德上有缺陷的人，而具有万物一体感的人不仅会帮助前者克服其缺陷，也会帮助后者克服其缺陷。关于这方面，王阳明有一段非常有名的话：

> 圣人之心，以天地万物为一体，其视天下之人，无外内远近，凡有血气，皆其昆弟赤子之亲，莫不欲安全而教养之，以遂其万物一体之念。天下之人心，其始亦非有异于圣人也，特其间于有我之私，隔于物欲之蔽，大者以小，通者以塞，人各有心，至有视其父子兄弟如仇雠者。圣人有忧之，是以推其天地万物一体之仁以教天下，使之皆有以克其私，去其蔽，以复其心体之同然。（《王阳明全集》，54）

这段文字开头部分提到的"安""全""养"可能让人觉得，王阳明这里所讲的具有同感的人，即以万物为一体的人，也只是关心他人外在的或者身体方面的福祉，但这里的"教"明白无误地说明，一个具有同感的人对他人的关心不限于他人的外在的、物质的、身体的福祉，而一定也关心他人内在的福祉。关于"教"的具体内容，王阳明在该段的后半部分说得更明确，因为在这里他所关注的、作为同感对象的不是那些饥寒交迫的、物质生活上有困难的人，而是那些自私的、其本心为物欲遮蔽了的，甚至将自己的父子兄弟当仇人的人。王阳明认为，儒家所讲的具有同感的人会竭尽所能地帮助这些人"克其私，去其弊，以复其心体之同然"，使他们也能以万物为一体，即变成对他人具有同感的人。正是在这个让他人恢复其天地万物一体之仁，即让他人恢复其同感心的过程中，圣人才能"遂其万物一体之念"。

如果第七章讨论的是王阳明的作为同感理论的万物一体观帮助当代的同感理论克服了其一个盲点的话，那么第八章要讨论的是如何将本身作为规范伦理学的同感理论扩展到环境问题并形成一种卓有成效的环境美德伦理学。环境伦理学可以看作一种应用伦理学，它把某种一般的伦理学理论应用到具体的环境问题。换个角度，环境伦理学也可以看成传统伦理学的扩展形态：传统伦理学的道德对象仅限于人，而环境伦理学的道德对象还包括人之外的存在者。不管怎么说，环境伦理学和一般或传统伦理学密切相关。因此，环境伦理学自二十世纪以来的发展与一般伦理学相似：在初始阶段，在环境伦理学中居主导地位的是后果论和义务论，而现在则是美德论开始出头。究其原因，一是因为美德伦理学的吸引力，既包括它自身作为一种规范伦理学的吸引力，也包括它在应用或扩展到环境问题时的吸引力；二是因为义务论和后果论各自的缺陷，既包括这些理论自身的缺陷，也包括它们应用或扩展到环境问题时所表现的缺陷。但环境美德伦理学也有它自身的问题，即它将人类对环境的关心，即使是为环境而不是为人类的关心，看作人的繁荣生活的必要条件，因此具有人类中心主义的倾向。

王阳明的万物一体观不只关心人类，而且关心鸟兽、草木甚至瓦石，因此可以看作一种环境伦理学；他认为只有仁者才能以万物为一体，而仁在王阳明看来又是把人与其他存在物区分开来的根本的美德，因此这是一种环境的美德伦理学。王阳明的环境美德伦理学可以避免人类中心主义，不是因为它是自然中心主义，而是因为它的万物一体观把人类与人类之外的所有其他存在物看作一个联结体，而对这个联结体的关心就既不可能是人类中心主义的，也不可能是自然中心主义的，因为这两者都假定了人与自然的分离；而在以万物为一体的仁者眼里，人与自然已成为一体，所以问人类关心自然是为自然考虑还是为人类自身考虑就失去了意义，或者说问错了问题。不过虽然王阳明主张仁者以万物为一体，这样的仁者对万物，从父母到路人、到鸟兽、到草木、到瓦石，并非一视同仁，而是厚薄有别的。换言之，王阳明持一种道德偏倚论，即儒家传统里的爱有差等。虽然作为一个心理学事实，大家都承认，我们对亲近的人的爱甚于对路人的爱，对路人的爱甚于对鸟兽的爱，对鸟兽的爱甚于对草木的爱，对草木的爱甚于对瓦石的爱，但如何在道德上证成这种偏倚性则不是一件容易的事，而王阳明认为这种差等之爱自有其"道理"和"条理"。我认为，如果我们能够说明王阳明的这种道理和条理究竟何指，我们就可以为道德偏倚论提供证明。

在最后的第九章，我们将讨论王阳明的美德伦理学对道德运气理论的贡献。本来道德与运气是完全不同的东西。道德属于我们可以控制的范围，而运气属于我们不可控制的范围，因此道德运气，即使根据最早提出这个概念的两位哲学家，威廉斯和托马斯·内格尔（Thomas Nagel），也要么是一个矛盾修饰（oxymoron）（威廉斯），要么是个悖论（paradox）（内格尔）。尽管如此，他们还是认为我们可以使用这个概念，因为我们不能将运气因素完全排除在道德领域之外，也就是说，我们可以要求一个人为超出他控制范围的事负责。内格尔还区分了道德运气的四种类型：第一种是结果性的道德运气，即一个人的行动结果受运气支配（如一个人不小心开车撞上人行道，但正好人行道上没有人，因而不需为其行动负责；而另一个人正常地开车，但突然有人窜上马路被他的车压死，因而需要为其行为负责。前者有好运气，后者有坏运气）；第二种是因果的道德运气，即一个人的行动结果使人得到了帮助或者受到了伤害，但这个人的行动本身不是他自由选择的，而是由在先的原因决定的；第三种是情景的道德运气，例如一个生活在纳粹时代的德国人和生活在当今德国社会中的德国人的道德选择可能很不一样，而这是由他们所处的不同情景决定的；最后一种是构成性的道德运气，即有些是好人，有些是坏人，但他们的道德构成不是由他们自己决定的。不管如何，我认为，威廉斯和内格尔主张我们可以要求一个人为他所无法控制的运气造成的后果负责是说不通的。在这方面，王阳明的美德伦理学可以提供帮助。

王阳明认为，一个人失去美德或者变成恶人有两个（并非必须同时出现的）必要条件。一是这个人禀赋的气之不纯，还有一个是这个人生活于其中的环境的恶劣。由于这两个因素都不在个人的控制范围里面，而这两个因素都会影响个人的道德品质，我们可以说王阳明也有道德运气概念，而且这里涉及的应该是内格尔所提到的最后一种道德运气，即构成性的道德运气。但是，王阳明指出："本性为习气所汩者，由于志之不立也。故凡学者为习所移，气所胜，则惟务痛惩其志。久者志也渐立。志立而习气渐消。"（《王阳明全集》, 983）这就说明，在王阳明看来，禀有不纯的气和生活在不好的环境中，虽然对一个人的道德品质有深刻的影响，但并不决定这个人的恶。换言之，如果一个人禀赋的不是不纯的气而且也不是生活在不好的环境中，这个人固然不会成恶人、做恶事，但一个人禀受了不纯的气、生活在了不利的环境中，这个人也不一定会变成恶人，尽管这个人如果成为恶人我们也应该给予理解，而不应该完全责备他。这样看来，在王阳明那里，不好的环境或（这里的"或"也具有"和"的意思）气质是一个人变恶的必要条件，但不是其充分条件。这些不好的习和气之所以能够遮蔽一个人的本心或良知并使之成恶，在于这个人没有立志去抵制它们的污染。而这又很显然地表明，对于王阳明来说，一个人的意志既不同于纯善的良知，也不同于纯恶的浑浊之气与腐败的习俗及其产生的遮蔽良知的私欲，意志在道德上是中性的。就是说一个人的意志既不自动地使人成为一个善人或去做善事，也不会自动地使人成为恶人或去做恶事。它可以是善的，也可以是恶的，关键是看你立什么样的志。如果这是为善避恶的意志，那它就是善的意志；如果它是作恶避善的意志，那它就是恶的意志。另外，这也表明，在王阳明那里，人的意志并不是被决定的，而是自由的。不仅当不好的习气来污染良知时，一个人可以决定不作为，也可以决定加以抵制，而且即使良知被这样的习气及由之产生的私欲遮蔽时，一个人可以决定不作为，也可以决定消除这样的遮蔽："志立而习气渐消。"所以，王阳明认为，一方面，我们可以要求一个人为其意志决定的后果负责，因为这是他可以控制的；而不能要求他为其运气因素决定的后果负责，因为这是他无法控制的。另一方面，由于运气确实对我们的美德构成产生重大影响，一个禀有极度浑浊之气、生活于极度恶劣的环境中的人成善了，他就比那些禀气较清、环境不那么恶劣的人更加可贵。这样，王阳明就较好地避免了威廉斯和内格尔道德运气概念所隐含的一些不可理喻之处。

五　结　论

我在上面试图表明，本书的主旨并非要证明宋明儒是美德伦理学家，当然更不是要证明，要成为美德伦理学家，你就必须接受宋明儒学，而是试图论证，在帮助美德伦理学回应外来的批评、克服其自身的一些问题、扩展美德伦理学的范围方面，宋明儒可以做出重要的贡献。从宽泛的意义上，本书从事的也是一种比较哲学的研究工作，但不是简单地将宋明儒与西方的美德伦理学家做比较，看他们的异同，而是用宋明儒学的资源来解决美德伦理学本身的问题。关于这样一种比较哲学的方法论，我在别的地方有比较详细的说明，在此不再重复（见 Huang 2014, 1-18；黄勇 2019, 68-77）。作为导言的结论，我想非常简单地回应一下一些中国哲学研究者对我这种研究方式的描述（如果不是抱怨）：我是在用中国哲学的资源来解决西方哲学的问题，因此本质上我在做的是西方哲学，而不是中国哲学。我想说的是，把我在（例如）本书中讨论的所有哲学问题说成西方哲学的问题，而不是中国哲学的问题，本身是在把中国哲学贫乏化。事实上，宋明儒能够在这些美德伦理学的关键问题上不仅有独特的看法，而且这些看法（如果我的论证成功的话）比西方的美德伦理学家在同样问题上的看法更有道理，这个事实就可以表明，这些问题也是宋明儒甚至一般的儒家或者更一般的中国哲学家所关心的问题。我并不否认一个特定的哲学传统可能有其特有的、为所有其他哲学传统所忽略甚至排斥的哲学问题，但我可以断定这样的问题不会太多。当然，如果我们在对别的哲学传统做了深入研究，然后发现中国哲学讨论的主要问题与它们讨论的主要问题如果不是完全不同至少很不相同，如果不是完全没有关系至少没有多大关系，从而主张我们应该关起门来从事中国哲学研究，那也许是说得过去的，但实际情形并非如此。当然，每个哲学传统都会有其独特的一些概念，这些概念往往很难简单地翻译成其他哲学传统中相应的概念，如中国哲学中的阴阳、理气、道器、名实、闻见之知和德性之知等，但如果我们进一步探究一下就会发现，这个传统中的哲学家想用这些独特的概念解决的哲学问题（而同一个传统中用相同的哲学概念的不同哲学家所要解决的哲学问题也不尽相同）往往并不是那么独特的问题，就是说往往是其他哲学传统的哲学家也关心的问题。所以我一直认为，跨传统的哲学研究不仅不能从语词出发[①]，而且也不能从概念出发，而应该从问题出发。当然由于不同哲学传统的哲学家各自用其特有的概念来处理他们共同关心的哲学问题，他们在这些问题上的看法往往很不相同，但这正是要求我们走出自己的哲学传统，而不是将自己封闭在自己的哲学传统内部从事哲学研究的理由。

这使我想起了被公认为宗教研究之父的德国学者缪勒（Max Müller，1823—1900）的一句为今天从事宗教研究的学者（不只是从事比较宗教研究的学者！）基本上都接受了的名言：只知道一种宗教（通常是自己的宗教）的人是不知道宗教的人。事实上，这是缪勒将歌德就语言所说的一句话（只懂一种语言的人是不懂语言的人）转用于宗教。缪勒在 1870 年 2 到 3 月在伦敦皇家学会（Royal Institution）做了四个讲座，我们这里提到的这句名言是他在第一讲中提到的。他首先解释了歌德说"只懂一种语言的人是不懂语言的人"的意思："难道歌德的意思是，由于他们除了自己的母语以外不懂别的语言，荷马不懂希腊文、莎士比亚不懂英文？当然不是！他指的是，荷

---

① 万百安称此为词典谬误（Lexical fallacy），见 Van Norden 2007, 22。

马和莎士比亚都不知道他们各自运用得如此有力、如此机智的语言到底为何物。"然后，他说歌德说的话同样适用于宗教，"He who knows one, knows none"，并继续解释说，"无数的人具有的信仰是如此强大以致能够撼动山岳，但如果问他们宗教到底是什么，他们便要么哑口无言，要么开始谈论宗教的外部象征而不是宗教的内在性，不是信仰的官能"（Müller 1882, 12-13）。也许把缪勒就宗教研究说的这句话直接搬到哲学研究上来会有些问题，因为我们知道一些伟大的哲学家似乎也对别的哲学传统一无所知（但这是否与缪勒在解释歌德的名言时所说的圆熟地掌握了自己母语却不懂什么是语言的荷马和莎士比亚类似，与他自己在解释把歌德的这句名言运用到宗教时所说的那些对自己的宗教信仰强烈到能撼动山岳却不懂宗教的信徒类似呢？），有的甚至认为连对自己的哲学传统也没有必要知道。[①]但换一种角度看，这种说法也许对哲学比对宗教和语言更适合。为什么呢？因为几乎每个人都懂自己的母语，而其中很少有人懂母语之外的第二种语言，但他们没有必要去懂什么是语言，因而也没有必要为此而去学另一种语言。虽然不是每一个人都懂宗教，大多数懂自己的宗教的人也不懂别的宗教，但这些只懂自己宗教的善男信女也不会对什么是宗教这个问题感兴趣，因而也没有必要因此而去了解第二种宗教。但哲学就不同。一般老百姓连一种哲学都不懂，也不需要懂，每个社会上都只有少之又少的哲学研究者懂一种哲学，但人们都会期望这些人知道什么是哲学，而且他们也往往声称知道什么是哲学，而如果哲学与语言和宗教类似，因而只懂一种哲学的人是不懂哲学的人，那么确实所有的哲学研究者都不能划地自牢，不越自己所属的哲学传统的雷池一步。[②]

---

① 美国当代最伟大的哲学家之一奎因（Willard Van Orman Quine, 1908—2000）就认为哲学类似于科学，因此，就好像科学家不需要学科学史，哲学家也不需要学哲学史。

② 这里我们会注意到哲学与语言和宗教有一点不同。只懂一种语言的人都是只懂自己的母语的人，只懂一种宗教的人也大多是只懂自己所属传统的宗教的人。但哲学不一样，很多只懂一种哲学的人所懂的是其他传统的哲学。例如，很多研究中国哲学的西方学者所懂的唯一一种哲学是中国哲学，而对自己所属传统的哲学即西方哲学则并不懂；同样，很多研究西方哲学的中国学者所懂的唯一一种哲学是西方哲学，而不懂自己所属传统的哲学即中国哲学（这里我只以中国（转下页）

当然，这里也存在着一个"懂"的标准。如果我们以荷马对希腊文的"懂"的程度和莎士比亚对英文的"懂"的程度为标准，那么大概我们很少有人能声称自己懂了一种哲学。但如果我们以一般人对自己的母语的"懂"的程度或者一般信徒对自己的宗教的"懂"的程度为标准，那么我想还是有不少哲学研究者有资格称自己至少懂一种哲学，而且还可能懂不止一种哲学。关键的是要具有向其他哲学的开放态度或者至少没有想把自己封闭在所属的哲学传统的态度，在此之后的问题才是如何加深这种"懂"的程度。如果歌德和缪勒的名言真的适用于哲学的话，那么加深这种懂的程度的方式就不一定是（如果不是"一定不是"的话）在完全懂了一种哲学以后才试图去懂另一种哲学。因为一方面，懂了另一种哲学以后可以帮助加深自己对原来那种哲学的理解，而另一方面，也许不懂其他一种哲学就不能完全懂自己的那种哲学（而如果这样，上面这句话中的"不一定是"就真的要改为括号中的"一定不是"了）。总体来说，在我看来，懂一种哲学与懂另一种哲学之间存在着一个永无止境的解释学循环：对一种哲学的一定程度的懂可以帮助一个人懂另一种哲学，而对这第二种哲学的一定程度的懂又可以帮助这个人加深对第一种哲学的懂，如此下去，周而复始。在这个过程中，这个人可以不断加深对这两种哲学的懂的程度，从而也不断加深对哲学本身的懂的程度，而对哲学本身的懂的程度又可以帮助这个人加深对这两种哲学的懂的程度，如此下去，周而复始。但是，无论是就对这两种哲学而言还是对哲学本身而言，也无论是就研究哲学的某个个体而言，还是就哲学共同体（包括其横的即跨文化的层面和纵的即从过去到将来的历史的层面），上面提到的完全的"懂"的程度是永远不可能实现的，但我们可以不断地懂得更多、更好。

（接上页）哲学与西方哲学为例，事实上当然还有很多其他哲学传统，如印度传统、阿拉伯传统、非洲传统、日本传统、韩国传统等）。另外，我还在想，歌德和缪勒在讲只知其一便不知其一时都是就不同的文化传统而言的，那我们是否也可以将其运用到学科内部呢？例如，我们是否可以说只懂一种伦理学（不管是美德伦理学、义务伦理学、目的伦理学，还是别的什么伦理学）的人是不懂伦理学的人呢？不知道。

参考文献

陈继红：《从词源正义看儒家伦理形态之争——以德性、美德、德行三个概念为核心》，《南京大学学报》2017 年第 3 期。

陈来：《儒学美德论》，北京：生活·读书·新知三联书店，2019 年。

陈真：《美德伦理学为何不是一个错误的分类范畴》，《道德与文明》2019 年第 5 期。

程颢、程颐：《二程集》，北京：中华书局，2004 年。

邓安庆：《美德论伦理学：历史及其问题》，《伦理学术》第 7 辑，上海：上海教育出版社，2019 年。

黄勇（2018a）：《理想形态的美德伦理学家：亚里士多德还是朱熹？》，《哲学动态》2018 年第 9 期。

黄勇（2018b）：《儒家伦理学作为一种美德伦理：与南乐山商榷》，《华东师范大学学报》2018 年第 5 期。

黄勇：《解释学的两种类型：为己之学与为人之学》，《复旦学报》2005 年第 2 期。

黄勇：《当代美德伦理：古代儒家的贡献》，上海：东方出版中心，2019 年。

荆门市博物馆编：《郭店楚墓竹简》，北京：文物出版社，1998 年。

李民、王健：《尚书译注》，上海：上海古籍出版社，2004 年。

李明辉：《儒家、康德与德行伦理学》，《哲学研究》2012 年第 10 期。

李明辉：《再论儒家、康德伦理学与德行伦理学——评唐文明的〈隐秘的颠覆〉》，《台湾东亚文明研究学刊》2015 年第 2 期（第十二卷）。

刘梁剑：《人性能否为美德伦理奠基——在儒家伦理与 Virtue Ethics 之间》，《华东师范大学学报》2011 年第 5 期。

刘余莉：《美德与规则的统一：兼评儒家伦理是美德伦理的观点》，《齐鲁学刊》2005 年第 3 期。

潘小慧：《德行伦理学中的人文主义精神——从 Virtue Ethics 的适当译名谈起》，《哲学与文化》2006 年第 1 期（第 33 卷）。

王先谦：《荀子集解》，北京：中华书局，1988 年。

王阳明：《王阳明全集》，上海：上海古籍出版社，1992 年。

萧阳：《论"美德伦理学"何以不适用于儒家》，《华东师范大学学报》2020 年第 3 期。

杨国荣：《德性、知识与哲学进路》，《天津社会科学》2020 年第 4 期。

杨天宇：《礼记译注》，上海：上海古籍出版社，1997 年。

朱熹：《朱子语类》，黎靖德编，王星贤点校，北京：中华书局，1996 年。

朱熹:《朱子全书》，上海：上海古籍出版社，合肥：安徽教育出版社，2002 年。

Ames, Roger and Henry Rosemont. 2011. "Were Early Confucians Virtuous?" in C. Fraser, D. Robbins and T. O'Leary, ed. *Ethics in Early China: An Anthology*. Hong Kong: Hong Kong University Press.

Aristotle. 2004. *Nicomachean Ethics*. trans. by Roger Crisp. Cambridge: Cambridge University Press.

Huang, Yong. 1997. "The Primacy of Character." in Daniel Statman, ed. *Virtue Ethics: A Critical Reader*. Washington, DC: Georgetown University Press.

Huang, Yong. 2011. "Two Dilemmas in Virtue Ethics and How Zhu Xi's Neo-Confucianism Avoids Them." *Journal of Philosophical Research* 3.

Huang, Yong. 2014. *Why Be Moral: Learning from the Neo-Confucian Cheng Brothers*. Albany, NY: SUNY Press.

Huang, Yong. 2019. "Justice as a Personal Virtue and as an Institutional Virtue: Mencius's Confucian Virtue Politics." *Yearbook for Eastern and Western Philosophy* 4.

Hursthouse, Rosalind. 1999. *Virtue Ethics*. Oxford: Oxford University Press.

Lauden, Robert. 1997. "Kant's Virtue Ethics," in Daniel Statman, ed. *Virtue Ethics: A Critical Reader*. Washington, DC: Georgetown University Press.

MacIntyre, Alasdaire. 1984. *After Virtue*. Notre Dame: Notre Dame University Press.

Müller, Max. 1882. *Introduction to Science of Religion: Four Lectures Delivered at the Royal Institute of London*. Longmans, Green, and Co.

O'Neill, Onora. 1989. "Kant After Virtue." in her *Constructions of Reason: Explorations of Kant's Practical Philosophy*. Cambridge: Cambridge University Press.

Slote, Michael. 2001. *Morals from Motives*. Oxford: Oxford University Press.

Slote, Michael. 2007. *Ethics of Care and Empathy*. London and New York: Routledge.

Slote, Michael. 2010. *Moral Sentimentalism*. Oxford: Oxford University Press.

Shun, Kwong-loi. 2002. "*Ren* 仁 and *li* 礼 in the *Analects*." in Bryan Van Norden, ed. *Confucius and the* Analects*: New Essays*. Oxford and New York: Oxford University Press.

Rorty, Richard. 1979. *Philosophy and the Mirror of Nature*. Princeton: Princeton University Press.

Van Norden, Bryan. 2007. *Virtue Ethics and Consequentialism in Early Chinese Philosophy*. Cambridge: Cambridge University Press.

第一章　在理性主义与情感主义之间：
程颢的美德伦理学的特质

一　引　言

当代西方美德伦理学之繁荣的表现之一就是，它不再是单一的亚里士多德主义的复兴，而表现出其形式的多样化。其结果就是，我们不仅看到美德伦理学与其他规范伦理学如义务论和功利论之间的争论，而且还看到美德伦理学内部各派之间的争论。其中最重要的就是在以亚里士多德为源泉的理性主义的美德伦理学与以休谟为传统的情感主义的美德伦理学之间的争论。本章考察程颢的美德伦理学的特质。由于他的伦理学围绕着作为儒家之首德、全德（包含其他德）的仁，帮助我们成为仁者，他的伦理学是一种美德伦理学。而他将仁理解为对他人的痛痒的知觉，理解为以万物一体，这又使他的仁的概念与当代心理学和伦理学的热门概念同感（empathy）几乎重合，而同感概念又是当代情感主义美德伦理学的核心概念。在此意义上，程颢的美德伦理学至少具有情感主义成分。但同时，程颢又试图对儒家的仁这种美德从人性的角度，甚至是宇宙的终极实在的角度做出本体论的说明，而这又使他的伦理学具有了理性主义的成分。因此程颢的美德伦理学间于理性主义和情感主义之间。

二　"天地之大德曰生"：儒家美德的本体论说明

在汉语世界一般被称为宋明理学的儒家传统，在英语世界被称为新儒学（Neo-Confucianism）。新儒学较之先秦儒学之新可以有不同的理解，而一个重要的方面就是为先秦儒家所讨论的儒家美德，如仁义礼智等，提供一个本体论或形而上学的说明：为什么孔孟将它们视为美德，或者说将它们视为美德的根据是什么。而宋明理学，作为理学，用来做这样的说明的就是理这个概念。在这方面，程颢与其弟程颐可以恰当地被看作理学的始祖。虽然与他们俩一起被称为北宋五子的周敦颐、邵雍和张载一般也被看作理学家，但只是在二程的哲学里面理才成为最根本的概念。程颢有一个著名的说法："吾学虽有所受，天理二字却是自家体贴出来。"（《外书》卷十二）当然，无论是天还是理，甚至天理连在一起，在程颢之前的哲学文献中已经存在。所以他说他自己体贴出来的实际上当然不是天理"两字"，而是天理这个概念。

值得注意的是，他这里说的天理并非是指与地的理或人的理不同的天的理（li of tian），因为在他那里地的理和人的理也是天理。另外，它也并非指表示崇高的、天一般的理（heavenly li）以与别的什么低俗的理相区分。把天和理合在一起，程颢想表达的就是，传统用来表示最高实在的天实际上就是理，"天者，理也"（《遗书》卷十一，132），天理就是天—理。因此天和理有不同的意义（senses）但却有相同的指称（reference）。事实上，在程颢那里，理不仅与天同，也与历史上不同的哲学家用来表达世界之终极实在的其他概念，如易、道、神、性、帝等，也是同一个概念。例如，在上面所引"天者，理也"之后，程颢紧接着说："神者妙万物而为言者也。帝者以主宰事而名。"（《遗书》卷十一，132）这里引进了神和帝这两个概念，他们跟理的指称也一样。在另一个地方，他又说："盖上天之载，无声无臭，其体则谓之易，其理则谓之道，其用则谓之神，其命于人则谓之性，率性则谓之道，修道则谓之教。"（《遗书》卷一，1）这里他又引进了易、道、神、性，所指与理也相同。他还把理分别与礼和心相联系，说"礼者，理也"（《遗书》卷十一，125），"理与心一"（《遗书》卷五，76），说明礼和心与理所指也相同。

由此可见，程颢说的他自己体贴出来的"天理"二字实际上指的是，他所理解的理指的是世界的终极实在，这是一个先前的哲学家用天、道、神、帝、易、性甚至心等概念表达的终极实在。正是在这个意义上，理在程颢那里获得了所有这些概念本来所具有的本体论意义。所以他说："理则天下只是一个理，故推至四海而准，须是质诸天地，考诸三王不易之理。故敬则只是敬此者也，仁是仁此者也，信是信此者也。"（《遗书》卷二上，38）万物之所以存在、之所以是万物，都是由于其理，因此他先引《孟子》，"诗曰：'天生蒸民，有物有则，民之秉彝，好是懿德。'故有物必有则，民之秉彝也，故好是懿德"，然后便说，"万物皆有理，顺之则易，逆之则难，各循其理，何劳于己力哉？"（《遗书》卷十一，123）由于理内在于物、内在于人，人循理就是按照人自己内在的自然倾向行事，因此是容易的事，而不循理则要跟自己的内在的自然倾向做斗争，因此反而是困难的事情。我们后面要详加考察的万物一体是程颢的一个重要思想，但他认为这也是因为理："所以谓万物一体者，皆有此理，只为从那里来。"（《遗书》卷二上，33）

虽然理是万物的本体论基础，与柏拉图的形式或理念不同，程颢坚持认为，它既不在时间上先于万物也不在空间上外于万物。关于这一点，我们可以从他关于两对相关概念的讨论看出。第一对概念是道与器。道与器这对概念来自程颢提到的《易经》中的一个说法，"形而上者谓之道，形而下者谓之器"（《遗书》卷十一，118）。这里的器就是指物。就此程颢明确指出："道之外无物，物之外无道。"（《遗书》卷四，73）紧接着他进一步说明，父子之道即亲就在父子，君臣之道即严或敬就在君臣，"以至为夫妇、为长幼、为朋友，无所为而非道，此道所以不可须臾离也"（《遗书》卷四，73-74）。这就是说，不仅所有的物／事都是有道的物／事，而且道也只能是物／事的道。第二对概念是理（道、性、神等）与气的概念。理（道、性、神等）与气在程颢看来是不同的："有形总是气，无形只是道。"（《遗书》卷六，83）这跟他上面讲道为形而上者，器为形而下者是一致的，因为形而上者为无形，而形而下者为有形。但有形的气与无形的道之间的关系如何呢？一方面，他说："性即气，气即性。"（《遗书》卷一，10）这里他说性即气、气即性当然不是指性就是气，气就是性，毕竟性无形，为形而上者，而气有形，为形而下者，是很不相同的。这里的"即"指的是分不开的意思。另一方面，他说"气外无神、神外无气"（《遗书》卷十一，121），同样说明理气不能分开。

那么程颢讲的形而上的、无声、无形、无嗅的理到底何指呢？可以确定的是，理不是作为万物共同本质（essence）的某个物化的实体，不是管理万物的普遍法则（law），不是为万物所遵循的原则（principle），不是万物所呈现出来的形式（pattern），虽然这是英语世界对理的几种常见翻译。这样的理解有一个共同的特征，即它们都把理理解为静态的东西，但程颢所理解的理不是静态的东西，而是动态的活动。例如他说："冬寒夏暑，阴阳也，所以运动变化者，神也。"（《遗书》卷十一，121）由于神在程颢那里也是理的同义词，他实际上也是在说，所以运动变化者，理也。这个说法与其弟程颐的观点完全一致："'一阴一阳之谓道'，道非阴阳也，所以一阴一阳道也，如一阖一辟谓之变。"（《遗书》卷三，67）阴阳是气，所以道不是阴阳，但一阴一阳即阴阳之气的变化就是道。在我们上一段所引《遗书》卷四的那段话中，程颢说父子之道是亲，君臣之道是敬，这里的亲和敬也当作动词解。这样我们可以很好地理解程颢的理与万物的关系。万物都是运动变化中的万物，而万物之运动变化就是其理。万物有形、有声、有嗅，但万物之运动变化则无形、无声、无嗅。例如，我们可以看见运动中的汽车，但我们无法看见汽车的运动。

这里特别需要强调的是，程颢的理是活动，而不是活动者。在这一点上，我认为牟宗三的理解是错误的。虽然牟宗三赞赏程颢而不同意程颐，认为理在程颢那里是动态的，是即存有即活动，而在程颐那里是静态的，是只存有不活动。我在别的地方已经论证，牟宗三在二程之间做的这个区别是不存在的，因为程颐同样从动的角度去理解理（见 Huang 2014, 211-214）。但我这里要强调的是，即使就程颢的理而言，牟宗三的理解也是错误的。牟对程颢的理采取了一种物化的理解，即将它看作一种物，这种物不仅存在而且活动。例如，他说："盖变易之相固是变动，即作为其体的生之真几亦不只是静态的理，而亦是活动之物也。"（牟宗三 1968, 136）理是活动之物！这种解释是费解的。理作为形而上者怎么能活动呢？按照我对程颢（事实上也是程颐）之理的理解，世界上的万物都在运动变化，而这种运动变化就是理。在这里理不是变化之物，而是物之变化。如果如牟宗三所说，理本身也是一个变化之物，那么它跟同样作为变化之物的万物有什么根本的不同呢？它跟万物的关系是什么呢？它的变化跟万物的变化的关系是什么呢？这些牟宗三的解释必然会面临的问题都是理论上无法回答的问题，而程颢的理的概念本身根本不会面临这样的问题。

但是，由于活动并不能自存而必须是某物的活动，在什么意义上作为活动的理可以被看作万物的本体论基础呢？在程颢看来，理是一种特殊的活动。为了说明这一点，程颢援引《易经》中"生生之谓易"的说法，并指出："生则一时生，皆完此理。"（《遗书》卷二上，33）换言之，理就是万物的生的活动。正是在此意义上，程颢认为道和天就是理。例如他说："'生生之谓易'，是天之所以为道也。天只是以生为道，继此生理者，即是善也。"（《遗书》卷二上，29）所以虽然生这种活动始终是万物之生的活动，万物之所以存在并继续存在恰恰是因为其自身的生的活动。也正是在此意义上，虽然生的活动是万物的活动，但它在本体论上先于具有生这种活动的万物。这有点类似海德格尔的存在的本体论：虽然存在永远是存在者的存在，存在者之所以存在、之所以是存在者恰恰是因为它们的存在，因此存在在本体论上是先于具有存在的存在者的。这里值得注意的是，正如 A. C. 格兰姆（A. C. Graham）所指出的，程颢所讲的生，跟基督教的生或创造概念不同。后者具有甲创造乙的模式：乙是被动的、被在它自身之外的他者甲创造出来的，如一个陶工（甲）制造一个瓷器（乙）。而在程颢那里，生具有的模式是某物的自生，如一颗种子生成一棵树，而不是一个创造者用种子来制造一棵树。

由于程颢认为性不过是天理之命于人者，而理就是万物的生之活动，人性也就是生。正是在这个意义上，程颢赞成被孟子批评的告子的说法，"生之谓性"，当然具体意涵与告子大异其趣。告子所谓的"生之谓性"指的是人生来具有的东西就是性。孟子当然也认为性是人生来就具有的，但他认为并非人生来具有的就是性。人的性是人生来具有的、将人与其他存在物区分开来的东西，而这些东西在孟子看来就是仁义礼智。虽然程颢赞成告子"生之谓性"的说法，但他并不因此而不同意孟子，这是因为他所理解的"生之谓性"指的生这种活动是人的性。关于这一点，我们在下面这段话中可以清楚地看出：" '天地之大德曰生'，'天地纲缊，万物化醇'，'生之谓性'，告子此言是，而谓犬之性犹牛之性，牛之性犹人之性，则非也。万物之生意最可观，此元者善之长也，斯所谓仁也。人与天地一物也，而人特自小之，何耶？"（《遗书》卷十一，120）这里，他一开始就引《易经》中"天地之大德曰生"一句，这里的生很显然是指生的活动。然后在引了告子"生之谓性"的说法并稍加解释后，他又说"万物之生意最可观"，很显然也是指万物之生的活动而不是万物生来具有的东西，虽然万物的生的活动也是万物生来具有的。在这一点上，唐君毅的理解是完全正确的。他说程颢讲的"生之谓性""是就人物之生，而谓之为性。然此又非自此生之所生出者上说，复非自此生之事上说，而是即此'生'之自身而谓之曰性"（唐君毅1991，357）。

但我们在上一节中说，万物都有生的活动，而不只是人所特有的活动。如果人的性是为人所特有者，那么我们就不能说人的性就是生。确实是这样，但程颢的观点不是否认人之性为生，而是指出人之性乃生在人身上的特殊体现。也就是说，人与别的存在物的差别不在于有没有生这种活动，而在于生这种活动的具体表现形式。在上一节的最后一段所引《遗书》卷二上的话说了"天只是以生为道"后，程颢紧接着说"继此生理者，即是善也"，这里就是特指人。关于这一点，在上面一段引的《遗书》卷十一的类似的话中，程颢就讲得更清楚。在说了"万物之生意最可观"后，程颢紧接着就说，"此元者善之长也，斯所谓仁也"。这里他把仁引进来了，认为仁就是继万物之生理者。而仁在程颢那里不只是儒家最根本的美德，而且甚至是包含了所有其他美德的全德。在其著名的《识仁》篇的一开始，程颢就说："学者须先识仁。仁者，浑然与物同体。义、礼、知、信皆仁也。"（《遗书》卷二上，16）仁义礼智是儒家最基本的美德，这里程颢用它们来说明人之性善。因此在程颢看来，性与德不分。正是在此意义上，在讲性时，他会说"德性"，而在谈德时，他会说"德之性"："'德性'者，言性之可贵，与言性善，其实一也。'性之德'者，言性之所有；如卦之德，乃卦之韫也。"（《遗书》卷十一，125）

这样，程颢就完成了对先秦儒家的美德即仁义礼智（再加信）的本体论说明。为什么儒家认为它们是美德呢？因为它们是人性，是使人之为人的东西，是将人与别的存在物区分开来的东西。而人性又是作为天地万物之根本实在的理在人身上的特殊体现形式，因为理就是万物之生生不已的活动，而作为人性的首德、全德的仁就是人之继天之生理者。

三　仁者觉痛痒：认知与情感

要更好地理解仁作为人性、作为万物之生理在人身上的特殊体现，我们需要更进一步地说明程颢所讲的仁究竟何指。我们上面刚引了程颢《遗书》卷二上的话："仁者与万物同体。"这是什么意思呢？程颢解释说：

> 医书言手足痿痹为不仁，此言最善名状。仁者，以天地万物为一体，莫非己也。认得为己，何所不至？若不有诸己，自不与己相干。如手足不仁，气已不贯，皆不属己。故"博施济众"，乃圣之功用。仁至难言，故止曰"己欲立而立人，己欲达而达人，能近取譬，可谓仁之方也已。"欲令如是观仁，可以得仁之体。（《遗书》卷二上，15）

这是程颢关于仁的重要说法，它讲了几层意思。第一，作为生之活动的仁表现为有知觉。如果一个人的手足麻痹了，即不仁了，他就感觉不到手脚的痛痒。相反一个人的手脚如有仁，即如没有麻痹，他就可以感觉到手脚的痛痒。这是医家讲的仁与不仁。儒家讲的仁与不仁与此类似。如果一个人面临一个痛苦的他者，却对这个他者的痛苦没有任何感觉，那么这个人也就麻木不仁了。相反如果他人身上有痛痒，一个仁者也会感觉到他的痛痒。关于程颢的这个观点，唐君毅正确地指出："如知一身之手足之气不相贯，疾痛不相感，为不仁；则知己与人之气不相贯，疾痛不相感，亦为不仁。"（唐君毅 1990，138）在一个地方，程颢说医家讲的仁可以作为儒家讲的仁的譬喻："医家以不认痛痒谓之不仁，人以不知觉不认义理为不仁，譬最近。"

（《遗书》卷二上，33）但更确切地说，这两种意义上的仁的关系比譬喻涉及的两者之间的关系更加紧密。儒家讲的道德之仁实际上就是医家讲的生理之仁的扩展：从对自身痛痒的感知扩展到对他人痛痒的感知。程颢的另外两个说法就对这种关系做了更好的说明。一个是在我们上引的那段话的一开头，"医书言手足痿痹为不仁，此言最善名状"。这里他认为医书用手足萎痹为不仁最善名状。名什么状呢？就是明儒家讲的道德的仁之状。在另一个地方他说，"医家言四体不仁，最能体仁之名也"（《遗书》卷十一，120）。这里体现其名的仁也就是儒家的道德的仁。

朱熹对这种以觉训仁的观点有两个重要批评，虽然这种批评针对程颢的弟子谢良佐，但其内容同样适合程颢。我们这里先谈他的第一个批评，而在下面讲程颢万物一体观的第二层意思时我们再讨论他的另一个批评。我们上面看到，程颢认为一个人自己身上的疾痛不相感，就是医家讲的不仁，而知己与人之气不相贯，疾痛不相感，则是儒家讲的不仁。所以儒家的仁就是要能感知他人的疾痛。但朱熹说，"觉者，是要觉得个道理。须是分毫不差，方能全得此心之德，这便是仁。若但知得个痛痒，则凡人皆觉得，岂尽是仁者耶？"又说，"只知觉得那应事接物底，如何便唤做仁！须是知觉那理，方是"（《语类》卷一〇一，2562）。这里，朱熹一方面似乎将仁与对仁的认识（即程颢所说的识仁）混淆了。在程颢那里，仁就是能像感觉到自身的痛痒那样感觉到他人的痛痒，而朱熹说感觉到他人的痛痒还不是仁，而只有感觉到了那个道理才是仁。那这个道理是什么呢？这个道理就是心之德，就是仁。其结果就是：仁是知觉到仁，显然不通。另一方面，朱熹似乎混淆了对自身痛痒的感觉和对他人痛痒的感觉，前者固然凡人都可以做到，但后者则只有仁者才能做到，而程颢讲的儒家之仁是指后者。有一种观点认为，朱熹的批评确实只适用于谢良佐，而不适用于程颢，其关键在于，在程颢那里，医家之仁只是用来说明儒家之仁，前者是觉自身之痛痒，而后者则是觉他人之痛痒，其中后者是前者的扩展。而谢良佐没有区分医家之仁与儒家之仁，或者至少没有明确区分两者（沈享民 2013，39-60）。例如，谢良佐说："活者为仁，死者为不仁。今人身体麻痹，不知痛痒，谓之不仁"（《上蔡先生语录》，2）；"仁是四肢不仁之仁，不仁是不识痛痒，仁是识痛痒"（《上蔡先生语录》，19）。但即使在这里，正如张永俊所指出的，"上蔡先生所谓'痛痒'与'知觉'，不是生理层次、心理层次的感觉与知觉。那不过是指点语，喻示形上层次的宇宙生机论，也是喻示一种先天道德情感，如孟子所谓的'恻隐之心'，王阳明所谓的'真诚恻怛'"（张永俊1988，233-234），对此朱熹不可能不觉察。更重要的是，在上引最后一段话后，谢良佐就说，"不知礼无以立，使人人皆能有立，天下有治而无乱"（《上蔡先生语录》，19），可见他前面所说的仁不是只知自身之痛痒。此外还有一段有关知觉为仁的话更明确地表明谢良佐的知觉之仁涉及他人。有人问"求仁如何下功夫"，谢回答说：

> 如颜子视听言动上做亦得，如曾子容貌辞气上做亦得。出辞气者，犹佛所谓从此心中流出。今人唱一喏，不从心中出，便是不识痛痒。古人曰，"心不在焉，视而不见，听而不闻，食而不知其味"。不见、不闻、不知味，便是不仁。死汉，不识痛痒了。又如仲弓"出门如见大宾，使民如承大祭"，但存得如见大宾、如承大祭底心在，便是识痛痒。（《上蔡先生语录》，14）

这里光看他说的"死汉，不识痛痒"确实只涉及自身，但他这里说的"不仁"却是与心有关，在前面仁与颜子、曾子相关，而在后面将识痛痒与"但存得如见大宾、如承大祭底心"相联系，很显然是与对他人之痛痒的知觉有关的。由此可见，朱熹对谢良佐的批评确实也旨在针对程颢的观点，但如我们上面指出的，这是一种不能成立的批评。

现在我们回头讨论程颢万物一体观的第二层意思。如果我们的手脚没有麻木不仁，当我们感觉到了自己手脚的痛痒以后，我们不会就此止步，而会很自然地设法去除这种痛痒。同样地，如果我们的心没有麻木不仁，在我们感觉到他人的痛痒以后，我们同样也不会就此止步，而会很自然地去帮助他人解除这样的痛苦。关于这一点，程颢在另一段话中有明确的说明：

　　"刚毅木讷"，质之近乎仁也；"力行"，学之近乎仁也。若夫至仁，则天地为一身，而天地之间，品物万形为四肢百体。夫人岂有视四肢百体而不爱者哉？圣人，仁之至也，独能体是心而已，易尝支离多端而求之自外乎？故"能近取譬"者，仲尼所以示子贡以为仁之方也。医书有以手足风顽谓之四体不仁，为其疾痛不以累其心故也。夫手足在我，而疾痛不与知焉，非不仁而何？世之忍心无恩者，其自弃亦若是而已。（《遗书》卷四，74）

这里一开始讲的两种近乎仁的状态都已经不只是知而且是行的状态。而达到以天地万物为一身、品物万形为四肢百体的至仁状态的圣人更不是只知其身、其四肢百体，而同时是爱其身、其四肢百体。而到这段话的最后，程颢批评麻木不仁的人也不只是说他们认知上有缺陷即不知四肢百体的疾痛，而是说他们道德上有缺陷："忍心无恩。"所有这些都说明，理解为觉痛痒的仁不只是一个认识活动而且也是一个道德活动。在这个意义上，朱熹对这种以觉训仁的另一个批评就有失偏颇："《孟子》之'知''觉'二字，却恐与上蔡意旨不同。盖孟子之言知、觉，谓知此事、觉此理，乃学之至而知之尽也。上蔡之言知、觉，谓识痛痒、能酬酢者，乃心之用而知之端也。二者亦不同矣。然其大体皆智之事也。"（《朱文公文集》卷四十二《答胡广仲》书五，《朱子全书》第二十二册，1903）虽然朱熹这里的批评针对的也是程颢的弟子谢良佐，但谢的以觉训仁思想来自程颢，因而也可以看作对程颢的批评。但我们上面指出，觉痛痒不仅包括知痛痒而且还包括去除痛痒的趋向，很显然它不只是智之事，而且也是仁之事，确切地说，是包括智之事在内的仁之事。

　　第三，如果我们的手脚麻木不仁，我们感觉不到它们的痛痒，而如果我们感觉不到我们手脚的痛痒，我们的手脚就好像不是我们身体的一部分。相反，如果我们的手脚没有麻木不仁，如果我们能够感觉到我们手脚的痛痒并自然地要去除这种痛痒，我们的手脚就是我们身体的一部分。同样地，如果我们的心麻木不仁，当他人身上有痛痒时，我们却感觉不到他们的痛痒，在这种情况下，麻木不仁的我们是我们，而身有痛痒的他们则是他们，我们与他们没有关系。相反，如果我们的心没有麻木不仁，当他人身上有痛痒时，我们不仅能够感觉到他们身上的痛痒，而且会自然地设法帮助他们去除这样的痛痒，这就表明我们与他人一体了。所以程颢说"仁者与万物为一体"、"仁者浑然与物同体"、仁者以"天地为一身"、仁者"品物万形为四肢百体"。与此有关，由于我们能以他人为一体，当我们帮助他人解痛除痒时，当我们博施济众时，我们实际上都是在为己，而"认得为己，何所不至"，这是因为在这个时候，天地万物"莫非己也"。当然这不是说仁者是利己主义者，只关心自己而不关心他人，因为在以万物为一体的仁者那里，虽然他的博施济众都是为了自己，但这只是因为世界万物都已经成了他自己的一部分，在他自己之外再也没有任何他者他还可以关心。如果在他自己之外还有他者，那只能说明他还没有以万物为一体，因而还不是真正的仁者。

程颢的万物一体观涉及的第四层意思是仁者之乐。儒家的仁者之所以是仁者在于其能关心他人的痛痒，并帮助他人去除他人的痛痒。当我们自身感到痛痒时，我们会很自然地去做能去除这种痛痒的事情。在这个过程中，我们不需要有坚强的意志去克服自己不想去除这种痛痒的自然倾向，因为我们没有这样的自然倾向，我们有的自然倾向恰恰是要去除这样的痛痒，因此我们可以说是乐于去除这样的痛痒。但我们如果知道他人身上有痛痒，我们则往往没有帮助他们去除这样的痛痒的自然倾向，特别是如果这样的帮助行为与去除我们自身的痛痒，或追求我们自身的快乐发生冲突的时候。在这种情况下，我们还是有可能决定去帮助他人解除他们的痛痒，但在这种情况下，我们需要确立坚强的意志去克服我们想解除自身的痛痒或追求自身的快乐的自然倾向，然后才能去做这件我们没有欲望去做的帮助行为。在这样的帮助行为中我们就不会有乐趣。为什么会这样呢？程颢说，这是因为"人只为自私，将自家躯壳上头起意，故看得道理小了佗底"（《遗书》卷二上，33）。换言之，这是因为我们还不是仁者，我们还不能感知他人的痛痒，我们还不能以需要帮助的他者为一体，将需要帮助的他者视为自己的一部分。相反，如果能以万物为一体，将他者的痛痒感知为自身的痛痒，我们帮助他者解除痛痒的行为就会与我们解除自身痛痒的行为一样自然，也就是说我们也跟解除自己的痛痒一样乐于去做解除他者的痛痒的事情，因为这里的他者已经成了我自身的一部分。关于仁者因能以万物一体而感到的这样一种乐，程颢在其著名的《识仁》篇中解释得非常清楚：

> 学者须先识仁。仁者，浑然与物同体。义、礼、知、信皆仁也。识得此理，以诚敬存之而已，不须防检，不须穷索。若心懈则有防，心苟不懈，何防之有？理有未得，故须穷索。存久自明，安待穷索？此道与物无对，大不足以名之，天地之用皆我之用。孟子言"万物皆备于我"，须反身而诚，乃为大乐。若反身未诚，则犹是二物有对，以己合彼，终未有之，又安得乐？订顽意思，乃备言此体。以此意存之，更有何事？"必有事焉而勿正，心勿忘，勿助长"，未尝致纤毫之力，此其存之之道。若存得，便合有得。盖良知良能元不丧失，以昔日习心未除，却须存习此心，久则可夺旧习。此理至约，惟患不能守。既能体之而乐，亦不患不能守也。（《遗书》卷二上，16-17）

这里程颢说仁者能够轻松自然，"不须防检，不须穷索""更有何事""未尝致纤毫之力"等，这就已经暗示仁者之乐。但程颢进一步加以说明，认为仁者之所以能这样做，是因为他"浑然与物同体"，即孟子所谓的"万物皆备于我"，不再"二物有对，以己合彼"，因此能够能有"大乐"，能体之而乐。

第五，程颢这里讲的仁者以万物为一体主要是境界论意义上的而非存在论意义上的。这不是说程颢那里没有本体论意义上的万物一体，而是说本体论意义上的万物一体概念没有什么特别重要的价值。例如当一个人的手脚麻木不仁的时候，从本体论的意义上，这个人的手脚还与他为一体。在本体论意义上，不仅所有的人，包括仁者和非仁者，无论是医家意义的仁还是儒家意义上的仁，都与万物为一体，而且所有的物也与所有别的物为一体。因此程颢说："'万物皆备于我'，不独人尔，物皆然。"（《遗书》卷二上，34）但是在境界论的意义上，不仅只有人才能以万物为一体，而且只有仁者，即其心没有麻木不仁的人，更确切地说，仅当一个人成为仁者，即其心没有麻木不仁的时候，才能以万物为一体。所以他说："人则能推，物则气昏，推不得，不可道他物不与有也。人只为自私，将自家躯壳上头起意，故看得道理小了佗底。"（《遗书》卷二上，33）本体论意义上的万物一体与境界论意义上的万物一体的一个重要差别是，在前者一体的万物是对称的，而在后者一体的万物是不对称的。例如，在本体上的意义上，如果甲以乙为一体，那么乙也一定以甲为一体。但在境界论的意义上，甲能以乙为一体并非表明乙也能以甲为一体。换句话说，甲能感觉到乙的痛痒，并不表示乙也能感觉到甲的痛痒，除非乙跟甲一样是个仁者。

我们现在看与此相关的有关程颢的万物一体观的最后一点也就是第六点，我们可以回答本节一开头的问题，即在人身上具体体现为仁的生之活动，作为人之性，到底在何种意义上将人与其他存在物区分开来。我们前面看到，在程颢看来，万物都有理，因而都有生这种活动。但在人身上，体现生这种活动的仁不仅体现为自生，特别是能够感到并意图去除身上的痛痒，而且还表现为帮助他者生，特别是能够感到并帮助他者去除他者身上的痛痒。这里的他者不仅包括其他人，而且还包括其他存在物，至少有非人类的动物，而动物则没有感知他者（不管是其他动物还是人类）的痛痒的能力，没有帮助他者解除痛痒的动机。这也就是我们在上一段中提到的人与动物的差别："人则能推，物则气昏，推不得。"另外在上引的那段关于孟子的"'万物皆备于我'，不独人尔，物皆然"后，程颢也说："只是物不能推，人能推之。"（《遗书》卷二上，34）推什么呢？就是推觉痛痒这种活动。动物能够知觉并试图去除自身（甚至小范围的他者）的痛痒，而人则能够将这种活动不断地向外扩展，一直到能知觉并帮助去除万物的痛痒，实现境界论意义上的以万物为一体。

四 程颢的美德伦理学的特质：在理性主义和情感主义之间

值得指出的是，虽然如我们看到，程颢这种以觉训仁的立场为后来的朱熹所反对，在将仁解释为对他者的痛痒的感知能力与试图帮助他者解除其痛痒的动机并由此达到万物一体时，程颢实际上提出了在当代西方道德心理学和伦理学中得到广泛讨论和重视的同感（empathy）概念，而这个概念在西方最早是由休谟提出的。这就是说，程颢比西方哲学中最早提出这个概念的哲学家还要早差不多七百多年。关于这一点，对同感概念在伦理学上做出最大贡献的哲学家斯洛特也明确承认（Slote 2010a, 6）。为理解在何种意义上程颢将仁解释为觉痛痒、以万物为一体的概念事实上是一种同感概念，我们可以看一下在当代西方心理学和伦理学中讨论的同感概念的一些主要特征，而这样做的一种最好的方式是考察一下它与我们平常更熟悉的同情（sympathy）概念有哪些不同。第一，用斯洛特喜欢用的说法，我对一个有痛痒的他人有同感就是说我感到了这个他人的痛痒，就好像是我自己的痛痒；而如果我对有痛痒的他人有同情，我感到的不是他人的痛痒，而是为他人有痛痒而产生的一种情感，如遗憾。

第二，与上述差别有关，如果我对他人有同感，我所感到的东西与他人的实际情况，而不是我自己的实际情况一致，因为毕竟我感到的是发生在他人身上，而不是在我自己身上。例如，如果我看到他人的手被割破，而且如果我是一个具有同感的人的话，我会有一种疼痛感，但与我这种疼痛感一致的不是我自己的身体状况，而是他人的身体状况，因为不是我的手被割破，而是他人的手被割破。这与同情的情况不一样，如果我因同情而为他人的痛痒而感到遗憾，这种遗憾与我所处的状况而不是有痛痒的他人的处境一致，因为有痛痒的他人显然并不为自己的痛痒而感到遗憾。

第三，虽然无论是对他人的痛痒有同感还是同情，我都会有一种帮助他人解除痛痒的动机，而且这种动机如果没有受到阻碍，会导致实际的帮助行为，但同感和同情的动机来源不同。同感的人之帮助他人解除痛苦的动机是直接的。当我感到自己的背上有痒时，我会很自然地产生去抓痒的动机。同样地，当我作为一个同感的人感知到他人的痛痒时，我也会自然地产生将他人的这种痛痒解除的动机。与此不同，同情的人之帮助他人解除痛苦的动机是间接的，因为虽然对他人的痛痒有同情的人知道他人有痛痒，并为此感到遗憾，但他自己没有感到他们的痛痒，因而没有直接产生帮助他人的动机。他之所以决定去帮助他人解除痛痒，是因为他觉得这是他作为一个有同情心的人应该做的事情。

第四，与此相关，在对他人的同感过程中，产生了具有同感的人（自我）和他的同感对象（他者）之间的融合（The self-other-merging）。心理学家发现，这种融合可以以四种不同的方式表现出来：（1）自我与他者的认同，即自我在谈到他者时不再用"他们"而是用"我们"来指称；（2）将自我扩张从而将他者包含在自己当中；（3）在他者中看到了自己的若干方面；（4）将自我和他者看作双方共同认同的某个团体的可以互换的代表。如白森（Daniel Batson）所指出的，尽管这四种自我与他者之间的融合涉及的心理过程不同，但它们有一个共同性，从而使它们都导致了同样的结论"当我们有同情的关怀时，出现了某种知觉上／概念上的变化。自我和他者不再被看作分别的个体，而是被看作同一个个体，或者被看作可以互换的等价物，至少就其需要和动机而言是如此。我们对他者的福利的关心也就是一种自我关心"（Baston 2018, 155）。而在同情现象中，这种自我（同情者）与他者（被同情者）的融合现象并没有发生，同情者清楚地知道自己是自己，他人是他人，是自己在帮助他人。

由于上述两点，同感者的帮助行为经常被批评是利己主义的，而同情者的帮助行为可以避免这样的批评。这是我要讲的在同感与同情之间的第五种区别。按照我们上面讲的第三个差别，如果我自己身上有痛痒，我之所以要去解除这种痛痒，是因为我感到不舒服，这种不舒服感只有通过将身上的痛痒解除以后才能解除，因此我解除自己身上的痛痒的行为显然是为了自己。现在假定对我他人的痛痒有同感，也就是说，我也感到了他人的痛痒。痛痒感是一种负面的感觉，是一种我一旦获得就想将其解除的感觉。但虽然要解除的痛痒感在我自身，但这个痛痒感的源头则在他人，是我因对他人的痛痒有同感才产生的，因此为了解除自己的痛痒感，我就得帮助他人解除其痛痒感。这样看来，我之所以帮助他人是为了解除我自己的痛痒感，在这个意义上，我的帮助行为是自私的。与此形成对照，具有同情心的人由于没有感到他人的痛痒，他帮他人解除痛痒的行动不会对自己有什么好处。他完全是为了他人而帮助他人，因此他的行为是利他的。

但这种在利己的同感引起的帮助行为与利他的同情引起的帮助行为之间的区分现在被证明是不成立的。心理学家白森及其团队做了大量心理学实验，证明具有同感的人的帮助行为是利他的而不是利己的；也就是说，这些具有同感的人之所以帮助他人不是为了消除自己因他人的痛苦而具有的痛苦感，因为在这些实验中，他们设计了一些可以使自己很容易避免这种因他人的痛苦而产生的痛苦感的其他途径，但具有同感的人宁愿选择帮助他人这个比较困难的途径，而不是那些比较容易的途径，来解除或避免因他人的痛苦而具有的痛苦感。所以他们的结论是同感是一种利他的情感（见Baston 2018，chap. 10；另见 Batson 2011）。但这样一说，至少在这一点上，同感和同情是否就没有差异了呢，因为它们都是利他主义的。如果联系到我们上面讲到的在这两者之间的第四种差别，同感和同情在利己、利他行为方面还是有差别的。由于具有同情心的人清楚地感到其同情对象是个他者，他帮助这个他者的行为完全是为了这个他者，因此说他的行为是利他主义的是恰当的。但具有同感的人与其同感对象融为一体，用程颢的话说，他以其同感对象为一体，这里就没有了自我和他者之间的区分。既然利己和利他都是以自我与他者之间的区分为前提的，而在同感现象中这种区分已经不存在，我们就既不能说这个人由同感引起的帮助行为是利己的，也不能说是利他的。

我们在同感和同情之间还可以做第六个也是最后一个区分。一个人由同感引起的帮助行为往往是自然的、自发的、不需要经过内心挣扎的，而且一旦这个帮助行为得以成功，具有同感的人会感到快乐。这在一个人为去除自身的痛痒的行为上就非常明显。如果我背上有痒，我会很自然地、自发地、不需要经过内心的挣扎地去设法解除这个痛痒，而且一旦这个痛痒真的被解除，会感到愉快。由于一个具有同感的人对他人的痛痒的感受就好像他对自己的痛痒的感受一样，他帮助他人解除其痛苦的行动也就与他为自己解除痛苦的行为一样自然、自发、无须任何内心的挣扎，并为其行为真的解除了他人的痛苦而感到快乐。与此相反，因为对他人的痛痒有同情的人本身并不感到他人的痛痒，因此没有帮助他人解除痛苦的自然倾向和愿望。

他之所以去帮助他人只是因为他觉得帮助他人是他应该做的事情。因此他的帮助行为就不是自然的、自发的，而需要做出一定的努力，做他往往没有自然倾向去做的事情或者不做他有自然倾向要做的事情，因此他在做这样的事情时不会感到快乐，有时反而会感到痛苦。在这个意义上，具有同感的人过的生活比具有同情的人过的生活更加令人羡慕。这是从帮助者的角度看。我们也可以从被帮助的人的角度来看具有同感的人的帮助行为和具有同情的人的帮助行为之间的差别。假如我是一个被帮助者，知道帮助我的人并没有帮助我的自然倾向，甚至是在克服了其相反的自然倾向后才帮助我，我的感受不一定会好，如果不是一定不会好的话。这也许就是有时我们听到或会说"我不需要你的同情"的话。相反，如果我们知道帮助我的人很乐意帮助我，他的帮助行为非常轻松和自然，我们的感受会更好一些。从这个意义上，来自同感的帮助行为较之来自同情的帮助行为，即使对于被帮助者，也有更高的价值。关于这一点，我在本书第九章还会做更详细的论证。

很显然，程颢讲的仁者以万物为一体的概念具有上述六个对比中同感的所有方面，所以我们可以比较确定地说，程颢讲的万物一体实际上就是当代心理学和伦理学里讨论的同感。因此虽然斯洛特现在修正了他以前认为孟子的万物皆备于我的观念也是一种同感观念的看法[①]，他还是认为，程颢是我们迄今为止所知道的提出同感概念的最早的哲学家。不过，斯洛特同时又认为，当代有关同感的大量心理学的研究已经大大超出了包括程颢在内的历史上的所有哲学家关于同感的讨论。换言之，在他看来，程颢的儒家的同感思想只有历史的价值，而没有理论的价值：他的同感思想已经过时了。我不同意这个看法，认为儒家的这种同感思想至少在若干方面可以避免当代关于同感的心理学的讨论，包括斯洛特本人关于同感的讨论。但关于这些方面的阐发，我将留待本书第七、第八章，以王阳明对程颢同感思想的发挥为焦点。

---

① 例如在 2010 年的一篇文章中，他说："中国哲学家对同感现象的关心比西方哲学家早了两千多年。"（Slote 2010b, 304）但在 2020 年出的一篇文章中他则认为孟子的万物皆备于我并不是一种同感观念（Slote 2020），尽管我们看到，程颢自己认为他的仁者以万物为一体的观念与孟子的万物皆备于我无异。

　　我在这里想强调的是，程颢的同感思想，作为其美德理论的核心部分，可以避免在当代西方美德伦理学复兴运动中理性主义和情感主义的非此即彼。在美德伦理学的这场复兴运动中，亚里士多德主义仍然是主流，而亚里士多德主义的美德伦理学一般被看作理性主义的美德伦理学。之所以说它是一种理性主义，倒并不是因为它忽视情感。事实上，亚里士多德本人就认为美德不仅表现在行动上而且也表现在情感上，也就是说，不仅有美德的行动也有美德的情感。但在亚里士多德那里，美德本身既不是行动，也不是情感，而是一种品格特征，来自这样的品格特征的情感和行动才是美德的情感和行动。亚里士多德主义的美德伦理学之所以是一种理性主义的美德伦理学主要也不是因为它最终诉诸理性。确实，在亚里士多德那里，理性是人的特有功能，而美德就是这种理性功能的卓越发挥。但是当代美德伦理学复兴运动中的最重要的新亚里士多德主义者霍斯特豪斯认为，理性并不是说明美德的终极概念。在她看来，美德乃是有助于人的诸方面（包括理性）更好地服务于人的诸目的（特别是社会群体的良好运转）的品格特征。亚里士多德主义美德伦理学之所以是一种理性主义美德伦理学是因为它试图为美德提供一种理性的说明。也就是说，它试图说明为什么一种品格特征是美德，而另一种品格特征是恶德，而无论是在亚里士多德本人那里还是在当代的新亚里士多德主义者那里，这种说明最后诉诸的都是人所特有的繁荣（ *eudaimonia* ），因为美德是有助于人的繁荣的品格特征。

　　在美德伦理学的当代复兴运动中，虽然亚里士多德主义仍然是主流，但也有一系列非亚里士多德主义的美德伦理学，但其中最重要的，并且与亚里士多德主义的理性主义的美德伦理学形成明确对照的是情感主义的美德伦理学，而这种情感主义美德伦理学的最重要的代表就是上面提到的斯洛特。当代新亚里士多德主义美德伦理学的最重要代表霍斯特豪斯最有影响的一本书的书名是《论美德伦理学》（ *On Virtue Ethics* ）。为了将其情感主义的美德伦理学与此形成对照或作为其替代，斯洛特写了一篇文章，特意将文章的题目也定为"论美德伦理学"，并在文章的一开头就解释说他这样做的目的是要批评霍斯特豪斯的理性主义（ Slote 2013, 22 ）。就好像理性主义的美德伦理学的主要源泉是亚里士多德，情感主义美德伦理学的主要来源是休谟。情感主义美德伦理学，作为伦理学，一方面，当然必须是美德伦理学，而在斯洛特看来，这就表明这种伦理学确定一个行动的对错的标准是其是否有美德的动机；另一方面，他必须是情感主义，也就是说，他用来评判行动之对错的美德的动机是一种情感（Slote 2014, 56）。所以，较之理性主义的美德伦理学，情感主义的美德伦理学有两个主要特征。第一，如我们上面所提到的，虽然理性主义美德伦理学也讲情感，但情感，就好像行动，本身不是美德。美德是一种品格特征，只是在这种品格特征体现在特定的情感和行动上时，后者才可以说是美德的情感或行动。但在情感主义那里，美德就是情感，而且是情感而不是理性才是道德动机和道德评价的源泉（Slote 2014, 53）。在传统上，这样的作为美德的情感是仁慈（kindness）和共情（compassion），而在今天，斯托特认为同感才是最能体现情感主义美德伦理学之基础的情感。第二，由于在情感主义美德伦理学中情感是首位的，所以他没有对为什么像仁慈和同感这样的感情是美德而别的情感不是美德甚至是恶德做任何说明，因为一旦做了这样的说明，这种作为美德的情感就不再是首要的，而用来说明它的东西成了首要的，而如果这样，这种伦理学就不再是美德伦理学了，因为美德伦理学是美德在其中占主导地位的伦理学。如果有人问，那我们怎么能断定像仁爱和同感这样的情感就是美德呢？斯洛特的回答是，你在问这个问题时已经知道它们是美德，因此是在明知故问。有时为了避免人家问这样的问题，斯洛特建议我们不要说这样的情感是美德，而就说它们是令人羡慕的（admirable）情感，因为说它们是美德的情感，容易引起人家追问什么是美德，但说它们是令人羡慕的情感则不会引起人家问令人羡慕是什么意思。

　　由于在程颢伦理学中占核心地位的是仁（包含义礼智信）这种美德，而且他认为我们的道德修养的目的是成为仁者，因此我们可以确定程颐的伦理学是一种美德伦理学。同时，程颢以能感觉痛痒来解释仁，认为仁者以万物为一体，这就表明仁在程颢那里与情感紧密相连，而这里涉及的情感，如我们上面所表明的，就是在当代西方道德心理学和伦理学中讨论的同感所涉及的情感。在这个意义上，我们可以说，程颢的美德伦理学是一种情感主义的美德伦理学，而与亚里士多德主义的理性主义美德伦理学不同。关于这一点斯洛特本人也是明确认定的。但突出情感在其伦理学体系中的地位只是情感主义美德伦理学较之理性主义美德伦理学的一个特征。情感主义美德伦理学较之理性主义美德伦理学的另一个特征是对什么样的情感是美德不加说明。但程颢的伦理学中是有这样的说明的。为什么作为同感的仁是一种美德呢？为什么人应该有作为同感的仁这种美德呢？我们上面看到，根据程颢的看法，这是因为仁是人性，是人之为人的东西，是将人与其他存在物区分开来的东西。而对美德做出一种说明，特别是通过人性来说明美德，恰恰是理性主义的美德伦理学的特征。在这个意义上，程颢的美德伦理学又是一种理性主义的美德伦理学。因此，总体来说，程颢的美德伦理学是情感主义和理性主义的融合。当然彻底的理性主义和彻底的情感主义，作为美德伦理学，是不能调和在一起的。我们看到理性主义美德伦理学和情感主义的美德伦理学的差别主要体现在两个方面，而程颢的美德伦理学在其中一个方面采取情感主义的立场（即主张同感是美德），而在其中的另一个方面则采取理性主义的立场（即为同感作为美德提供一种以人性为基础的理性说明）。在这个意义上，我们可以说，程颢的美德伦理学是一种情感主义的理性论或者是理性主义的情感论，是一种间于理性主义和情感主义的美德伦理学。[①]

五　养气与持志：从麻木不仁到知觉痛痒

在程颢看来，仁是将人与其他存在物区分开来的东西，而仁者以万物为一体，而且这不只是本体论意义上的以万物为一体，而且主要是境界论意义上的以万物为一体，也就是说人跟其他存在物的不同之处在于人能感知他

[①]　是否孟子的伦理学也是一种间于理性主义和情感主义的美德伦理学？这是一个值得注意的问题。万百安认为孟子的伦理学跟亚里士多德的理性主义美德伦理学更紧近（Van Norden 2007），而斯洛特则认为它与休谟主义的情感主义美德伦理学更接近（Slote 2009, 289-295）。

人的痛痒，就好像人能感知自己手足的痛痒。可是，就好像人的手足可能会麻木而不认痛痒，人的内心可能也会麻木而不认他人的痛痒。程颢说，人之所以手足麻痹不仁是因"气已不贯"，那么人心为什么会麻痹不仁而不认他人的痛痒呢？跟其他宋明儒一样，程颢也用气来说明，认为仁为人性，因此人性皆善。但如我们上面指出的，性不能独存，而必须存在于气中。因此在关于性与气不能分离即"性即气，气即性"这句话之后，程颢就说："人生气禀，理有善恶，然不是性中元有此两物相对而生也。有自幼而善，有自幼而恶。是气禀有然也。善固性也，然恶亦不可不谓之性也……凡人说性，只是说'继之者善'也，孟子言人性善是也。夫所谓'继之者善'也者，犹水流而就下也。皆水也。有流而至海，终无所污，此何烦人力之为也？有流而未远，固已渐浊；有出而甚远，方有所浊。有浊之多者，有浊之少者。清浊虽不同，然不可以浊者不为水也。"（《遗书》卷一，10-11）

　　关于这段话，首先需要说明的是（1）"理有善恶"和（2）"善固性也，然恶亦不可不谓之性也"这两个说法，因为这似乎表明程颢认为恶不仅与气有关而且与理和性有关，而我们的这个印象似乎为程颢在另外两个地方说的话所证实：（3）"天下善恶皆天理"（《遗书》卷二上，14）和（4）"事有善有恶，皆天理也"（《遗书》卷二上，17）。但如果对这些话从其紧接的上下文和程颢哲学的总体背景中来理解的话，我们就会发现上述的印象一定有问题。我们先来看（3）。在说了这句"天下善恶皆天理"之后，程颢紧接着就说："谓之恶者非本恶，但或过或不及便如此，如杨、墨之类。"（《遗书》卷二上，17）这说明在程颢看来，恶不是像善一样是实际存在的东西；恶只是善的缺失。这就好像黑暗并不是像光亮一样是实际存在的东西；黑暗只是光亮的缺失。程颢指出，善的缺失可以表现为两个方面，即善过或不及，并以杨墨为这两个方面的例子。我们已经看到，在程颢那里，仁作为人性是感知万物之痛痒并进而设法消除这种痛痒的能力或趋向，这样的能力或趋向是善的。那什么是恶呢？恶就是这种能力和取向的过与不足。关于不足，我们可以以程颢所用的杨朱为例子。在杨朱那里，人只有感知并解除自身痛痒的能力和趋向，但没有感知和解除他人痛痒的能力和趋向，这是这种能力和趋向的不足，也就是我们所说的恶。这比较容易理解，但怎么过也是恶了呢？我们还是以程颢提到的墨子为例子。我们知道，墨子提倡没有差等的兼爱，这与程颢对仁的理解相冲突。我们知道，仁是感知并帮助解除他人痛痒的能力和趋向，而且当程颢说仁者以万物为一体时，他认为仁者具有感知并帮助天下万物解除痛痒的能力和趋向。但是仁者对不同的人、物之痛痒的感知并将其去除的能力和趋向则是不同的，这就是儒家爱有差等的思想，而且这个思想在当代心理学和伦理学的研究中得到了支持。我们在上一节已经指出，程颢这里讲的感知和解除他人痛痒的能力和趋向就是现代心理学和伦理学研究的同感现象，而同感的一个重要特征就是我们对亲近的人较之对陌生人更容易产生同感，而且我们对亲近的人产生的同感较之对陌生人产生的同感更强。例如，研究同感现象最有影响的当代心理学家马丁·霍夫曼（Martin Hoffman）就说："对于自己家庭和种族团体的成员，简言之，对自己所属的团体的成员，人们更可能有同感和帮助行为。而且如果我们考虑到自己所属团体的成员，包括自己，都比较相似，并分享亲近感、爱慕感，那么我们就会一点也不奇怪地发现，人们对朋友比对陌生人，对与他们类似的人比对与他们不同的人，更容易产生同感。"（Hoffman 2000, 206）霍夫曼称这种现象为同感的偏倚性（partiality）。当然这只是说明同感现象的一个事实，即我们不能对所有人有同等的同感，但这是否说明同感因此而不应该作为道德修养的目标呢？这恰恰就是上面所说的霍夫曼采取的立场，他认为人的同感，由于具有这样的偏倚性，应该受到康德主义的普遍道德原则的制约，从而达到类似墨子的爱无差等的理想。我在本书第八章第四节对这样一种观点会做比较详细的反驳，从而论证同感所具有的道德偏倚性不仅具有实然的意义而且也有应然的意义。

现在我们再来看（2），"然恶亦不可不谓之性也"。我认为理解这句话的一个背景还是程颢认为，恶并非像善一样是实际存在的东西，而不过是善的缺失。关于这一点，程颢在同一段话的开头就说："然不是性中元有此两物相对而生也。"由于性中原来并无善恶这两物相对，性原来只有善这一物，虽然善这个性中原有的一物后来可能会缺失，而这种缺失就是我们所谓的恶，那么我们就可以说，善的性固是性（这是我们现在考察的这句话的前面一句话的意思："善固性也"），而缺失了善的性也还是性。这就好像说太阳有光芒，但缺失光芒的太阳还是太阳（什么东西缺失光芒呢？是太阳！）。事实上，程颢在这一段话中用的水的类比就是讲的这个意思。这里水是类比性的。就好像水本身是清的，性本身是善的，但就好像必须有盛水的地方或让水流的地方，性必须存在于气中；就好像盛水的东西或水流经的地方可能让水原有的清缺失，气也可能让人性原有的善缺失；就好像我们不能说浑水即缺失了清这种属性的水不是水，我们也不能说缺失了善这种属性的性不是性；就好像水原有的清之所以缺失是泥沙使然，性原有的善之所以缺失"是气禀有然也"。

对（2）和（3）有了这样清楚的理解，现在我们可以比较容易地理解意思相近的（1）和（4）了。（4）说"事有善有恶，皆天理也"。很显然，程颢不是说有善的天理也有恶的天理，而是说，（a）世界上存在着善的事情也存在着恶的事情这个事实本身是符合天理的，虽然这并不意味着（b）如果我们力图使恶的事情在这个世界上消失从而使这个世界上只有善的事情，我们就违背了天理。为什么这样说呢？我们先来解释（a）。根据我们对（3）和（2）的分析，程颐的观点是，性本身是善的，这种善之所以缺失是由于气。那么性是否可以避开气呢？不可以，因为就在（1）之前，程颢就说"性即气，气即性"，就是说性离不开气，气离不开性。那么如果性本身是善的，而性又不得不禀赋于气，那么性之善在气上都会消失吗？这要看性所即之气的性质。如我们后面要指出的，在程颢看来，气有清有浊。禀于清气，性之善得以保持，禀于浊气，性之善就缺失，而这就是所谓的恶。现在我们可以把这里的讨论综合起来：性本身是善的，但性不能独立存在，而必须存在于气，而气有清浊之分，并且气之清浊决定性原有之善能否保存，如果这样，那么理应当有善恶，而这也就是程颢说的"理有善恶"的意思。换言之，他不是说有善之理也有恶之理，而是说有善有恶是符合理的，而这也就是我们上面说的（4）所包含的意思。事实上，朱熹也持这种理解。在谈到程颢"人生气禀，理有善恶"的说法时，朱熹说："此'理'字，不是说实理，犹云理当如此"，"'理'，只作'合'字看"（《语类》卷九十五，2426）。[①]

现在我们可以来说明（b）。说理有善恶，说世上有善事有恶事是天理，这里我们讲的是实然的理，而不是应然的理，不是说我们就不应该让这个世界上的恶事越来越少，以至于消失，不是说如果我们这样做，或者如果我们实现了这样做的目标，就违背了天理，不管是在实然的意义上还是在应然的意义上。还是用程颢自己用的水的类比来说明这个问题。水本身是清的，但水必须流在河床上。有些河床泥沙比较多，有些河床则没有泥沙，所以流经这些不同的河床上的水就理应当有清有浊（如果只有清水或者只有浑水反倒是与理有悖了）。但这并非表示明，如果能够的话，我们不应该将浑水变清，或者说，如果我们能够将浑水变清，我们将浑水变清的努力就违背天理了。先从实然的意义上讲现在这种情形下的"理"。如果我们将所有有泥沙的河床上的泥沙全部清除了，那么理当只有清水，换句话说，只有清水，才是天理。再从应然的意义上讲"理"。如果能够，我们该不该将浑水变清呢？回答是应该的，因为水的本然状态是清的，将浑水变清就是让水回到其本然状态，所以我们理（在应然的意义上）应当将水变清。我之所以花这么大的力气说明水这个类比，是因为我们一旦将水的清浊说清了，我们就很容易说明我们想用这个类比来说明的性的善恶了。有清气有浊气，所以必须存在于气中的性理应有善恶，或者说有善事有恶事，皆是天理，这里的理是实然之理。但如果我们将浊气澄清，那么性理应只有善没有恶，或者只有善事没有恶事，才是天理，这里的理仍是实然之理。关键是我们该不该将浊气澄清，使得只有善事没有恶事呢？回答是肯定的，因为人之性本来是善的，具体来说，作为人之性的仁本来是有感知并帮助解除他人的痛痒的能力和

---

① 在这一点上，牟宗三也采朱熹的解释，"气禀上'理有善恶'，言由气之结聚自然呈现出种种颜色之不齐。此'理'字是虚说，不得误解"，并指出程颢的"'天下善恶皆天理'，'事有善有恶，皆天理也'，此'天理'与此处之'理'字为同一语意，同是虚说之理"（牟宗三 1968，165）。在这一点上，我认为唐君毅有误解。唐君毅认为程颢这里确实是指理、性本身有善恶（而不是我认为的存在善恶这个事实是符合理的），只是他认为程颢的理、性必须在动态的意义上来理解："此要在知明道此所谓善恶皆天理等言，皆非依于一静态的观善恶为二理二性而说，而正是意在动态的观此善恶二者之实原于一本。"（唐君毅 1991，363）

趋向的，只是由于浊气的作用才使人的这种能力和趋向减弱以致消失。因此，如果能够，人理应当对浊气下澄治之功，使其被削弱甚至消失的这种能力和趋向恢复到原有的状态。这里的"理"是应然之理。

在上面，我们反复强调，如果能够的话，我们应该将浊气澄清，从而恢复作为人之性的仁所有的感知并帮助他人解除痛痒的能力和趋向。但"应该隐含着能够"（如果一个人没有能力做某件事，我们就不能说这个人应该做这件事），所以现在关键的问题是，在程颢那里，我们能不能即有没有能力将浊气澄清。正是在这里，我们似乎遇到了麻烦。程颢说："万物皆有性，此五常性也。"（《遗书》卷五，105）这里所谓的五常性就是仁义礼智信。就是说，在程颢看来，这五常性不只人有而且（至少）动物也有。如我们前面看到，人与动物之间的差别在于能否推："所以谓万物一体者，皆有此理，只为从那里来。'生生之谓易'，生则一时生，皆完此理。人则能推，物则气昏，推不得，不可道他物不与有也。人只为自私，将自家躯壳上头起意，故看得道理小了佗底。"（《遗书》卷二上，33-34）例如人不仅能够感知自己的手脚的痛痒，而且还能感知万物的痛痒，而大多数动物只能感知自己身上的痛痒，而不能将这种感知能力扩展到自身以外。程颢承认，有些动物不仅能够感知自身的痛痒，而且还能感知自身以外的小圈子内的他者的痛痒。例如，他说，仁义礼智的道理，"虽牛马血气之类亦然，都恁备具，只是流形不同，各随形气，后便昏了佗气。如其子爱其母，母爱其子，亦有木底气象，又岂无羞恶之心？如避害就利，别所爱恶，一一理完。更如狝猴尤似人，故于兽中最为智巧，童昏之人见解不及者多矣。然而唯人气最清，可以辅相裁成，'天地设位，圣人成能'，直行乎天地之中，所以为三才"（《遗书》卷二下，54）。那么人与动物之间这种能推和不能推的差别是由什么造成的呢？实际上就在这段话中，程颢就已经回答了：气。动物气昏而不能推，人之气最清而能推。除了这个清气与昏气的区分，程颢还做了正气和偏气之间的区分："天地之间，非独人为至灵，自家心便是草木鸟兽之心也，但人受天地之中以生尔。人与物，但气有偏正耳。独阴不成，独阳不生。得阴阳之偏者为鸟兽草木夷狄，受正气者人也。"（《遗书》卷一，4）

那么我在上一段中说的我们遇到的麻烦在哪里呢？我们这里看到，程颢是用不同质量的气来区分人与物的，但我们在上面看到，程颢也是用不同质量的气来区分君子与小人即好人与恶人的。这里的麻烦主要不在于这种进路的一个可能结果是恶人与动物无异，因为程颢和其他一些儒者一样确实有时认为恶人与禽兽无异，如《遗书》卷二上就载有未标明哪一位程子的话："礼一失则为夷狄，再失则为禽兽。圣人初恐人入于禽兽也，故于春秋之法极谨严。"（《遗书》卷二上，43）真正的麻烦是，由于程颢认为，动物因其禀赋的气之昏暗、偏失和浑浊而不能扩展其感知并消除痛痒的能力和趋向，即不能变成人，那么既然与禽兽无异的恶人也因其气的质量低下而不能扩展感知并消除痛痒的能力和趋向，即不能成为善人，那么，我们也就不能说他们应该成为善人，就好像我们不能说虎狼应该成为善人一样。这就是我们上面说的应该隐含着能够的意思，但儒家的几乎所有目标就是力图使小人变君子，使恶人变善人，使麻木不仁者成为仁者，从而能感万物之痛痒，以万物为一体。

但程颢似乎不仅意识到了这个问题，而且还试图解决这个问题，而这可能与他在主气与客气之间的区分有关："义理与客气常相胜，又看消长分数多少，为君子小人之别。义理所得渐多，则自然知得，客气消散得渐少，消尽者是大贤。"（《遗书》卷一，4-5）这里程颢认为君子与小人之间的区别是义理和客气之间的不同消长。义理长，客气消，则君子；而客气长，义理消，则小人。这里程颢提到了客气，与之相应的是主气或正气。主气是人性存在于其中的、构成人的形体者，而客气则是外来之气。为理解这两种气的关系，我们可以看一下程颐在内气与外气之间做出的类似的区分。程颐说：

> 真元之气，气之所由生，不与外气相杂，但以外气涵养而已。若鱼在水，鱼之性命非是水为之，但必以水涵养，鱼乃得生尔。人居天地气中，与鱼在水无异。至于饮食之养，皆是外气涵养之道。出入之息者，阖辟之机而已。所出之息，非所入之气，但真元自能生气，所入

之气，止当阖时，随之而入，非假此气以助真元也。(《遗书》卷十五，
165-166)

在程颐的这段话中提到了外气，外气一定是与内气相对的。虽然程颐
自己没有用内气一词，就好像程颢没有用主气一词一样，但在上引这段话中
很清楚，程颐说的"真元之气"就应该是人的内气，也就是程颢那里与客气
相应的主气。他这里用鱼和水的类比不仅很好地说明了内气和外气的意义，
而且也很好地说明了这两种气之间的关系。真元之气构成了人的形体因而
是人的内气，而人必须生活在一定的环境中，就好像鱼必须生活在水中，而
这种环境构成了人的外气。虽然人的内气与外气不杂，但由内气构成的人
又需要在外气中得到养料，就好像鱼需要在水中得到养料。但如果外气不
纯，则也会污染内气，就好像鱼生活在不卫生的水中也会受到伤害一样。

现在我们再回到程颢那里。如果我们上述的理解正确，那么程颢的观
点是，人本身由性和主气构成，这两者本来都是纯善的。由这种性和主气即
程颐的内气构成的人则必须生活在客气即程颐的外气中（环境），从中获取
养料。但客气有清纯和浑浊之别，而正是这种客气的差别导致了君子与小
人、善人与恶人之别。生活于清纯之客气（环境）中的人为善人、为君子，
而生活在混杂之气中的人成恶人、成小人，而他们之所以变成恶人、小人是
因为浑浊的客气污染了其主气。人（包括小人、恶人）与动物的差别在于他
们的主气或内气不同。人的主气、内气是正气、直气，而动物的主气则是邪
气、偏气。作为人的主气的正气、直气可能由于浑浊的客气、外气的污染而
也变得浑浊，从而出现小人、恶人。但是作为动物的主气的偏气、邪气无法
变成正气、直气，而作为小人、恶人的主气，跟圣人的主气一样，是正气、直
气，只是受客气或外气的影响而变得浑浊了，而浑浊之气则可以被澄清，就
好像浑水可以被澄清一样。所以，程颢认为："人不可以不加澄治之功。故
用力敏勇则疾清，用力缓怠则迟清，及其清也，则却只是元初水也。亦不
是将清来换却浊，亦不是取出浊来置在一隅也。水之清，则性善之谓也。"
(《遗书》卷一，11)

　　程颢对人之变恶的这样一种解释似乎把恶的产生完全归诸外在的因素，而完全排除了一个人主观的责任，而如果这样，这样的解释是有问题的。但事实上程颢也没有完全排除主观的因素。根据他上面的解释，很显然，如果外气、客气没有问题，一个人是不会变坏的（我们也许也会对此提出挑战，不过程颢认为这样的情况，即毫无瑕疵的客气，即使有，也稀少得可以忽略不计），但如果一个人的外气、客气有问题，是否一个人就一定会变坏呢？程颢的回答是否定的。在他看来，浑浊、偏斜和昏暗的客气之所以能够污染一个人的主气从而使人变恶是因为一个人的内气之不养和志之不立，而这就是一个人变恶的主观原因。因此避免被这样的外气污染的办法就包括养气和持志。一方面，所谓的养气也就是养自己的主气，此即孟子所谓的浩然之气（见《遗书》卷十一，117）。程颢说："浩然之气，乃吾气也，养而不害，则塞乎天地；一为私心所蔽，则欿然而馁，却甚小也。"（《遗书》卷二上，20）他说浩然之气是吾气，就说明这不是客气，而是主气。主气养得如孟子所说的至大至刚，就能塞乎天地而不为客气所污染。而养气在程颢看来也不是一件神秘的事情，而应当落实到具体的事情："浩然之气又不待外至，是集义所生者。"（《遗书》卷二上，29）所谓集义，也就是积善、做善行、做符合道德的事情。因此在评论《孟子》中"养浩然之气"章时，程颢说："浩然之气，天地之正气，大则无所不在，刚则无所屈，以直道顺理而养，则充塞于天地之间。'配义与道'，气皆主于义而无不在道，一置私意则馁矣。'是集义所生'，事事有理而在义也，非自外袭而取之也。"（《遗书》卷一，11）但在集义的时候，程颢认为，应如孟子所说，"心勿忘勿助"，即不要忘记做善行、积善德，但也不要做作，即要自然地去做，认为"养气之道当如此"（《遗书》卷十一，124），从而实现由仁义行，而非仅行仁义。另一方面，所谓的持志就是确立自己的意志并持之以恒，它与养气相辅相成。养气可以帮助人持志，但持志也可以帮助人养气。在谈到孟子关于这两者之间关系的观点时，程颢说："一动气则动志，一动志则动气，为养气者而言也。"（《遗书》卷一，11）程颢认为，一个人一旦持志，他就不会被外面的客气污染，所以他说："持其志，则气不可乱，此大可验。"（《遗书》卷二下，53）

六　结　论

程颢的伦理学是一种美德伦理学。它的核心概念是仁这种美德，它的关注点是人如何成为仁者。虽然它也关注人的行动，但它强调的是来自仁这种美德的行动，而不是只与仁这种美德一致的行动，即由仁义行，而非行仁义。尽管在当代西方，理性主义和情感主义是美德伦理学的两种主要形态，程颢的美德伦理学既不是纯粹理性主义的，也不是纯粹情感主义的，而既有理性主义的成分，也有情感主义的成分。本来情感主义和理性主义在美德伦理学上是不可调和的，而程颢的美德伦理学之所以能将这两方面结合起来，关键是他独特的关于仁这种美德的概念。由于他将仁理解为对他人的痛痒的知觉及其伴随的想解除他所感知的这种痛痒的动机，他所理解的儒家的仁实际上就是当代心理学讨论的同感概念，而这个概念乃是当代情感主义美德伦理学的核心。

但在情感主义美德伦理学那里，同感直接被理解为情感，而在程颢那里，同感是一种产生情感的活动。仁作为同感是对他人痛痒的感知活动，虽然这种感知活动的结果就是一种痛痒感，但这种痛痒感本身不是仁。这是因为在程颢那里，仁是作为世界的终极实在的理在人身上的独特表现形式。我们已经看到，理在程颢那里本身就是一种活动，是一种生的活动，而仁作为这种生的活动在人身上的特殊呈现形式就是对他人痛痒的感知及由此引起的帮助他人解除这种痛痒的活动。

参考文献

程颢、程颐：《二程集》，北京：中华书局，2004 年。

牟宗三：《心体与性体》（二），台北：正中书局，1968 年。

沈享民：《朱熹批判"观过知仁"与"知觉为仁"之探讨——对比程明道与谢上蔡的诠释进路》，《台湾国立大学哲学论评》2013 年第 45 期。

唐君毅：《中国哲学原论·原教篇》，台北：学生书局，1990 年。

唐君毅：《中国哲学原论·原性篇》，台北：学生书局，1991 年。

谢良佐：《上蔡先生语录》，北京：中华书局，1985 年。

张永俊：《二程学管见》，台北：东大图书公司，1988 年。

朱熹：《朱子语类》，北京：中华书局，1986 年。

朱熹：《朱子全书》，上海：上海古籍出版社，合肥：安徽教育出版社，2002 年。

Batson, Daniel. 2018. *A Scientific Search for Altruism: Do We Only Care about Ourselves?* Oxford and New York: Oxford University Press.

Batson, Daniel. 2011. *Altruism in Humans.* Oxford and New York: Oxford University Press.

Hoffman, Martin L. 2000. *Empathy and Moral Development: Implications for Caring and Justice.* Cambridge: Cambridge University Press.

Huang, Yong. 2014. *Why Be Moral: Learning from the Cheng Brothers.* Albany, NY: SUNY Press.

Slote, Michael. 2009. "Comments on Bryan Van Norden's *Virtue Ethics and Consequentialism in Early Chinese Philosophy.*" *Dao* 8: 289–295.

Slote, Michael. 2010a. *Moral Sentimentalism.* Oxford and New York: Oxford University Press.

Slote, Michael. 2010b. "The Mandate of Empathy." *Dao* 9: 303–307.

Slote, Michael. 2013. "On Virtue Ethics." *Frontiers of Philosophy in China* 8: 22–30.

Slote, Michael. 2014. "Virtue Ethics and Moral Sentimentalism." in Stan van Hooft, ed. *The Handbook of Virtue Ethics.* Durham: Acumen Publishing.

Slote, Michael. 2020. "Replies to Commentators." in Yong Huang, ed. *Michael Slote Encountering Chinese Philosophy.* London, New York: Bloomsbury.

Van Norden, Bryan. 2007. *Virtue Ethics and Consequentialism in Early Chinese Philosophy.* Oxford and New York: Oxford University Press.

第二章 "为什么要有美德?"：
程颐的儒家回答

一 引 言

程颐，与其兄程颢是"北宋五子"（其他三人是周敦颐、张载、邵雍）的核心人物。中国学术界通常将宋明时代的儒学称为理学，而二程则可以恰当地被视为理学的创始人，因为只有在他们的哲学之中，"理"首次占据了中心地位。因此，与古典儒学相比，理学的形而上学得到了更加充分的发展。然而，与古典儒学一样，伦理生活仍是理学的核心关注点。他们所发展出来的形而上学是为了给古典儒家的美德伦理学提供一种本体论的阐述，因此它本质上是一种伦理学的形而上学。在这一章中，我将重点讨论程颐的伦理学及其当代意义，关注的问题则包括：一个人为何要成为有德者，能否成为有德者，如何成为有德者，有德的个人与有德的社会之间的关系，以及美德的形而上学。

二 我为什么要成为一个有德者?

"我为什么要有道德"这个问题长期困扰着伦理学家。这个问题的源头是柏拉图《理想国》中提出的"我为什么要公正（justice）"这个问题，而公正是一种美德，因此这个问题在一开始是"我为什么要有美德"或者"我为什么要成为一个有德者"。只是在进入近代哲学以后，美德伦理学逐渐式微，哲学家才更习惯将这个问题转化成"为什么要有道德"的问题，即我什么要做道德的事，或者通过遵守道德规则（义务论），或者通过考虑我的行动的后果（后果论）。但除此之外，近现代哲学中的"我为什么要有道德"与"我为什么要有成为一个有德者"问的基本上是同一个问题，而在本章中我主要侧重于其共同的方面。

　　这是个令人费解的问题，因为它追问的不是"我们为何要成为有德者"或"我们为什么要有德行"这种相对容易回答的问题。例如，我们甚至可以使用霍布斯的论点：如果我们都没有美德或（更确切地说）如果我们都没有德行，我们将生活在他所描述的自然状态之中，这是每个人与所有其他人的战争的状态。相反，这个问题是在追问"我为何要成为有德者或有德行，尤其是当我对他人之不道德并不会导致他人对我不道德时"。显然，这是一个首先关心其自己利益的利己主义者所提出的问题。尽管看起来很荒谬 ①，但这个问题在西方哲学史上一再重复地、相当严肃地被提出。如我们上面提到的，格劳孔（Glaucon）和他的兄弟阿得曼托斯（Adeimantus）在柏拉图的《理想国》中以"我为何要有正义"的形式非常认真地提出了这个问题（Plato, 361a-365b）。此后，霍布斯的"不负责任的傻瓜"（Hobbes, 15.4-5, 27.16）与休谟的"狡猾的恶棍"（Hume 1957, 91-121）再次提出了同样的问题。不仅如此，柏拉图（Plato 1963b, 589a-e）、霍布斯（Hobbes 1998, 15.4）、休谟（Hume 1957, 102-103）以及许多其他哲学家，特别是亚里士多德和康德，都试图回答这个问题。然而，它们似乎都无法令人满意，因此有时人们会认为这个问题虽然可以理解，却是无法回答的（见 Meldon 1948, 455; Copp

---

　　①　这个问题经常被认为是荒谬的，因而可以安全地略过。一方面，斯蒂芬·图尔明（Stephen Toulmin）认为，就像"为什么所有猩红色的东西都是红色的"问题一样，这是一个同义反复的问题（Toulmin 1964, 162）。换言之，在他看来，美德是你应该有的东西。所以在你问你为什么要有美德时，你就是在问我为什么应该有我所应该有的东西。另一方面，F. H. 布拉德利（F. H. Bradley）认为这是一个自相矛盾的问题。因为美德要求你关心他人的利益，而问这个问题的人实际上问的是，关心他人的利益对我自己有什么好处。也就是说，它要求我们为道德，即为不自私的行为提供一个自私的理由（Bradley 1935, 61-62）。然而，凯·尼尔森（Kai Nielsen）声称这个问题是有道理的，因为它的确在追问"对我而言，成为道德之人是否合乎理性"（Nielsen 1989, 286-287）。大卫·科普（David Copp）也认为这个问题是可以理解的，因为它是在询问"道德是否能够超越自利"（Copp 1997, 86）在这个问题上，我基本赞成尼尔森和科普的观点。

1997, 86–87; Nielsen 1989, 299）。在本章中，我将说明程颐的伦理学可以为这个问题提供一种更可行的答案。

儒家思想是一种自我修养的学问。然而，这种自我修养的最高目标是"乐"。程颐和他兄长程颢所开创的理学有时也被称为道学，根据冯友兰的说法，这种"道学不只是一种知识，也是一种享受"（冯友兰 1995，5.131）。例如，君子是儒家传统中的典范人物。然而，对于程颐而言，"非乐则亦未足以语君子"（《遗书》卷十七，181）。同样，儒家自我修养的目标是成为一个圣人，程颐声称："学至涵养其所得而至于乐，则清明高远矣。"（《粹言》卷一，1189）为了理解这种乐，程颐特别解释了如何理解《论语》中所说的"不改其乐"与"乐在其中"。

在程颐看来，这两种表述形象地刻画了所谓的"孔颜之乐"，即纵然在贫穷时他们仍会感到快乐。程颐说："颜子之乐，非乐箪瓢陋巷也，不以贫穷累其心而改其所乐也，故夫子称其贤。"（《经说》卷六，1141）同样，程颐还说，孔子"虽疏食饮水，不能改其乐……非乐疏食饮水也"（《经说》卷六，1145）。按照程颐的观点，孔颜之所以觉得快乐，是因为他们过着具有美德的生活（理义）。只要一个人过着具有美德的生活，他们就可以在这种生活中找到乐趣。这里特别值得注意的是，程子认为，孔颜并不是因为他们过着穷困潦倒的生活而快乐。颜回"非乐箪瓢陋巷也"，孔子也"非乐疏食饮水也"。而是尽管他们过着穷困潦倒的生活，孔子和颜回还能乐在其中、不改其乐。穷困潦倒的生活不会使我们感到快乐，同样也不会使孔颜感到快乐。孔颜跟我们一样，也希望避免穷困潦倒的生活。当然要过一种美德的生活，并不意味着一个人就必须过一种穷困潦倒的生活，因为美德对于美德的拥有者，即使是在日常的意义上也是令人快乐的。但是在某些特定的情况下，美德的生活与日常意义上的快乐的生活会发生矛盾。《论语》里提到的"不改其乐"和"乐在其中"就涉及这种特殊的情形。在这些情形下，要避免穷困潦倒的生活，一个人就必须过一种不道德的生活，或者说要过一种具有美德的生活，一个人就不得不过一种穷困潦倒的生活。孔颜的乐就在于他们选择过一种有道德的生活，尽管他们因此而必须过一种穷困潦倒的生活。

　　但是，假如孔颜和我们一样都希望过一种日常意义上快乐的生活，而日常意义上的穷困潦倒的生活会使孔颜和我们一样不快乐，那么当孔颜为了过一种具有美德的生活而选择过穷困潦倒的生活时，虽然他们选择了正确的生活方式，他们也应该感到痛苦而不是快乐才对啊？从康德的角度看确实是如此，因为在他看来德福不一致。但孔颜为什么还能乐在其中和不改其乐呢？一个学生问到孟子说的"养心莫善于寡欲"（《孟子·尽心下》第三十五章），程颐说道："此一句浅近，不如'理义之悦我心，犹刍豢之悦我口'，最亲切有滋味。然须是体察得理义之悦我心，真个犹刍豢始得。"（《外书》卷十二，425）程颐这里说的是，过道德的生活会使具有美德的人的内心产生快感，就好像美味能使人的嘴产生快感一样。但道德的生活怎么能使人心有快感呢？在评论孟子同一段落的另一处，他指出："然穷理亦当知用心缓急，但苦劳而不知悦处，岂能养心？"（《遗书》卷三，66）这里，程颐就表明，像孔颜这样的圣贤之所以能在做德行时内心感到快乐，不是因为他们在遵循某种外在的道德原则，因为在遵循这样的道德原则时，一个人需要下很大的决心、立很强的意志、做很大的努力，以克服自己内心不想遵循这样的道德原则的自然倾向，因此是"苦劳而不知悦处"。这就是康德所考虑的情形。相反，圣贤是在经过了长期的、往往也是艰苦的自我修养以后，才培养了只有理义才能使其快乐的内心，也就是说已经成了一个有德者，因此能够在其德行中找到快乐，即使因为这样的德行他们不得不过穷困潦倒的生活。

　　在这里，重要的是要看到作为儒家修身最高目标的乐，与我们常识中的乐具有何种相似与不同。对于程颐而言，首先乐意味着毫无疑虑和担忧。例如，程颐感叹道："为人处世间，得见事无可疑处，多少快活。"（《遗书》卷十八，193）按照程颐的观点，一个快乐的人是一个达到了无忧无虑境界的人。其次，拥有快乐需要按照本性行动，而无须进行任何人为的刻意努力。虽然我们应该在义理中找到乐，但程颐问道："今志于义理而心不安乐者，何也？此则正是剩一个助之长。虽则心操之则存，舍之则亡，然而持之太甚，便是必有事焉而正之也。"（《遗书》卷二上，42）换言之，如果你需要特别努力去做某事，你就不会感到快乐。只有当你按照本性、自然而自然地行动时才能感受到快乐。在前者,就好像你手中持物以取物,所以不可避免地会让你感到不自然;而在后者,就好像你是用自己的手去取物,因而无不从(见《遗书》卷二上,22)。

按照程颐的观点,正是在这种意义上,孔颜之乐的乐和音乐的乐,虽然发音不同,但有密切相关。孔子在《论语》中指出,一个人的道德"兴于《诗》,立于礼,成于乐"(《论语·泰伯》第八章)。在这里,在诗、礼与乐之中,孔子将乐排在最高位置。为了解释这一点,程颐指出:"'兴于《诗》,立于礼',自然见有着力处;至'成于乐',自然见无所用力。"(《遗书》卷一,5)当一个人由像诗歌这样的情感教育激发起来的德行还需要外在的礼来规范才能稳定下来时,他在从事德行时还需要用力,也就是说一个人还有不想从事道德行为的欲望,因而需要努力克服这种欲望,这个时候,这个人就不会感到快乐,因为当一个人在做其没有欲望想做的事或不能做起有欲望要做的事时,这个人不可能感到快乐。但当一个人的德行来自自己的德性,"从心所欲",这个人就会感到快乐,从事德行就好像和着音乐跳舞一样自然、轻松。因此孟子指出:"乐之实,乐斯二者[仁义],乐则生矣;生则恶可已也,恶可已,则不知足之蹈之、手之舞之。"(《孟子·离娄上》第二十七章)

因此,程颐侧重的孔颜之乐与我们的日常意义上的乐意味着同样的事:没有犹豫、没有阻碍、自发地、自然地行事。然而,这只是一方面。另一方面,显而易见的是,就什么带来了乐而言,程颐讲的乐与日常意义上的乐截然不同。程颐感叹道:"今世之人,乐其所不当乐,不乐其所当乐;慕其所不当慕,不慕其所当慕;皆由不思轻重之分也。"(《遗书》卷二十五,317)通常财富会带来一种快乐,而贫穷会带来一种痛苦。然而,儒家虽然并不否认财富是快乐的源泉、贫穷是痛苦的源泉,但认为一个人的快乐不能来自不道德的行为,因此如果财富来自不道德的行为,一个人就不应该从中得到快乐;如果贫穷只能通过不道德的行动才能避免,一个人就不应该避免贫穷及由此带来的痛苦。相反,快乐的主要来源是德行,而且这种快乐不应该受到贫困或财富的影响。事实上,实践德行虽然并不一定但往往需要人们忍受某种身体上的痛苦,做出某种牺牲。因此,在一个著名的段落中,程颐谈到一个农夫对老虎的危害性有着确切知识时，他说道："须是有'见不善如探汤'之心，则自然别……得之于心，是谓有德，不待勉强，然学者则须勉强。古人有损躯殒命者，若不实见得，则焉能如此？须是实见得生不重于义。"（《遗书》卷十五，147）诚然，正如我们所看到的，生活的贫穷和生命的牺牲并不给人带来欢乐。与普通人一样，它们也给儒家圣人造成痛苦。但是，如果只有通过做不道德的事情才能避免这种贫穷和牺牲，那么对于儒家圣人来说，逃避它们会更加痛苦。相反，如果一个人为做具有美德的事而必须要经历贫困和牺牲，那么这个人也将从中感到快乐。从这个意义上讲，儒家的快乐与我们常识中的快乐截然不同。

因此，从我们上面的讨论可知，程颐对"为什么我要成为一个有德者"这个问题的回答是，成为有德者是一件快乐的事情。这个答案是否足以激励那些提出这个问题的人成为有德者呢？从某种意义上说是可以的。我们前面说提出这样的问题的人是利己主义者，利己主义者想追求的是自身的快乐，而程颐告诉他，做一个有德者或做德行会给他们带来快乐。然而在另一种意义上这样的答案却不起作用。提出这个问题的人可能会说，即使做道德的事会使我快乐（事实上做道德的事往往会让利己主义者感到痛苦），但为什么我必须要成为有德者或从事德行呢？我作为一个不道德的人做不道德的事，如果会增加我的财富，会增进我的健康，我也会感到快乐。

程颐对这个问题的回答非常简单：具有美德是人的特征。程颐说："君子所以异于禽兽者，以有仁义之性也。苟纵其心而不知反，则亦禽兽而已。"（《遗书》卷二十五，323）当然，这种观点与孟子的观点非常一致："无恻隐之心，非人也；无羞恶之心，非人也；无辞让之心，非人也；无是非之心，非人也。"（《孟子·公孙丑上》第六章）在另一个地方，孟子说："人之所以异于禽于兽者几希，庶民去之，君子存之。"（《孟子·离娄下》第十九章）当一名学生询问程颐，孟子的意思是不是说，君子与庶人之间的区别仅仅在于保存或放弃人与动物之间的微小差异时，他肯定地回答说："固是。人只有个天理，却不能存得，更做甚人也？泰山孙明复有诗云：'人亦天地一物耳，饥食渴饮无休时。若非道义充其腹，何异鸟兽安须眉？'"（《遗书》卷十八，

214-215)紧接着,一名学生问到唐儒韩愈的一句话:"人有貌如牛首蛇形鸟喙而心不同焉,可谓之非人乎?即有颜如渥丹者,其貌则人,其心则禽兽,又恶可谓之人乎?"虽然程颐说他不能尽记其文,但他同意"然人只要存一个天理"(《遗书》卷十八,215);这个天理"小失则入夷狄,大失则入禽兽"(《遗书》卷十七,177)。所以,最终,程颐回答了"我为什么应该成为一个有德者"的问题:因为你是一个人,而人之为人的特征,也即将人与其他动物区分开来的特征,就在于人具有美德。因此,有了美德,一个人才是健全的本真的人,而失却了美德,一个人就是有缺陷的、与动物没有什么区别的人。所以,虽然人自然会追求快乐,而这种快乐可以在非道德的事情甚至不道德的事情中获得,但是,由于人类独特的标志是他们的美德,人类本质上是一种美德存在物,一个人要获得为人所特有的快乐,就应该成为一个有德者,就应该从事德行。

三 我能不能成为一个有德者?

在上一节中,我们讨论了程颐对"我为什么应该要成为一个有德者"这个问题的新儒家回答:因为你是一个人!假设这是一个合宜的答案,我们现在可以继续讨论一个相关的问题:"我能否成为一位有德者?"这是一个涉及西方哲学中关于意志薄弱(akarasia, weakness of the will)或不能自制(incontinence)的老问题。虽然"意志软弱"的问题属于更广泛的行动理论,但我们这里关注的主要是德行。我们不难听到人们说,"我知道我应该成为有德者,但我无法做到"或"我知道这是恶德,但我没法不做恶德的事情"的说法,而且对这样的说法我们似乎也能理解。这就是意志软弱或不能自制的现象。唐纳德·戴维森(Donald Davidson)是一位有影响的哲学家,他一个人就决定了当代哲学对此问题进行哲学探讨的大致方向,按照他的观点:"在做 x 时,施动者的行为是不能自制的,当且仅当:(a)施动者有意地做 x;(b)施动者相信还有其他的行为选项 y 对他是开放的;(c)施动者考虑到了所有事情,并做出判断,做 y 比做 x 更好。"(Davidson 1980, 22)例如,如果一个人考虑到了所有的事，知道自己不应该吸烟，他也能够不吸烟，但他依然有意地去吸烟，那么这个人的行为就是意志软弱的。古代哲学家，特别是苏格拉底和亚里士多德，都认为不可能有意志软弱现象。他们认为那些表面上有意志软弱的人实际上都并不真正具有相关的知识（Plato 1963a, 358b–365d; Aristotle 1915, Book VII, Chap. 3）。与这样一个古代的传统不同，戴维森明确断言意志软弱是可能的，并把如何解释它的可能性当作自己的任务（见 Davidson 1980; 1982）。戴维森的观点已经主导了当前对这个问题的讨论（例如，见 McIntyre 1990, 386; Audi 1979; Audi 1990）。

虽然严格说来，儒家思想里没有提出意志软弱的问题，但这个问题的核心内容，即知识与行动的关系，却是儒家传统的核心内容。假如意志软弱是可能的，那么我们就可以理解，为什么有人声称他们知道应该成为有德者或应该从事德行，却不做有德者也不从事德行。由于程颐认为知识先于行动，并隐含了行动，他实际上否认了意志软弱的可能性。他明确表示，知识必然会导致行动。虽然有些人可以在无知的情况下采取行动（无论是盲目地还是在胁迫下），但所有人在知道之后就一定能够采取行动。因此，一个人在获得知识之前虽然可以勉强行动，但"勉强行者，安能持久"（《遗书》卷十八，187）？所以重要的是要获取知识："知之深，则行之必至，无有知之而不能行者。知而不能行，只是知得浅。饥而不食乌喙，人不蹈水火，只是知。人为不善，只为不知。"（《遗书》卷十五，164）所有采取了不当行动之人都缺乏适当的知识，所有具有适当知识之人必然会采取相应的行动。在他看来，一个人声称拥有知识却不按照这种知识行动是一个矛盾："故人知不善而犹为不善，是亦未尝真知。若真知，决不为矣。"（《遗书》卷二上，16）程颐的这种观点（一个人知道什么是善，必然会行善事，一个人做出恶行仅仅因为他们不知道）好像违背了我们的常识，因为一个人知道什么是正确的，却并不做正确的事，似乎十分常见。这里，我们的常识假设了一个人具有两种不同的能力：认知能力（即知道该做什么）以及意志（即决定要做什么）。因此，人们可能对该做什么有完美的认识，但却决定不根据这些知识采取行动，甚至还有可能做出与这种知识截然相反的行动。

这些明显的例子似乎表明存在着意志软弱现象。为了否认有这样的现象，并解释我们的日常生活，程颐用了三种不同的方式，区分了两种知识的类型。首先，"深知"与"浅知"之间存在着区别。例如，他认为："人非不知，终不肯为者，只是知之浅，信之未笃。"（《遗书》卷二十三，305）在这里，他承认了有人知道，但依然不根据这种知识行动的可能性。但是，在他看来，这是一种浅知；它不是一个坚定的信念。当具有深知并坚定地相信它时，人们就必然会根据这些知识行动。对于程颐来说，这种浅知并不能被视为真正意义上的知识，而这涉及他在这两种知之间的另一种区分。

其次，他区分了"真知"与"常知"："真知与常知异。常见一田夫，曾被虎伤，有人说虎伤人，众莫不惊，独田夫色动异于众。若虎能伤人，虽三尺童子莫不知之，然未尝真知。真知须如田夫乃是，故人乃知不善犹为不善，是亦未尝真知，若真知，决不为矣。"（《遗书》卷二上，16；同时见《遗书》卷十八，188）真知与常知之间的区别，与深知与浅知之间的区别是相应的。因此，在另一处，他举了相同的老虎的例子，他首先说"知有多少般数，煞有深浅"；然后，在讲述了老虎和农民的故事之后得出结论说，这个农民："真知虎也。学者深知亦如此……学者须是真知，才知得是，便泰然行将去也。某年二十时，解释经义，与今无异。然思今日，觉得意味与少时自别。"（《遗书》卷十八，188）由于程颐经常使用老虎与农民的这个故事来说明真知，学者们常常认为他对真知和常知的区别，也就是源于直接经验的知识与源于间接经验的知识之间的区别。[1] 然而，在程颐的观点中，虽然真知必须来自直接经验，但并非源自直接经验的所有知识都是真知。真知源自一种特殊的直接经验：内在的体验。这一点在上文提到的程颐对学者的真知的讨论中、在他自己关于解释经义时的个人经验的叙述中，已经非常明确。只有在这个意义上，他才会声称"若夫真知，未有不能行者"（《外书》卷六，388）。

---

[1]　例如，庞万里就说："真知来源于直接经验并有得于心，而常知只是从间接经验中来的知识。真知是从生活经历、实践中来的，而常知是根据传闻而来的。"（庞万里 1999，152）

　　然而，程颐所做出的最重要，也是最具争议的区分则是"德性之知"与"闻见之知"之间的区别。根据这种最早由张载提出的区分，"闻见之知，非德性之知。物交物则知之，非内也，今之所谓博物多能者是也。德性之知，不假闻见"（《遗书》卷二十五，317），依此区分，闻见之知是一种外部知识（无论源于直接经验抑或间接经验），而德性之知则是源于内在体验的内部知识。因此，程颐声称："大凡学问，闻之知之，皆不为得。得者，须默识心通。学者欲有所得，须是笃，诚意烛理。上知，则颖悟自别。"（《遗书》卷十七，178）。因为它是内部的，所以重要的是凭借自己获得它（自得），而不是外部强加给人的，因而它也不能言传（《粹言》卷二，1253），通过言传获得的知识闻见之知。

　　因此，"自得"成为程颐的一个重要观点。①这是他从孟子那里得到的一个想法，孟子说："君子深造之以道，欲其自得之也。自得之，则居之安；居之安，则资之深；资之深，则取之左右逢其原，故君子欲其自得之也。"（《孟子·离娄下》第十四章）程颐利用孟子"自得之"的想法，解释了德性之知的观点。圣人当然可以教导我们什么是美德和为什么要成为一个有德者，但除非我们真正从自己的心中把握它，它仍然只是闻见之知，而不能激励我们按照这样的道德原则行事。因此，在他看来，"学莫贵于自得，得非外也，故曰自得"（《遗书》卷二十五，316）。

　　在这里，"自得"需要一个人主动的内在体验。按照程颐的观点，"学为易，知之为难。知之非难也，体而得之为难"（《遗书》卷二十五，321）。一个人能够通过"体"独自获得德性之知，而"体"这个词，无论在二程这里，抑或在整个儒学之中都极其重要。近年来，杜维明广泛地研究了"体知"的概念。正如杜维明正确指出的那样，虽然"体"在字面含义上意味着"身

---

　　① 研究理学的狄百瑞（De Bary）在他的著作《为己之学》（*Learning for One's Self*）之中，用了一章去阐释这个概念。他将"自得"翻译为"getting it by or for oneself"，在他看来，这个概念有两个重要的含义："一个相对浅薄的意思是，为了自己去学习或体验一些真理，从而获得内心的满足。在这里，自得具有'为了自己满足而学习''自我满足''泰然自若'的含义。这个术语的另一个含义有着更深刻的意义：'从自我这里得到或找到道。'"（De Bary 1991，43）并且，他把第二种含义与《孟子·离娄下》第十四章中讲的自得联系在一起。

体"(body),但它的含义要比这个词的英文单词丰富得多。当然,德性之知必然会在身体上表现出来,而孟子也已指出了这一点(《孟子·尽心上》第二十一章)。这也就是程颐所说的"有诸中者,必行诸外"(《遗书》卷十八,185)。虽然这仍与程颐的另一观点有关,即有知识的人必然会依此知识行动;但我们在这里关心的则是,一个人最初如何通过"体"来获取知识。杜维明指出:"体认,体察,体证,体会,体味,体玩,体究,体知,皆与知识、观察、证明、品味与理解截然不同。"(杜维明2002,331-332)在这里,杜维明正确地警告我们,不要简单地将"体知"理解为通过一个人的身体获得的知识。但是,他并没有清楚地告诉我们这意味着什么。对于程颐而言,"体"这个词既可以用作名词,也可以用作动词。首先,作为名词,它指的是心,即一个人的内心/心智,孟子称之为"大体";与其相对应的是我们的外部身体,他称之为"小体"(《孟子·告子上》第十五章)。[①] 这也就是程颐为何要说到上文引过的"默识心通"。在他对《中庸》进行评论之时,他也指出了德性之知与闻见之知间的不同,后者"非心知也"(《经说》卷八,1154)。其次,作为一个动词,"体"指的是内心/心智的活动。在获取德性之知的过程中,了解"心"的"内心"(heart)层面所发挥的作用是极其重要的。闻见之知也不仅是一个人凭借感官就能够获取的知识,它同样需要"心"的"心智"(mind)层面发挥作用,因为它也需要一个人去理解、证成与证明。但是,只有当知识同样被"心"的"内心"层面所把握之时,它才能成为德性之知,而这种知识不仅是掌握的知识,同时也已经成为我们行动的根基。

从我们上面的讨论来看,深知、真知与德性之知是通过一个人的内心体验所获得的知识,凭借"心智"理解,凭借"内心"把握,因此一个人倾向于按照这种知识采取相应的行动;而浅知、常知和闻见之知则是通过外部经验获得的知识。即便按照心智能够理解它,但它没有被内心所把握,因此一个人并不倾向于采取相应的行动。根据这种观点,所谓的 *akrate* 或意志薄

---

① 有趣的是,在西方哲学的传统中,身体与心灵通常被视为两个独立的实体;而在儒家传统中,它们都被视为"体"。一个是"小体",一个是"大体"。

弱的人，仅仅具有后一种意义上的知识。由于严格来说，后者并不能称为知识，我们也就可以说，意志薄弱的人是无知的。然而，深知、真知、德性之知则使得一个人能够成为有德者，而深知、真知和德性之知，是每个人只要努力就能获得的知识。在这一点上，它与高端的科学知识不同，因为后者并不是每个人都能获得或理解的。所以，程颐认为，每个人应该，并且能够成为有德者。君子即有德者与小人即无德者之间的区别，仅仅在于前者努力通过他们自己的心获取道德知识，而后者没有做出这样的努力。而且，之所以存在这种差异，并不是因为君子具有小人所不具备的能力。毋宁说，这是因为小人将这种能力弃之不用。因此，在对《易经》的评注中，当被问及有些人为何无法从无知变有知时，程颐回答道："人苟以善自治，则无不可移者。虽昏愚之至，皆可渐磨而进。惟自暴者拒之以不信，自弃者绝之以不为。虽圣人与居，不能化而入也，仲尼之所谓下愚也。"（《周易程氏传》卷四，956）这就是说，小人之所以是小人、之所以是无德者，不是因为他们不能成为君子、成为有德者，而是因为他们自暴自弃，因而缺乏为成为君子、有德者所必要的德性之知。

四　我如何成为有德者

我们熟悉的大多数伦理学理论都提倡普遍的道德，因为他们假设道德施动者和道德受动者在道德有关的方面都是相似的。例如，道德的定言命令"己所欲，施于人"（Do unto others what you would have them do unto you），有时也被称为"道德金律"，以及它的否定性表述"己所不欲，勿施于人"（Don't do unto others what you would not have them do unto you），有时也被称为"道德银律"，这两者都基于这样一种观点：作为道德施动者，我喜欢与不喜欢的事物，与其他所有人（作为我行为的受动者）都是完全一样的，而无论他们是谁，他们喜欢与不喜欢什么事物。但是，"道德金律"——无论是肯定性抑或否定性的表述方式——的根基都是存在问题的。艾伦·格沃斯（Alan Gewirth）就指出：

> 行为施动者自己的意愿(自己作为受动者如何被对待),或许与他的行为受动者们想要自己如何被对待的意愿,并不一致……因此……这或许[使受动者们]遭受了莫名的痛苦……例如,一个喜欢他人与自己争论或暗斗的人,那么按照道德金律,他就有权与他人争论,或让他人陷入一个暗斗的社会网络之中,而不管他人在这种情况下自己的意愿是什么。(Gewirth 1980, 133)

的确,在古典儒家思想中有许多"道德金律"的表达。就否定性表述而言,孔子要求我们"己所不欲,勿施于人"(《论语·卫灵公》第二十四章);就肯定性表述而言,孔子则告诉我们"己欲立而立人,己欲达而达人"(《论语·雍也》第三十章);在《中庸》之中,孔子给出了一个相似的论述,"施诸己而不愿,亦勿施于人",随后他又说道:"君子之道四,丘未能一焉:所求乎子,以事父,未能也;所求乎臣,以事君,未能也;所求乎弟,以事兄,未能也;所求乎朋友,先施之,未能也。"(《中庸》)最后,在《大学》之中,还有如下段落:"所恶于上,毋以使下,所恶于下,毋以事上,所恶于前,毋以先后;所恶于后,毋以从前;所恶于右,毋以交于左;所恶于左,毋以交于右。"(《大学》)然而,对于程颐而言,这些表述背后的"道德金律"并非儒家思想的核心。孔子说"吾道一以贯之"(《论语·里仁》第十五章)。在《论语》的同一章节,曾子认为夫子之道不过是忠恕,而对忠恕的一种解释就是"道德金律"的正面表述与反面表述,这也通常被视为理解孔子所说的一贯之道的线索,或对它的正确解释。然而,在程颐看来,孔子一以贯之的道并非由忠恕表示的"道德金律",而是"仁"(《遗书》卷二十三,307)。程颐承认,忠恕确实"违道不远","近乎仁",是"入仁之门",并且是"仁之方"(《遗书》卷七,97),但他坚持说它仍然不是"仁"。为什么?程颐明确答道:"知以己之所好恶处人而已,未至于无我也。"(《遗书》卷二十一下,275)对于程颐来说,一个仁者是无私的;一个无私之人与他人相处时会根据他人之所欲和不欲,而不是根据自己之所欲和不欲。"道德金律"可以是实践"仁"的一种方式,因为一方面,虽然道德施动者与道德受动者之间存在差异,但也存在相似之处；当他们相似时，就可以按照"道德金律"行事。另一方面，根据他人的喜爱与厌恶，而非自己的爱好与厌恶，去对他人实施仁爱要困难得多，所以当我们对他人的喜爱一无所知或不够了解之时，"道德金律"是一种次好的方法，同时有助于我们学习了解别人（观察我们的喜好与厌恶，是否同样也是他人的喜好与厌恶）。

出于这个原因，程颐更关注《论语》中暗含的、《孟子》中明述的"爱有差等"，而非"道德金律"。这个想法的含义通常主要被理解为，对于不同种类的人应有不同程度的爱：对家人的爱较强，对他人的爱较弱；对直接邻里的爱较强，对陌生人的爱较弱；对善良之人的爱较强，对邪恶之人的爱较弱；对人类的爱较强，对其他生物的爱较弱。例如，也许是今天最著名的儒家杜维明也声称："关爱自己家庭、家族、亲属、邻里、村庄、县、社会、国家、世界、宇宙的责任，要区分成不同的强度。"（Tu 1999, 29）这种解释似乎在孟子与墨家的争辩中能找到一些文本的证据。在孟子看来，"墨氏兼爱，是无父也"（《孟子·滕文公下》第九章）。因此，为了回应墨家夷子的"兼爱"概念，孟子问道："夫夷子，信以为人之亲其兄之子为若亲其邻之赤子乎？"（《孟子·滕文公上》第五章）正是在这里，我们对儒家的"爱有差等"观念有了经典的表述。

然而，程颐根据自己的"理一分殊"的观点，给"爱有差等"提供了一个不同的，并且更有意义的解释。程颐提出这个观点时，他是在回应他的学生之一杨时所提出的一个关于张载《西铭》的问题。在这篇文本的开篇，张载声称："乾称父，坤称母；予兹藐焉，乃混然中处。故天地之塞，吾其体；天地之帅，吾其性。民，吾同胞；物，吾与也……尊高年，所以长其长；慈孤弱，所以幼其幼……于时保之，子之翼也；乐且不忧，纯乎孝者也。"（《张载集》，62）显然，杨时对这里的前几句强调万物一体的话感到困惑，他担心张载在这里有可能陷入了墨家无差等的兼爱之说。[1] 作为回应，程颐明确表示："西

---

① 的确，张载在另一个段落里使用了墨家用于表达普遍之爱的术语，兼爱："性者万物之一源，非有我之得私也，惟大人为能尽其道。是故立必俱立，知必周知，爱必兼爱。"（《张载集》, 5）

铭之为书,推理以存义,扩前圣所未法,与孟子行善养气之论同功。岂墨氏之比哉?"并且在此之后立即指出:"《西铭》明理一而分殊,墨氏则二本而无分,老幼及人,理一也,爱无等差本二也,分殊之藏,殊胜而失仁,无分之罪,兼爱而无义。"(《文集》卷九,609)在这段话中,程颐声称,一方面,儒家的爱是普遍的爱,是对所有人和物的爱;另一方面,对不同的人和物的爱,如果是恰当的爱,必须是不同的爱。在他看来,《西铭》中强调万物一体的段落表明了为何爱具有普遍性,但与此同时,敬老、对孤儿和弱者的深切关爱、照顾儿子,以及孝顺等,都表明对不同人的爱应该是不同的。换言之,根据程颐,有差等的爱,主要并不是爱的程度有差异,而是爱的种类有差异。它主要并不意味着,一个人爱一些人要甚于其他人;相反,它意味着要以不同的方式爱不同的人,每一种爱都要适应它特定的对象。根据程颐的观点,一方面,假如我们只关注"理一"而忽视"分殊",我们就犯了墨家无差等的兼爱错误,即以同样的方式爱所有人,而不考虑爱的对象的独特性;另一方面,如果我们只关注了一种特殊的爱的表现,而忽视了它所表现出的"理一",我们就会犯下杨朱自利之爱的错误,即我们无法将爱推延到他人身上。

根据"理一分殊"的观点理解"爱有差等",我们就可以更好地理解孟子所区分的三种不同的爱:"君子之于物也,爱之而弗仁;于民也,仁之而弗亲。亲亲而仁民,仁民而爱物。"(《孟子·尽心上》第四十五章)在这里,爱、仁与亲不应该被理解为同一种爱的三种不同程度,而是三种不同的爱,适用于三种不同的道德受动者:事物、人类和父母。就此而言,孔子推荐了对待不同的两种人的不同态度,即以"德"报德、以"直"报怨,而这同样应该被理解为,对待两种不同的人应该持有与之相应的不同种类的爱。也正是在这个意义上,我们可以理解为什么孔子声称"唯仁者能好人,能恶人"(《论语·里仁》第三章)。换言之,从儒家的角度来看,"恨",就像"爱"一样,在更普遍的意义上也是一种爱。一方面,"仁"的最基本含义是爱,所以知道如何爱与恨的仁者不仅是一个充满爱的人,而且是一个知道怎么爱的人;另一方面,正如陈荣捷已经指出的那样,这里的"恨"并没有任何恶意的含义(见 Chan 1963, 25, note 53)。毋宁说,这是一种深深的遗憾,他所爱的对象并没有像他们应该的那样，成为有德者，所以有恨铁不成钢的意思。这里，儒家之所以要差别地对待不同的人原因，并非要决定我们应该爱或不爱哪些人，或者对哪些人爱得更多，对哪些人爱得更少；而是说，在待人接物时，儒家要决定的是如何以最恰当的方式去爱所有人与所有物。

为了以最恰当的方式去爱不同的人与物，一个人必须了解他所爱的对象的独特性。从这个意义上来讲，程颐会同意孟子的观点，即虽然"仁"内在于爱人者，但它表现出来许多不同种类的爱，而爱的这些不同种类其实要取决于外部的、爱的对象。因此，在评论孔子著名的论述"克己复礼为仁"（《论语·颜渊》第一章）之时，程颐说道，克己者"以物待物，不以己待物"（《遗书》卷十一，125）。显然，真正的爱并非一种超验的爱。它必须基于一个人对爱的特定对象的经验知识。否则，一个人将无法知道他所爱的对象的独特性，因而无法以恰当的方式去爱这个对象。[1] 按照程颐的观点，这是君子与小人之间的主要区别："小人之怒在己，君子之怒在物。"（《遗书》卷二十三，306）[2] 而由于有德者的德行是建立在对其德性对象的独特性的认识的基础上的，而他往往对跟自己亲近的人的独特性比对陌生人的独特性有更多的认识，对于如何爱与他亲近的人，较之如何爱陌生人，他有更多的了解，因而他对亲近的人的爱往往比他对陌生人的爱更恰当。所以，当他对自己亲近的人的爱与对陌生人的爱发生冲突时，一个有德者往往选择爱与自己亲近的人。关于这一点，我在本书第八章会结合王阳明的观点有更详细的讨论。

五 有德之人与有德的社会

迄今为止，我们所讨论的程氏理学的道德哲学都围绕着个人的自我

---

[1] 在这里，我同意黄百锐（David Wong）的说法："若要爱得好，更需要知道如何去做，而不是知道爱是什么。这涉及能够在适当的时候、以适当的方式，妥协于他人的意愿；也能够在适当的时候、以适当的方式，拒绝他人的意愿。"（Wong 1989, 255–256）

[2] 这类似于亚里士多德所说的："那些在应当发怒的场合不发怒的人被看作愚蠢的，那些对该发怒的人、在该发怒的时候不以适当方式发怒的人也是愚蠢的。"（NE, 1126a5–6）

修养：我为什么要成为一个有德者？我能否成为有德者？我如何成为有德者？这里，有必要提到一个常见的关于儒家的看法，但它通常也是一个常见的对儒家的批评：作为一种个人伦理学，儒家有其强处；但作为一种政治哲学，它有其弱处。显然，这种看法的有效性取决于如何恰当地区分个人与政治。在某种程度上，这种区分是合法的。基于道德主体的个人伦理学关注的是个体；它涉及一个人应该是什么和（或）做什么。相反，基于道德主体的政治哲学关注的是社会，尤其是政府；它涉及社会应该如何组织和运行。然而，这并不如许多当代政治自由主义者所认为的那样，个人和政治是分开的。自由主义声称，政治的不是个人的，个人的不是政治的；政治哲学只关注如何设定人们在公共广场上的游戏规则。只要大家遵守这些游戏规则，政治哲学不关心在那里玩游戏的都是些什么人，不管他们是好的或坏的、善良的或邪恶的、利他主义的或利己主义的，这些是个人伦理学的工作。在自由主义关于个人的不是政治的这一点而言，许多女性主义思想家已经在挑战了。例如，他们认为，家庭关系不是完全个人的事，而是非常政治性的（见 Okin 1989; 2005）。然而，她们却基本上同意这块自由主义硬币的另一面：政治的不是个人的，即一个社会的政治制度不会影响生活在其中的人是何种人。虽然一些社群主义者（见 Sandel 1982, 34）和所谓的学术马克思主义者（Cohen 2002, 119; Murphy, 878）在挑战这种自由主义思想方面很强，但他们在提供替代方案方面却很弱。在本节中，我将讨论程颐的道德哲学如何通过聚焦"礼"的概念将个人与政治联系了起来。

"礼"在儒家传统中的重要性太过明显以至于难以忽视，而且许多学者都对其进行过研究。然而，到目前为止，对"礼"的学术讨论在很大程度上都是基于荀子对"礼"的表述。这当然是可以理解的。学者们几乎一致认为，孔子最重要的两个思想，"仁"在孟子那里得到了最深远的发展，而"礼"则是在荀子那里得到了系统性的阐述。

而我要强调的是，虽然孟子确实没有像荀子那样全面的"礼"理论，但他对"礼"的理解却很不相同，并且在随后的宋明理学中得到了充分发展，而程颐与他的兄长程颢正是其公认的开创者。对"礼"的这种不同理解主要表现在以下几个方面：（1）恰当的政治目标是要确保人们愿意遵守礼仪，而不是将其视为强加在他们身上的一种外在约束；（2）外在的礼仪规则，虽然旨在规范人们的情感，但它实际上源于人们的自然情感；（3）这种自然情感有他们在"理"上的形而上学根基。

首先，礼仪通常被理解为规范人们生活的规则。从这个意义上讲，它们以类似于法律执行功能的方式执行着它们的功能。当然，除非作为礼仪的临时补充，惩罚性法律的目的，就是要威慑人们，以至于他们不敢做法律禁止的事情。因此，人们不会做违反礼仪的事情，是因为他们会感到羞耻；而人们不会做违反法律的事情，是因为他们害怕被惩罚。这是孔子在《论语》的一个著名段落里对两者做出的主要区分："道之以政，齐之以刑，民免而无耻。道之以德，齐之以礼，有耻且格。"（《论语·为政》第三章）然而，即便礼仪与法律之间存在着这种区别，大部分人仍要做一定的努力去遵守礼仪。我们在本章前面看到，在解释《论语·泰伯》第八章，即断言道德行为"兴于《诗》，立于礼，成于乐"之时，程颐说道，在诗与礼的阶段，人们仍然需要做出一定的努力，但到了乐的阶段，就无须用力了（《遗书》卷一，5）。此外，在解释《论语·雍也》第二十七章"君子博学于文，约之以礼，亦可以弗畔矣夫"之时，程颐指出，"此非自得也，勉而能守也"（《遗书》卷六，95）。

然而，儒家的礼仪，或就此而言，儒家的法律，与古代中国法家以及现代西方社会的法律之所以不同，在于前者不是强迫人们行善避恶。毋宁说，它们是一种工具，旨在培养每个人固有的善良人性，以至于他们最终不用勉强就能够遵守恰当的规则。如果一个人意识到这些规则的内在价值，其实就是他们自身人性的外在表达，那么这种不情愿就会消失。因此，程颐说："非礼不视听言动，积习尽有功，礼在何处？"（《遗书》卷六，82）程颐认为这属于"乐"的阶段。在上述《论语·泰伯》中，孔子在"诗""礼"之外，还提到了"乐"，而这是通过礼立起来道德品质得到完成的阶段。

因此，在评论"礼者所以立也"时，程颐说，音乐使得人们在遵循正当规则时会感到高兴："不知手之舞之，足之蹈之也。"（《遗书》卷十一，128）到那时，恰当的规则不再被认为是限制一个人内心感受的外部事物，而是激发一个人行为的内在的东西。就像一个人自然地、欢乐地跳舞，一个人做道德行为时不会感到是外在规则要求他们做出此种行为，这也是孔子说他在七十岁时所达到的境界：从心所欲不逾矩。相反，一个人在能这样行为处事时，还会感到内心的快乐。因此，程颐指出："'大而化之'只是谓理与己一。其未化者，如人操尺度量物，用之尚不免有差，若至于化者，则己便是尺度，尺度便是己。"（《遗书》卷十五，156）在另一处，他类比称重量的"秤"去解释"礼"："人无权衡，则不能知轻重。圣人则不以权衡而知轻重矣，圣人则是权衡也。"（《外书》卷六，384）

其次，对于程颐而言，"礼"同样是一种内在情感。在上文中，我们基本上将"礼"视为行为的外部规则，它通过道德修养而内化。然而，按照程颐的观点，这些规则的来源本身就不是外部的。当然，是圣人制定了这些规则，而且在这种意义上，这些规则对于为这些规则所规定的人来说是外在的。然而，沿着孟子的路径，程颐认为"圣人缘人情以制礼"（《遗书》卷六，87）。换言之，恰当的规则不仅培育人的情感；它们也源自人的情感。在程颐看来，"夫有物必有则，父止于慈，子止于孝，君止于仁，臣止于敬……圣人所以能使天下顺治，非能为物作则也，惟止之各于其所而已"（《周易程氏传》卷四，968）。因此，圣人创立规则时并非无中生有。他们仅仅是制定了人们依自然本性就会遵守的规则。换言之，虽然在圣人用礼仪去规约人们的行为时，这些礼仪似乎是外在的，但从它们的起源来看，它们是内在的。就此而言，程颐说道："物有自得天理者。如蜂蚁知卫其君，豺獭知祭。礼亦出于人情而已。"（《遗书》卷十七，180）在这个意义上讲，礼是把人类与别的存在物区分开来的标记。①也正是在这个意义上，程颐区分了"礼之器"与"礼之本"："礼之本，出于民之情，圣人因而道之耳。礼之器，出于民之俗，圣人因而节文之耳。"（《遗书》卷二十五，327）按照程颐的观点，礼之器，即作为外在规则的礼，必须要建立在礼之本，即作为内在情感的礼的基础之上。

---

① 潘富恩与徐余庆，在他们研究二程的过程中，同样指出："仁义礼乐原出于民情，经过在'上'者的理论化系统化又还原于民。"（潘富恩、徐余庆1996，160）

最后，对于程颐而言，礼属于人性。除了礼之本与礼之器的区分之外，程颐还区分了礼的"形而上"与"形而下"层面。按照程颐的观点，圣人建立礼仪是为了人们："以行君臣、父子、兄弟、夫妇、朋友之义。其形而下者，具于饮食器服之用；其形而上者，极于无声无臭之微；众人勉之，贤人行之，圣人由之。"（《文集·遗文》，668）根据程颐的看法，外在规则（礼之器）是建立在原初的人类情感（礼之本）基础之上的。然而，礼之本这种人类情感从何而来？在程颐看来，它们源自人性。程颐声称，人性是人生而具有的，正是它将人与其他存在者区分开来，而这种人类特有的标志就是五种基本的美德：仁义礼智信。当外在事物与人的身体接触进而刺激了人性时，人的情感就出现了。一方面，当这些情感符合自然人性时，即没有被自私的欲望扭曲时，它们是符合中庸的，人的自然本性就得到了培育。另一方面，当这种人类情感走入歧途时，就会对人性造成损害。"觉者"与"愚者"之间的区别就在于，前者根据本性引导情感（性其情），后者反之（情其性）。因此，外在规则基于人们的情感，而人们的情感基于人的本性。因此，程颐说："有性便有情。无性安得情？……非出于外，感于外而发于中也。"（《遗书》卷十八，204）所以对于程颐而言，虽然人的情感是在人的身体与外在事物接触之后才引发的，但它们并非来自外在事物，而是来自内在的人性。更重要的是，"理"这个在理学中指万物（包括人类在内）之终极实在的概念，与人性没有什么不同。例如，程颐声称"性即理也，所谓理，性是也"（《遗书》卷二十二上，292），并且"性即是理，理则自尧、舜至于涂人，一也"（《遗书》卷十八，204）。由于"礼"，同"智"一样，是固有的、人性的一部分，程颐认为"礼"与"理"也是同一的："视听言动，非理不为，即是礼，礼即是理也。不是天理便是私欲"（《遗书》卷十五，144），"不合礼则非理"（《周易程氏传》卷一，699）。

所以在其政治哲学中，程颐看到，政治的与个人的层面不可分，不仅个人的层面有政治的因素，而且政治的层面也有个人的因素。我在本节主要侧重后一方面。具有什么样的政治制度不仅会决定在这个社会中生存的人会有什么样的行动，而且会影响在这个社会中的人会有什么样的品质。程颐所提倡的以礼为本的政治制度的一个重要目的是使生活在这个社会中的人成为有德之人。而它之所以能做到这一点,是因为虽然这样的社会用来规范人们行动的礼仪之制度是圣人制定出来的,但圣人是根据人的自然的情感制定这些礼仪制度的。在这个意义上,这些礼仪制度是内在于,而非外在于它们用来规范其行动的人的。更重要的是,圣人据以制定礼仪规范的人情在程颐看来发自人性,而构成人性的恰恰就是仁义礼智这些美德。这里,要成为一个有德者也就是要成为一个具有这些美德的人。

六 美德形而上学

我们上面对人性的讨论将我们带入了程颐的美德形而上学。程颐所复兴的儒家思想在西方学术中被称为"新儒学"(Neo-Confucianism)。虽然与古典儒学的相比,新儒学之"新"已经有了大量的解释(例如,见牟宗三 1990,1.11-18;Chang 1963, 43-45),但它最独特的地方在于,它发展出了一种对古典儒学中强调的美德进行本体论—神学阐释的道德形而上学,这类似于查尔斯·泰勒(Charles Taylor)对现代自由主义价值所进行的本体论阐释(见 Taylor 1995)。泰勒发现了构成现代自由主义价值观之善的三种来源(自然、理性和上帝),而程颐揭示了构成儒家美德的一种来源:理。"理"这个概念有很多不同的含义,但我认为最好从"生"或"生生"的角度来加以理解。

当然,正如许多学者指出的那样,"理"在古代儒家文本中早已存在。但是,在程颐及其兄长程颢这里,理不仅第一次获得了其哲学体系的中心位置,而且还被视为宇宙的终极实在。例如,程颐表示"实有是理,故实有是物;实有是物,故实有是用"(《程氏经说》卷八,1160)。因而很明显,对于程颐而言,理在本体论上要优先于事物。它不仅解释了事物如何存在,而且还解释了事物为何是这个特殊事物而不是其他事物。假如没有理,就没有事物;事物之所以存在,正是因为理。正是在这个意义上,程颐将"理"这个术语与许多其他用来表述终极实在的术语交替使用,例如道、天、性、神、心。例如,他说:"在天为命,在人为性,论其所主为心,其实只是一个道。"

（《遗书》卷十八，204）①

　　作为万物的终极实在，万物之理都是同一个理。程颐说道："理则天下只是一个理，故推至四海而准，须是质诸天地，考诸三王不易之理。"（《遗书》卷二上，38）他进而说道，"天地之间，万物之理，无有不同"（《经说》卷二上，1029），因此"一人之心即天地之心，一物之理即万物之理"（《遗书》卷二上，13）。然而，与此同时，程颐也谈到了不同的事物有不同的理。不仅有物理、事理，而且有人理。因此，程颐说："凡眼前无非是物，物物皆有理。如火之所以热，水之所以寒，至于君臣父子间皆是理。"（《遗书》卷十九，247）在这里，程颐谈到了物理（水火之理）以及人理（君臣父子之理）。②具体而言，程颐声称："天下物皆可以理照，有物必有则，一物须有一理。"（《遗书》卷十八，193）但是，当问及是否可以通过格一物而理解万理之时，程颐的答案是绝对否定的（见《遗书》卷十八，188）。换言之，并非仅仅存在物理与人理，而是说不同的物以及不同的人和事皆有不同的理。

　　为了理解"一理"与"万理"之间的关系，我们需要回到程颐的"理一分殊"的思想。从表面上看，"理一分殊"有两种意思。在一种情况下，"分殊"指的是万物；另一种情况，"分殊"指的是万物中不同的理。然而，在程颐看来，这两种意思是一致的。由于万物皆有理，并且理在本体论上优先于万物，因此作为万物的"分殊"与作为万理的"分殊"没有根本的差异。这里重要的是要看到，当程颐说万理通向一理之时，他并不是指在万理之上还存在着一个理，就像在多种具体的爱之上还存在着一个普遍的爱。当一个人去爱的时候，他的爱都是具体的。一个人永远无法以普遍的方式去爱。因此重要的是看到，当解释"理一分殊"的思想时，程颐不同于他之前的佛教

---

　　① 因此，我认为卢连章对二程的理解是错的，他认为理是第一位的，而其他范畴如天、性和命是第二位的（见卢连章 2001，116）。相反，我认为牟宗三基本正确，他指出："此中其体、其理、其用，皆指'上天之载'本身说，即皆指无声无臭、生物不测之天道本身说，是故易、道、神，亦是此天道本身之种种名，所指皆一实体也。"（牟宗三 1990，1.23）

　　② 钱穆声称理学中只有物理而没有人理（钱穆 2001，228），我认为这一点是错的。在钱穆对于孔孟古典儒学与程朱新儒学所进行的区分之中，他说古典儒学讨论的是道，包含天道与人道，但没有物道；而新儒学讨论理，包含天理与物理，但没有人理。

徒以及他之后的（在偶尔情形下的）朱熹，他没有使用"月印万川"的比喻。因为这个比喻表明存在着一个真实的理（月亮）在上面，而万理（无数河流里的月亮）只不过是它的映像。即便没有万川中的映像，月亮也可以存在；但对于程颐而言，一理与万理是不可分的。①

因此，尽管有人认为程颐的理与柏拉图的理念／型相有着相似之处（见Chang 1963, 47；Fung 1953, 507；侯外庐 1995, 501），但对于程颐而言，虽然理确实在本体论上优先于万物，但它并不存在于万物之外。在解释《易经》中的"一阴一阳之谓道"之时，程颐说："道非阴阳也，所以一阴一阳道也，如一阖一辟谓之变。"（《遗书》卷三，67）在这里，虽然他说理或道并非阴阳之气，他同样说了理是阴阳之间的不停歇的转化，也就是说，离阴阳即无理。假若如此，理就不能存在于具体事物之外。关于这一点，程颐说："离了阴阳更无道，所以阴阳者道也。阴阳，气也。气是形而下者，道是形而上者。"（《遗书》卷十五，162）

那么，在本体论上决定气，并且无法与其分割开来的那个"理"到底是什么？虽然许多学者已经意识到，将它与柏拉图的理念相提并论是错误的，因为后者能够独立存在于具体事物之外，但人们仍然经常将其视为万物具有的共同本质，或者规定万物的共同法律，或者万物遵循的普遍原则，或者万物彰显出的普遍规律，只要我们认为这种本质、法律、原则和规律无法与具体事物分开就行。然而，在我看来，如此物化地理解程颐之理的方式（将其理解为某种事物，纵使不可见）是错误的；相反，我认为，对于程颐而言，理首先不是某种事物（some *thing*），而是事物的活动（the *activity* of things）。正是在这个意义上，程颐在谈到《易经》时说："自古儒者皆言静见天地之心，唯某言动而见天地之心。"（《遗书》卷十八，201）然而，程颐所说的"动"到底什么意思？在我看来，这是万物的创造力即万物使自己获得生

---

①　在解释如何区分两种不同的理时，牟宗三给出了另一种解释，即作为宇宙的本体论／形而上学基础的"理"（通过诸如"就体而言理"等表述来表达），与作为特殊事物自然倾向的"理"（通过诸如"就现实存在之种种自然曲折之势而言理"等表述来表达）。就前者而言，天下只有一个理；就后者而言，每个事物都有它特有的理（牟宗三 1990, 2.81）。

命的创造活动，就是《易经》里面说的"生"或"生生"。例如，程颐说："生生之理，自然不息。"（《遗书》卷十五，167）程颐之所以认为万物存在的原因是理，并不是认为理是独立于万物的某种事物。毋宁说，其实是这种赋予万物生命的活动（life-giving activity），在本体论的意义上优先于具有生命活动的万物。假如没有赋予生命的活动，万物就是虚无，因为它们没有"去存在"的行为。当然，这种赋予万物生命的活动，始终都是万物自身的活动，而不是外在于万物的某个创造者的活动；而万物也始终都是具有生命活动的万物。在另一处，程颐说道："道则自然生万物。今夫春生夏长了一番，皆是道之生……道则自然生生不息。"（《遗书》卷十五，149）我们知道程颐将理与心联系在一起，无论是人之心或天地之心。现在他也用万物的生命创造活动来解释这一点："心生道也，有是心，斯具是形以生。恻隐之心，人之生道也。"（《遗书》卷二十一下，274）①

　　通过把他的"理"解释为赋予生命的活动，我们就可以理解，程颐的形而上学为何是一种美德形而上学，是对儒家价值观的本体论阐释，因为它与儒家最核心的美德，仁，密切相关。众所周知，儒家最重要的美德是仁义礼智信。按照程颐的观点，在这五种美德之中，仁是最重要的，因为在某种意义上，它包括所有其他的美德（见《遗书》卷二上，14）。因此，在对儒家价值观进行本体论阐释时，程颐首先关注的是仁。什么是仁？程颢在说完"万物之生意最可观"之后，继续说道："此元者善之长也，斯所谓仁也。人与天地一物也。"（《遗书》卷二上，120）换言之，仁是善的、是美德，不仅因为它是一种人类的特质；而且还因为它与终极实在，即赋万物以生命的创造活动之间没有区别。因此，仁不仅可以在它与天理（即赋予生命的创造活动）之间的关系中得以理解，而且它同样也可以被视为赋予生命的这种创造活动本身。对于程颢而言，要活着就意味要仁，死了便缺失了仁。正是在这个意

---

　　① 我这里所提供的解释与牟宗三所给出的解释不同，牟宗三认为，与其兄程颢理解的理是即活动即存有不同，程颐理解的理是只存有不活动者（牟宗三 1990，1.44 与 2.78）。牟宗三的观点不仅普遍被台湾的学者（大多是他的学生）所接受，而且在大陆的学者中间也越来越流行。例如，庞万里同样认为，二程对于理的理解是不同的：程颢以变化和运动的视角理解它；而程颐以静止的万物结构来理解它。庞万里同样引用了张岱年，以及其他人，去支持他的这种解释（庞万里 1999，59）。

义上,二程都用双关的方法阐释了仁的意义。程颐说"心譬如谷种,生之性便是仁也"(《遗书》卷十八,184),而这与其兄程颢将仁理解为体认生命的能力(不仁则是"手足痿痹")(《遗书》卷二上,15)完全一致。换言之,终极实在本身就是道德的,或者说儒家的仁义礼智等美德具有其形而上学基础。因此,程颢说"'生生之谓易',是天所以为道也,天只是以生为道",他进而声称:"继此生理者,即是善也。"(《遗书》卷二上,29)在这里,程氏明确将作为生命活动的"理"与道德的"善"联系起来了。

七 结 论

本章的核心问题是"我为什么要成为有德者",其他问题都是由这个核心问题引申出来的。对这个核心问题,程颐的回答是,因为"你是一个人"。作为一个人,你就应该成为一个本真的、健全的、没有缺陷的人。一个本真的、健全的、没有缺陷的人就是一个将人之为人的特质完满地体现出来的人,而这种人之为人的特质在程颐看来就是仁义礼智这些美德。在这个意义上,一个本真的、健全的、没有缺陷的人就是有德者,即具有仁义礼智这些美德的人。当然,如我们指出的,提出"我为什么要成有德者"的人一般是利己主义者,因此在问这个问题时,他们并不是要我们为他们提供一种关于他应该成为一个有德者的逻辑的或者经验的证明,而是向我们表明,他们缺乏成为一个有德者的动机。为此,程颐指出,成为有德者或从事德行是一种令人快乐的事情,而利己主义者,跟所有人一样,当然有追求快乐的动机。当然这样的利己主义者会说,他们在努力成为有德者或努力做德行时不仅不能感到快乐,甚至感到痛苦。我们看到,程颐认为,这是因为他们虽然拥有关于他们应该成为有德者的闻见之知,却缺乏相应的德性之知。一旦他们获得了这样的德性之知,他们就会自然地、轻松地、快乐地、手之舞之足之蹈之地根据这种知行动,即从事德行,从而成为有德之人。更重要的是,程颐指出,要获得这样的德性之知不是一件很难的事情,并不需要人具有任何特别的智力。只要不自暴自弃,每个人都可以获得这样的知识。

参考文献

程颢、程颐：《二程集》，北京：中华书局，2004 年。

程树德：《论语集释》，北京：中华书局，1990 年。

杜维明：《杜维明文集》卷五，武汉：武汉出版社，2002 年。

冯友兰：《中国哲学史新编》，北京：人民出版社，1995 年。

侯外庐等：《中国思想通史》卷一，北京：人民出版社，1995 年。

卢连章：《程颢程颐评传》，南京：南京大学出版社，2001 年。

牟宗三：《心体与性体》，台北：正中书局，1990 年。

潘富恩、徐余庆：《程颢程颐评传》，上海：复旦大学出版社，1996 年。

庞万里：《二程的哲学体系》，北京：北京航天航空大学出版社，1999 年。

钱穆：《宋明理学概述》，台北：兰台出版社，2001 年。

杨伯峻：《论语译注》，北京：中华书局，1980 年。

杨伯峻：《孟子译注》，北京：中华书局，2005 年。

张载：《张载集》，北京：中华书局，1978 年。

Aristotle. 1963. *Ethica Nicomachea*. in *Works of Aristotle*. vol. ix. Oxford: Oxford University Press.

Audi, Robert. 1979. "Weakness of Will and Practical Judgment." *Nous* 13.2: 173-196.

Audi, Robert. 1990. "Weakness of Will and Rational Action." *Australasian Journal of Philosophy* 68: 270-281.

Bradley, F. H. 1935. *Ethical Studies*. Oxford: Oxford University.

Chan, Wing-tsit. 1963. *A Source Book in Chinese Philosophy*. Princeton: Princeton University Press.

Chang, Carsun. 1963. *The Development of Neo-Confucian Thought*. vol. 1. New Haven: College and University Press.

Cohen, G. A. 2002. *If You're an Egalitarian, How Come You're So Rich?* Cambridge, MA: Harvard University Press.

Copp, David. 1997. "The Ring of Gyges: Overridingness and the Unity of Reason." *Social Philosophy and Policy* 14: 86–106.

Davidson, Donald. 1980. "How Is Weakness of the Will Possible?" in his *Essays on Actions and Events*. Oxford: Clarendon.

De Bary, Wm. Theordore. 1991. *Learning for One's Self: Essays on the Individual in Neo-Confucian Thought*. New York: Columbia University Press.

Fung, Yulan. 1953. *A History of Chinese Philosophy*. vol. 2. Princeton: Princeton University Press.

Gewirth, Alan. 1980. "The Golden Rule Rationalized." *Midwest Studies in Philosophy* 3: 133–147.

Hobbes, Thomas. 1998. *Leviathan*, ed by J. C. A. Gaskin. New York: Oxford University Press.

Hume, David. 1957. *An Inquiry Concerning the Principles of Morals*. New York: The Liberal Arts Press.

Melden, A. I. 1948. "Why Be Moral?" *The Journal of Philosophy* 45: 449–456.

McIntyre, Allison. 1990. "Is Akratic Action Always Irrational?" in Owen Flanagan and Amelie Rorty, eds. *Identity, Character, and Morality: Essays in Moral Psychology*. Cambridge, MA: MIT Press.

Murphy, Jeffrie. G. 1999. "A Paradox about the Justification of Punishment." in George Sher and Baruch A. Broady, eds. *Social and Political Philosophy: Contemporary Readings*. Orlando, FL: Harcourt Brace College Publishers.

Nielsen, Kai. 1989. *Why Be Moral*. Buffalo: Prometheus Books.

Okin, Susan Moller. 1989. *Justice, Gender, and the Family*. New York: Basic Books.

Okin, Susan Moller. 2005. "'Forty Acres and a Mule' for Women." *Politics, Philosophy & Economics* 4(2): 233–248.

Plato. 1963a. *Protagoras*. in Edith Hamilton and Huntington Cairns, eds. *The Collected Dialogues of Plato*. Princeton: Princeton University Press.

Plato. 1963b. *The Republic*. in *Plato: The Collected Dialogues*. ed. by Edith Hamilton and Huntington Cairns. Princeton: Princeton University Press.

Sandel, Michael. 1982. *Liberalism and the Limits of Justice*. Cambridge: Harvard University Press.

Taylor, Charles. 1989. *The Sources of the Self: The Making of the Modern Identity*. Cambridge: Harvard University Press.

Toulmin, Stephen. 1964. *An Examination of the Place of Reason in Ethics*. Cambridge: Cambridge University Press.

Tu, Weiming. 1999. "Humanity as Embodied Love: Exploring Filial Piety in a Global Ethical Perspective." in Mark Zlomislic, ed. *Jen, Agape, Tao with Tu Wei-ming*. Binghamton: Global.

Wong, David. 1989. "Universalism Versus Love with Distinction: An Ancient Debate Revived." *Journal of Chinese Philosophy* 16: 251–272.

第三章　美德解释学：
以二程对《孟子》的化用为焦点

一　引　言

程颢和程颐兄弟无疑是宋明理学的奠基者，而宋明理学实际上是在对先秦儒家经典的解释基础之上形成的。在此过程中，他们发展了一种重要的解释学形态，我称之为美德解释学。这种解释学的目的是使解释者通过对古代儒家经典的解释而获得这些经典的作者即圣人所倡导的儒家美德，如仁义礼智，从而成为有德者，甚至圣人。在对这样一种美德解释学的特征做了一般讨论（第二节）以后，本章主要以他们对于《孟子》肯定而富有创造性的化用作为他们的美德解释学的一个例证。二程对《孟子》的化用可以从消极和积极两个方面讲。消极言之，二程理学在佛学长期压倒儒学的背景下兴起，类似于孟子自述的杨墨横行的情形。二程受了孟子的启发，要在不利的环境中捍卫儒学。积极言之，捍卫儒学的上上之策莫过于发展儒学，而理学的核心思想，尤其是"性""理"观念都可以在《孟子》中找到。为此，本章将先简述二程在孟子及《孟子》的升格运动中的重要作用（第三节），进而分析二程的孟子解释学（第四节），接着以"性""推""自得"为例考察他们如何通过这样一种解释学化用《孟子》（第五至第七节），最后则是简短的结语（第八节）。

二　二程的美德解释学

在 2005 年的一篇文章中，根据从事解释活动的目的，我区分了两种解释学。一种是为人的解释学，一种是为己的解释学。所谓为人的解释学，其解释的对象是我们的道德行为的接受者（moral patients），因而是我们生活世界中的活生生的人。我们在本书第二章中提到，在程颐看来，儒家不仅提倡要爱所有人甚至所有物，而且主张对不同的人和物要有恰当的爱，即充分反映了这些人和物的独特性的爱。所以程颐不主张"强恕而行"，因为"强恕而行"是"以己之好恶处人而已，未至于无我也"（《遗书》卷二十一下，275）。说以"己之好恶处人"，实际上就是己所欲，施于人，己所不欲，勿施于人。这假定了己之好恶就是人之好恶。相反，二程认为圣人无我。怎么实现无我呢？程颢说，如果"以物待物，不以己待物，则无我也"（《遗书》卷十一，125）。同样，程颐也说，我们应该"以物待物，不可以以己待物"（《遗书》卷十五，165）。所以他说，圣人之心"譬如明镜，好物来时，便见是好，恶物来时，便见是恶，镜何尝有好恶也？"（《遗书》卷十八，210-211）这与其兄程颢的看法一致。一方面，程颢说，"至于无我，则圣人也"（《遗书》卷十一，126）；另一方面，他又说，"夫天地之常，以其心普万物而无心；圣人之常，以其情顺万事而无情"（《文集》卷二，460）。所有这些都表明，虽然我们的爱来自本心之仁，是内在的，但针对具体对象的爱的恰当方式则取决于我们所爱的对象的独特性，而要了解我们的对象的独特性，我们就需要为人的解释学。所谓为人的解释学，如我在上述这篇文章中指出的，"主要是指：在理解一个文本、一个传统，或一种文明时，我们所主要关心的乃是理解这个文本的作者、这个传统的传人、这个文明的群体，从而使我们在跟这样的个人或团体打交道时，知道应该如何行为处事。换言之，我们从事解释活动的目的……是要寻找与我们不同的他者相处的道德方式，而其前提就是对这些他者的理解。所以，我们在这里从事解释活动的对象，不是某个文本或者任何其他象征符号，而是创造和使用这个文本或象征符号的人；而且不是创造和使用文本的任何人，而只是那些活着的、我们将与之打交道的人"（黄勇2005，46）。

与为人的解释学不同，为己的解释学主要是指"在我们试图理解一个文本，一个传统，或一种文明时，我们所主要关心的乃是我们从这个文本、传统和文明中可以学到一些什么东西。换言之，我们从事解释活动的目的主要是想丰富我们自身，使我们自己变得更加完满，我们的生活变得更加丰富"（黄勇 2005，45）。我在这篇文章中指出，已经成为当代西方哲学中的显学的解释学基本上是一种为己的解释学。例如，伽达默尔解释学的一个核心概念就是教化（Bildung），就是在他者（文本）那里找到自己，从而从他者那里回到自己。因此他的解释学的主要任务不是理解他者，而是理解自我。更确切地说，是从他者那里来理解自我（Gadamer 1993，10）。正因为这样，他便指出："对于解释者来说，一个文本的真实意义并不依赖于其作者和原初读者的具体情形……因为它总是由解释者的历史状况因而也由整个历史的客观过程共同决定。"（Gadamer 1993，296）在这一点上，利科虽然认为伽达默尔的解释学显得过于直接，在他看来，解释者首先应该揭示文本所呈现的世界，但他也认为："理解乃是在文本面前理解自我。"（Ricoeur 1991，88）这里伽达默尔和利科还只是侧重解释活动的目的是通过对文本的理解达到解释者的自我理解，罗蒂则更进一步，认为解释活动的目的是通过对文本的理解达到解释者的自我教化，认为解释学"主要不是对外部世界存在什么东西或历史上发生了什么东西感兴趣，而是对我们能从自然和历史中得到什么东西为我们所用感兴趣"，因此，"它不是把认识而是把修养、教育（自我形成）作为思考的目的"（Rorty 1979，357）。

　　我在上述这篇文章中，在区分了这两类不同的解释学以后，侧重讨论为人的解释学，但在本章我将主要讨论为己的解释学，并以二程的美德解释学为焦点。美德解释学是一种为己的解释学。与我们上面看到的在当代西方哲学中的为己的解释学一样，在二程看来，我们的解释活动的目的不是为了了解我们可能的道德行为的对象，以便我们能够确定对这些行为对象来说恰当的，也即考虑到了他们的独特性的行为。相反，我们解释活动的对象是古代经典，我们的解释活动的目的主要不是去了解经典或经典的作者，而是为了我们自己；更确切地说，我们要了解经典或其作者的目的不是为了这些经典及其作者本身，而是为了从这些经典和作者那里获得丰富我们自己的养料。但与当代西方哲学中作为为己之学的解释学不一样的是，二程的美德解释学突出解释者通过对经典的解释而达到的自我修养的道德层面：成为具有美德的人。例如，程颐说："学者当以《论语》《孟子》为本。《论语》《孟子》既治，则六经可不治而明矣。读书者，当观圣人所以作经之意，与圣人所以用心，与圣人所以至圣人，而吾之所以未至者，所以未得者，句句而求之，昼诵而味之，中夜而思之，平其心，易其气，阙其疑，则圣人之意见矣。"（《遗书》卷二十五，322）这里程颐明白无误地说明了，我们解释圣人的经典的目的就是我们自己要成为圣人。

二程的这种美德解释学有几个鲜明的特征。首先，在程子看来，我们应该明白圣人作经的目的和由此决定的经典的本质。一方面，"圣人作经，本欲明道"（《遗书》卷二上，13）。用解释学的术语来说，二程认为这是圣人作为经典作者的原意。另一方面，相应地，"经所以载道也，器所以适用也"（《遗书》卷六，95）。用解释学的术语说，这是经典作为被解释文本的本意。关于这一点，程颐又说："道之在经，大小远近，高下精粗，森列于其中。"（《遗书》卷一，2）程颢也持类似的观点："道之大原在于经，经为道，其发明天地之秘，形容圣人之心，一也。"（《文集》卷二，463）值得注意的是，这里圣人欲明之道因而也是经典所载之道，实际上也就是成圣之道。关于这一点，程颐在其著名的《颜子所好何学论》一文中，从学的角度做了明确的说明："圣人之门，其徒三千，独称颜子好学。夫《诗》《书》六艺，三千子非不习而通也。然则颜子所独好者，何学也：学以至圣人之道也。"（《文集》卷八，577）这就是说，《诗》《书》六艺所载的就是至圣人之道；换言之，圣人作经所欲明之道就是至圣人之道。然后程颐进一步解释这一至圣人之道。他说人生来便仁义礼智信五性俱全。当外物刺激我们外在的身体时，我们内在的五性便向外发出七情，即喜怒哀乐爱恶欲。这七情有可能发而皆中，也有可能过或不及，"是故觉者约其情使合于中，正其心，养其性，故曰性其情。愚者则不知制之，纵其情而至于邪僻，梏其性而亡之，故曰情其性。凡学之道，正其心，养其性而已。中正而诚，则圣也"（《文集》卷八，577）。

其次，由于圣人作经的目的是要明道，而相应地经典的本质就在于载圣人之道，解释者在解释经典时就必须关注经典所载圣人欲明之道。所以，一方面，就在说了"圣人作经，本欲明道"之后，程子就说："今人不先明义理，不可治经，盖不得传授之意云尔。"（《遗书》卷二上，13）另一方面，紧接着"经所以载道也，器所以适用也"，程子又说："学经而不知道，治器而不适用，奚益哉？"（《遗书》卷六，95）与此相关，程子还说："读《论语》《孟子》而不知道，所谓'虽多亦奚以为'。"（《遗书》卷六，89）据此程颐批评汉儒的经学，认为它在治经时恰恰忽略了经所载之道，舍本逐末："汉之经术安用？只是以章句训诂为事。且如解《尧典》二字，至三万余言，是不知要也。"（《遗书》卷十八，232）相反，他认为："善学者，要不为文字所梏。故文义虽解错，而道理可通行者不害也。"（《外书》卷六，378）[1]

再次，读经明道必须与明道读经相结合。我们上面看到程子认为，"圣人作经，本欲明道"，但紧接着这句话他又说："今人若不先明义理，不可治经。"（《遗书》卷二上，13）我们知道，前一句中讲到的圣人所欲明之"道"与后一句中讲到的今人应先明之"义理"实际上是一回事。用解释学的术语来说，学者这种治经前所已经明白的义理就是读者的前见或前理解。但这样，我们似乎遇到了矛盾甚或悖论。既然程子说，经载圣人所欲明之道即义理，那我们要明义理，就该治经，但程子又说不先明义理即圣人所欲通过作经而明之道，我们就不能治经。但是，（1）不通过治经，我们如何明道、明义理呢？（2）而如果我们已经明道、明义理，我们何必还要治经呢？关于这里的第一个问题，虽然程子说经以载道，并说"为学，治经最好"（《遗书》卷一，2），要求我们"由经穷理"（《遗书》卷十五，158），但他没有说在经之外就没有道或理，并没有说除了治经之外，我们就没有办法明道、明义理。程颐就说，"穷理亦多端：或读书，讲明义理；或论古今人物，别其是非；或应接事物而处其当，皆穷理也"（《遗书》卷十八，188），在另一处也有类似的说法。有学生问："学必穷理，物散万殊，何由而尽穷其理？"程子回答说："颂《诗》《书》，考古今，察物情，揆人事，反覆研究而思索之，求止于至善，

---

① 在别的地方，程子也有类似的说法："圣人之道，坦如大路，学者病不得其门耳，得其门，无远之不可到也。求入其门，不由于经乎？今之治经者亦众矣，然而买椟还珠之弊，人人皆是。经所以载道也，诵其言辞，解其训诂，而不及道，乃无用之糟粕耳。觊足下由经以求道，勉之又勉，异日见卓尔有立于前，然后不知手之舞，足之蹈，不加勉而不能自止矣。"（《文集·遗文》，671）

盖非一端而已也。"（《粹书》卷一，1191）这里我们可以看到，除了治经这个明道的最佳方法之外，还有考古今（即读历史）、揆人事（即通过道德实践）、取诸身（即通过自我反省）和察物情（即通过格外物）等多种途径。

关于第二个问题，在明道、穷理之多端中，确实，在理论上，如果我们在其中一端达到尽处，我们可以忽略其他各端，但事实上，我们几乎没有一个人能在任何一端达到尽处。我们所能做的是通过其中一端达到对道、理的一定程度的把握后，用所把握的对道、理的这种程度的理解来通过别的端加深对道、理的把握，然后我们可以带着这种加深了的对道、理的把握再回到原来的一端，从而进一步加深我们对道、理的把握。这实际上就是一种解释学的循环。简化地说，如果我们以治经为明道之一途，而以所有其他各端为另一途，诚然我们可以说，若不先通过其他途径明义理，不可治经，但我们也可以说，若不先治经，不可通过其他途径明义理。但事实上，我们可以先治经，明白一定程度的义理，然后用这种对义理的理解来实践其他的途径，以此加深对这种义理的理解，并再用这种加深了的对义理的理解回过来治经，由此下去，循环往复，不断加深对义理的理解。我们也可以先走其他途径，明白一定程度的义理，然后通过这种对义理的理解去治经，从而加深对义理的理解，并用这种加深了的理解去走明理的其他途径，由此下去，循环往复，不断加深对义理的理解。

最后，程颐的美德解释学的目的不只是要对经典所载的圣人之道通过上述的解释学循环在认知上达到完满的理解，而是要使解释者通过这样的解释活动获得美德：成为有德者。例如，程颢认为，治经可以增加一个人的价值："学者不可以不看《诗》，看《诗》便使人长一格价。"（《外书》卷十二，428）这里程颢所指的增加的一格价显然是指一个人通过解经活动所获得的美德这种价值。关于这一点，程子在另一个地方说得更明确："学者必知所以入德。不知所以入德，未见其能进也。"（《外书》卷七，397）由于解经者所获得的不只是知识，而且是美德，而具有美德者不仅知道，而且会行道。所以程子说："穷经，将以致用也。如'诵《诗》三百，授之以政不达，使于四方，不能专对，虽多亦奚以为？'今世之号为穷经者，果能达于政事专对之间乎？则其所谓穷经者，章句之末耳，此学者之大患也。"（《遗书》卷四，71）在谈到论语开头的"学而时习之"时，程子也说："所以学者，将以行之也；时习之，则所学在我者，故说习如禽之习飞。"（《外书》卷七，395）

由此可知，在二程那里，解经活动不是只涉及心（mind）之认知活动，而且也涉及心（heart）之体验经历。因为对道的知性理解，即所谓闻见之知，不会促使我们去做相应的行动，不会使我们成为有德者。仅当我们的知同时来自我们的内心体验，我们才有根据这样的知行动的自然倾向。所以在二程关于解经的言论中，经常涉及"玩味""体会"及类似的说法。例如，有学生问："学者如何可以有所得？"程颐便说："但将圣人言语玩味久，则自有所得。当深求于《论语》，将诸弟子问处便作己问，将圣人答处便作今日耳闻，自然有得。孔、孟复生，不过以此教人耳。若能于《论》《孟》中深求玩味，将来涵养成甚生气质！"（《遗书》卷二十二上，279）在另一个地方，程颐也说："学者不学圣人则已，欲学之，须熟玩味圣人之气象，不可只于名上理会。如此，只是讲论文字。"（《遗书》卷十五，159；另见《外书》卷十，405）这两段都涉及"玩味"。还有不少段落涉及内心体验的"体"字的。例如，程颐对他的学生说，《易传》"只说得七分，后人更须自体究"（《外书》卷十一，417）。这里《易传》虽只说了七分，但实际上它已经说了能说的一切，因为需要内心体究的都要靠每个人自己去体究，这就是我在本章后面要讨论的"自得"。在回答学生关于"仁"的问题时，程颐说："此在诸公自思之，将圣贤所言仁处，类聚观之，体认出来。"（《遗书》卷十八，182）一方面，程颐认为这种由体而知的过程比较困难，"学为易，知之为难。知之非难也，体而得之为难"（《遗书》卷二十五，321）。这是因为，如我上面指出的，这样的知不仅需要心的认知功能（mind），而且还要依靠心的情感功能（heart）。但另一方面，程颐又认为这种知并不困难，因为"人皆有是道，唯君子能体而用之。不能体而用之者，皆自弃也"（《遗书》卷二十五，321）。这是因为，虽然这样的知同时需要心的认知功能和情感功能发挥作用，但它不需要学者有任何特殊的、与常人异的禀赋，因此是每个人都可以从事的活动。如果有人不能体而用之，那一定不是因为这个人缺乏所需要的能力，而是因为这个人自暴自弃。通过这样的玩味、体究获得的对经典所载的圣人之道的认知就不只是闻见之知，而是德性之知。这种知的一个特点就是知而必行。例如程颐说："知之深，则行之比至，无有知之而不能行者。知而不能行，只是知得浅。饥而不食乌喙，人不蹈水火，只是知。人为不善，只是不知。"（《遗书》卷十五，164）

由上面的讨论可知，二程的美德解释学，作为一种为己的解释学，较之我们看到的在当代西方哲学中的为己的解释学，与为人的解释学具有一种更加紧密的关系。一方面，为人的解释学需要一种以美德解释学为形式的为己的解释学。我们前面看到，为人的解释学的目的是要了解我们的行为对象的独特性，从而使我们涉及他们的行为更加恰当。可是，如果一个人缺乏必要的美德，他就不会有关心他人的动机，因而也就没有去了解他人之独特性的欲望，而且即使他知道了其行动对象的独特性，他也不会做出恰当的行动。在这个意义上，为人的解释学需要以美德解释学这种为己的解释学为前提。另一方面，有了美德解释学这种为己的解释学，一个学者就成了具有美德的人，而作为一个具有美德的人，一方面，他一定会有帮助人的动机，而另一方面，与根据道德原则行动的人不考虑行动对象的独特性而对所有人一视同仁不同，具有美德的人对不同的行动对象会做出不同的、考虑到了这些行动对象的独特性的行动，因而才是同等的、真正恰当的行动，而这就需要为人的解释学。在这个意义上，为己的解释学，主要是美德解释学这种为己的解释学，以为人的解释学为条件。[①]

接下来，我将以二程对孟子的解释为中心，进一步解释他们的这种美德解释学。但在此之前，我先简单说明一下二程在宋代的"孟子的升格运动"中所发挥的作用。

[①] 现在我们可以看到，虽然我在这里讲的为己的解释学与儒家传统中正面的为己之学意义相仿，我在这里讲的为人的解释学与儒家传统中反面的为人之学则完全不同。我们知道，孔子所批评的"今之学者"的为人是指这些学者学习的目的不是为了自我作为道德存在物的完满（这是孔子所赞扬的"古之学者"学习的目的），而是为了用学问来装点门面，向他人炫耀自己的博学。正是在这个意义上，程颐说："'古之学者为己'，其终至于成物。今之学者为物，其终至于丧己。"（《遗书》卷二十五，325）

三　二程和"孟子的升格运动"

现在人们普遍认为，孟子是孔子之后最重要的儒家，而《孟子》一书则作为"四书"之一而闻名。不过，正如徐洪兴指出，在周予同所讲的"孟子的升格运动"之前[①]，"孟子其人，只被视为一般的儒家学者；孟子其书，也只能归入'子部'一类；此外，在两宋以前的官修文献中，一般都是'周孔'或'孔颜'并提，鲜见有'孔孟'合称的"（徐洪兴 1996，101）。诚然，二程并非这场运动的发起者或完成者。一方面，大家一般认为韩愈（768—824）是这场运动的发起者。是他首次建构了儒家的道统：始于尧，经由舜、禹、汤、文、武、周公、孔子，一直传到孟子，而孟子之后，道统就断了。另一方面，是朱熹为孟子的升格运动画上了句号，特别是通过他那部包括《孟子集注》在内的《四书章句集注》。尽管如此，二程在这场运动中所发挥的作用仍至关重要。

韩愈的论述的确具有革命性，但人们普遍忽视了以下一点：直到宋初人们才普遍接受了韩愈所提出的儒家道统，接受了他将孟子的地位提升至其他儒家之上的做法。这在很大程度上要归功于人称"宋初三先生"中的两位，即孙复（992—1057）和石介（1005—1045）对孟子的推崇。他们都强调孟子的重要性，凸显他在打败儒家对手中的作用及其在儒家中的卓越地位。他们接受了韩愈的儒家道统说，并且以不同的方式扩而充之。孙复认为，孟子之后延续道统的是董仲舒（前179—前104）、杨雄（前53—18）、王通（584—617）和韩愈；石介则认为，孟子之后道统由荀子、杨雄、王通和韩愈所继承。然而，他们将这些后来的儒家纳入道统，在某种程度上意在降低孟子及其之前的儒家在道统中的地位，从而抬高了孟子之后那些儒家的地位。

[①]　周予同 1983，289。作为一股逆流，在"孟子的升格运动"的同时，也出现了一股相反的非孟潮流，这股潮流范围也很广，但相对较弱且最终没有成功。非孟运动中最重要的人物包括李觏（1009—1059）、司马光（1019—1086）、苏轼（1037—1101）和叶适（1150—1223）。有关这一运动的研究，可见周淑萍 2007，第四章；黄俊杰 1997，第四章；徐洪兴 1996，23-138。

事实上，石介以孔子、孟子、杨雄、王通、韩愈为儒家五圣，而其中他认为韩愈比孟子更重要（周淑萍 2007，52）。

然而，在提升孟子及《孟子》的地位方面，起关键作用的则是二程。首先，他们主张，孟子虽非孔子嫡传，却是孔子的真正继承者。孟子曾说，君子之影响一如小人之影响，将持续五世（《孟子·离娄下》第二十二章）。程子引孟子此说，指出孟子距孔子不过三四世，孔子遗风仍在，以此证明孟子得到了孔子真传（《遗书》卷六，93）。在二程看来，若无子思、孟子，圣学几没。其次，二程强调孟子的独特贡献。程颐认为："孟子有功于圣门不可言。如仲尼只说一个'仁义'，孟子开口便说'仁义'；仲尼只说一'志'，孟子便说许多养气出来。"（《遗书》卷十八，221）即使不敢说孟子就是圣人，但他的学问已达至处（《遗书》卷十九，255）。第三，不同于其他宋儒，二程像韩愈那样主张孟子之后儒家道统就已经断了："孔子没，传孔子之道者，曾子而已。曾子传子思，子思传之孟子，孟子死，不得其传。"（《遗书》卷二十五，327）既然道统已断，任何追求儒家道统的人就不得不回到孟子。①

"四书"中的《大学》和《中庸》本是《礼记》中的两章，而《礼记》则为最早的儒家经典"五经"之一（其他四经包括《诗》《书》《易》《春秋》，在汉武帝［前 156—前 87，前 140—前 87 在位］期间确立）。东汉时期，"五经"变为"七经"，增加了《论语》和《孝经》。唐代将《春秋》三传替代《春秋》（各传均包含《春秋》本身）并增《周礼》《仪礼》及《尔雅》，是为"十二经"，唐文宗（827—840 在位）时勒为石经。② 离大家熟知的"十三经"尚缺一部。此即《孟子》，入选时间为北宋仁宗（1010—1063，1022—1063 在位）和哲宗（1076—1100，1085—1100 在位）之间，当时它被增为科举考试的内容。至此，《孟子》的地位由"子书"升格为"经书"。

张载可能是将"四书"并提的第一人。他说："学者信书，且须信《论语》

---

① 当然，这样做也便于他们强调自己的重要性。如程颢言曰："孟子没而圣学不传，以兴起斯文为己任。"（《文集》卷十一，638）程颐则说，程颢生于孟子之后一千四百年，得不传之学于遗经，以斯道觉斯民，"圣人之道得先生而后明"（《文集》卷十一，640）。

② 根据徐洪兴的研究，此时《孟子》不仅不在"十二经"之列，而且其地位甚至低于《老子》《庄子》《文子》和《列子》，后四部文献包括在科举考试的道教部分中（徐洪兴 1996，96）。

《孟子》《诗》《书》无舛杂。《礼》虽杂出诸儒，亦若无害义处，如《中庸》和《大学》出于圣门，无可疑者。"（《张载集》，277）然而，二程在"四书"成为经典的过程中发挥了至关重要的作用。他们常常《论》《孟》并提，不讲孰重孰轻："《论》《孟》如丈尺权衡相似……今人看《论》《孟》之书，亦如见孔、孟何异？"（《遗书》卷十八，205）他们尽管说"入德之门，无如《大学》"（《遗书》卷二十二上，277），但仍然认为《论》《孟》是最重要的："学者当以《论语》《孟子》为本。《论语》《孟子》既治，则《六经》可不治而明矣。"（《遗书》卷二十五，322）据《宋史·道学传》记载，二程"表章《大学》《中庸》二篇，与《语》《孟》并行。于是上自帝王传心之奥，下至初学入德之门，融会贯通，无复余蕴"（《宋史》卷四二七，12709）。翟灏（1736—1788）在其所著《四书考异》中引王彝（？—1374）《七经中义》说："程子见《大学》《中庸》非圣贤不能作，而俱隐《礼记》中，始取以配《论语》《孟子》而为'四书'。"（《四书考异》卷七，第二章）

四　二程的孟子解释学

儒学解释学史上有两种截然不同的传统，即所谓汉学和宋学。尽管这两种解释传统分别发展于汉代和宋代，但其影响却要深远得多。汉学不仅延续至唐代，而且在清代得到复兴。宋学则一直延续至明代。二程显然是宋学的创立者。

要了解汉宋两种传统之别，其中一种方法是看它们如何看待彼此。一方面，从二程角度来看，汉学的兴趣主要落在对经典及其传疏进行详尽的（逐字逐句逐章）注释训诂。我们前面看到，程颐对此提出质疑："汉之经术安用？只是以章句训诂为事。且如解《尧典》二字，至三万余言，是不知要也。"（《遗书》卷十八，232）我们需要探究内在义理，而汉学却要考索外在的字面意思；我们需要着眼于"本"，汉学却只对"末"（训诂）感兴趣；故汉学得其言却失其意（《遗书》卷二十五，319）。另一方面，致力于复兴汉学的清儒同样对宋学嗤之以鼻，他们认为宋学并非旨在阐释经典，而在于发展他们自己的那套哲学体系。比如，严虞惇（1650—1715）曾批评宋代儒家乐于谈论"性""命"而疏于实学（《严太仆先生集》，26）。惠栋（1697—1758）甚至嘲笑宋儒是读不懂经的文盲（《松崖笔记》，299）。

由此可见，至少从其各自的目标而言，汉学似乎更忠实于原始文本的字面意义，而宋学则倾向于阐述经典的哲学思想。然而，作为宋学代表的二程却认为，他们的解释实则更忠于创作经典的圣人。[①] 不管这种说法对于宋学的批评者来说具有多么讽刺的意味，它是有一定道理的，至少对于孟子而言确实如此。为了解这一可能性，我们先来看一下程颐的以下说法："学孟子者，以意逆志可也。"（《遗书》卷四，71）程颐在这里援引孟子在《万章上》第四章中精练表述的解释学思想。在这一章中，孟子纠正了一位弟子对于《诗经》中一句诗的误解，指出："故说《诗》者，不以文害辞，不以辞害志。以意逆志，是为得之。"短短的一句话包含了以下三项内容：作者的原意、文本的客观含义，以及读者对理解文本本义及作者原意时的前理解。二程的解释学发展了孟子自己的解释学所提出的三个主题。正是在这个意义上，我们可以将二程的解释学思想视作孟子解释学，因此我们可以看到，我们前面讨论的孟子的美德解释学的主要思想均来自孟子，因为孟子自己的解释学也是一种美德解释学。所以本节所讲的二程的孟子解释学主要是指二程的美德解释学是孟子的解释学。

首先，孟子认为最重要的是理解作者在创作经典时的原意，即"志"。这是因为，在孟子看来，阅读经典的首要功能在于道德教化。这一点我们在《孟子·万章下》第八章可以看得很清楚。孟子对万章说道："一乡之善士斯友一乡之善士；一国之善士斯友一国之善士，天下之善士斯友天下之善士。以友天下之善士为未足，又尚论古之人。颂其诗，读其书，不知其人，可乎？是以论其世也。是尚友也"；而"友也者，友其德也"（《孟子·万章下》

---

① 中文学界对孟子诠释学的研究甚多。兹举数例。关于汉学及宋学与孟子本人诠释思想之间的关系，可见李凯 2007。李凯认为，孟子的诠释思想兼有汉学和宋学的要素。关于程颐的孟子解释学，可见葛莱、田汉云 2012。关于孟子诠释学的其他研究，可见蔡宗齐 2007；丁秀菊 2011；李凯 2009；彭启福 2010；孙新义、张国庆 2011；Chun-chieh 2001, 15-19。

第三章）。沿着这样的思路，程颐区分了文字作品和作者原意。经典是圣人之作，而"圣人作经，本欲明道"（《遗书》卷二上，13）。在程颐看来，理解儒家经典，必须在阅读过程中了解写出这些经典的圣人："凡学者读其言便可以知其人，若不知其人，是不知言也。"（《遗书》卷二十二上，280）他呼吁道："凡看文字，非只是要理会语言，要识得圣贤气象。"（《遗书》卷二十二上，284）在他看来，学习经典不只是为了获得知识，而且同时也是向圣人学习，从而让自己成为圣人的过程。因此，程颐告诉我们："学者不学圣人则已，欲学之，须熟玩味圣人之气象，不可只于名上理会。"（《遗书》卷十五，158）事实上，如果一个人读了经典之后，在道德上仍然没有变化，那就意味着根本没有读过经典（见《遗书》卷四，71）。为此，"读书者，当观圣人所以作经之意，与圣人所以为圣人，而吾之所以未至者，求圣人之心，而吾之所以未得焉者"（《粹言》卷一，1207）。换言之，我们应该努力使自己成人圣人的同时代人，把自己置于他们所讨论的情境之中。例如，当我们阅读《论语》，应"将诸弟子问处便作己问，将圣人答处便作今日耳闻"（《遗书》卷二十二上，279）。

其次，正因作为经典作者的往圣不再与我们生活在同一时代，所以阅读他们的经典成为我们向他们学习的唯一方式。就此而言，如前文所引，孟子已告诫我们：不以文害辞，不以辞害意。这是孟子就《诗经》来说的。在另一处，孟子论及《尚书》："尽信《书》，则不如无书。"（《孟子·尽心下》第三章；《遗书》卷一，1）因此，对孟子而言，最重要的是要理解经典所要传达的根本之理。程颐进而区分经典的"文意"（字面义）和"义理"（背后的道理）。程颐认为，经典"所以载道也，器所以适用也"（《遗书》卷六，95。亦可见《遗书》卷十八，193）。义理即是经典所载之道，而文意则只是载道之具。因此，理解经典的文意很重要，因为"道之在经，大小远近，高下精粗，森列于其中"（《遗书》卷一，2），程颢也认为："道之大源在于经。经为道。"（《文集》卷二，463）因此，穷道莫过于治经（《遗书》卷一，2）。然则，经典之所以重要，只是因为它们载道。因此，如我们在前面看到的，在将载道之经典和达目的之工具做类比之后，程颐紧接着指出，"学经而不知道"就像

"治器而不适用"(《遗书》卷六，95)。一方面，"经所以载道也，诵其言辞，解其训诂，而不及道，乃无用之糟粕耳"(《文集·遗文》，671)；另一方面，"善学者，要不为文字所梏。故文义虽解错，而道理可通行者不害也"(《外书》卷六，378；着重为引者所加)。

再次，我们说可以通过经典的义理来把握作者意图，这当然意味着我们运用作为读者所理解的义理。这正是孟子所讲的"以意逆志"。在《孟子》注疏史上，少数人认为，此处用来把握作者意图的"意"乃是作者的理解。这很难说得通。不过，汉代最著名的《孟子》注释者赵岐和宋代最伟大的理学家朱熹都认为，这里的"意"是读者的理解。正是沿着这一思路，二程关注读者对经典所传达的义理的前理解。他们认为，阅读经典时我们的思想并非一块白板，而是对道已经有了一定的前理解。它们不仅无损于，反而有助于我们去理解经典所载之道。因此，应该把它们投射于我们的理解，而不是摒弃它们。事实上，如我们在讨论二程的美德解释学时指出的，程颐甚至在讲了"圣人作经，本欲明道"之后紧接着说："今人若不先明义理，不可治经，盖不得传授之意云尔。"(《遗书》卷二上，13)因此，程颐一方面主张没有经典我们便不能充分理解道，另一方面又认为光靠读书不能确保对道的充分理解 (见《粹言》卷一，1185；《遗书》卷十五，165)。因此我们也须从其他途径认识道。程颐强调："穷理亦多端：或读书，讲明义理；或论古今人物，别其是非；或应接事物而处其当，皆穷理也。"(《遗书》卷十八，188；另可见《粹言》卷一，1191)

二程在孟子的启发下发展了自己的解释学，并将其应用于解释《孟子》本身。所以我们本节所说的二程的孟子解释学也可以理解为二程解释孟子的学问。如《孟子·尽心下》第三十四章："说大人，则藐之，勿视其巍巍然。"程颐认为这里必有误，可能是由于孟子的弟子在记录乃师言论时出错了。程颐的理由是："夫君子毋不敬，如有心去藐他人，便不是也。"(《遗书》卷十九，225)又如《孟子·公孙丑上》载，孟子说伯夷和柳下惠是孔子一般的古圣人。程颐认为此处也有讹误，"若以夷、惠为圣之清、圣之和则可，便以为圣人则不可"，并且同样归咎于孟子弟子记录乃师言论时出错了(《遗书》卷十九，255；另可见《遗书》卷六，88）。程颐甚至认为，也许伯夷和柳下惠并没有达到孟子所评价的"圣之清"或"圣之和"，尽管如果他们不断践行道德修养的话是可以达到的。孟子之所以这么评价，是要为每个人设立更高的标准（《遗书》卷十五，157）。孟子对于墨家教育的评价亦是如此。在程颐看来，虽然墨子确实提出了兼爱思想，但并没有达到孟子所讲的程度：将邻人之子视若兄长之子。孟子之所以这样说，是因为人们如果付诸实施便会达到这一程度，而且他想以此告诫我们（《遗书》卷十五，第157页；另可见《遗书》卷十八，231）。再如，《孟子·万章上》第二章借万章之口讲了一个关于舜的父母和弟弟象两次杀舜未遂的故事。一次，舜下去淘井，他们便往井眼里填塞泥土；另一次，舜修理粮仓，象纵火烧之。程子认为，历史上不太可能真有其事，因为帝尧安排百官事舜于畎亩之中，怎么可能允许象杀兄、妻二嫂。程颐在另外一个地方说道，"传录言语，得其言，未得其心，必有害。虽孔门亦有是患"，接着再次提到，孟子所说关于象做过的那些事情是不可能发生的（《遗书》卷十五，163）。

因此，重要的不是理解《孟子》书上每个字的字面意思，而是要把握《孟子》作为经典所承载的道。事实上，在程颐看来，"读《论语》《孟子》而不知道，所谓'虽多亦奚以为'"（《遗书》卷六，89）。程颐在这里援引《论语·子路》："诵《诗》三百，授之以政，不达；使于四方，不能专对。虽多亦奚以为？"那么，在二程看来，《孟子》所载之道究竟是什么？我们从三个方面加以探讨。

五　人　性

孟子最出名的是他的性善论，尽管人们对它的含义有不同的解读。第一种解读，如布鲁姆（Irene Bloom）所认为，孟子讲的善性是与生俱来的（Bloom 2002, 64-100）。支持这一观点的文本主要是《孟子·告子上》第六章。孟子讲到，人们顺着"情"即原初的品性就可以为善；而且，他把恻隐之心、羞恶之心、辞让之心、是非之心等同于仁义礼智四德（虽然他在另一处仅仅视为四端，即四德之四种端倪），认为四德非外烁我，而是我固有之。第二种解读可以安乐哲为代表。基于对《孟子·尽心下》第二十四章的独特解读，他主张孟子讲的人性善是人的一种后天成就。孟子在该章说道，仁义礼智属于"命"（安乐哲译为"basic conditions"），一如人对于美好的味色声嗅及安逸的欲望，但君子要将它们视为"性"。安乐哲并不否认孟子主张人生而具有四端，但他认为这些端倪实际上微不足道，它们与修养习得的善性的距离，不啻调色板与杰作的距离（Ames 1999, 151）。第三种解读，格兰姆认为，孟子所讲的性善，既非与生俱来，亦非后天修养习得，而是内在天性自然发展的结果。支持这一观点的文本包括《孟子·公孙丑上》第六章和《孟子·告子上》第七、第八章。在《公孙丑上》第六章中，孟子清楚地表明，人之恻隐之心、羞恶之心、辞让之心、是非之心分别是仁义礼智的端倪。在《告子上》第七、第八章中，孟子强调，对这些善端要细加呵护，从而让它们能够发展成更为全面的人性美德（Graham 2002, 1-63）。

二程同样强调孟子性善论的重要性。程颐说道："孟子言人性善是也。虽荀、杨亦不知性。孟子所以独出诸儒者，以能明性也。"（《遗书》卷十八，204）我们知道，杨雄主张性善恶混。关于孟子所讲的人性，笔者认为上述三种解读中格兰姆为代表的第三种解读最接近孟子本意。但二程的解读显然属于第一种。程颐论孟子人性论曰："彼命受生之后谓之性尔……若乃孟子之言善者，乃极本穷源之性。"（《遗书》卷三，63）程颐的人性概念很宽泛，人生而具有的一切东西都可以叫人性，但并非人生而具有的一切人性都是善的；只有那极本穷源之性才是善的。正是极本穷源之性将人同其他生命相区分："君子所以异于禽兽者，以有仁义之性也。"（《遗书》卷二十五，323）在二程看来，"性中只有仁义礼智四者"（《遗书》卷十八，183；亦见《遗书》卷二上，14）。因此，虽然二程确实认为人生而具有别的东西，但他们明确主张人也生而具有完善的美德，且对他们而言，正是因为人天生有这些完善的美德，孟子才会主张人性是善的。有意思的是，孟子把恻隐之心、羞恶之心、辞让之心、是非之心视为"四端"，而二程则把仁义礼智视为"四端"。例如，程颐说："自古元不曾有人解仁字之义，须于道中与他分别五常，若只是兼体，却只有四也。且譬一身：仁，头也；其他四端，手足也。"（《遗书》卷十五，154）这里程颐用身体来比喻仁义礼智信这五常，说头好像是仁，四肢则好像其他四端即义礼智信，很显然他将仁也作为一端。当然便有五端，而跟孟子讲的四端数目不同，因此他的学生便问："四端不及信，何也？"对此程颐说："性中只有四端，却无信。为有不信，故有信子。且如今东者自东，西者自西，何用信字？只为不信，故有信字。"（《遗书》卷十八，184）在另一个地方，程颐也说了类似的话，并与孟子的四端相联系："凡理之所在，东便是东，西便是西，何待信？凡言信，只是为彼不信，故见此是信尔。孟子于四端不言信，亦可见矣。"（《遗书》卷二十二上，296）总之可以肯定的是，程颐的四端是指仁义礼智之性。何以跟孟子有此不同呢？这是因为他跟孟子在不同意义上使用"端"字。孟子以"端"为端倪，恻隐等情感只是端倪，只有充分发展才能成为仁等美德。二程以"端"为根本，仁等美德构成人性，是恻隐等情感由之而生的根本。

二程的上述观点尚属于阐述孟子人性论，他们关于人性的诸多其他看法显然不见于《孟子》而有所发展。我们且考察其中两个相关的例子。一方面，二程尤其是程颐明确区分了性与情。《孟子》一书中，诸如恻隐等情感是仁等美德的端倪。这些情感得到充分发展，便有了完善的美德。例如，恻隐之心和仁之间并不存在本体论上的差别，但程颐却做了明确区分。他抱怨道："孟子曰：'恻隐之心，仁也。'后人遂以爱为仁。"（《遗书》卷十八，182）程颐在此含蓄地指向韩愈（退之）。韩愈主张，儒、道、释都讲道，但各家对道的理解各不相同。在儒家这里，道意味着"仁义"，所谓"博爱之谓仁，行而宜之之谓义"（《韩愈集》卷十一，145）。程颐非之："爱自是情，仁自是性……退之'言博爱之谓仁'，非也。仁者固博爱，然便以博爱为仁，则不可。"（《遗书》卷十八，182）对二程而言，情与性的区别也是形而下与形而上的区别。情感清晰可见，性却并非如此。"性"是一个形上概念，可与"理""道"互换使用。程颢讲："道即性也。若道外寻性，性外寻道，便不是。"（《遗书》卷一，1）程颐也说："道即性也。"（《遗书》卷一，7）程颐认为，气与情相关，属于形而下，而"道是形而上者"（《遗书》卷十五，162）。

说某物是形而上，就是说它不可见、不可闻、不可触。若是如此，虽然我们可以感知情感，但我们又是如何对人性有所知？以人性中的仁及其相应的情感恻隐之心为例，程颐说道，因为有恻隐之心，所以我们知道有仁（《遗书》卷十五，168）。因此在二程那里，作为形而上者的性，并非只是假定情由之而生，而是对形而下观察到的情进行一种形而上的解释。

另一方面，二程对性与气做了一个相关的区分。仁义礼智构成人性中作为根源的部分。当它们得以恰当展现，就会产生恻隐、羞恶、辞让、是非等情感，而它们都是善的。然而，二程认为尽管人性纯善，与之对应的四种情感也是善的，但还有另外一些情感，它们或为不道德，或为非道德。为了解释这一点，二程引入"气"，所谓"论性，不论气，不备；论气，不论性，不明"（《遗书》卷六，81）。尽管人生而禀有性与气，每个人都分有相同的性，但不同的人气禀纯度不同。程颐认为："气有清浊。禀其清者为贤，禀其浊者为愚。"（《遗书》卷十八，204）程颢也认为："有自幼而善，有自幼而恶，是气禀有然也。"（《遗书》卷一，10）因此，依二程之见，如果发出来的情不恰当，从而偏离了性之善，就需要"性其情"（根据善性制约不当之情），避免"情其性"（听任不当之情伤害善性）。然而，既然性是形而上的，而情的不当发用归咎于浊气，那么，性其情自然就要纯化浊气。

六　推

既然孟子认为，人只是生而具有德之端（至少在笔者看来这是对孟子的最合理的解释），那么重要的便是将它们充分发展。这和他的一个核心思想"推"（扩，充，及，达）紧密相关。比如，他要求人们，"老吾老，以及人之老；幼吾幼，以及人之幼……故推恩足以保四海，不推恩无以保妻子"（《孟子·梁惠王上》第七章）；他也认为，"凡有四端于我者，知皆扩而充之矣，若火之始燃，泉之始达。苟能充之，足以保四海；苟不充之，不足以事父母"（《孟子·公孙丑上》第六章；亦可见《孟子·梁惠王上》第一章）；他还说，"人皆有所不忍，达之于其所忍，仁也；人皆有所不为，达之于其所为，义也"(《孟子·尽心下》第三十一章）。

　　相形之下，既然二程认为人生来就充分具备孟子讲的四达德所构成的性，那么我们可能认为，这样一个"推"的概念在其修身论中是无足轻重的。但事实上，"推"的概念在二程那里甚至比在孟子那里还要重要。其中一个原因从上文的讨论就可以明显看出。虽然人性中天生具备完美的德性，但是，除了极为罕见的天生的圣人，一个人天赋的"气"多多少少是浑浊的。浊气限制了人的天生美德，所以他们的利他行为自然而然地局限于那些与他们亲近的人。因此，至关重要的是将这些利他行为扩展到他人。

　　此外，还有一个相关且更为要紧的原因。正如我们所看到，对孟子而言，"四端"得到充分发展后便成为仁义礼智等美德，而这些美德是人之为人的特有标志。因此，他认为任何不拥有这些美德的人都算不上是人。二程会赞同此观点，但他们又认为，这并不是说任何拥有仁义礼智的存在物就是人了。二程观察到，某些利他行为也存在于人类之外的动物身上。这比现代进化论生物学和心理学的发现大约早一千年。例如，程子说道："孟子将四端便为四体……此个事，又着个甚安排得也？此个道理，虽牛马血气之类亦然，都恁备具……如其子爱其母，母爱其子，亦有木底气象，又岂无羞恶之心？"(《遗书》卷二下，54）二程在这里明确指出牛和马的母子之间也存在着互爱。他们在别处也表达过类似的看法。比如，他们观察到"物有自得天理者，如蜂蚁知卫其君，豺獭知祭"(《遗书》卷十七，180）。蜂蚁知卫其君，因其有义，豺獭知祭，因其有礼。

　　在二程看来，利他行为之所以存在于人之外的动物中，是因为不仅人而且其他动物也具备孟子所说的仁义礼智。我们知道，二程主张性善。但他们也认为，人类、动物及植物（有时甚至是无生命物）具有共同的性："万物皆有性，此五常性也。"(《遗书》卷九，105）在二程看来，性即理，故人与其他存在者具有共同的理。如程颢提出著名的"万物一体"说："所以谓万物一体者，皆有此理，只为从那里来。'生生之谓易'，生则一时生，皆完此理。人则能推，物则气昏，推不得，不可道他物不与有也。"(《遗书》卷二上，33）

正是在这里我们可以看到二程对孟子"推"的概念的独特用法。在上述图景中，人和其他非人（至少动物）之性都有仁义礼智等，其差异在于他们能不能将与生俱来的这四端扩而充之。因此，二程认为"推"是人之所以为人的独特标志。换言之，虽然动物爱那些它们具有自然倾向去爱的对象，但它们没有能力将这种自然之爱扩展至它们缺乏自然倾向去爱的对象。但人类就有这种扩展的能力。这是二程申言再三的重要观点。比如，他们论孟子的"万物皆备于我"说："此通人物而言。禽兽与人绝相似，只是不能推。"（《遗书》卷二下，56）①

二程认为，虽然人和动物具有相同的性，但只有人能够扩展其天生的善端，其原因在于他们由不同的"气"所构成。程颢称人之气为"正气"，而动物之气为"偏气"："天地之间，非独人为至灵，自家心便是草木鸟兽之心也，但人受天地之中以生尔。人与物，但气有偏正耳。独阴不成，独阳不生。得阴阳之偏者为鸟兽草木夷狄，受正气者人也。"（《遗书》卷一，4；亦可见《遗书》卷十一，123）程颐赞同此观点，认为"人得天地之正气而生，与万物不同"（《遗书》卷十八，211）。此外，程颐还从气之"纯""繁"来区分人和物。有人问："莫是绝气为人，繁气为虫否？"程颐明确地回答说："然。人乃五行之秀气，此是天地清明纯粹气所生也。"（《遗书》卷十八，198-199）程颐有时也把这种秀气称为"真元之气"（《遗书》卷十五，148）。②

当代学者可能不会完全赞同二程依据不同类型的"气"来解释人物之别。不过，他们的以下观察无疑是有意义的：人和其他物都有利他行为，但只有人能够扩展这种利他行为。而且，二程也强调，将血缘亲情扩展至他人，并不意味着可以简单地把亲情搬到他人那里。二程明白说道："周公之于兄，舜之于弟，皆一类，观其用心为如何哉？推此以待人，亦只如此，然

---

① 一方面，"推"的能力是人的显著标志，另一方面，仁义礼智四德是人的显著标志。此二说在二程那里并不矛盾。动物虽然也具有仁义礼智，但它们却被不平衡的气所遮蔽，故而得不到充分显现。

② 后来，朱熹对这一观点做了更加清晰的阐释："人之性论明暗，物之性只是偏塞。暗者可使之明，已偏塞者不可使之通也。"（《语类》卷四，56）

有差等矣。"(《遗书》卷二十二下，299）通过周公和舜的例子，程颐进一步表明，一个人要成为圣人只需扩充其与生俱来的爱。然而，意识到"有差等"很重要。准确来讲，爱必须考虑到所爱者的独特性。适合某人的爱不一定适合另一个人；在某种场合对某人的爱恰如其分，但换个场合可能并不适宜。而要知道我们的爱的对象的独特性，如我在本章第二节所指出的，就需要为人的解释学。

七　自　得

孟子的"自得"思想对二程也非常重要。相较而言，这一思想在孟子那里不甚突出。它在《孟子》中仅出现过两处。一处是孟子援引帝尧论道德教育："匡之直之，辅之翼之，使自得之。"(《孟子·滕文公上》第四章）另一处则是孟子讲自己的想法："君子深造之以道，欲其自得之也。自得之，则居之安；居之安，则资之深；资之深，则取之左右逢其原，故君子欲其自得也。"(《孟子·离娄下》第十四章）狄百瑞认为，"自得"(getting it by or for oneself)有两个重要的含义："其一，在较低的层面，为自己学习或体验某些真理并由此获得内在满足。这一层的'自得'有'为了让自己满意而学习''自我满足''自我拥有'之意。另一层更深的含义则是：'在自身之中获得道或发现道。'"(De Bary 1991, 43)

的确，正是在这两种意义上，孟子的自得思想对二程来说极为重要。为了探知其中缘由，我们须注意他们所强调的、由张载首次提出的"闻见之知"与"德性之知"的区别。程颐言曰："闻见之知，非德性之知。物交物，则知之非内也。今之所谓博物多能者是也。德性之知，不假见闻。"(《遗书》卷二十五，317)这两种知识之间的一个重要区别在于，德性之知将引导人们做出相应的行动，而闻见之知则非。因此，程颐说："知之深，则行之必至，无有知之而不能行者。知而不能行，只是知得浅。饥而不食乌喙，人不蹈水火，只是知。人为不善，只为不知。"(《遗书》卷十五，164)程颐认为德性之知"得自于心，谓之有德。自然'睟然见于面，盎于背，施于四体，四体不言而喻'，岂待勉强也?"(《遗书》卷十三，147)"睟然见于面"云云出自《孟子·尽心上》第二十一章。程颢同样认为："如心得之，则'施于四体，四体不言而喻'。"(《遗书》卷二上，20)前面论两种知识的区别，都是着眼于效果：它们是否会引导人们付诸行动。然而，程颢这句话强调，德性之知得之于心。这表明这两类知识在起源方面——我们如何分别获得它们——有着更为重要的区别。之所以更为重要，是因为在解释这一区别时二程发展了孟子的自得思想。闻见之知是外在知识，通过读书、听课以及经验外物即可获得，但德性之知是内在知识，只能来自人们自己的内在经验。因此，程子认为："大凡学问，闻之知之，皆不为得。得者，须默识心通。学者欲有所得，须是笃，诚意烛理。上知，则颖悟自别；其次，须以义理涵养而得之。"(《遗书》卷十七，178)因为德性之知是内在的，自得之而非由外强加就很重要，因为它是不可言传的(《粹言》卷二，1253)。

因此，德性之知要求一个人内在经验的积极努力，而这并不容易，如程颐所言："学为易，知之为难。知之非难也，体而得之为难。"(《遗书》卷二十五，321)这里的"体"极为重要，通过它一个人可以获得德性之知。在二程那里，"体"字兼有名词和动词的用法。作为名词，它指的是"心"，孟子谓之"大体"，不同于我们的外在身体即孟子所讲的"小体"(《孟子·告子上》第十五章)。这正是前面程颐讲"得者须默识心通"的原因之所在。程颐解《中庸》，对比德性之知与闻见之知，认为后者"非心知也"(《经说》卷八，1154)。作为动词，"体"指的是心的活动。非常重要的是，要理解心(mind/heart)的情感部分(heart)在获得德性之知过程中所起的作用。获得闻见之知不能只靠感官体验。它也需要理解、证明和检验。因此，它也要求心之理智部分(mind)发挥作用。然而，只有当知识同时被心之情感部分(heart)所掌握，才能成为德性之知——人们不仅拥有这种知识而且随时准备付诸实践。事实上，对于二程来说，德性之知之所以可以促使人做出相应的行动，而闻见之知则非，恰恰是因为前者为自得，而后者不是，"得在己，如自使手举物，无不从"；相反，如果一个人未自得，即使他行动，"虑则未在己，如手中持物以取物"(《遗书》卷二上，22)。程子释《论语·雍也》第

二十七章"子曰：君子博学于文，约之以礼，亦可以弗畔矣夫"，指出："此非自得也，勉而能守也。"（《遗书》卷六，95）

在二程看来，圣人当然可以教给我们有关美德的内容，但如果我们没有真正从自己的内心掌握它，那么它对于我们（尽管不是对于圣人）而言仅仅是闻见之知，并不能激励我们做出相应的行动。因此，程颐说："学莫贵于自得。"（《遗书》卷二十五，316）程颢也主张"学要在自得"（《遗书》卷十一，122）。他还用自得来解释为什么在孔子那里性与天道不可得而闻（《论语·公冶长》第十三章）："性与天道，非自得之则不知，故曰'不可得而闻'。"（《外书》卷二，361）程颢同样用自得解释为什么孔子说好道不如乐道（《论语·雍也》第二十章）："学至于乐则成矣。……好之者，如游佗人园圃；乐之者，则己物尔。"（《遗书》卷十一，127）

更重要的是，程颐用同样的自得思想深入解读了《论语·泰伯》第九章"民可使由之，不可使知之"。对历代注家来说，这是《论语》中最难的章节之一。历来的注释基本上分为两种。其一，孔子认为，老百姓太愚蠢而不懂事，"可"字关涉到能力；其二，孔子认为，可以让老百姓做事，但不可以让老百姓懂事，"可"字理解为容许。这两种解释都不合理：前者涉及民愚观念，后者则涉及愚民观念，而我们很难相信孔子会持其中的任何一种观点。在程颐看来，要理解这句话，我们必须认识到，孔子这里所讲的知识是德性之知而非闻见之知。闻见之知当然可以教给老百姓，但德性之知，如上所述，程子认为只能自得。因此在他看来，虽然"可"字确实意味着能力，但说不能使老百姓知之并不是说他们不具备知的能力；相反，它说的是，圣人没有能力让老百姓知。因为这句话用了被动语态：民"不可使知之"。我们这里将"不可"解释为缺乏能力，因此这句话既可以解释为老百姓缺乏知的能力，又可以解释为圣人缺乏让老百姓知的能力。程颐的解释采取后者。因此当学生问，"民可使由之""是圣人不使之知耶？是民自不可知也？"时，程颐回答说："圣人非不欲民知之也。盖圣人设教，非不欲家喻户晓，比屋皆可封也。盖圣人但能使天下由之耳，安能使人人尽知之？此是圣人不能，故曰：'不可使知之。'若曰圣人不使民知，岂圣人之心？是后世朝三暮四之术也。"（《遗书》卷十八，220）这里程颐明确说"此是圣人不能"。而且，说圣人没有能力让老百姓知，这不是贬低圣人，因为德性之知依其本性只能自得之，因此很自然地，圣人不可能让老百姓知道本质上只能靠他们自得的知识。[1]圣人当然可以教人们自得的方法，而人们也可以理解圣人心里所要教导的东西，但是，只有当人们能够在自己的心中体验到所教的东西，从而乐于做出相应的行动，圣人对老百姓的教导才可能摆脱闻见之知的状态。

二程强调自得，同时也警告我们存在两个危险。一方面，虽然德性之知只能通过内在的经验来获得，但这并不意味着应该采用佛教静坐冥想的办法。二程认为，有很多方法可以获得德性之知。然而，无论采取哪一种方式，人们都必须用心，不仅用理智之心，而且用情感之心。举例来说，经典包含圣人的教导，"为学，治经最好。苟不自得，则尽治五经，亦是空言"（《遗书》卷一，2）。有人问，学者如何自得，程颐回答道："但将圣人言语玩味久，则自有所得。当深求于《论语》，将诸弟子问处便作己问，将圣人答处便作今日耳闻，自然有得。"（《遗书》卷二十二上，279）另一方面，说不能让别人获得德性之知，并不意味着已经获得德性之知的人不需要帮助那些没有获得德性之知的人。在这里，二程提请我们注意《孟子》中相关的两章。一是出现自得观念的那一章："匡之直之，辅之翼之，使自得之。"（《孟子·滕文公上》第四章；《遗书》卷一，4；《遗书》卷十八，218）这里固然强调自得，但也指出那些已经自得的人应该帮助别人实现自得。另一章则是《孟子·万章下》第十章，孟子强调先知觉后知，先觉觉后觉（见《遗书》卷一，5；《遗书》卷二下，32；《遗书》卷三十二，142；《遗书》卷十八，196；《遗书》卷二十五，322）。二程认为，虽然君子不能将德性之知灌输给别人，但他们仍然可以做些事情来帮助别人获得德性之知。君子可以以身作则，可以阻止别人做不道德的事情，可以鼓励别人做道德的事情。

---

[1]　关于程颐对《论语·泰伯》第九章解释的详细讨论，可见 Huang 2008, 169-201, 或 Huang 2014, 附录。

八 结 论

本章考察了二程的孟子解释学。这里所指的"二程的孟子解释学"包含有两层意义。一方面，二程的解释学是孟子的解释学，也就是说，他们的解释学思想来自孟子。而二程这种来自孟子的解释学事实上是一种美德解释学，也就是说，它强调解释者从事解释活动的目的是为了自己，因此是一种为己之学，一种为己的解释学。但与我们在当代西方哲学中发现的为己的解释学不同，美德解释学所强调的己是作为道德存在物的己，因此为己就是培养自己的、将人与其他存在物区别开了的美德，使自己成为一个有德者，甚至圣人，也就是健全的、没有缺陷的人。因为健全的、没有缺陷的人，作为有德者、圣人，必然会考虑他人的福祉，这样一种作为为己的解释学的美德解释学不是利己主义的，至少不是我们日常意义上所理解的利己主义。我们在下一章还会结合对朱熹的美德伦理学的讨论，说明即使是在更深层的意义上，它也不是利己主义的。另一方面，二程的孟子解释学是二程用来解释孟子的解释学。当然，二程用来解释孟子的解释学也就是他们在孟子那里得来的解释学，但本章主要侧重二程用这样一种解释学对《孟子》这个文本而不是他们对其他文本的解释。

通过本章的讨论，我们可以看到孟子与二程之间有一种双向的关系。一方面，由于二程和深受二程尤其是程颐影响的朱熹对孟子的极力推崇，孟子才成为仅次于孔子的亚圣，《孟子》一书才得以跻身儒家"四书"之列。另一方面，无《孟子》，则二程缺乏发展出自己的理学思想的资源。诚然，正如上文所述，二程对于《孟子》的化用从当代学术的眼光来看也许不乏可议之处。实际上，尊奉汉学的清儒就曾斥之为对儒学经典的扭曲。然而，二程对待《孟子》的态度和孟子对待经典（尤其是《诗》《书》）的态度却是相合的，即理解经典深层的理，而不是被经典中某些字句牵着鼻子误入歧途，通过解经以成圣而不是纯粹地增加学问。在此意义上，二程对于《孟子》的化用则可以说是最忠实于孟子的原意和《孟子》的本义的。

参考文献

程颢、程颐：《二程集》，北京：中华书局，2004 年。

蔡宗齐：《从断章取义到以意逆志》，《中山大学学报》2007 年第 6 期。

丁秀菊：《孟子"以意逆志"说的语义学解释》，《山东大学学报》2011 年第 4 期。

葛莱、田汉云：《程颐〈孟子〉学探析》，《江苏社会科学》2012 年第 1 期。

韩愈：《韩愈集》，长沙：岳麓书社，2000 年。

黄俊杰：《孟学思想史论》第二卷，台北："中央研究院"中国文哲研究所筹备处，1997 年。

黄勇：《解释学的两种类型：为己之学与为人之学》，《复旦大学学报》2005 年第 2 期。

惠栋：《松崖笔记》，扬州：江苏广陵古籍刻印社，1983 年。

李凯：《从孟子的诠释思想看汉宋治学方法之对立》，《天水行政学院学报》2007 年第 6 期。

李凯：《中西诠释思想之比较：以孟子及阿斯特等人为例》，《西南大学学报》2009 年第 4 期。

彭启福：《孟子经典诠释方法再思考》，《江海学刊》2010 年第 6 期。

沈顺福：《孟子与疑经时代》，《学术月刊》2012 年第 4 期。

《宋史》，北京：中华书局，1977 年。

孙新义、张国庆：《孟子诠释思想再探索》，《文艺理论研究》2011 年第 2 期。

徐洪兴：《唐宋间的孟子升格运动》，《中国社会科学》1993 年第 5 期。

徐洪兴：《思想的转型：理学发生过程研究》，上海：上海人民出版社，1996 年。

严虞惇：《严太仆先生集》，上海：上海古籍出版社，1994 年。

杨伯峻：《孟子译注》，北京：中华书局，2005 年。

翟灏：《四书考异》，"中国哲学书电子化计划"，ctext.org/wiki.pl?if=gb&res=308272。

张载：《张载集》，北京：中华书局，1978 年。

周光庆：《孟子"以意逆志"说考论》，《孔子研究》2004 年第 3 期。

周淑萍：《两宋孟学研究》，北京：人民出版社，2007 年。

周予同：《周予同经学史论著作选》，上海：上海人民出版社，1983 年。

朱熹：《四书章句集注》，北京：中华书局，2003 年。

朱熹：《朱子语类》，北京：中华书局，1986 年。

Ames, Roger T. 1999. "The Mencian Conception of *Ren Xing*: Does It Mean 'Human Nature'." in Henry Rosemont, ed. *Chinese Texts and Philosophical Contexts*. Chicago: Open Court.

Bloom, Irene T. 2002. "Mengzian Arguments on Human Nature." in Liu Xiusheng and Philip J. Ivanhoe, eds. *Essays on the Moral Philosophy of Mengzi*. Cambridge, IN: Hackett Publishing.

De Bary, Wm. Theodore. 1991. *Learning for One's Self: Essays on the Individual in Neo-Confucian Thought*. New York: Columbia University Press.

Gadamer, Hans-Georg. 1993. *Truth and Method*. New York: Continuum.

Graham, A. C. 2002. "The Background of the Mencian〔Mengzian〕Theory of Human Nature." in Xiusheng Liu and Philip J. Ivanhoe, eds. *Essays on the Moral Philosophy of Mengzi*. Indianapolis, Cambridge: Hackett Publishing.

Huang, Chun-chieh. 2001. "Mencius' Hermeneutics of Classics." *Dao* 1: 15–29.

Huang, Yong. 2014. *Why Be Moral? Learning from the Neo-Confucian Cheng Brothers*. Albany, NY: SUNY Press.

Huang, Yong. 2008. "Neo-Confucian Hermeneutics at Work: Cheng Yi's Philosophical Interpretation of Analects 8.9 and 17.3." *Harvard Theological Review* 101.1: 169–201.

Huang, Yong. 2000. "Cheng Yi's Neo-Confucian Hermeneutics of Dao." *Journal of Chinese Philosophy* 27.1: 69–92.

Ricoeur, Paul. 1991. *From Text to Action: Essays in Hermeneutics II*. Evanston: Northwestern University Press.

Rorty, Richard. 1979. *Philosophy and the Mirror of Nature*. Princeton: Princeton University Press.

第四章　美德伦理的自我中心问题：
朱熹的回答

一　引　言

　　最近几十年来，西方伦理学目击了美德伦理学的强势复兴。美德伦理学对在近现代伦理学中占统治地位的义务论（特别是康德主义）和后果论（特别是功利主义）伦理学提出了严重的挑战。美德伦理学本身具有多样性。虽然大多数当代美德伦理学家是亚里士多德主义者，但也有一些人主要是从斯多葛学派、休谟、尼采甚至杜威那里获得其德性伦理的灵感。我在本文中将讨论亚里士多德传统的美德伦理学对美德的理解。根据这样一种理解，要成为一个具有美德的人，就是要成为一个典型的人。因此具有美德的人在从事具有美德的行动时，表现得很自然，而不需要与自己的情感、愿望或品格特征交战，因为这里不存在在精神与肉体、理性与激情之间的冲突（见 Statman 1997, 16）。换言之，具有美德的人乐于从事具有美德的事情。尽管当代美德伦理学主要是在对康德的义务论和功利主义的后果论的批评中发展出来的，义务论和功利论的伦理学家也对美德伦理学提出了不少批评。其中有些重要的批评，特别是认为美德伦理学不能为我们的具体行动提供任何实际指南的批评，我认为当代的美德伦理学家已经做了很好的回应。但是对于美德伦理学的另外一个非常致命的批评，即认为美德伦理具有自我中心倾向的批评，当代美德伦理学却没有（而且在我看来，光根据亚里士多德传统也根本无法）提出恰当的回应。而我坚信，在儒家传统中，特别是朱熹的理学思想中，具有丰富的资源，可以用来回答这样一种对德性伦理学的多层面的批评。在下一节（第二节），我将从第一层面来讨论朱熹对这样一种批评的回应：具有美德的人所关心的自我恰恰是其美德，而这样的美德自然地使他们关心他人的利益。在这种意义上，美德伦理学不是自我中心的。当然这样一种回应，大体上也可以从亚里士多德的传统中找到，但认为美德伦理学具有自我中心倾向的批评还有更深的一个层面：具有美德的人，正因为其具有美德，确实会关心他人，但是对他人，他所关心的是其外在的，特别是物质的利益，而对于自己，他所关心的则是内在的美德。由于具有美德的人认为美德比幸福更重要，他们在他人和自己的关系问题上仍然是自我中心的。在第三节中，我认为亚里士多德传统无法恰当地在这个层面上回应对美德伦理学的批评，而在第四节中，我将讨论朱熹的美德伦理学何以可以非常恰当地处理这样的问题。但关于美德伦理学具有自我中心或利己主义的批评还有更深的第三个层面：具有美德的人确实是为他人之故而关心他人，包括他人的外在福祉，如健康、富裕和荣誉等，也关心其内在福祉即其健康的品格、美德，但他之所以这样做，最后还是为了自己成为一个具有美德的人，因为这种美德不仅要求他关心他人，而且要求他为他人之故，而不是为他自己之故，去关心他人。我在第五节讨论这样一种批评及朱熹对这样的批评可能做出的回应。最后在第六节我将对本章做一简单的小结。

二　自我中心批评之第一层面：
康德主义的批评与朱熹和亚里士多德的回应

罗伯特·索罗门（Robert Solomon）自己是个美德伦理学家，但他清楚地意识到其他伦理学派对美德伦理学的种种批评。其中之一就是认为美德伦理学具有自我中心倾向的批评。他对这个批评做了这样的概括："美德伦理学往往过于关注行动主体……这种伦理强调行动主体的品格。一个人之所以要拥有美德，是因为这个人应该成为某种特定类型的人……这种观点要求，一个道德的行动主体应该将自己的品格作为其实际行动所要关注的核心……但道德思考的核心应该主要是关心他人。"（Solomon 1997, 169）索罗门自己没有明确说是谁对美德伦理学提出了这样的批评。他只是说，这样的批评原则上可以在康德或者当代伦理学中的康德主义那里找到。事实上，康德确实说过："所有实质性的原则，就其都把从任何实在的对象中所能获得的快乐或者不快看作我们做出道德选择的基础而言，都属同一类型。毫无例外，它们都是自爱或者自我幸福的原则。"（Kant 1956, 22）在另一个地方，康德又说："道德的利己主义者把所有的目的限制在他自己；作为一个幸福论或繁荣论者（eudaimonist），他将其意志的最高动机全部集中在利益和他自己的幸福，而不是义务概念。由于每一个别的人关于幸福都有他自己的不同的看法，正是利己主义才使他对必须成为普遍的道德原则的真正的道德义务没有任何试金石。所有的幸福论者最后实际上都是利己主义者。"（Kant 1978, 130）

康德在这里没有明确地批评亚里士多德的伦理学，而只是一般地批评所有古希腊的伦理学派。[①] 这是因为在康德看来，古代所有哲学学派的伦理学家都是幸福论者，都认为幸福等同于道德。例如，他说：

> 在古希腊哲学中，在这个问题上只有两种相反的派别。但就至善感念的定义而言，他们所使用的是同一种方法，因为他们都并不认为，美德和幸福是至善的两个不同成分。相反，他们都根据同一律来追求原则之统一。而他们的分歧只在于，他们选择了不同的原则来追求这样的统一。伊壁鸠鲁学派（Epicurean）认为，把追求幸福看作自己的行动准则就是美德，而斯多葛学派则认为，意识到自己的美德就是幸福。对于前者，明智就是道德，而对于后者（由于他们推崇美德），只有道德才是真正的幸福。（Kant 1956, 111）

---

① 事实上，正如艾伦·伍德（Allen W. Wood）所指出的，"康德关于亚里士多德伦理学著作的了解基本上是间接的，而且不管怎么说都是很肤浅的。在他看来，亚里士多德不过是其观点必须被抛弃的古代诸多幸福主义者之一"（Wood 1996, 141）。关于康德对这种在他看来具有自我中心倾向的道德的批评，伊尔文（T. H. Irwin）做了比较详细的考察，见 Irwin 1996。

在康德看来，这两个古希腊哲学学派之间的唯一差别是，什么能使人幸福。但他们都同意，道德和幸福可以统一。在这种意义上，这样的道德就是自我中心的，因为他们都把自己的幸福看作道德的动机。

对美德伦理学的这样一种批评，至少从表面上来看，也适用于儒家，无论是就其总体而言，还是就朱熹的理学而言。孔子自己就说："古之学者为己，今之学者为人。"（《论语·宪问》第二十四章）很明显，孔子在这里是在称赞为己的古人，而批评为人的今人。朱熹也非常强调为己之学。例如，他认为，"大抵为己之学，与他人无一毫干预"（《语类》卷八，133），又说，"学者须是为己。圣人教人，只在《大学》第一句'明明德'上。以此立心，则如今端己敛容，亦为己也；读书穷理，亦为己也；做得一件事是实，亦为己也。圣人教人持敬，只是须著从这里说起。其实若知为己后，即自然著敬"（《语类》卷十四，261）。在这种意义上，我们似乎可以说，儒家伦理学也是自我中心的。但重要的是，我们需要弄清，儒家是在什么意义上提倡这样一种明显是自我中心的理想。换言之，我们要弄清，儒家在为己之学与为人之学之间的真正区分到底是什么。在这个问题上，朱熹强调了三个方面。

首先，朱熹接受了程颐对为己与为人的解释："为己，欲得之于己也；为人，欲见之于人也。"因此，在上引的一段话中，紧接着"学者须是为己"一句，朱熹就强调："圣人教人，只在《大学》第一句'明明德'上。"他并进一步说明："'明明德'乃是为己工夫。"（《语类》卷十四，261）同样，在上引的另一段话中，就在说了为己之学与他人毫无关系之后，朱熹又强调："圣贤千言万语，只是使人反其固有而复其性尔耳。"（《语类》卷十四，133）这里圣人要我们明了的"明德"和要我们恢复的固有之性，在朱熹看来，就是仁义礼智这四德。而这儒家四德全是涉及他人的（other-regarding）。在这一点上，它们甚至与亚里士多德所谈论的美德不同，因为后者不仅包含涉及他人的美德，也包括只涉及行动主体（self-regarding）本人的美德。因此在儒家传统中，要成为一个具有这四种美德的人，我们就不能不关心他人的利益。因此在孔子说真正的学问是为己之学时，朱熹认为，孔子所称道的古之学者所关心的，是如何从事道德的自我修养，而不是向他人炫耀自己的学问。正是在这种意义上，朱熹将为学与吃饭作类比："学者须是为己。譬如吃饭，宁可逐些吃，令饱为是乎？宁可铺摊放门外，报人道我家有许多饭为是乎？近来学者，多是以自家合做底事报与人知……此间学者多好高，只是将义理略从肚里过，却翻出许多说话……如此者，只是不为己，不求益；只是好名，图好看。"（《语类》卷八，139）朱熹还用吊丧为例来说明为己之学与为人之学的差别："且如'哭死而哀，非为生者'。今人吊人之丧，若以为亡者平日与吾善厚，真个可悼，哭之发之于中心，此固出于自然者。又有一般人欲亡者家人知我如此而哭者，便不是，这便是为人。"（《语类》卷十七，385）从这两个例子中可以明显地看出，作为典范的古之学者所关心的是如何发展自己的德性，成为一个有德之人。他们并不关心别人是否知道自己是有德之人。与此相反，孔子所批评的今之学者只是想让人知道自己有学问，而对自己是否是一个有德之人则并不关心。

其次，虽然一个有德之人不会不关心别人的利益，在某种意义上，也许这样的人确实仍然可以看作自我中心的，但在朱熹看来，这只是因为有德之人把关心别人看作自己的分内事。在这一点上，朱熹的一个学生所说的下面这段话对此有很深的体会："'古之欲明明德于天下'，至'致知在格物'，向疑其似于为人。今观之，大不然。盖大人，以天下为度者也。天下苟有一夫不被其泽，则于吾心为有慊；而吾身于是八者有一毫不尽，则亦何以明明德于天下耶！夫如是，则凡其所为，所若为人，其实则亦为己而已。"（《语类》卷十五，280）对此朱熹明确表示肯定，说对他人的关心是"为其职分所当为也"（《语类》卷十五，280）。这就表明，孔子所说的为己之人不是对他人漠不关心的人。恰恰相反，这样的人一定是关心他人的人，而且比任何别的人更关心他人。所不同的只是，这样的人把对别人的关心看作自己的事情，看作自己职分所应当做的事。正因为这样，这样的人才能在对别人的关爱中感受到乐趣。与此不同，如果一个人把对别人的关心看作自己分外的事，他们就不能心甘情愿地关爱别人，因为他们不能从中感到快乐。如果在这样的情况下他们还勉强去关爱别人，在朱熹看来，这就不是为己而是为人了：为己者"无所为，只是见得自家合当做，不是要人道好……若因要人知了去心恁地，便是为人"（见《语类》卷十七，344 ）。

最后，我们在上面看到，一个人之所以能够把对别人的关爱看作自己的分内事，看作对自己的关爱的一部分，一个重要的原因在于其能从中感到快乐，而一个人不能如此做是因为其不能在对别人的关爱中感到快乐。因此朱熹认为，要像古人那样从事为己之学，我们就应当乐于行善，而从事为人之学的今人则只能勉强行善。在这里，很重要的一点是，一个人是否能在其善行中找到乐趣。朱熹的学生文振向其汇报学习《论语·为政》篇中"视其所以"一章的体会时，对这一点非常强调。他说，这里的"'所以'是大纲目。看这一个人是为善底人，是为恶底人。若是为善底人，又须观其意之所从来。若是本意以为己事所当为，无所为而为之，乃为己。若以为可以求知于人而为之，则是其所从来处已不善了。若是所从来处既善，又须察其中心乐与不乐。若是中心乐为善，自无厌倦之意，而有日进之益。若是中心所乐不在是，便或作或辍，未免于伪"（《语类》卷二十四，515 ）。对此，朱熹不仅加以点评说，"于乐处，便是诚实为善。'如好好色，如恶恶臭'，不是勉强做来。若以此观人，亦须以此自观。看自家为善，果是为己，果是乐否"，而且还向别的学生推荐这个学生的理解："看文字，须学文振每逐章挨近前去。文振此两三夜说话，大故精细。看《论语》方到一篇，便如此。"（《语类》卷二十四，515 ）这里，在朱熹看来，一个真正为己的人能够像《大学》中所说的那样，"好善如好好色，恶恶如恶恶臭"。当一个人能如此好善恶恶时，他就能够很自然，而无须勉强用力（见《语类》卷十七，344 ）。在好好色与恶恶臭中，看到好色与喜欢这个好色、闻到恶臭与厌恶这个恶臭不是两个前后分开的过程，而是合二为一的过程。因为一个人之所以知道这是好色是因为他喜欢这个颜色，而一个人之所以喜欢这个颜色是因为他知道这是好色。同样，在一个为己的"古人"好善与恶恶时，知道其是善或恶与决定加以喜好或厌恶也不是两个前后分开的过程，而是合二为一的过程。若不知其为善或恶，他就对之喜好或厌恶；同样若对此没有喜好或厌恶，他也不能知其为善或恶。这里正如一个人之好好色、恶恶臭一定是为己而不是为人，是自己感到喜欢或者厌恶，而不是人家教他去喜欢或者厌恶，或者想告诉别人自己能够好好色、恶恶臭；同样，一个人好善恶恶也是为己，而非为人。

　　由上可见，儒家的为己之学，尽管表面上具有自我中心的倾向，至少并不是通常意义上的、值得批评的那种自我中心主义。古之学者的为己正是日常意义上的为人，而今之学者的为人恰恰是日常意义上的为己。培养自己的美德，即孔子所说的为己，就是要培养自己生来具有的对他人的仁爱之心，即日常意义上的为人。因此一个人越是在孔子意义上为己，就越是在日常意义上为人。相反，向别人炫耀自己的学问，即孔子所说的为人，就意味着一个人想追求自己的名声，即日常意义上的为己。因此一个人越是在孔子意义上为人，就越是在日常意义上为己。在这一点上，程颐说了一句非常精辟的话："'古之学者为己'，其终至于成物。'今之学者为人'，其终至于丧己。"（《遗书》卷二十五，325）① 在其学生问到程颐的这段话时，朱熹要他的学生特别注意程颐所说的"为己"与"成物"和"为人"与"丧己"的特定意义（见《语类》卷二十六，1011）。今之学者的为人是向他人炫耀自己的学问，而古之学者的"成物"是帮助他人自立。由于今之学者的为人是向别人炫耀自己的学问，从而忽视了自己的道德修养，结果就是"丧己"，而古之学者的为己是关心自己的道德修养，其结果自然就是其对别人的关心，因而能够"成物"。

　　概而言之，由于朱熹认为，具有美德的行动主体是为己的，可以说他们是自我中心的；但是这种自我中心具有两个重要特征，表明儒家的这种美德伦理学并不具有自我中心的倾向。这里的第一个特征是，虽然儒家伦理也说拥有美德是对己有利的事，但这里所谓的对己有利之"利"，是使自己成了一个有德之人，因而这种"利"内在于其美德行动。因此很显然，这与日常意义上的、外在于美德行动的"利"不同。关于这种外在的利，拉瑞·托

---

① 在讨论儒家的"为己之学"时，杜维明指出："儒家坚持为己之学是因为其坚信，自我修养是目的本身，而不是实现别的目的的手段。那些坚定地把自我修养看作是目的的人，可以为自我实现创造出内在的资源，而这是为那些为社会地位或政治成功这样的外在目标而从事自我修养的人是不可想象的。"（Tu 1995, 105）在杜维明看来，如果儒家"不相信学习主要是为了自我完善，强制的社会服务会伤害他们看作是崇高目标本身的自我修养的品质"（Tu 1995, 106）。虽然我认为杜维明正确地说明了儒家的为己之学的概念，他对为己（道德的自我修养）与为人（具有美德的关爱别人的行动）这两者之间的联系，甚至同一性，没有加以足够的注意。

恩·霍斯默（LaRue Tone Hosmer）提到了柏拉图《理想国》中能够使人在做不道德的事情时隐身的神秘戒指。假如在现代商业行动中，有人想从事不道德的事情，而又具有这样一枚戒指（因此其不道德行为可以不被人发现），我们有什么办法说服他从事道德行为呢？霍斯默的回答是，"要想使其公司在长期的竞争中处于不败，从事道德上正当的、公正的和公平的活动是绝对必要的"（Hosmer 1994, 192）。这里，我们即使肯定道德行为确实为企业成功所必需①，我们还是可以看到，这里的道德行为对一个企业之利外在于这个道德行为，它指的是道德行为为该企业所可能带来的长远的利润。在这种情况下，一个商人并不会在其道德行为中感到乐趣。事实上，他们往往会为这样的道德行为感到很痛苦。他们之所以还是决定从事这样的行为，只是考虑到这样的行为将为他们带来物质和金钱的利益。

应当指出的是，在论证我们为什么要有美德时，即使是当代西方的新亚里士多德传统的美德伦理学者霍斯特豪斯提出的一个论证也认为，美德在那种外在的意义上有益于美德的拥有者。霍斯特豪斯当然看到，美德并非一无例外地有益于其拥有者，使其得以成功。她说：

> 这里是一个例子：假如我按照我应该做的那样说出心里话，我会被关进牢房，并受到强制的药物注射。这里是另外一个例子：从事勇敢的行动可能会使我身体残缺。这里又是一个例子：如果我从事仁慈的事情，我会面临死亡的危险。在这些场合，对我们面临的问题的回答就不可能是这样："如果你想幸福，过一种成功的、繁荣的生活，你就应该做诚实的、勇敢的或仁慈的事情；你会觉得这样做很划算。"（Hursthause 1999, 171）

---

① 比尔·肖（Bill Shaw）和约翰·库维诺（John Corvino）就不同意霍斯默这里的看法："我们无法断定，真正的道德行为是否比道德的假象更能帮助一个企业的成功。而且我们也没有办法确定，真正的道德确实会在这方面更有帮助……如果企业经理们相信，通过从事邪恶的而不是具有美德的事情同样甚至更能获得成功，我们怎么能指望他们道德行事呢？"（Shaw and Corvino 1996, 378）

因此她也同意，对于一个人的外在成功来说，美德既不是其必要条件，也不是其充分条件："它之所以不必要，因为大家都知道，邪恶的人有时会像繁茂的树林那样成功。而我们在讨论这个问题时考虑到的那些从事美德行动时所可能遇到的残酷情形则表明，美德也不是一个充分的条件。"（Hursthause 1999, 172）即使如此，霍斯特豪斯还是认为，总体而言，美德有益于其拥有者。她做了这样一个类比：听从医生的忠告既不是健康的必要条件，也不是其充分条件。但一个人如果要想健康，最好还是听从医生的忠告。同样，具有美德虽然既不是一个人的外在成功的必要条件，也不是其充分条件。但如果一个人要想成功，最好还是做有美德的人（Hursthause 1999, 173）。[①]简言之，霍斯特豪斯还是从美德会为人带来的外在利益来的角度，来说明一个人何以应当具有美德。这样一种说明显然无法回避自我中心的批评。

在解释孔子的为己概念时，如果朱熹认为儒家的这种为己，就是霍斯默所谓的"划算"，或者霍斯特豪斯所谓的"有益"，那么我们也就可以正当地说，朱熹的儒家美德伦理学也具有成问题的自我中心倾向了。但我们已经看到，在朱熹那里，一个人在从事美德行动时所获得的自我利益，就内在于这种行动，而不在这种行动之外。一个人能在其美德行动中获得乐趣，不是因为它可能为其带来名誉、财富或健康等等，而是因为它使其实现了真实的自我，即有德者。而且，这种意义上的为己，经常需要人对自己的名誉、健康、财富甚至生命做出自我牺牲。因此，朱熹指出："学者当常以'志士不忘在沟壑'为念，则道义重，而计较死生之心轻矣。况衣食至微末事，不得未必死，亦何用犯义犯分，役心役志，营营以求之耶！某观今人因不能咬菜根而至于违其本心者众矣，可不戒哉！"（《语类》卷十三，215）

朱熹美德伦理学表明上具有自我中心倾向的第二个特征是，日常意义

---

① 科普和索贝尔（David Sobel）不同意这样一种看法："虽然我们无法认同，也许确实'总体而言'，一个人的诚实、慷慨、仁慈和关爱有益于这个人。但我们同样也看到，'总体而言'，一个人的自私、对他人漠不关心和小心谨慎，也有益于这个人。"（Copp and Sobel 2004, 531）但他们也承认："霍斯特豪斯的观点的一个长处是……它的成功概念并不具有道德说教成分。例如，她承认，美德要求人们做出的牺牲可能不利于一个人作为人所特有的繁荣（*eudaimonia*）。"（Copp and Sobel 2004, 531）

上的自我中心的考虑往往会与道德发生冲突（即使在某些情况下，这两者也会发生重合：一个人自我中心的考虑会使这个人去从事道德行为，而一个人的道德行为会为人增进他自我的利益），在儒家美德伦理的那种表明上的"自我中心"不但与道德没有冲突，而且恰恰是道德的体现。虽然朱熹认为人应该有美德，因为这会给人带来快乐，但他并不认为，凡是给人带来快乐的事情，人都应该去做。换言之，虽然具有美德给人带来好处，但并不是凡给人带来好处的事情，人都应该去做。这里的关键是要弄清一个人真正的自我利益是成为有德之人，从而获得为人所特有的快乐。这里自我利益与道德之间的冲突消失了，因为一个人真正的自我利益就是要关心他人的利益，而后者正是道德的要求。在这种意义上，一个人越是追求自我利益，就越能关心他人的利益，因而越道德。正如另一个亚里士多德专家罗伯特·克劳特（Richard Kraut）所指出的，具有美德的人"首先要提出一种具体的善的概念，然后要求我们每一个人去最大限度地实现我们各自的善……这并不是说，不管其对这个善概念做何解释，大家都应该追求各自的善。相反，我们首先要表明美德行动与好的行动之等同。这意味着，我们不应当接受这样一种通常的假定：归根到底，一个人的自我利益一定与他人利益发生冲突"（Kraut 1998, §4）。

　　当然，朱熹对美德伦理学之自我中心批评的上述回应，在西方美德伦理学中也不难找到。事实上，索罗门自己对此批评所做的回应也十分类似。他认为，我们必须在"美德伦理学的两个特征之间做一种重要的区分。对美德伦理学的批评者看到了其中的一个特征，这就是在美德伦理学的实际考虑中，一个人自己的品格占有重要地位。但在美德伦理学中，还有每个行动主体想在其品格中体现的一系列美德。虽然美德伦理学的第一个特征可能使其显得过于自我中心，其第二个特征显然可以避免这样一种危险。不管我们认为应该在多大程度上关心他人，美德伦理学所涉及的美德都会要求我们做出这样的关心。虽然它要求每一个行动主体将主要精力放在发展他自己的品格上，它也要求将行动主体改造成从根本上关心他人利益的人"（Solomon 1997, 171-172）。换言之，虽然美德伦理学关于为什么要道德这个问题的回答是自我中心的——培养你自己的美德，但你所培养的这些美德本身（至少是其中一部分）却是涉及他人的：关心他人利益。正如威廉斯所指出的，有德之人"常常有做有德之事的欲望"，而且我们可以说，"任何为欲望所驱动的东西都会为人带来快乐，而对快乐的追求总是利己主义的"（Williams 1985, 49）。但威廉斯也指出，我们必须明白，"我的有些欲望所追求的事情并不涉及我自己……它们是自我超越的欲望"（Williams 1985, 50）。就是说，我们可以说有德之人是自我中心的，只是因为这个人一直试图满足自己的欲望。但我们所要注意的是，这些有德之人所想满足的欲望到底是什么。很显然，作为有德之人，他们所要力图满足的欲望通常是要帮助别人。在这种意义上，有德之人就完全不是自我中心的了。①

在这个方面，朱熹的儒家立场与亚里士多德主义的立场确实非常一致。虽然作为一位当代的新亚里士多德主义者，霍斯特豪斯认为美德在外在的意义上有益于有美德的人，而且这种说法也不难在亚里士多德本人那里找到根据，但是霍斯特豪斯自己也强调，这只是其亚里士多德主义论证的一部分，因此我们必须将其与这个论证的另一部分联系起来：美德使其拥有者成为一个地道的人（characteristic human）。② 根据亚里士多德主义的这个论证，一个人之所以要具有美德，并不是因为美德会为其拥有者带来物质的、外在的好处。事实上，在从事美德活动时，他们想的正是如何为别人带来这些物质的、外在的好处。为此，他们甚至常常需要牺牲自己的物质的、外在的利益，有时甚至需要牺牲自己的生命。具有美德的人的自我利益，是通过实现他人的利益而实现的，因为他们在为别人服务的过程中体会到了乐趣，从而

---

① 在这一点上，霍斯特豪斯做了一个很重要的说明："具有完全的美德的人通常知道自己应该做什么，并做自己应该做的事情，而且有欲望做这样的事情。这个人的欲望与其理性完全吻合。因此，在做其该做的事情时，这个人是在做其有欲望要做的事情，从而收获着其欲望得以满足的奖励。因此，'美德的行动给喜欢美德的人带来快乐'；具有完全美德的人总是高高兴兴地做他们倾向于做的事情。"（Hursthause 1999, 92）

② 尽管如此，亚里士多德主义论证的这两个部分之间的真实关系还是一个问题。如果如其反对者所说的，总体而言，美德不会给人带来外在的利益，但却会使一个人成为地道的人，那么亚里士多德主义者是否还主张一个人应当具有美德呢？

实现了内在的自我。这一点在亚里士多德的自爱概念中得到了充分的说明。在其《尼各马可伦理学》中,亚氏指出,真正的自爱者并不是那些为自己"争取更多的财富、荣誉和肉体享受"的人(NE, 1168b15-16),而是那些一直想"公正地、有节制地或根据某种其他美德来行动的人"(NE, 1168b26-28)。其理由是,后者"所追求的是最崇高、最美好的东西,从而使自己最真实的自我得到实现……因此,最爱这一部分自我的、使这部分自我得以实现的人,是所有自爱者中最自爱的人"(NE, 1168b29-33)。由此亚里士多德得出了与朱熹十分类似的结论:"好人应该是自爱的人(因为通过崇高的行动,他不仅自己[内在地]获益,而且还使他人[外在地]获益),而邪恶的人则不是自爱的人,因为受命于其罪恶的情感,他不仅[内在地]伤害了自己,也[外在地]伤害了其邻居。"(NE, 1169a12-15)①

三 自我中心批评之第二层面:
康德主义的批评与亚里士多德的回应及其问题

在回答对美德伦理学之自我中心批评时,我们看到,具有美德的人虽然关心自己,但他所关心的是自己的美德,而这些美德,特别是像仁义礼智这样的儒家美德,之所以是美德,恰恰是因为它们使其拥有者自然地关心别人。在这种意义上,如果美德伦理还是自我中心的,这种自我中心不应当受到道德的谴责。但是,正如索罗门所指出的,这样一种回应会引向自我中心批评之更深的层面:

　　批评者要指出,在行动主体对自己品质的关心与其对他人的品质的关心之间,存在着一种不对称。这里所提出的问题是:既然美德伦理

①　但是,在为什么一个真正的自爱者应该具有美德的问题上,虽然亚里士多德以理性和社会性为基础的人性观是否可以引向美德,学界还有严肃的保留(见 Williams 1971, 73-74 和 McDowell 1998, 12-13, 35-36, 171-173),朱熹则可以避免这个问题,因为他认为,人性就是由美德构成的。关于这一点,我在下一章将有详细讨论。

学要求我把主要的注意力放在我自己的内在品质上，这不就表明，我应该认为，自己的内在品质具有最重要的伦理意义？但如果是这样，而且如果我真的也关心别人，我对别人的关心不也应该超越对他们的外在愿望、需求和欲望的满足，而应该包含对他们内在品质的关心吗？我不应该像我关心我自己的内在品质一样，关心我邻居之内在品质吗？（Solomon 1997, 172）

为了说明这个问题，索罗门用了基督教的爱这种美德作为例子。假如这种爱是一个人的主要美德，这个人就会想方设法对别人体现这样的爱，但这个美德却并不要求具有美德的人想方设法使其周围的人也具有这样的美德："基督教的爱要求我关心别人的期望、需求和欲望。但这是否意味着，我认为在道德上别人没有我那么重要？满足他们的需要对他们来说就已经足够了，而我自己则要成为一个具有爱心的人。"（Solomon 1997, 172）

索罗门同样没有明说是谁对美德伦理学提出了这样的批评，但他还是认为这样的批评可以从康德或者当代的康德主义者那里找到。例如，尤文（A. C. Ewing）是一个康德主义者。在给利己主义下定义时，他说这个观点认为一个人自己的快乐乃是终极目的。尤文强调："这里所谓的快乐包括各种满足，不仅指像晚餐和娱乐这样的东西带来的快乐，也包括来自最无私、最精神性的爱的高兴，有正义感的人在扩展总体福祉中得到的无私满足，以及源于宗教神秘主义者跟上帝神会的愉悦。"（Ewing 1953, 22）尤文称那些以后面几种快乐为真快乐的人是高级的利己主义者。在这一点上，他特别考虑到了柏拉图和亚里士多德的观点，因为在这两位古希腊哲学家看来，"我应该始终追寻我自己的最大的利益，因为我的最大的利益就是从事具有美德的行动……而有些美德就是要无私地追寻他人的利益"（Ewing 1953, 31）。但在尤文看来，这种高级的利己主义也值得我们反对："把别人看作实现我们自己的利益的手段，即是这里的利益在崇高和广泛的意义上理解为我们的美德的培养，这难道不是在负面的意义上很傲慢、很自私吗？如果一个人在决定所有行动时都只考虑这些行动对他自己的品格的影响，那这个人难

道不是一个自命清高的人而不是一个圣人吗？"（Ewing 1953, 31）[1]

但就我所知，相对明确地提出这样一种批评的是威廉斯，他本身倒不是一个康德主义者。我们上面看到，威廉斯本人并不认为，美德伦理学，至少在第一个层面上，是自我中心的，因为虽然具有美德的人在其美德行动中找到快乐，但这种美德行动本身是涉及他人的。但他又认为，即使是这样，在美德伦理学中，"似乎还存在着可以看作利己主义的东西"；这里"涉及的是，行动主体关心其内在的自然倾向，并把它们与自己的生活状况联系起来。虽然这样的自然倾向本身并非指向自我，这个行动主体在其苏格拉底式的思考中所关心的还是自己的生活状况。这样，利己主义又回来了"（Williams 1985, 50）。威廉斯这里所谓的利己主义就是我们这里讨论的关于美德伦理学之自我中心的第二个层面：对于他人，具有美德的人只关心其外在的利益，而对于自己，他却主要关心其内在的利益；而在这样做时，具有美德的人很清楚，内在的德性比外在的幸福更重要，更能体现人之为人的独特性。这一点，在威廉斯讨论苏格拉底关于"好人不可能受到伤害"（我们只能伤害其肉体而不能伤害其灵魂，而灵魂才是其真正的自我）的说法时，就说得很清楚：苏格拉底"在描述人的道德动机时，对一个人自己的道德动机，持有一种非常清高的立场，但其伦理学并不要求他对别人的利益持一种同样清高的立场。如果肉体的伤害不算是真正的伤害，那么美德为什么如此强烈地禁止我们伤害别人的身体呢？"（我们这里也许还可以加上一句：如果身体的快乐不算真正的快乐，那么美德为什么如此强烈地要求我们为别人提供这样的快乐呢？）（Williams 1985, 34）亚里士多德并不认为肉体的伤害和快乐是真正的伤害和快乐，或者至少它们没有灵魂的伤害和快乐那么重要。但恰恰是在灵魂的伤害和快乐方面，亚里士多德的具有美德的人只关心自己，而不关心别人。更重要的是，这个具有美德的人获得其灵魂快乐或者避免其灵魂伤害的途径，恰恰是帮助别人获得肉体的快

---

[1]　安伦（D. J. Allan）也提出了类似的批评："所有的方面都证明，亚里士多德认为，要一个人不按照他自己的利益做出选择在心理学上是不可能的，而且亚里士多德一直试图以某种方式告诉我们，在一个人表面上将自己的利益附属于他人的利益时实际上所发生的情形。"（Allan 1952, 138）

乐或者避免肉体的伤害。因此，威廉斯说："亚里士多德与现代伦理观最显著的差别是，其最推崇的行动主体只关心自己，这正是令人难以相信。"（Williams 1985, 35）

威廉斯这里说的，就是我们在上面提到的亚里士多德关于有美德的人是真正的自爱者的看法。我们看到，亚氏区分了日常意义上的自爱者与这种真正的自爱者。通常意义上的自爱者"是那些想把更多的财富、荣誉和身体快乐归于自己的人"（NE, 1168b15-17）。在亚氏看来，这样的人理当加以谴责。但真正自爱的人是那些自始至终都最想公正地、有节制地或者按照别的什么美德行事的人。这样的人之所以是真正自爱的人，是因为他们所爱的是他们真正的自我。但正因为这样，亚氏的真正的自爱者也就成了索罗门所说的深层意义上的自我中心论者。虽然亚氏说得不错，具有美德的行动同时使行动者和他人得益，但这两种利益之间有一种不对称：他人从具有美德的人的行动中获得的是财富、荣誉和身体快乐，而具有美德的人通过帮助他人获得财富、荣誉和健康的行动获得的则是高贵的气质（nobility），而且亚氏自己明白无误地认为，后者远必前者重要，真正的自爱者"将丢掉财富、荣誉和人们相互竞争所想得到的一切，而换来的则是崇高的气质"（NE, 1079b20-21）。而我们知道，对美德伦理学之深层的自我中心的批评正是针对这一点：虽然亚氏的具有美德的人，在关爱别人的时候，确实是在为别人考虑，但他所考虑的只是对他们来说不那么重要的外在的幸福，而不是对他们更重要的内在的德性；而在他为别人而牺牲自己的外在幸福时，他所考虑的是对自己更重要的内在的德性。

作为一个美德伦理学家，索罗门在讨论对美德伦理学的这样一种批评时也承认，美德伦理学确实无法回应这样一种批评。在他看来，对这样的批评唯一的回应可能就是有时被看作逻辑谬误的"共犯"论证，即说明对美德伦理学的批评者或者竞争者本身也犯有同样的毛病。其意思是，既然你自己也具有同样的问题，你就不能指责我有这样的问题；或者既然这是所有伦理学都无法避免的毛病，也许这本来就不是毛病。这事实上也确实是索罗门所做的。例如，他指出，康德的伦理学要求行动主体根据其义务感行动，却不要求这个行动主体设法让别人也根据义务感行动。康德认为，除了在任何场合都必须一无例外地履行的完美的义务（perfect duty）（如不说谎或者不伤害人）外，每个行动主体还有两个应该尽可能加以履行的非完美的义务（imperfect duties），即促进自己的道德完满和推进别人的幸福，但他并不认为他们也有相应的推进自己的幸福和促进他人的道德完满的义务。康德认为，我们没有推进自己的幸福的义务，是因为我们本来就会自然地去追求自己的幸福，而我们没有促进别人的道德完满的义务，是因为"其他人作为［理性的］人的完满完全在于自己的、根据自己的义务概念来选择目的的能力；要求我去做只有别人自己可以做的事情，并将其看作是我的义务，乃是自相矛盾的"（Kant 1964, 44）。因此，用索罗门的话说，"康德这里的口号也许是：'我的正当，你的幸福'"（Solomon 1997, 172），即我应当作道德上正当的行动使别人得到幸福。① 索罗门认为，功利主义的情形复杂一些，因为古典功利主义要求行动主体不仅自己要仁爱，而且还要努力使别人仁爱。但他认为这里还是有不对称：行动主体对别人的仁爱的关心只具有工具的价值（达到最大限度的人类幸福），而行动主体对自己的仁爱的关心就不只有工具的价值。行动主体的仁爱"似乎是别人的仁爱从中得到其工具性的道德意义之视野，而这个行动主体自己的仁爱本身不可能从这个视野中获得其道德意义，因为它本身就是这个视野。正是在这种意义上，即使是在功利主义那里，一个人自己的品格具有一种为别人的品格所没有的特别价值"（Solomon 1997, 173）。

尽管如此，还有一些亚里士多德专家并不满足这样的"共犯"论证。他们试图表明，亚氏的幸福论（eudaimonism）能够避免这种深层的自我中心的

① 斯洛特也是当代美德伦理学的一个重要代表，不过他不是亚里士多德主义者。他的美德伦理学强调在行动主体与行动对象之间的对称。他认为他的一个任务正是要克服康德伦理学中的这种不对称。在他看来，"根据常识，我们羡慕一个人能够为他自己和别人的幸福所做的贡献，我们同时也羡慕一个人能够为自己和别人的可羡慕性所做出的贡献。我们通常羡慕人们拥有涉及自身和涉及他人的美德……我们也羡慕人们能帮助别人培养其令人羡慕的或者具有美德的品质……而且我想我们常识的美德伦理学假定，人们应该同时关心别人和自己的幸福和美德"（Slote 1992, 111）。

指责。① 他们的一个重要证据就是亚氏在《尼各马可伦理学》中讨论他们所谓的道德竞争的一段话："因此大家都赞同并称赞那些异乎寻常地忙于从事崇高行动的人；而且如果大家都追求崇高的事情，并竭尽全力地从事最崇高的事情……那么每一个人都会为自己赢得最大的利益，因为美德就是最伟大的利益"（NE，1169a6-12）。例如，克劳特就认为亚氏在这里谈论的是在具有美德的人之间的道德竞争。这样一种竞争"与别的形式的竞争之间的差别恰恰在于，通常在相互竞争时，一个人的赢就意味着另一个人的输；但当具有美德的人在为高尚品质而相互竞争时，在某种意义上，每一个人都可以是赢者"（Kraut 1989，117）。为了说明这一点，克劳特用音乐家之间的相互竞争作为类比来说明："每一个音乐家表演得越好，这个音乐家就越有可能赢，但同时，由于每一个人都尽力表演，每一个别的人也会因此而得益。"（Kraut 1989，117）

克劳特的意思是，我之尽可能好地表演会使别人也尽可能好地表演，因为我们大家都想赢得这场比赛。所以在具有美德的人之间的道德竞争中，我越是充分地发展自己的美德，我也就越是帮助别人发展他们的美德。朱莉娅·安娜斯（Julia Annas）在这一点上同意克劳特的看法。在她看来，由于亚里士多德把真正的自爱重新定义为对自己的美德的爱，"在真正的自爱者之间的竞争很自然地也需要重新定义，因此这样的竞争当然也与我们通常理解的竞争很不一样。通常的竞争是为了某种有限的物品，因此一个人之赢就是别人的输；如果我得到较多，那么你就得到较少。但当人们为成为具有美德的人而相互竞争时，他们并非以别人的损失为代价。亚氏认为，每一个人都可以得到最大的利益，因为'美德就是这样一种东西'：它是不可穷尽的；如果我得到很多的美德，这并不意味着留给你的就不多了"

---

① 丹尼斯·麦克利（Dennis McKerlie）区分了幸福论的利己主义解释和利他主义的解释："其中之一认为，亚氏为每一个行动主体确定了单一的、根本的任务：使自己的生活实现幸福。我称这样一种观点为'利己主义的幸福论'解释。而另一种解释则认为，亚氏是一个利他主义的幸福论者。亚氏认为，除了要在我们自己的生活中实现幸福以外，我们也应该有另一个重要的目标，即至少某些别人也能实现其幸福。"（McKerlie 1991）我们将看到，麦克列自己认为第二种解释更符合亚氏的意思。

（Annas 1993, 297）。虽然克劳特和安娜斯都没有明确地说，但在他们看来，在道德竞争和其他形式的竞争之间的另一个主要差别是，在别的竞争中，往往只有一个赢者，至少一定是既有赢者，也有输者，但在道德竞争中，每一个人都可以是赢者，因此道德竞争的裁判用来评判输赢的标准也不同。例如，在赛跑中，赢者是跑得最快的人，但在亚氏的道德竞争中，赢者是尽了其最大的努力者。因此，假如用赛跑作类比，一方面赢者可能比输者跑得慢，因为前者可能尽了全力，而后者则没有；而另一方面也可能每一个人都是赢者，因为可能每一个人都尽了全力（当然也有可能全是输者，因为可能没有一个人尽了全力）。也许正是在这种意义上克劳特认为，"在亚氏的行动主体为成为最好的人而相互竞争时，尽力而为比胜过别人更重要"（Kraut 1989, 119）。

　　这确实是对亚里士多德的一种非常有意思的解释。但是作为对于美德伦理学之自我中心批评的回应，这样一种解释至少存在着三个问题。首先，我们到底在什么意义上可以谈论在具有美德的人之间的道德竞争？克劳特和安娜斯所谓的道德竞争概念主要来自亚里士多德的这样一段话：真正自爱的人，除了别的事情，甚至"会为了其朋友牺牲自己的行动，因为让自己的朋友从事这个行动也许比自己从事这个行动更崇高。因此，在所有值得称道的事情中，具有美德的人奖励给自己的是最崇高的东西"（NE, 1169a33-36）。为了说明这一段话中提到的具有美德的人为了别人而牺牲自己的美德行动，克里斯多佛·唐纳（Christopher Toner）用了这样一个假设的情景：我们两个人是朋友，又是从事危险行动的侦察小组的同事。在一个特定的场合，我们的小组长需要有一个志愿者去从事非常危险的行动。我知道你无缘无故地背上了一个胆小鬼的臭名，而且想洗刷这个臭名。所以我决定不吱声，以便你能成为第一个志愿者（见 Toner 2006, 611）。克劳特提供了一个类似的例子：假定我知道我的朋友有能力管理一个重大的民用项目，但迄今为止没有什么机会来表现其这方面的价值。所以我说服了有关的官员，让我的朋友管理这个项目（Kraut 1989, 126）。

　　在这两个例子中，具有美德的人，即这两个例子中第一人称的"我"，各自为了其朋友而牺牲了其美德的行动。在这种情况下，具有美德的人都将最崇高的东西奖励给了自己，而其朋友也获得了从事美德行动的机会。如果这样，一个具有美德的人在关心别人时，就显然不是只关心其外在的幸福，而还关心其内在的美德。但这里似乎还是有点问题。在这两个例子，具有美德的人所想帮助的朋友似乎也已经具有了美德。在唐纳的例子中，具有勇敢这种美德的人的朋友只是有一个胆小鬼的坏名声，而具有美德的人的自我牺牲只是帮助其朋友洗刷其不应有的名声，而恢复其应有的荣誉。但这却不会使其朋友变得更有美德，因为在亚里士多德看来，荣誉（honor）本身就属于外在的幸福，它与财富和健康是同一类的东西，是日常意义上的自爱者而不是真正的自爱者所喜爱的东西。事实上，正如柏拉图《理想国》中的色拉叙马霍斯（Thrasymachus）所说的，具有纯粹美德的人，"虽然不做什么错事，也必须有一个最不公正者的名声"，以表明其做公正的事情并非只是为了有一个好名声（Plato, 361c）。在克劳特的例子中，具有美德的人为了其朋友而牺牲了自己从事具有美德的行动的机会，以便使其朋友有机会来体现其价值。这假定了一个具有更多机会从事美德行动的人比具有较少这样的机会的人更有美德。这种假定显然并不成立，因为它过于强调实际的行动。真正重要的是，一个人是否有从事美德行动的内在倾向（disposition）。真正具有美德的人是一有机会就从事这样的美德行动的人，而与从事这种行动的机会的多寡没有关系。而且正如托马斯·霍卡（Thomas Hurka）所指出的，虽然一个人可以从事美德的行动，但她也可以有从来没有实际导致行动的具有美德的欲望和情感。例如，假如她无法使一个人免除痛苦，但她对这个人的爱的情感也具有美德的性质（Hurka 2001, 8）。事实上，亚里士多德自己也说，美德不仅是指行动，而且也指感情。

其次，如我们所指出的，在唐纳和克劳特的例子中，参与道德竞争的人已经是具有美德的人，是亚里士多德意义上的真正自爱者。因为只有具有美德的人才会愿意参加这样的竞争，而且具有美德的人也只与其他具有美德的人竞争。这就马上引出了一个问题。批评美德伦理学具有自我中心倾向的人所抱怨的，正是具有美德的行动主体缺乏使别人具有美德的兴趣，或者更确切地说，美德伦理学没有把使他人有美德看作一个人作为具有美德的人的必要条件。具有美德的人不需要去关心别的具有美德的人的品质。美德伦理学的批评者所要知道的是，亚里士多德意义上的具有美德的人是否想或者能否让没有美德的人变得有美德。现在看来，回答应当是否定的。一方面，在讨论朋友问题时，亚氏说得很明确，他所谈论的是内在品质的朋友，即在具有美德的人之间的友情。①而且，正如克劳特所注意到的，在亚氏看来，如果一个具有美德的朋友变坏了，那么如果有人想抛弃这样的朋友，也没有什么值得大惊小怪（NE, 1165b13-21；见 Kraut 1989, 111）。这就表明，亚氏的具有美德的朋友并不关心没有美德的人的品质。同时，亚氏的具有美德的人的自我牺牲也无法使没有美德的人变得有美德。我们来看唐纳的例子。假如其朋友也已经有了勇敢这种美德，那么这个人也就没有必要在这个特定的场合放弃勇敢的行动；但假如其朋友是一个胆小鬼，勇敢的人为其朋友牺牲自己从事勇敢行动的机会是否就能使其朋友变得勇敢起来，而从事其勇敢的朋友让给他的勇敢行动呢？显然不会。一个胆小鬼之所以是个胆小鬼，不是因为其没有机会从事勇敢的行动，而是因为每当需要其做出勇敢行动的机会出现时，他就退缩了。所以，如果勇敢的人决定牺牲其勇敢的行动，其结果只能使胆小鬼不会因其是胆小鬼而感到内疚，因为他会发现没有人跟他有什么两样：其他胆小的人当然跟他一样不会从事勇敢的行动，而勇敢的人则因决定为胆小鬼牺牲其勇敢行动而（至少在外表上）变得与他无异。事实上，如果通过牺牲其勇敢的行动，一个勇敢的人能够使不勇敢的人变得勇敢，那胆小鬼不就更能使别的胆小鬼变得勇敢了吗？因为胆小鬼会更自然地、自愿地做出这样的牺牲。更进一步，如果这样的否定性的举措（牺牲其美德的行动）能够使邪恶的人有美德，那么邪恶的行动不就更能使人有美德了吗？例如，不断地给人家找麻烦也许

---

① 正如安娜斯所指出的，"在最好的、最完美的友情中，一个人之所以与别人是朋友，是因为别人的善良，特别是其善良的品质。正是这样，这样的友情常常被称品质的友情"（Annas 1993, 249-250）。

可以使被麻烦的人获得耐性这种美德。这当然是荒唐的，因为这似乎是说，邪恶的人实际上是具有美德的人：他们"无私地"把从事美德行动的机会让给别人。

第三，虽然我们并不能确定亚里士多德是否真的想到了道德竞争，我们可以假定克劳特的讲法有道理，而且为了让这个道德竞争概念更说得通，由于根据克劳特的看法，亚里士多德是在讨论真正的友谊时有这个道德竞争的概念的，让我们假定，这样的道德竞争既不是在完全具有美德的人之间的竞争，因为在这种情况下已经没有必要进行竞争；也不是在完全没有美德的人之间的竞争，因为这样的人根本不会有兴趣加入这样的道德竞争。相反，这是在一定程度上具有，但并非完全具有美德的人之间的竞争，而这样的竞争有助于他们充分地发展其美德。但即使这样，这里还是存在着一个问题，因为这样的竞争所产生的结果（参与竞争的人的美德之完满），与市场经济理论中的"看不见的手"对自私的人之间的竞争所起的作用，非常类似。在市场竞争中，每个人越是试图追求自己的利益，就越能为他人的利益做出贡献。在这样的例子中，虽然相互竞争的每个人的自私行动实际上使他人也得益，但他们之所以参加竞争却是为了自己的利益，而不是为了他人的利益。克劳特和安娜斯所提到的道德竞争也是这样：每个人都只想培养自己的美德，但其客观效果则是促使别人培养他们的道德，而在这种意义上他们仍然是自我中心的。当然，对于这一点，克劳特、安娜斯和其他一些亚里士多德专家可能并不同意。他们可能认为具有美德的人不仅实际上使别人也具有美德，而且他们也确实想让别人有美德。但在我看来，他们的这样的看法大多是对亚氏著作中某些模棱两可的说法所做出的不无争议的推论。例如，亚氏曾经说，"好人的陪伴可以培养自己的美德"（NE, 1170a11-12）；还说，"好人之间的友谊之所以好，是因好人因其相互做伴而变得更好；而且可以说，由于他们的活动，由于他们的相互帮助，好人会变得更好，因为他们各自从对方那里学习他们所称道的品德"（NE, 1172a12）。由此克劳特就推断说："朋友之间相互帮助，培养各自的美德，并相互纠正各自的不好的东西。"（Kraut 1998, 121）但在亚里士多德的这两段话中，亚里士多德至少没有明确地说具有美德的人参与道德竞争是为了使他人也具有美德，尽管实际上这样的道德竞争，可能由于我这里说的看不见的手的作用，确实会增进所有竞争者的道德品质。由于亚里士多德明确地说，具有美德的人，即真正的自爱者，在所有场合都将最崇高的、最好的东西留给自己，我们甚至可以更有理由地相信，亚里士多德在说上面两段话时，他并不想说具有美德的人之所以参与竞争是为了让他人也具有美德。

认为亚里士多德的美德伦理学并不具有自我中心倾向的人往往在他们认为可支持他们的文本中找支持。例如，亚里士多德说，"我们将朋友定义为一个为其朋友之故而希望其朋友好，并为他的朋友做好的或在他们看起来是好的事情的人，或者是一个为他的朋友之故而希望他的朋友存在和活着的人"（NE, 1166a1-6）；在另一个地方，亚里士多德说，"我们应该为我们的朋友之故而希望我们的朋友好"（NE, 1155b31）；在《尤德米伦理学》（*Ethica Eudemia*）中，亚里士多德说，"一个人在我们看来是一个朋友，如果他希望另一个人好或者希望为另一个人做在他看来是好的东西，而且他在这样做的时候，不是为了他自己之故，而是为这另一个人之故；换句话说，如果他不是为自己之故而是为另一个人之故而希望这个人存在，尽管他自己没有给这个人什么好的东西，更没有给这个人存在，那么他首先就是这个人的朋友"（*Ethica Eudemia*, 1240a23-26）。在所有这些段落中，亚里士多德明确地说，具有美德的人或真正的自爱者都为他人之故而不是为自己之故而希望他人好。这些好像表明这些具有美德的人确实是利他主义者，或者至少不是自我中心的（当然他们还可能是我在下一节要讨论的在更深的基础层面的利己主义者），但我们在本节讨论的对于美德伦理学的批评不是关于具有美德的人在关心他人时是为他人之故还是为自己之故，而是这样的具有美德的人在关心他人时是只关心他们的外在之善还是也关心他们的内在之善。而在这个问题上，这些段落都没有明确说具有美德的人希望他人"好"的内容也包括别人的美德。唯一说明的"好"的内容是他人的存在和活着，而没有说他们如何，即是否具有美德地存在和活着。

但一些当代亚里士多德主义者还是坚持认为，亚里士多德的具有美德的人一定也关心他人的美德。例如，麦克利认为，亚里士多德的幸福论或繁荣论（eudaimonism）之所以是利他主义的而不是利己主义的，就是因为具有美德的人不只关心自己的福祉，而且也关心他人的福祉。亚氏说，好人"把与其朋友的关系看作其与自己的关系"（NE, 1166a31-33）。由此麦克利就推论说，在亚氏看来，"在这样一种友情中，我们对别人的关怀在本质上与我们对自己的关怀应当没有什么重要的差别……我们应当像关心我们自己的繁荣（eudaimonia）的实现一样，关心我们朋友的繁荣的实现。因此我们朋友的繁荣，应当同我自己的繁荣一样，是我的根本目标"（McKerlie 1991, 88）。亚氏说："正如自己的存在是为所有人都想要的存在，其朋友的存在也应当是这样。"（1170b7-8）由此，麦克利就加以发挥，说这段话可能指的是"好人认为其朋友的存在与自己的存在几乎一样重要；或者是，他像看待自己的存在的价值一样来看待其朋友的存在的价值……这个论证的关键是，朋友就是另一个自我。我应当像对待自己的繁荣（eudaimonia）那样对待我朋友的繁荣"（McKerlie 2001, 96-97）。[1] 言下之意是，既然我们应该对待朋友像对待我们自己一样，而在对待自己时我们关心自己的美德甚于关心我们自己的健康、财富和荣誉，那么我们也应该如此关心他人，也就是说，我们对他人的关心也应该包含对他人的美德的关心。

关于这种对亚里士多德的辩护，我们可以做几点回应。首先，我们看到，他们援引的亚里士多德的话都来自亚氏讨论美德的友谊的时候，而这种讨论的目的不是要说明具有美德的人如何使不具有美德的人具有美德，因为具有美德的友谊的朋友都已经有了美德。所以一个具有美德的人自然地愿其朋友好，因为如果他们不好了，他就不会再与他们为朋友。其次，这也可以解释为什么亚氏说，一个具有美德的人把他与其朋友的关系看作与自己的关系，因为一个人之所以成为一个具有美德的人的朋友，恰恰是因

---

[1] 约翰·库珀（John Cooper）也认为亚氏的具有美德的人是利他主义的，但他对这个看法马上做了限制，说这并不意味着具有美德的行动者就没有为自我考虑的行动理由，也不意味着，"在这个行动中，行动者对他人的关心强于对自己的关心"（Cooper 1977, 621, n. 7）。

为他自己就像他的朋友一样是一个具有美德的人。具有美德的人爱他的朋友是因为他爱他自己，而他的朋友很像他自己。因此，如果这个朋友不再像他一样，也就是说不再是一个具有美德的人，具有美德的人与他的关系就与他与自己的关系不一样。事实上，他不再把他看作一个朋友。最后，亚氏在《大伦理学》(*Magna Moralis*) 中在纯粹的祝愿 (希望他人好) 与友谊之间做了区分，因为友谊表现为做其朋友希望的事情 (*Magna Moralis*，1241a10-13)。但是，虽然亚氏告诉我们一个具有美德的人如何给他人外在的好的东西，但他却没有告诉我们这样的人如何给他人内在的好的东西。事实上，我们在上面看到，一个人可以被看作一个朋友，只要他希望其朋友好，即使他没有给他的朋友什么好的东西。因此，虽然一个已经是好的人 (即具有美德的人) 不需要一个具有美德的人给他什么好的东西 (即美德)，亚氏没有说，这样的好人会不会将这种好的东西即美德给那些缺乏这种好物的人，即还不具有美德的人，而这是我们本节讨论的焦点。关于这一点，我在后面还要回头讨论。不管如何，在我看来，一方面，亚氏伦理学的当代维护者喜欢援引的亚氏的话在我们这里关心的问题上至少没有表示明确的态度；另一方面，亚氏在别的一些段落中则明确无误地说，一个具有美德的人关心自己的美德而只关心他人的外在福祉。就此而言，我想我们很难说服那些认为亚氏伦理学具有自我中心倾向的批评者。在这方面，除了我们上引的、成了批评者的靶子的亚氏区分真正的自爱者和庸俗的自爱者的那段话外，在回答一个好人爱自己甚于爱任何其他的东西时，亚氏在《大伦理学》中也说：

> 由于我们说好人会将有功用的东西给他的朋友，他是爱他的朋友甚于爱自己。是的。但是他把这些东西给他的朋友这件事意味着，恰恰是在将这些东西给他的朋友的过程中，他为自己获得了崇高的东西。因此，在一种意义上，他是爱他的朋友甚于爱自己，而在另一种意义上，他最爱自己。就有用的东西而言，他爱他的朋友；但就崇高的和好的东西而言，他最爱自己。(*Magna Moralis*, 1212b12-17)

这段话最明白无误地说明了，亚氏所谓的具有美德的人就外在福利而言是利他主义者，因为他会做出自我牺牲，将外在的东西给他人，但就内在福利而言是个利己主义者，因为他通过将外在的东西给他人而使自己获得了美德。但由于具有美德的人认为内在的福利高于外在的福利，在总体上，也即是在本节所要讨论的意义上，他们是利己主义者。

为了更好地理解这个问题，我们可以看一下亚氏关于最幸福、最自足的人是否还需要朋友的讨论。如果亚氏的具有一定程度的美德的人之所以参与跟也具有一定程度的美德的其他朋友的道德竞争，主要是为了使自己更有美德，而不是为了使他的朋友更有美德，那么一个最幸福、最自足的人似乎就不再需要朋友，因为他已经具有了充分的美德，因而也不再需要得益于他人。而如果是这样，那么确实，亚氏的具有美德的人一定是自我中心的。但亚氏又说这样的人还是需要朋友，而这似乎表明他参与这样的道德竞争一定是为了让他的朋友更有美德，因而这样的人似乎又不是自我中心的。但是，虽然亚氏在其三大伦理学著作中都讨论过这个问题，他都没有明确说具有完整美德的人还会交朋友的（至少）目的之一是为了使得他人更具有美德；更重要的是，如果这真是他的目的，他就只会与具有一定程度的美德的人做朋友，而不会跟像他一样的具有完全美德的人交朋友，因为只有前者的美德还需要他帮助提高，而后者已经具有完全的美德因而也不需要任何他人来帮助他进一步提高。那么这样的人为什么还需要有朋友呢？《大伦理学》提出的著名的将朋友作为镜子的比喻可以帮助我们回答这个问题。亚氏说，充分自足的人不再需要任何善物，因为他都已经有了所有的善物，唯一的例外是自我认识，而有这样的自我认识是令人愉悦的。但是，由于"我们从自己看不到自己……就好像在我们想看自己的脸时，我们看镜子。同样的道理，在我们想知道我们自己时，我们可以获得这样的知识的办法就是看我们的朋友，因为朋友就是……第二个自我"（*Magna Moralis*, 1213a15-23）。所以自足的人之所以还需要朋友是为了获得关于自我的知识。很显然，为了获得这样的自我知识，自足的人只能与同样自足的人为朋友，因为如果自足者的朋友缺少这个自足者的某些美德，这个朋友就不能帮助自足者获得恰当的自我认识。① 这就说明最幸福、最自足的人交朋友不可能是为了使其朋友更具有美德。除此之外，在《尼各马可伦理学》中，亚氏还提到了这些充分自足的人，或者幸福的人还需要朋友的其他一些理由。首先，朋友是最好的外在善物，因此，"如果幸福的人有了所有其他的善物，却唯缺朋友这种最好的善物，那是很奇怪的"（NE, 1169b8-10）。其次，一个幸福的人需要他可以给予好处的朋友（NE, 1169b10-12）。最后，如果没有朋友，幸福的人会很孤独："如果前提条件是必须独处，那么没人会选择这整个世界，因为人是政治动物，其本性就是要与其他人共处。因此即使幸福的人也需要与他人合处。"（NE, 1169b17-19）这里也没有一处可以被解释为这样的人需要朋友是为了使其朋友更有美德。

　　说亚氏的具有美德的人并不试图让他人也有美德，这听起来有点惊人。对此詹妮弗·怀丁（Jennifer Whiting）试图做出说明。为此她对《尼各马可伦理学》中那段克劳特认为具有道德竞争概念的话做了康德主义的解释。在怀丁看来，当亚氏说真正的自爱者将较大的善物给自己时，他不是将给自己的这种善物与他给他人的善物比，而是跟他如果选择外在的善物的话会给自己的善物比，也就是说他给自己的这种内在的善物比他可能给自己的外在的善物更伟大。这里，与我们上面讨论的那些亚氏的维护者不同，怀丁并不是说这个真正的自爱者也会将这个较大的善物给他人。要持亚氏辩护者的立场（实际上要持亚氏批评者的立场也一样），我们必须假设，行动者或者可以在将较大的善物给自己与将它给他人之间做选择，或者可以在将较大的善物给他人与将较小的善物给他人之间做出选择。但怀丁认为这种

---

　　① 确实，在这一章中，亚氏重复问了两次，如果一个自足的人需要朋友，"他对谁做好事呢？或者他应该跟谁一起生活呢？"（*Magna Moralis*, 1212b30, 1213a28）遗憾的是，虽然并不奇怪，他对第二个问题做了进一步说明，他没有告诉我们他的第一个问题到底是什么意思。也许我们想假定，这也包含了内在的善物，但我们在这个问题上没办法说服那些认为亚氏的具有美德的人具有自我中心倾向的人，因为一方面至少亚氏自己没有明确说这也包含内在善，而另一方面，如果自足的人还需要给他的朋友一些内在的善物，那么他的这个朋友就不是已经自足的人，而还缺乏某些善，因而也不是自足的人用以照见自己的理想镜子。这一点我们可以在《尤德米伦理学》中找到一点证据："对于自足的朋友来说，教和学都是不可能的，因为如果一个人需要学习，他就还不是其该是；而如果他要教人，那说明他的朋友还不是其该是，但相像乃是友谊。"（1245a16-18）

假设并不成立。这是因为"好的东西（the kalon），就其在于美德和具有美德的行动而言，一般地说不是那种一个人可以为其朋友获得的东西……从逻辑上来说，具有美德的行动是一个人只能为自己获得的东西"（Whiting 1996，175）。紧接着，怀丁加了一个脚注，说这与本章前面曾经援引的康德的话所表明的意思一样，因为康德出于同样的考虑也认为他人的道德上的完满不是一个行动主体的义务。所以怀丁的看法是，亚里士多德的"真正的自爱实际上比初看起来更具有康德主义的成分"（Whiting 1996，173）。换言之，具有美德的人不是不愿意让他人也有美德，而是他没有能力这样做，因为获得美德在逻辑上只能靠自己而不能靠别人。[①]而这样的为亚里士多德伦理学的辩护，如我们前面看到的，是一种"共犯"论证。

虽然我们不清楚亚氏是否真的同意康德，认为别人不能让一个人具有美德，一个人只能靠自己才能变成一个具有美德的人，但亚氏似乎确实说，至少让他人具有美德不是一个具有美德的人的事情。这一点我们可以在其《尼各马可伦理学》的结尾处看到。这里，完成了他对美德的说明，亚氏说："我们光知道什么是美德还不够。我们还必须拥有和实践美德，或者设法成为好人。"（NE，1179b1-3）现在的问题是，谁有责任让人拥有和实践美德？亚氏明确指出，这不是家长或朋友的事情，不管他们本身多么具有美德，也不管他们对其要使之具有美德的子女或朋友的各种细节多少熟悉、了解。应该承担这个责任的人是立法者，尽管他们很显然对他们要使之具有美德的人的各种细节不如家长和朋友那么了解，而且也有可能没有家长和朋友那么多的美德。那么，为什么立法者才应该成为这样的人呢。亚氏认为有两个理由。

首先，家长和朋友，即使他们很有美德，但缺乏必要的专长。亚氏用了一个类比。一个没有医学训练的人，不管他自己身体多么健康，也不管在多

---

① 南希·薛门（Nancy Sherman）似乎同意怀丁的看法。她说："在一个品格意义上的朋友能够给予他人的东西方面存在着种种限制。一个人怎么能帮助他人有种种制约，其中之一就是要承认每一个人的理性主体性。就一个人在帮助其朋友时这个朋友是他的另一个自我而言，一个人不能清空其朋友的理性主体性，也不能在过具有美德的生活方面帮这个朋友做决定。"（Sherman 1987，608）

大程度上（通过总结他过去在不同场合获得的经验）可以成为自己的医生，却不能成为他人（包括他们熟悉的自己的子女或朋友）的医生，或者至少不能成为像职业医生一样好的他人的医生。即使这个职业医生对他病人的了解没有这个病人的父母和朋友对他的了解那么多，即使这个医生自己没有这个病人的家长和朋友那么健康，但是他却比这个病人的家长和朋友更能治他的病。这是因为他"有关于什么东西适合所有人或者某一类的人的一般知识（因为大家都知道，科学涉及普遍的东西，而且事实上也确实如此）"（NE, 1180b14-16）。同样的道理，家长和朋友，即使本身很有美德，也不能成为让他人有美德的好老师，或者至少不能成为像公共立法者那样的好老师。立法者也许对他们的公民的具体细节没有这些公民的父母或朋友那么了解，事实上他们也可能没有这样的家长和朋友那么有美德，但他们对于所有人或者某一类中的所有人具有一般的知识并有让他们获得美德的本领。

　　其次，个人，不管是家长还是朋友，尽管也许具有美德，但缺乏必要的权威。亚氏认为自然、论证和教诲等没有办法让老百姓变成具有美德的人。他认为只有通过习惯，一个人才能被教化成具有美德的人。但是，"如果不是在恰当的法律下面，很难让一个年轻人得到恰当的美德训练，因为过一种有节制的、耐劳的生活，对大多数人来说，特别是在他们还年轻时，不是一件快乐的事情。因此必须要由法律来规定他们的训练和日常生活"（NE, 1179b31-35）。如果这样，很显然，具有美德的、像父母和朋友这样的一般公民就不能胜任让他人具有美德的工作，"因为家长的命令缺乏所需要的威力和强制力（事实上任何一个个人的命令都缺乏这样的威力和强制力，除非这个人是国王或类似的人）"（NE, 1180a19-20）。这只能是立法者的任务，因为大多数人，"按其本性，不听从羞耻感，但听从害怕感；他们不做坏事不是因为他们感到所做的事情之荒唐，而是因为他们害怕被惩罚"（NE, 1179b11-13）。亚氏确实也说，如果在这件事情上缺乏这种公共的关心，也就是说，如果没有立法者做他们该做的事情，"那么一个人应该帮助他的子女和朋友获得美德"，但他马上就接着说，"如果他能够让自己成为立法者则更好"（NE, 1180a30-33）。正是在此意义上，亚里士多德认为，虽然为美德提供一种说明是哲学家的事，而让人获得美德则是立法者的事，而他没有将具有美德作为一个立法者的必要条件。他在他的伦理学著作中讨论前者，而在其《政治学》一书中则讨论后者。

我们看到，康德主义者之所以批评亚里士多德的美德伦理学具有自我中心倾向，是因为这种伦理学所描述的人，为了成为具有美德的人，不需要去帮助他人获得美德。我们上面的考察表明，这样的批评至少并非完全没有根据。我们迄今看到的对这样的批评的最好回应似乎是，让他人获得美德本身就不是具有美德的人的事。很显然这样的回应不会使批评者满意，而且从亚里士多德的伦理学出发也确实找不到能够令批评者满意的回答。但在我们在这个问题上完全放弃亚里士多德主义之前，我们可以提一下托马斯·阿奎那（Thomas Aquinas），因为一般认为阿奎那是一个亚里士多德主义者，而且特别是在他的"兄弟矫正"（fraternal correction）概念中，他明确指出，具有美德的人不仅要关心他人的外在福祉，还要关心他们的内在福祉。他所谓的兄弟矫正，确切地说，"是要医治作为罪者本人之恶的罪"，而这"等同于让他获得其善物，而帮人获得其善物乃是一件慈善（charity）之举。我们通过这样的慈善之举为我们的朋友做善事"（Aquinas 1952, II-II, qu. 33, art. 1）。更重要的是，阿奎那认为，兄弟矫正是一种精神施舍，而精神施舍要高于物质施舍（Aquinas 1952, II-II, qu. 32, art. 4）。就此而言，很显然，阿奎那的美德伦理学可以避免亚里士多德所没有避免的、我们本节在讨论的那种自我中心倾向。但即使如此，我们还是值得注意两点。第一，阿奎那把兄弟矫正看作慈善这种美德的一个方面，而这种美德在阿奎那那里属于第三类美德，即神学的美德。这是在亚里士多德那里付之阙如的一类美德。在亚氏那里，只有理智美德和实践美德这两类美德。阿奎那认为，神学美德在于赢得上帝，而"道德美德和理论美德则在于赢得人的理性"（Aquinas 1952, II-II, qu. 23, art. 7）。由于这个原因，"慈善这种美德在我们身上出现，既不是通过自然，也不通过借用自然能力的获得，而是通过圣灵的注入"（Aquinas 1952, II-II, qu. 24, art. 2）。如果这样，由于在亚里士多德那里没有神学美德，我们就有理由怀疑，这种性质的美德、慈善，是否能从亚里士多德那里发展出来。因此，克里斯托弗·科德纳（Christopher Cordner）认为，阿奎那所属的基督教传统与亚里士多德主义传统有根本的不同，因为后者"没有提到仁慈、同情、宽恕、抱歉、懊悔、谦逊，也没有提到信仰、希望和慈善这样的神学美德"（Cordner 1994, 293）。而且即使能从亚里士多德那里发展出来慈善这种美德，由于在阿奎那看来，它属于神学美德，那它就不是美德伦理学所关注的美德，而是美德神学所关注的问题，就好像亚里士多德的理智美德是美德认识论所关注的问题。第二，即使阿奎那认为一个具有美德的人，出于仁慈，应该关心他人的美德，他还是认为，"一个人，出于仁慈，应该爱自己甚于爱任何其他人"，而且，"一个人不应该给与他自己的幸福相冲突的罪之恶让位，即使是在他试图让他的邻居从罪里面解放出来时"（Aquinas 1952, II-II, qu. 26, art. 5）。这说明，到最后，甚至阿奎那自己都没有能避免具有美德的人的自我中心倾向。

四　自我中心批评之第二层面：朱熹的回应

我并不是想全盘否定亚里士多德的具有美德的人有意愿去使别的人有美德，因而也并不是认为亚里士多德的美德伦理学绝对无法对自我中心的批评做出回应。但我可以断定，在亚氏的美德伦理学传统中，对美德伦理学的自我中心之深层批评做出回应的资源，确实非常贫乏。但是，当我们把目光转向儒家传统，特别是朱熹的理学思想时，在我们面前呈现的是一幅清楚得多、直接得多、光亮得多的图画。在朱熹那里，君子是一个有德之人，不只是因为他们乐于为别人提供外在的、物质上的帮助，而且还是因为他们乐于使别人也成为君子。这一点在朱熹对《大学》开头的"大学之道在明明德，新民，至善"的解释中就表现得很明显。一般都把明明德、新民和至善，特别是前两者，看作不同的事情。前者涉及的是自身，即恢复自己原有，而后来被私欲模糊了的美德，而后者涉及的是爱（这里"新民"被读为"亲民"）他人。根据这样的理解，特别是如果我们把爱他人理解为关心他人的物质和外在利益的话，《大学》中的这句话似乎也不能避免深层意义上的自我中心的指责。但在朱熹看来，明明德、新民和至善（甚至《大学》后面提到的格物、致知等八条目），实际上是一回事，这就是明明德，因为后两项已经包含在第一项中了。我们在前面已经看到，在朱熹看来，圣人千言万语，归根到底就是要我们明明德。关于这一点，朱熹还有更明确的说法：

> 若论了得时，只消"明明德"一句便了，不用下面许多。圣人为学者难晓，故推说许多节目。今且以明德、新民互言之，则明明德者，所以自新也；新民者，所以使人各明其明德也。然则虽有彼此之间，其为欲明之德，则彼此无不同也。譬之明德却是材料，格物、致知、诚意、正心、修身，却是下功夫以明其明德耳。于格物、致知、诚意、正心、修身之际，要得常见一个明德隐然流行于五者之间，方分明。明德如明珠，常自光明，但要时加拂拭耳。若为物欲所蔽，即是珠为泥涴，然光明之性依旧自在。（《语类》卷十五，308）

在这段话中，朱熹说明整部《大学》的要点是明明德。就我们本文所关心的问题而言，即为己与为人的问题，明明德是为己，而新民是为人。但朱熹认为在这两者之间并没有什么不对称：明德就是一个人的自新，而新民，则是"使人各明其德"。这就最清楚地不过地表明，新民涉及的不是他人外在的、物质上的利益，而是要像明自己之明德一样，使他人也各明其明德。换言之，明明德是使自己自新以成为有德之人，而新民则是让使他人明其明德而自新。

更重要的是，虽然在上面这一段话中，朱熹没有明说，但在朱熹看来，之所以明明德与新民是一回事，不只是因为明明德就是自新，而新民就是使他人各明其明德，而且还因为这两者是紧密联系在一起的。因此，在一个学生说"新民必本于在我之自新也"时，朱熹表示了明确的赞同（《语类》卷十六，319）。在朱熹看来，一个自明其明德的人必然会去新民，而能新民的人必然是自明其明德的人。而当其学生说，好像也"有自谓足以明其明德，而不屑乎新民者"时，虽朱熹表示赞同，并说佛、老便是这样的人（《语类》

卷十七，379），但在朱熹看来，正因为这样，严格来说，佛老不能算是已经
自明其明德的人。因为"明明德，便欲无一毫私欲；新民，便欲人于事事物
物上皆是当"（《语类》卷十七，379），而不欲新民则恰恰是一种私欲，而有
私欲则表明这个人还没有自明其明德。因此当一个学生说，"明德而不能推
之以新民，可谓是自私"时，朱熹明确地加以肯定，并说，"德既明，自然是
能新民。然亦有一种人不如此，此便是释、老之学。此个道理，人人有之，
不是自家可专独之物。既是明得此理，须当推以及人，使各明其德。岂可说
我自会了，我自乐之，不与人共！"（《语类》卷十七，379）；又说，"我既是明
得个明德，见他人为气禀物欲所昏，自家岂不恻然欲有以新之，使之亦如我
挑剔揩磨，以革其向来气禀物欲之昏而复其得之于天者。此便是'新民'"
（《语类》卷十四，271）；还说，"教他各得老其老，各得长其长，各得幼其幼。
不成自家老其老，教他不得老其老；长其长，教他不得长其长；幼其幼，教
他不得幼其幼，便不得"（《语类》卷十六，361）。

在所有这些段落中，朱熹表达了一个非常明确的思想，一个自明其德的
人是无私的人，而一个不想使他人各明其德的人乃是自私的人。换言之，说
有人自明其德而不欲使他人各明其德，乃是一种自相矛盾的说法。自明其
德的人必定会使他人各明其德，而不想使他人各明其德者也不能说是自明
其德。因此，朱熹说："若是新民而未止于至善，亦是自家有所未到。"（《语
类》卷十四，272）这里朱熹提出了一个非常有意思也非常特别的"自私"概
念。通常说一个人自私时，我们指的是这个人不愿意将自己的东西（物质
上的）给予别人。但朱熹的自私概念要宽广得多。他说，"大抵私小底人或
有所见，则不肯告人，持以自多。君子存心广大，己有所得，足以及人。若
己能之，以教诸人，而人不能，是多少可闷！"（《语类》卷二十，451）这就是
说，不仅如果我很富有而不想与人分享是一种自私，如果我知道一件事情而
不愿意告诉人家是一种自私，而且如果我具有美德而不想让人家具有美德
也是一种自私。这里在第一种情况下，如果我把财富与别人分享，我自己的
财富就会减少。但在后两者情况下，如果我把自己知道的事情告诉人家，我
不会因此而少知道一些东西；而如果我使别人也具有美德，我自己的美德不

但不会减少，反而会增加。这里，在第一种意义上自私的人比较容易理解，但一个人为什么会在第二甚至第三种意义上自私呢？不想让别人也具有美德的人，在这种意义上，不是比不想让别人富有的人更不可理喻吗？

那么为什么还是有人像佛老那样只管自己的美德而不管别人的美德呢？在朱熹看来，这是因为自私即吝这种恶德，与另一种恶德即骄，紧密相连：

> 骄者必有吝，吝者必有骄。非只是吝于财，凡吝于事，吝于为善，皆是。且以吝财言之，人之所以要吝者，只缘我散与人，使他人富与我一般，则无可矜夸于人，所以吝。某尝见两人，只是无关紧要闲事，也抵死不肯说与人。只缘他要说自会，以是骄夸人，故如此。因曾亲见人如此，遂晓得这"骄吝"两字，只是相匹配得在，故相靠得在……骄吝，是挟其所有，以夸其所无。挟其所有，是吝；夸其所无，是骄。而今有一样人，会得底不肯与人说，又却将来骄人。（《语类》卷三十五，938）

在这段话中，朱熹清楚了说明了吝与骄这两个恶德之间的关系：一个人如果不吝，即让别人也有自己所有的东西，这个人就没有东西可以引以为骄。这一点适用于自私或吝的所有三种情形：吝于财、吝于事和吝于为善。这里特别值得注意的是，朱熹明确地将吝于为善，也作为一种自私的表现。一个人之所以不想让别人也像自己一样成为有美德之人，是因为如果这样，自己也就没有什么好向别人炫耀的了。但在朱熹看来，吝于为善的人没有注意到，在前两者情况下，我可以自己富有而不与别人分享，我可以自己知道一件事情而不告诉别人，但在后一种情形下，我却不能自己有美德而不想让别人有美德，因为不想让别人有美德就表明自己没有美德。推而言之，一个人如果只想使自己有美德，而不关心别人是否有美德，就不能算是一个具有美德的人，因为不关心别人是否有美德这个事实本身就表明这个人缺乏美德。

关于这最后一点，也即本文所要强调的一点，朱熹还在其他地方加以反复说明。《论语》中有"己欲立而立人，己欲达而达人"（《论语·雍也》第三十章）一句。我们一般都把它看作对道德金律的正面表述与其反面表述"己所不欲，勿施于人"，相辅相成；我们也一般是在物质和外在的意义上来理解所立、所达（和所施）者。例如，我自己想富有，我就应当让人家也富有。但当一个学生问，这里的"'立、达'二字，以事推之如何"时，朱熹却明确地指出，这"二者皆兼内外而言"（《语类》卷三十三，758）。他所谓的外就是我们日常理解的福乐康宁（《语类》卷四十二，846），因为我自己想福乐康宁，我也应当使人家福乐康宁。那么他所指的内是什么呢？就是美德。因为就在说立和达兼内外而言以后，朱熹就紧接着说："且如修德，欲德有所成立。"（《语类》卷三十三，846）因此在朱熹那里，道德金律获得了一种深层的意义：如果一个人想成为有德之人，这个人就应当帮助别人也成为有德之人。关于这个重要论点，他的一个学生在讨论道德金律的否定说法"己所不欲，勿施于人"时，就深有体会地说："如己欲为君子，则欲人皆为君子；己不欲为小人，则亦不欲人为小人。"（《语类》卷四十二，1071）朱熹本人的说法也与此类似："我心之所欲，即他人之所欲也。我欲孝弟而慈，必欲他人皆如我之孝弟而慈。'不使一夫之不获'者，无一夫不得此理也。只我能如此，而他人不能如此，则是不平矣。"（《语类》卷十六，361）

　　与朱熹对于道德金律的这样一种独特和深刻的解释有关，我们还可以看他对《论语·里仁》第十五章的解释，因为人们通常认为这一段话也与道德金律有关。在这段话中，孔子说其道一以贯之。在他走后，其学生们对其一以贯之之道究竟为何不解，曾子便对其他弟子说："夫子之道，忠恕而已。"对于曾子的这个回答，历来的评注者也时有感到不解者，其中的原因之一是，孔子明明讲其道"一"以贯之，而曾子的回答是二：忠和恕。这里的关键便是要理解忠和恕这两者的关系。在这一点上，朱熹接受了程颐的解释，"尽己为忠，推己为恕"（《遗书》卷二十三，306）。但朱熹强调："忠恕只是一件事，不可作两个看。"（《语类》卷二十七，672）这是因为在朱熹看来，忠，即尽己，已经包含了恕，即推己。一方面，由于一个追求美德的人对自己的道德瑕疵一定不能宽容，朱熹认为，这样一个人也就不能宽容别人的道德瑕疵。因此，当他的一个学生问，具有"恕"这种美德的人是否就应该不责人、宽恕别人的道德瑕疵时，虽然"恕"确实具有宽恕的意思，朱熹还是说："此说可怪。自有六经以来，不曾说不责人是恕！若中庸，也只是说'施诸己而不愿，亦勿施于人'而已，何尝说不责人！不成只取我好，别人不好，更不管他！于理合管，如子弟不才，系吾所管者，合责则须责之，岂可只说我是恕便了。《论语》只说'躬自厚而薄责于人'，谓之薄者，如言不以己之所能，必人之如己，随材责任耳，何至举而弃之！"（《语类》卷二十七，701）这是因为在朱熹看来，不同的人有不同的非道德才能，如有的聪明，有的则不那么聪明，聪明的人不应责备不那么聪明的人。他认为这是《论语》中所说的薄责于人的意思。但在道德能力方面，由于大家都是一样的，人人可以成尧舜，因此如果别人有道德瑕疵，有德之人就必须加以指出，并帮助其改正。另一方面，忠者，即尽己的人，会处处为善，因此这个人也必定会恕，即及人，即也让别人为善。因此朱熹说："人以事相谋，须是仔细量度，善则令做，不善则勿令做，方是尽己。若胡乱应去，便是不忠。"（《语类》卷二十一，485）很显然，在朱熹看来，尽己已经包含了推己，忠已经包含了恕，因此他说："成己方能成物，成物在成己之中。"（《语类》卷八，131）

由上可见，在朱熹的儒家美德伦理学中，一个具有美德的行动主体在关心别人时，不仅应该关心他们外在的、物质的利益，而且还要关心他们内在的德性的培养。因此，这样一种美德伦理学才能够就自我中心的批评，不仅是在表面的第一层面上，而且是在深层的第二层面上，做出为亚里士多德的美德伦理学传统所无法做出的恰当的、明确的回应。不过，虽然如我们上面指出，关心别人外在的、物质的利益往往意味着牺牲自己的外在的、物质的利益，而关心他人的内在的德性发展不但不会牺牲，而且会促进自己的内在的德性的培养，但关心别人的内在的德性，较之关心别人的外在的利益，要困难得多。因为在后者，一个人只要将自己所有的与他人分享，而在前者，一个有德之人所要做的不是将自己的德给予别人，因为别人也生来具有这样的德，只是这样的德被其物欲所遮盖。因此所需要的只是要去除其私欲，从而使其本来的明德得以自明，但这样的事情似乎是只有当事人本身才能做的事情。我们前面提到康德的说法，"其他人作为［理性的］人的完满完全在于自己的、根据自己的义务概念来选择目的的能力；要求我去做只有别人自己可以做的事情，并将其看作我的义务，乃是自相矛盾的"（Kant 1964，44），也许就是这个意思。事实上，朱熹自己也说："德者，得也，便是我自得底，不是徒恁地知得便住了。若徒知得，不能得之于己，似说别人底，于我何干。如事亲能孝，便是我得这孝；事君能忠，便是我得这忠。说到德，便是成就这道，方有可据处。"（《语类》卷三十四，868-869）这就是孟子所提到的、后来为宋明儒所津津乐道的自得概念，即一个人的美德只能靠自己获得。正是根据这样一种自得概念，在解释孔子的"民可使由之，不可使知之"（《论语·泰伯》第九章）时，朱熹接受了程颐的独特解释。对《论语》中的这句费解的话，一般人要么认为孔子想实行愚民政策，不让人们知道，要么认为孔子觉得人们太愚蠢，不能知道。但程颐认为，这里所要知道的，即为人之道，按其本性，只能由人自知，因此即使圣人也不能使民知之。[1] 对此朱熹完全赞同：

> 盖民但可使由之耳，至于知之，必待其自觉，非可使也。由之而不知，不害其为循理。及其自觉此理而知之，则沛然矣。必使知之，则人求知之心胜而由之不安，甚者遂不复由，而维知之为务，其害岂可胜言？释氏之学是已。大抵由之而自知，则随其深浅，自有安处；使之知，则知之必不至，至者亦过之而与不及者无以异。（《朱文公文集》卷三十九，《朱子全书》第二十二册，1768）

这里涉及的就是苏格拉底提出的美德是否可教的老问题。尽管朱熹强调美德的获得（或者恢复）主要靠一个人自己，他并不持美德不可教这种极端的主张。虽然他经常用孟子的比拟，说有德之人是先知先觉者，而其明德还被私欲遮蔽者是昏睡未醒者，但朱熹也很清楚，这个比拟不能过度使用，因为一个尚未觉醒者，到了一定时间，还是会自己觉醒，但被私欲遮蔽

---

[1]　对程颐的这种独特解释的详细分析，见 Huang, 2008。

的人，如果不加唤醒，则恐怕永远也不能自己成为有德者。因此，他指出："人昏昧不知有此心，便如人困睡不知有此身。人虽困睡，得人唤觉，则此身自在。心亦如此，方其昏蔽，得人警觉，则此心便在这里。"（《语类》卷十二，200）这里朱熹强调了将人唤醒的重要性。他说："学者工夫只在唤醒上"；当其学生问，"人放纵时，自去收敛，便是唤醒否？"朱熹回答说："放纵只为昏昧之故。能唤醒，则自不昏昧；不昏昧，则自不放放纵。"（《语类》卷十二，200）

因此一方面，一个人之明德归根到底只能靠自己自明，但另一方面，还没有自明其德的人则又如困睡之人，非要有已自明其明德之人来唤醒不可。这里的问题就是，一个自明其明德的人怎样才能使他人各明其明德。在朱熹看来，最重要的是以身作则。朱熹认为这就是孔子"道之以德"的意思："'道之以德'，是躬行其实，以为民先。如必自尽其孝，而后可以教民孝；自尽其弟，而后可以教民弟，如此类。"（《语类》卷二十三，547）与此相关，朱熹认为，如欲"禁人为恶，而欲人为善，便求诸人，非诸人。然须是在己有善无恶，方可求人、非人也"（《语类》卷十六，358）。这里我们看到了朱熹与亚里士多德的一个重要差别。我们在前面考察了亚里士多德的一个很有争议性，而且在我们看来确实很有问题的主张：具有美德的人有时为了别人而"牺牲"从事具有美德的行动的机会，而朱熹则强调，具有美德的人，要想让别人也具有美德，就必须从事美德的行动。这是因为，一方面，只有自己从事美德的行动，一个人才可以教别人也从事这样的行动；另一方面，朱熹认为"德修于己而人自感化"（《语类》卷二十三，533）。[①] 在朱熹看来，身教之所以有效，是因为每个人本来都有美德，只是在有些人那里这种美德被私欲遮蔽了。因此，他们能够受到有德之人的德行的潜移默化，从而能够自

---

① 在表面上，朱熹这里提出的身教观与我们前面讨论的他的另一个观点，从事为己之学的古之学者不在乎他人是否知道自己的德行，似乎存在矛盾，因为身教之能有效的一个前提就是，别人知道自己的德行。朱熹对此并非全无察觉，但他指出："以善及人而信从者众，则乐；人不己知，则不愠。乐愠在物不在己，至公而不私也。"（《语类》卷二十，454）这里的区别是，一个人到底是为了向人炫耀自己的德行，还是想让别人也成为有德之人。

己变成有德之人。而看到别人受到自己德行的感化，在朱熹看来，是有德者的最大快乐。正是根据这一点，他接受了程颐对《论语》一开头的"有朋自远方来，不亦乐乎"的独特解释："以善及人而信从者众，故可乐。"对此朱熹表示完全赞成，认为是程子最得夫子处（见《语类》卷二十，456），并说："旧偿有'信从者众，足以验己之有得'。然己既有得，何待人之信从，始为可乐。须知己之有得，亦欲他人之皆得。然信从者但一二，亦未能惬吾之意。至于信之从之者众，则岂不可乐！"（《语类》卷二十，451）这里朱熹强调，有德者之乐，不在于其有德因信从者众而得到验证，而是因为其德行感化了众人，使之也成了有德之人。因此当一个学生问，"'以善及人而信从者众'，是乐其善之可以及人乎，是乐其信从者众乎？"，朱熹明确地回答："乐其信从者众也……今既信从者自远而至，其众如是，安得不乐。"（《语类》卷二十，456）

不过，身教并非总是能有效地使他人各明其明德而也成为有德之人，因此，朱熹认为还需要一些辅助的手段。例如，朱熹认为："你不晓得底，我说在这里，教你晓得；你不会做底，我做下样子在此，与你做。只是要扶持这个道理，教它常立在世间，上拄天，下拄地，常如此端正。"（《语类》卷十三，230）这里朱熹提到了两点。其一是言教。在他看来，儒家圣人的所作所为是身教，而其所著的儒家经典则是言教。有德之人除了身教以外，还要传播圣人之言。其二是让人根据儒家之礼仪规范甚至法律规则从事德行，或者至少不从事恶行。确实，如果光因这外在的礼仪规范甚至法律规则而为善，而不作恶，一个人还不是有德之人。但在朱熹看来，首先，这至少可以使人不作恶。更重要的是，如果总是伴之以另两种方法，言传和身教，这个手段也能够使人逐渐地变成有德之人。因此在谈到上面我们提到的《论语》中"民可使由之，不可使知之"这句话时，朱熹又指出：这"只是要他行矣而著，习矣而察，自理会得。须是'匡之，直之，辅之，翼之，使自得之，然后从而振德之'。今教小儿，若不匡，不直，不辅，不翼，便要振德，只是撮那尖利底教人，非教人之法"（《语类》卷四十九，1207）。换言之，对无德者的外在规范，作为言传身教的暂时的、补充性的手段，对于使人成为有德者，也具有一定作用。

总之，在朱熹看来，一个人应当以大舜为榜样，因为"大舜'乐取诸人以为善'，是成己之善，是与人为善，也是著人之善"（《语类》卷五十三，1299）。这里的成己之善，就是要培养自己的德性，与人为善，就是要对他人做善行，而著人之善则是帮助别人培养其德性。虽然这里分成三个方面，但如我们在上面所指出的，这三个方面，归根到底就是一点，这就是明明德。

五　自我中心批评之第三层面：霍卡的批评与朱熹的回应

我们在上面讨论了关于美德伦理学具有自我中心倾向的批评，不仅是相对比较容易回答的表面层面的批评，而且是比较难回答的较深层面的批评。我们也考察了朱熹在这两个层面上对这种批评的回应。在回应表明层面的批评方面，朱熹与亚里士多德主义的立场比较一致。而在较深的层面上，我们认为，亚里士多德的美德伦理学确实具有所批评的这种自我中心倾向，而朱熹的儒家美德伦理学则可以很好地避免这个问题。关于美德伦理学的这两层意义上的自我中心倾向是作为一个美德伦理学家的索罗门看了美德伦理学的批评者的批评以后总结出来的。但是，霍卡提出了更深层的批评，他认为美德伦理学是基础上的利己主义。霍卡可以同意具有美德的人会关心他人的利益，甚至为他人之故而关心他人利益；霍卡甚至会同意朱熹，一个具有美德的人不仅关心他人的外在福祉，而且也关心他人的内在福祉，而且是为他人之故而不只是为自己之故才关心他人的福祉。但霍卡认为，即使具有这样的美德的人还是自我中心的或者利己主义的，因为这样的人之所以为他人之故而关心他人的福祉，包括他人的美德，最终还是为了他自己之故，即为了充分实现自己的美德。

在霍卡看来，美德伦理学"在规范理由问题上假设了一种利己主义的理论。根据这种理论，一个人的行动的所有理由都来自他自己的繁荣。由此产生的美德伦理学，在其关于行动的实质性主张上，不一定是利己主义的：他可以告诉人们去促进他人的快乐和知识，即使他为此需要做出自己的一定牺牲。而且即使就其行动的动机而言它也不一定是利己主义的：它可以说，为了从事具有美德的行动，他们就必须为他人之故而关心他人的快乐和知识，但这是我称之为基础上的利己主义，因为它坚持其如此行动和促使其行动的理由最终还是来自他们自己的繁荣"（Hurka 2001, 232）。霍卡这里的批评部分是要回应安娜斯对美德伦理学的辩护。安娜斯认为美德伦理学既不是自我中心的，也不是利己主义的。在为美德伦理学做辩护时，安娜斯在内容上的自我中心与形式上的自我中心之间做了区分。在她看来，具有美德的人在内容上并不自我中心，但在形式上可以被看作自我中心。她说：

> 为了成功地实现我自己的终极目标，我需要培养的是美德……但所有美德都是做对的事的倾向，而所做之事的对错的标准是独立于我自己的利益而确定的。所以我要实现的是我自己的终极目标这个事实使古代的伦理学形式上是行动者中心的或自我中心的，但并不使它在内容上自我中心……实现我的终极善、幸福，或别的什么东西，都要求我尊重而且也想促进他人的善。（Annas 1993, 223）

安娜斯坚持认为，一个具有美德的人，正因为她是具有美德的人，一定会尊重并促进他人的善，而且在这样做的时候是为他人考虑而不只是将其作为实现自己的善或目的的手段。但安娜斯同意，美德伦理学在形式上是自我中心的，因为具有美德的人是在她努力实现他自己的终极目标的过程中尊重和促进他人的善的。这在霍卡看来就是说，美德理论"将一个人所有的行动理由都与他自己的繁荣联系了起来"。假定他的繁荣是他的一种状态，这就使这些理论在我的基础的意义上是利己主义的。虽然霍卡同意，具有美德的人在尊重和促进他人的善时是为他人考虑的，但他这样做的方式使他最终是为自己考虑。换言之，具有美德的人考虑的是他自身的善，但由于他所考虑的自身的善即美德的性质，他必须为他人之故而考虑他人之善。用克劳特的话说，具有美德的人是为自己之故而为他人之故而让他人得益（Kraut 1989, 136）。虽然克劳特自己认为"为自己之故而为他人之故帮助他人"这种说法说不通，我们可以看到，霍卡认为这正是美德理论所面临的问题。在一个层面上，具有美德的人，与具有远虑的人不一样，为他人之故而为他人谋福利。如果这个人只是为自己之故才为他人谋福利，不管是外在的福利还是内在的福利，他就不是一个具有美德的人，而最多是个有远虑的人。但在基础的层面上，具有美德的人之所以这样做，最终还是为了自己，即成为具有美德的人，只是他所需要的美德要求他必须为他人之故，而不是（直接地）为自己之故去为他人谋福利。但是在霍卡看来，"如果一个人主要是出于对自己的美德的考虑才去行动，那么这不是具有美德的行动，而是陶醉于（self-indulgent）自我的行动。因此如果一个人的行动动机来自美德理论关于行动理由的说法，那么这就不是具有美德的动机，而是毫无吸引力的自我陶醉的动机"（Hurka 2001, 246）。①

回应这种在基础层面指责美德伦理具有自我中心倾向的批评的一种办法是说，具有美德的人在基础层面是涉他的（other-regarding）、利他的。确实，具有美德的人追寻的是他自己的目标，但他为自己定的目标恰恰就是要尊崇和促进他人的福利。在这个意义上，具有美德的人的行动之所以是为他自己之故只是因为他在追寻自己的目标，而这个目标就是要尊重和促进他人的福利。② 换言之，具有美德的人关心他人的福利。只是在尊敬和促进

---

① 值得指出的是，我们在这里讨论对于美德伦理学具有自我中心倾向的批评时，我们主要考虑的是亚里士多德幸福论或繁荣论（eudaimonism）类型的美德伦理学，而没有考虑休谟传统卓越论（aretaic）类型的美德伦理学。作为后者的主要代表、当代伦理学家斯洛特认为他的情感主义美德伦理学可以避免这个自我中心问题，因为它强调的是品格和行动之令人羡慕（admirable）或值得谴责（deplorable）。但霍卡认为，他的基础上的利己主义这种批评也适合这一类型的美德伦理学，因为"即使卓越论也说，一个人之所以有理由行动也只是因为这样做可以体现他的美德"（Hurka 2001, 246）；在另外一个地方，霍卡进一步说，"卓越论能提供的也是一种涉及自我（self-regarding）的解释，即相关的行动是行动者身上值得钦佩的东西，而这还不是一个正当的解释。由于他们如此程度地以行动者为中心，美德伦理理论发现一个人行动的理由的终极源泉在他自身，在具有美德的行动对于他的繁荣或值得钦佩性的意义"（Hurka 2001, 248）。

② 例如，克里斯廷·斯旺顿（Christine Swanton）就说："为了为幸福论（eudaimonism）辩护，我们可以说，关于'X类或范围'的理由属于X作为美德这一点，而X作为美德这一点又是由X的目的或目标决定的。例如，如果X是友谊这种美德，那么X类的理由就与在爱心行动中表现友情、促进朋友的福利有关。这里不存在什么偷偷摸摸的、隐含的利己主义。总之，X类的理由来自X的目标，这些理由本身不是我们说X是一种美德的理由。"（Swanton 2006, 502）

他人的福利是他自己的，而非任何其他人的目标而言，才可以说具有美德的人是为他自己之故，才被看成是利己主义的。如果我们模仿我们上面提到的、克劳特认为讲不通的说法（即为自己之故才为他人之故而关心他人），这里出现的是"我们为他人之故才为自己之故而关心他人"。克劳特可能认为这样的说法也讲不通，但这个说法隐含的意思就是，虽然如安娜斯所说的，具有美德的人"就其在过着她自己的而不是我的生活而言"（Annas 2006, 522）确实是在追求自身的繁荣，但她在过的生活恰恰就是尊敬和促进他人福利的生活。在这个意义上，具有美德的人在本质上是涉他的、利他的。因此，如果关于美德伦理学具有自我中心的批评认为，美德伦理学把他人的福利还原为行动者自己的福利，我们现在在这里考虑的这种回应则把行动者自己的福利还原为他人的福利。但如果这样，霍卡认为，美德伦理学确实不再是自我陶醉，而是自我消除了（self-effacing），因为美德伦理学"可以说，为了繁荣或者为了体现美德，一个人的行动就必须出于真正具有美德的行动，例如为他人之故而想让他人快乐的欲望。如果她不是这样去追求她自己的繁荣或美德，她的行动就并非出自其应有的动机，而这样就不能获得作为她的目的的繁荣和美德。这就需要帕菲特（Derek Parfit）称作自我消除的理论"（Hurka 2001, 246）。自我消除本身也许不算对美德伦理学的批评，但霍卡认为这对美德伦理学有点讽刺意义，因为"有些美德伦理学的倡导者一直在批评后果论的自我消除性……但现在他们自己的理论也有同样的问题，如果有什么差别的话，只是这个问题在他们自己那里要严重得多"（Hurka 2001, 246）。

　　在朱熹那里，我们可以发现有两种办法避免这个在自我陶醉和自我消除之间的两难。第一个是其对美德的本质，特别是儒家美德的本质的理解，既不把它看作基础上自我陶醉的（即为自己之故才为他人之故而关心他人），也不把它看作基础上自我消除的（即为他人之故才为自己之故而关心他人），而把它看作同时利他和利己的。而且，不应该把利己和利他像克劳特所说的那样看作两个独立理由（Kraut 1989, 137），仿佛具有美德的人可以有其一而无其二。相反，是把他们看作是同一个理由的两个不同方面。具有美德的人，如果不同时关心作为其大体（用孟子的话）的心，就不可能成为一个利他主义者，即为他人谋福利。在这个意义上，他是一个利己主义者。但同时，如果不为他人谋福利，一个人就不能为自己谋福利（即对自己的大体的关心）。在这个意义上，他是一个利他主义者。

在朱熹那里，这里所谓的利己与利他的关系也就是儒家传统里面的成己与成物的关系。成己与成物是在《中庸》第二十五章中提出的概念："诚者非自成己而已也，所以成物也。成己，仁也；成物，知也。性之德也，合外内之道也，故时措之宜也。"在其《中庸章句》注该章时，朱熹指出："诚虽所以成己，然既有以自成，则自然及物，而道亦行于彼矣。仁者体之存，知者用之发，是皆吾性之固有，而无内外之殊。"（《四书章句集注》，44）这里讲到"仁者体之存，知者用之发"，对此，《朱子语类》谈到这一章时，朱熹解释说："自成己言之，尽己而无一毫之私伪，故曰仁；自成物言之，因物成就而各得其当，故曰知。"（《语类》卷六十四，1581）所以"所谓仁者体之存，知者用之发"亦即"成己体之存，成物用之发"，把成己和成物的关系看作体用的关系，也就是说它们是同一物之两个不同的方面，因"体、用，便只是一物"（《语类》卷二十七，677）。在上一段话中，朱熹还提到，成己和成物这两者皆吾性之固有，而无内外之殊，也就是说他们本来就是一回事。关于成己与成物之间的这样一种同一关系，朱熹还用其他一些说法来说明，包括（1）两无愧歉："须自家勉力，使义理精通，践履牢实，足以应学者之求而服其心，则成己成物，两无愧歉"（《朱文公文集》卷四十九《答陈肤仲》，《朱子全书》第二十二册，2269）；（2）一举两得："孰若汲汲以免以大人之事，而成己成物之功一举而两得之也"（《朱文公文集》卷二十四《与陈侍郎书》，《朱子全书》第二十一册，1087）；（3）一以贯之："圣贤之言无精粗巨细，无非本心天理之妙。若真看得破，便成己成物更无二致、内外本末一以贯之"（《朱文公文集》卷三十九《答许顺之》，《朱子全书》第二十二册，1747）。所有这些，都以不同的方式说明，成己与成物不是两件不同的事情。只要"自家勉力，使义理精通，践履牢实"，便可两无亏欠；只要勉以大人之事便可成己成物一举两得；看破天理之妙，便知成己成物一以贯之。

　　这里我们有必要指出一种可能的误解。如我们已经指出的，在上引的《中庸章句》中朱熹将成己与成物的关系看作体与用的关系，而很显然体比用更重要；在《答许顺之》一书中，他又将成己与成物的关系看作本末的关系，而很显然本比末更重要。如果我们将这些与朱熹就成己与成物关系所说的其他一些话放在一起，例如"成己方能成物，成物在成己之中"（《语类》卷八，131）和"成物特成己之推而已"，我们可能认为在朱熹那里，说到底还是成己比成物重要，好像成物只是成己的一个副产品或者是成己的一个必要的组成部分。如果这样，朱熹的具有美德的人至少还有霍卡所说的在基础上的利己主义者、处于一种自我陶醉过程中的嫌疑。但即使我们说成己比成物重要，是否就意味着一个人之所以要成物，只是为了成己呢？朱熹显然没有这个意思。实际上，这些说法也可以做不同的理解：成己之所以重要，是因为只有这样才能成物，而成物才是真正重要的。只是因为离开了成己，我们无法成物。所以我们成己的目的只是为了成物，成己只是成物的一个必要手段。这在我们上引《语类》"成己方能成物，成物在成己之中"之后朱熹紧接着说的话中似乎得到了证明：

　　　　须是如此推出，方能合义理。圣贤千言万语，教人且从近处做去。如洒扫大厅大廊，亦只是如洒扫小室模样；扫得小处净洁，大处亦然。若有大处开拓不去，即是于小处便不曾尽心。学者贪高慕远，不肯从近处做去，如何理会得大头项底！而今也有不曾从里做得底，外面也做得好。（《语类》卷八，131）

这里朱熹把成己看作小处，而把成物看作大处，似乎做好小处的目的只是为了做好大处。如果这样，朱熹的具有美德的人似乎就有了霍卡所说的基础上的利他主义者、处于一种自我消除状态的嫌疑。

　　事实上，对朱熹关于成己与成物关系的这两种观点都是片面的观点。如果我们认为在朱熹那里，成己的目的只是为了成物，那么理论上说，一旦成物了，成己就不重要了（虽然实际上不成己即不能成物），而如果我们认为成物的目的是为了成己，那么理论上说，一旦成己了，成物就不重要了（虽然实际上不成物即不能成己）。但很显然，在朱熹那里，成己与成物各自都有内在的价值，虽然它们各自对对方又有工具价值。在这个意义上，如果有人问朱熹意义上的具有美德的人为什么有利他或成物的行动，他会很自然地说，因为我要成己即要成为一个利己主义者；而如果我们问他为什么有利己或成己行动，他会很自然地说，因为我要成物即要成为一个利他主义者。① 这样，本来似乎相对立的两个观念，利己主义和利他主义，自涉和他涉，自我陶醉和自我消除，成己和成人，便结合起来了。更重要的是，这种结合并不是指一个具有美德的人部分是利己主义者、部分是利他主义者，而是指这样一个人同时是一个完全的利己主义者，又是一个完全的利他主义者。也就是说，具有美德的人的行动完全是为其真实自我之故，他因而是完全的利己主义者。但这只是因为具有美德的人把他真实的自我规定为关心他人福利的人，而在此意义上他又是完全的利他主义者。我们不能说具有美德的人主要是或在基础上是一个利己主义者，仿佛他把对他人的关心看作实现其真实自我的手段；同样，我们也不能说具有美德的人主要是或在基础上是一个利他主义者，仿佛他把对自己的真实自我的关心看作为他人服务的一个手段。正确的看法是，利己主义和利他主义，成己和成人，在一个具有美德的人身上完全重合在一起了。这类似于维特根斯坦在其《哲学研究》中用的鸭兔图。这个画上的东西从一个角度看起来就完全是一个鸭子，而在另一个角度看起来完全是一个兔子（Wittgenstein 1958, 194）。同样的道理，一个具有美德的人从一个角度看完全是个利己主义者（他在成己），而从另一个角度看则完全是个利他主义者（他在成物）。在维特根斯坦的画里，如果你拿走了鸭子，兔子就不存在了，而拿走了兔子，鸭子就不存在了。同样的道理，在一个具有美德的人那里，拿走了他的利己主义，利他主义就不存在了，而拿走了他的利他主义，利己主义就不存在了。一个人不成己就

① 我认为儒家处理这个问题的方式要优于芭芭拉·赫门（Barbara Herman）的方式，后者在我看来与其说是有说服力，不如说是比较机灵。在她看来，不是为了成为具有美德的人，人们才关心他人的福利，而是具有美德的人由于她自己的美德才关心他人的福利（Herman 1984, 370–371）。

不能成人，不成人就不能成己。①

　　在这个意义上，我们就不应当像康德主义者那样问，具有美德的人之所以做具有美德的事是因为他认为这样做符合他自己的利益，还是他认为这是他应该做的、对的事情。在康德主义看来，如果是前者，这个人是出于一种错误的理由做具有美德的事，而如果是后者，这个人的行动才有了真正的道德价值。但在朱熹的儒家美德伦理学中，考虑自身的利益和考虑他人的利益不仅不矛盾，而且它们完全重合在一起：它们事实上是一回事。在追求自己的真正的自我利益时，一个人必须要从事道德的行动（追求他人的利益），而在从事道德的行动时，一个人必须要追寻自己真正的自我利益。因此我们可以说一个人之所以追求他人的利益（成物）恰恰是为了实现他自身的利益（成己）；我们也可以说，一个人之所以追求他自身的利益（成己）恰恰是为了追求他人的利益（成物）。这里自我的利益与他人的利益得到了等同。一个促进了他人利益的行动，就在促进他人利益的时候由于促进了他人的利益，也促进了自身的利益，因为他自身的利益正是要促进他人的利益。因此一个人越是关心他人的利益，他自身的利益越能得到实现，反之亦然。

　　在这一点上，我认为哈利·弗兰克福特（Harry Frankfurt）对爱的分析对我们理解朱熹的思想很有启发意义。在他看来，爱有两个方面，即对被爱者的价值和对爱者自己的价值：

　　　　爱的内在的重要性恰恰在于这个事实：爱本质上就是为我们所爱者的福祉做奉献。爱对于爱者的价值来自他对其所爱者的奉献。由于其所爱者的重要性，爱者为其所爱者之故而关心其所爱者……但是，他所爱者对他来说一定有工具价值，因为这是他享受其爱其所爱者这个具有内在重要性的活动的必要条件。（Frankfurt 2004, 59）

_____

①　虽然布莱德·胡克（Brad Hooker）认为这不现实，他还是承认："对一个具有很高程度的美德的人来说，在美德与自利之间的冲突淡化到了看不见的程度。如果你按照成为一个具有美德的人的计划来设计你的生活，那么你会认为一个你能够实现你的这个计划的未来比一个你的这个计划被破坏的未来更好。"（Hooker 2002, 25）

这里，一方面，我们也许会说爱者把自己当作了其所爱的人的工具（他所做的一切都是为了其所爱的人），但在另一方面，我们也许会说这爱者将其所爱者作为自己的工具（这个所爱者为爱者的生命提供了意义和价值）。但在弗兰克福特看来，爱的这两个方面是如此紧密地交织在一起，以致如果我们去问这个人，在爱其所爱者时，到底是为这个所爱者之故，还是为了他能够享受对这个人的爱，我们会显得很愚蠢。他用了一个例子来说明这个看法：

> 假设一个男人爱一个女人，他对她的爱为他的生命提供了意义和价值。他说，对她的爱是使他的生命有价值的唯一的一件事。这个女人不大会因此而觉得（假设她相信这个男人所说的），这个男人对她说的话意味着他事实上并不真正爱她，他之所以关心她只是因为这会使他感到比较舒服。从他所说的他对她的爱满足了他生命的一个深刻的内在需要的话中，她肯定不会做出他在利用她的结论。事实上，她会很自然地认为他的话要表达的是恰恰相反的东西。她会明白，他所说的意味着他为她之故而看重她，而不是把爱她看作实现他自己的目的的手段。（Frankfurt 2004, 60）[1]

所以美德伦理学，特别是儒家的美德伦理学，最独特之处就在于，在具有美德的人关心他人的福利时，他不需要克服他的任何相反的自然倾向。相反，他在关心他人的事情中找到了乐趣，因为对他人的关心满足了他自己的欲望，实现了他自己的目标，完成了他真实的自我。

我们在上面分析了朱熹对霍卡对美德伦理的批评的第一个可能的回应。这个回应的核心就是成己和成物，利己与利人，是不可分隔的。他们各自有

---

[1] 除了父母对子女的爱，费丽帕·富特（Philippa Foot）还用友谊作为例子说明同一个问题："友谊要求一个朋友为朋友做的事情有时会很繁重，甚至涉及生命。但在友谊中做的事情是很乐意地做的，是带着爱做的。"（Foot 2001, 102）

其内在价值，又互为手段。这个回应与我们在朱熹那里发现的第二种回应是紧密相连的。为什么利己和利人，成己和成物，不能分开呢？在朱熹看来，这是因为己和物本身是分不开的。这就是朱熹的万物一体思想。他在说明程子"满腔子是恻隐之心"时说："此是就人身上指出此理充塞处，最为亲切。若于此见得，即万物一体，更无内外差别。"（《朱文公文集》卷三十二《答张敬夫》，《朱子全书》第二十一册，1399；同样的话也见《朱文公文集》卷四十三《答林择之》，《朱子全书》第二十二册，1971）关于这个万物一体思想与成己成物概念之间的关系，朱熹在其《中庸集略》卷下中所引杨龟山的一段话讲得最清楚："万物一体也，成己所以成物也。成己，仁也，合天下之公言之也。成物，智也，己成己之道而行其所无事也。"（《中庸集略》卷下，《四书或问》卷三十九）这里，万物一体概念与成己成物概念直接联系了起来。当然，万物一体概念不是朱熹的首创，而是来自程颢，但朱熹对此很重视。在《论语集注》卷六第二十八章注"能近取譬，可谓仁之方也已"时，朱熹先对此章做了这样的解释："近取诸身，以己所欲譬之他人，知其所欲亦犹是也。然后推其所欲以及于人，则恕之事而仁之术也。于此勉焉，则有以胜其人欲之私，而全其天理之公矣。"然后作为对自己的这种解释的支持和补充，朱熹便摘录了程颢关于万物一体说的一个经典段落："医书以手足痿痹为不仁，此言最善名状。仁者以天地万物为一体，莫非己也。认得为己，何所不至；若不属己，自与己不相干。如手足之不仁，气已不贯，皆不属己。故博施济众，乃圣人之功用。仁至难言，故止曰：'己欲立而立人，己欲达而达人，能近取譬，可谓仁之方也。'欲令如是观仁，可以得仁之体。"另外，在其《孟子精义》卷三中释孟子"人皆有不忍人之心"章时，他也抄录程颢的弟子游酢关于万物一体的一段话："恻隐，痛伤也。伤在彼而我伤之，痛在彼而我痛之，伤痛非自外至，也因心则然，此恻隐所以为仁之端也。至于充其心体之本然，则万物一体矣，无物我之间也，故天下归仁焉。"（《孟子精义》卷三，《朱子全书》第七册，689）

按照这样一种万物一体的概念，仁者，即有仁这种美德的人，把世界上的所有一切，当然也包括所有的人，都当作自己的身体的一部分，因为"无物我之间"，所有的东西"莫非己也"。因此世界上任何人、物的不幸我都可以感觉到，而且不是感觉为他人、他物之痛，而是感觉为我自己之痛，即"伤在彼而我伤之，痛在彼而我痛之，伤痛非自外至，也因心则然"。如我在本书第八章讨论王阳明的万物一体观时会详细论证的，表面上看这种以天地万物为一体、认为天地万物"莫非己也"的思想是一种利己主义：一个人之所以爱天地万物只是因为天地万物都是他身体的一部分。但是利己主义是与利他主义相对而言的，而利己主义和利他主义都假定了己和他为独立存在的两物，但在仁者那里，我与万物为一体，己与他不再是两个独立存在的东西，而是一体之不同的部分。我们可以将这个由万物合成之一体看作己，也可以将其看作他。但由于己和他已经合成一体了，所以更确切地说，我们既不能称之为己，也不能称之为他。换言之，对于一个以他所爱的万物为一体的仁者，无论是己还是他，利己主义还是利他主义，包括霍卡的基础上的利己主义和基础上的利他主义，自我陶醉还是自我消除，所有这些描述都已经不适用了，而我们用这些概念就这个仁者关爱万物之行动的性质所提出的任何问题也就都成了伪问题。

虽然万物一体概念不是朱熹自己提出的，而且这个概念在其哲学中的地位确实也不如它在程颢和后来的王阳明哲学中的地位，但朱熹还是非常重视这个概念。事实上，在这方面他不同于程颢及后来王阳明的主要一个地方就是，程颢和王阳明认为仁就是万物一体，而朱熹认为，仁者会以万物为一体，但能以万物为一体并非就是仁。关于这一点，他在《朱子语类》中与学生的一段对话很能说明问题。学生先说，"无私欲是仁"，对此朱熹说："谓之无私欲然后仁，则可；谓无私便是仁，则不可。盖惟无私欲而后仁始见，如无所壅底而后水方行。"这里他否认无私欲是仁，并不是说无私欲不重要，而是说无私欲与仁不是同一个概念，虽两者有紧密联系。关于这一点，紧接着的一个对话有说明。学生问："与天地万物为一体是仁。"对此朱熹说："无私，是仁之前事；与天地万物为一体，是仁之后事。惟无私，然后仁；惟仁，然后与天地万物为一体。"（《语类》卷六，117）这里我们看到，朱熹在无私、仁和与天地万物为一体之间安排了一个先后顺序。当然朱熹并不是说，仁只是在无私之后才出现的，而是说，由于私欲将仁心遮蔽，所以只有在排除私欲以后仁才能重新彰显出来，而一旦仁重新彰显出来以后，一个人便能以万物为一体。这一点朱熹在跟张钦夫"再论仁说"一书中讲得更清楚："盖仁只是爱之理，人皆有之，然人或不公，则于其所当爱者反有所不爱，惟公则视天地万物皆为一体而无所不爱。若爱之理，则是自然本有之理，不必为天地万物同体而后有也。"（《朱文公文集》卷三十二，《朱子全书》第二十一册，1413-1414）[1] 由此可见，在朱熹那里，与万物为一体主要不是一个本体论的概念，而是一个道德修养论或境界论的概念。也就是说，与其他一些哲学家不同，他主要不是要说明，人和万物因气或者什么别的东西本来就是连在一起的。[2] 他要说明的是，经过一定的道德修养，人会达到这个与天地万物为一体的境界。在他看来，仁是人生来就有的。虽然仁者会与天地万物为一体，但因为人会有私欲遮蔽仁，从而使其不爱其当爱者，这就表明他还没有与万物、与其当爱者为一体。通过克其私欲，一个人恢复了其本来的仁，然后能无所不爱，而这就体现了他的仁。因此当其学生说，"仁者以天地万物为一体"乃"人物初生时验之可见"时，朱熹说："不须为他从初时，只今便是一体。若必用从初说起，则煞费思量矣。"（《语类》卷三十三，852）

在我看来，朱熹的上述的两个回应，可以一方面很好地避免霍卡认为美德伦理学具有基础的利己主义倾向的批评，但另一方面，通过强调具有美德的人无私这种品格，又可以避免霍卡认为这样的回应一定会陷入的另一个极端，即美德伦理学具有基础的利他主义的倾向。

---

① 在《答胡广仲》书中，朱熹也说："夫以爱名仁固不可，然爱之理则所谓仁之体也。天地万物与我一体，固所以无不爱，然爱之理则不为是而有也。须知仁、义、礼、智，四字一般，皆性之德，乃天然本有之理，无所为而然者。"（《朱文公文集》卷四十二，《朱子全书》第二十二册，1903-1904）

② 例如，王阳明就认为："盖天地万物与人原是一体，其发窍之最精处，是人心一点灵明。风、雨、露、雷、日、月、星、辰、禽、兽、草、木、山、川、土、石，与人原只一体。故五谷禽兽之类，皆可以养人；药石之类，皆可以疗疾：只为同此一气，故能相通耳。"（《传习录》下，107）

六　结　论

本章围绕对美德伦理学的一个重要批评，即美德伦理具有自我中心的倾向，论证朱熹的儒家美德伦理学可以避免这样的批评。这个批评可以分三个层面加以回答。在第一个层面上，虽然美德伦理学要求行动主体关心自己的美德，因而具有自我中心的表象，但美德之所以是美德，特别是涉及他人的美德，是因为具有美德的人总是自然地、心甘情愿地、恰当地关心他人的利益。在这种意义上，具有美德的人根本不是自我中心的人。在这一点上，虽然亚里士多德传统的美德伦理学同朱熹的儒家伦理学基本一致，但由于前者还强调美德在日常的意义上（即在外在的和物质的意义上）对美德的拥有者有利，我认为朱熹的儒家回答更直接、更清楚。不过，对美德伦理学之自我中心的批评还有第二个层面：虽然具有美德的人也关心他人，但他只关心他人外在的物质的利益，而他在关心自己时，却关心自己的内在的美德。由于他知道美德比外在的幸福更重要，具有美德的人便具有自我中心的倾向。关于这样一种批评，亚里士多德主义传统的美德伦理学没有办法做出恰当的回应，因为这个伦理传统中的具有美德的人正是其批评者所描述的那种人。但朱熹所呈现的儒家的美德伦理学则完全可以避免这种自我中心的指责，因为在儒家传统中的有德者在关心他人利益时，不仅关心其外在的利益，也关心其内在的品德。对美德伦理学之自我中心的批评的第三个层面更根本。这种批评认为，虽然有德者确实会关心他人，包括关心他人的外在福祉和他人的内在福祉，而且是为他人之故而不是为自己之故而关心他人，但这个有德者在这样做时最后还是为了使自己成为一个有德者，因此在基础的层面上是个自我陶醉的利己主义者。当代西方的一些亚里士多德主义者在回应这样的批评时过于强调有德者的利他特征，结果陷入了在基础层面上的自我消除的利他主义。朱熹对此有两个回应，第一个回应是表明，有德者的利己性和利他性各有其自身价值而又相互有工具价值，它们是有德者同一个行动的两个不同方面；第二个回应是要表明，在有德者达到的万物一体的境界里，己与他不再是两个独立的存在物。第一个回应表明，有德者在相同的意义上既是一个利己主义者又是一个利他主义者，而第二个回应则表明，实际上，问有德者在基础的意义上是一个利己主义者还是一个利他主义者实际上是一个伪问题。

参考文献

程颢、程颐：《二程集》，北京：中华书局，1981 年。

王阳明：《王阳明全集》，上海：上海古籍出版社，1992 年。

朱熹：《四书章句集注》，台北：大安出版社，1994 年。

朱熹：《朱子全书》，上海：上海古籍出版社，2002 年。

朱熹：《朱子语类》，北京：中华书局，1986 年。

Adams, Robert Merrihem. 1976. "Motive Utilitarianism." *Journal of Philosophy* 73: 467–481.

Allan, D. J. 1952. *The Philosophy of Aristotle*. London: Oxford University Press.

Annas, Julia. 1993. *The Morality of Happiness*. Oxford: Oxford University Press.

Annas, Julia. 2006. "Virtue Ethics." in David Coop, ed. *Oxford Handbook of Ethical Theory*. Oxford: Oxford University Press.

Anscombe, Elizabeth. 1958. "Modern Moral Philosophy." *Philosophy* 33: 1–19.

Aquinas, Thomas. 1952. *The Summa Theologica*. in *Great Books of the Western World*. vols. 19–20. Chicago: Encyclopedia Brittanica, Inc.

Aristotle. 1963. *Ethica Nicomachea*. trans. by W. D. Ross. in *The Works of Aristotle*. vol. 9. Oxford: Oxford University Press.

Aristotle. 1963. *Ethics Eudemia*. trans. by J. Solomon. in *The Works of Aristotle*. vol. 9. Oxford: Oxford University Press.

Aristotle. 1963. *Ethics Magna Moralia*. trans. by St. George Stock. in *The Works of Aristotle*. vol. 9. Oxford: Oxford University Press.

Cooper, John. 1977. "Aristotle on the Forms of Friendship." *Review of Metaphysics* 30: 619–648.

Copp, David, and David Sobel. 2004. "Morality and Virtue: An Assessment of Some

Recent Work in Virtue Ethics." *Ethics* 114: 514–554.

Cordner, Christopher. 1994. "Aristotelian Virtue and Its Limitations." *Philosophy* 69: 291–316.

Ewing, A. C. 1953. *Ethics*. New York: The Free Press.

Foot, Philippa. 2001. *Natural Goodness*. Oxford: Oxford University Press.

Frankfurt, Harry G. 2004. *The Reasons of Love*. Princeton: Princeton University Press.

Herman, Barbara. 1984. "Rules, Motives and Helping Actions." *Philosophical Studies* 45: 369–377.

Hooker, Brad. 2002. "The Collapse of Virtue Ethics." *Utilitas* 14: 22–40.

Hosmer, LaRue Tone. 1994. "Why Be Moral: A Different Rational for Managers." *Business Ethics Quarterly* 4.2: 191–204.

Huang, Yong. 2008. "Neo-Confucian Hermeneutics at Work: Cheng Yi's Philosophical Interpretation of *Analects* 8.9 and 17.3." *Harvard Theological Review* 101.2: 169–201.

Hursthouse, Rosalind. 1999. *Virtue Ethics*. Oxford: Oxford University Press.

Hurka, Thomas. 2001. *Virtue, Vice, and Value*. Oxford: Oxford University Press.

Irwin, T. H. 1996. "Kant's Criticism of Eudaemonism." in Stephen Engstrom and Jennifer Whiting, ed. *Aristotle, Kant, and the Stoics: Rethinking Happiness and Duty*. Cambridge: Cambridge University Press.

Kant, Immanuel. 1956. *Critique of Practical Reason*. trans. by Lewis White Beck. New York: Macmillan（cited according to the inserted standard pagination of the Prussia Academy edition）.

Kant, Immanuel. 1964. *Doctrine of Virtue*. ed. by M. Gregor. New York: Harper.

Kraut, Richard. 1989. *Aristotle on the Human Good*. Princeton: Princeton University Press.

Kraut, Richard. 1998. "Egoism and Altruism." in *Routledge Encyclopedia of Philosophy*. New York and London: Routledge.

Louden, Robert. 1997. "Kant's Virtue Ethics." in Daniel Statman, ed. *Virtue Ethics*. Washington, DC: Georgetown University Press.

McDowell, John. 1998. *Mind, Value, & Reality*. Cambridge, MA: Harvard University Press.

McKerlie, Dennis. 1991. "Friendship, Self-Love, and Concern for Others in Aristotle's Ethics." *Ancient Philosophy* 11: 85–101.

O'Neill, Onora. 1989. "Kant after Virtue." in her *Constructions of Reason: Exploration of Kant's Practical Philosophy*. Cambridge: Cambridge University Press.

Plato. *The Republic*. in Edith Hamilton and Huntington Cairns, ed. *Plato: The Collected Dialogues*. Princeton: Princeton University Press.

Shaw, Bill and John Corvino. 1996. "Hosmer and the 'Why Be Moral?' Question." *Business Ethics* 6.3: 373–383.

Shen, Vincent. 2002. "Chen Daqi." in Antonio Cua, ed. *Encyclopedia of Chinese Philosophy*. New York and London: Routledge.

Sherman, Nancy. 1987. "Aristotle on Friendship and the Shared Life." *Philosophy and Phenomenological Research* 47: 589–615.

Sim, May. 2007. *Remastering Morals with Aristotle and Confucius*. Cambridge: Cambridge University Press.

Slote, Michael. 1992. *From Morality to Virtue*. Oxford: Oxford University Press.

Solomon, David. 1997. "Internal Objections to Virtue Ethics." in Daniel Statman, ed. *Virtue Ethics: A Critical Reader*. Washington, DC: Georgetown University Press.

Statman, Daniel. 1997. "Introduction." in Daniel Statman, ed. *Virtue Ethics: A Critical Reader*. Washington, DC: Georgetown University Press.

Swanton, Christine. 2003. *Virtue Ethics: A Pluralistic View*. Oxford: Oxford University Press.

Toner, Christopher. 2006. "The Self-Centeredness Objection to Virtue Ethics." *Philosophy* 81: 595–617.

Tu, Weiming. 1995. "Happiness in the Confucian Way." in Leroy S. Rouner, ed. *In Pursuit of Happiness*. Notre Dame, IN: University of Notre Dame Press.

Van Norden, Bryan. 2007. *Virtue Ethics and Consequentialism in Early Chinese Philosophy*. Oxford: Oxford University Press.

Watson, Gary. 1997. "On the Primacy of Character." in Daniel Statman, ed. *Virtue Ethics: A Critical Reader*. Washington, DC: Georgetown University Press.

Whiting, Jennifer. 1996. "Self-Love and Authoritative Virtue: Prolegomenon to a Kantian Reading of Eudemian Ethics viii 3." in Stephen Engstrom and Jennifer Whiting, eds. *Aristotle, Kant, and the Stoics: Rethinking Happiness and Duty*. Cambridge: Cambridge University Press.

Williams, Bernard. 1971. *Morality: An Introduction to Ethics*. New York: Harper.

Williams, Bernard. 1985. *Ethics and Limits of Philosophy*. Cambridge, MA: Harvard

University Press.

　　Wittgenstein, Ludwig. 1958. *Philosophical Investigation*. trans. by G. E. M. Anscombe. 3rd edition. New York: Macmillan.

　　Wood, Allen W. 1996. "Self-love, Self-Benevolence, and Self-Conceit." in Stephen Engstrom and Jennifer Whiting, eds. *Aristotle, Kant, and the Stoics: Rethinking Happiness and Duty*. Cambridge: Cambridge University Press.

　　Yu, Jiyuan. 2007. *The Ethics of Confucius and Aristotle: Mirrors of Virtue*. New York and London: Routledge.

第五章 美德伦理的二重困境：
朱熹的儒家解决方案

一 引 言

自二十世纪下半叶以来，美德伦理学强势复兴，与现当代道德话语中占统治地位的义务论和后果论伦理学分庭抗礼。美德伦理学最有影响力的倡导者之一迈克尔·斯洛特在 1997 年说，美德伦理学还只是"菜鸟"（Slote 1997, 233）。但美德伦理学同样有影响力的另一位倡导者霍斯特豪斯在差不多同样的时候表达的看法则乐观得多："美德伦理学现在已是如日中天，已经被公认为义务论和功利主义的对手，它与两者的差异跟两者之间的差异一样颇具趣味性和挑战性。"（Hursthouse 1999, 2）美德伦理学具有多种形式。尽管大多数当代美德伦理学家是亚里士多德主义者，但也有一些人主要从斯多葛学派、休谟、尼采或杜威那里汲取灵感。美德伦理学较之义务论和功利主义的独特之处，也即不同形式的美德伦理学的共同之处，就是强调行动主体的品格，而不是像义务论和后果论那样关注行动，尽管行动主体与行动之间具有密切的联系。因此，虽然在具体的道德评价方面美德伦理学并不总是与义务论和后果论相悖，但是美德伦理学的评判依据却与后两者不同。霍斯特豪斯对此做了很好的说明。在她看来，这三种伦理学可能都认为，我应该帮助需要帮助的人，或者说，如果有人帮助了一个需要帮助的人，这三种伦理学都会做出肯定的道德评价。但对于为什么我应该这样做，或者为什么要在道德上肯定这个帮助有需要的人，这三种伦理学则有不同的理由："功利主义者会强调，这种行动的效果能最大限度地增进人类的幸福；义务论者会强调，我在这样做时遵循了某种普遍的道德规则，诸如'你想别人怎么对待你，你就应该怎么对待人'；而美德伦理学者则会强调，这将有助于一个人成为仁慈和善良的人。"（Hursthouse 1999, 1）这就表明，我们可以说美德在美德伦理中居于首要地位。因此，本章将首先阐明美德在美德伦理学中的首要地位，以及沃森所揭示的美德伦理学面临的二重困境：（1）要么我们保持美德在美德伦理学中的首要地位，但这样一来我们就缺乏一种美德理论，因而美德就成了一个未得解释的概念；要么我们提供一种美德理论以说明什么是美德，但这样一来，美德就在美德伦理学中失去了其首要地位，因为我们用来解释美德的东西，不管它是什么，获得了首要地位，而在这种意义上，这种伦理学也就不再是美德伦理学了。（2）如果我们在上一个困境中采取第二种立场，即有一种美德理论以提供一种对美德的解释，那么如果我们要使这种解释具有客观性，这种解释就缺乏道德上的规范性；但如果我们要使这种解释具有规范性，它又会缺乏客观性，因为它仅仅是把它所要解释的美德重新表述了一番（第二节）。在我看来，不仅并不知道有这二重困境的亚里士多德的美德伦理学确实遇上了这二重困境（第三节），而且有意想避免这两个困难的当代的新亚里士多德主义者霍斯特豪斯的美德伦理学最终也无法摆脱它们（第三、第四节）。但在儒学传统中中具有阿奎那在基督教传统中类似地位的朱熹的伦理学理论则能够成功避免以上两个困境（第五、第六节）。最后，我将对本章做一简单的小结（第七节）。

二　美德在美德伦理学中的首要地位
　　及美德伦理学的二重困境

美德在美德伦理学中居于首要地位，这么说当然意味着，品格层面的美德较之行动层面的正确更为重要。基于此，斯洛特认为："在最充分的意义上，美德伦理学必须把卓越概念（aretaic notions）（如'好'或'出色'）而不是义务概念（诸如'道德上错误'或'应当'，'对'或'义务'）放在首位。与对行动和选择的评价相比，美德伦理学必须更加强调行动主体及其内在动机和品格特征的道德评判。"(Slote 1992, 88；着重为引者所加) 这里，说美德在美德伦理学中具有首要性有另外两层意思。一方面，美德伦理学并非完全忽视行动正确的重要性；只是与美德或可敬的品格相比，它把行动之正确放在第二位。例如，霍斯特豪斯认为，美德伦理以行动主体为中心而非行动为中心的共同特征容易引起误解，因为它会招致以下批评：美德伦理没有提供必要的行动指南。在她看来，美德伦理的的确确也提供了行动指南，只是这种行动指南跟义务论和后果论所提供的行动指南不同而已。如果说，后果论认为，"当且仅当带来最好后果的行动是正确的"，义务论认为，"当且仅当符合道德规范或原则的行动是正确的"，那么美德伦理学则认为，"当且仅当具有美德的主体在情境中率性而为的行动 (即依其品格而行动) 才是正确的"(Hursthouse 1999, 27–28)。就是说，就好像后果论的行动指南根据的是行动的后果，义务论的行动指南根据的是原则，美德论的行动指南根据的是美德。而这也就是说，美德在美德论中是首要的，就好像后果在后果论中是首要的和原则或义务在义务论中是首要的一样。

　　另一方面，说美德在美德伦理学中居于首位也就是说美德在其他类型的伦理学中并不具有首要地位，但这并不排除美德在这些伦理学中有从属的、次要的地位。正是在这一点上，霍斯特豪斯认为，有必要区分美德伦理学 (virtue ethics) 与美德理论 (virtue theory) (Hursthouse 2007, section 1)。例如，后果论，特别是所谓动机或品格的功利主义，就允许美德在其伦理学体系中占有显赫地位。动机功利主义最重要的倡导者罗伯特·梅里休·亚当斯 (Robert Merrihew Adams) 就认为，所谓动机，"主要指产生，或者会产生行动的需要和欲望"(Adams 1976, 467)。虽然他知道欲望并不就是品格特征，但他还是认为："欲望如果足够强烈、稳定，并追求一个相对普遍的目标……那么它就可能构成一种品格特征。"(Adams 1976, 467) 依照他的动机功利主义，"道德完美的人……会有最有用的欲望，而且这种欲望也恰恰具有最有用的强度；他 (她) 所具有的动机模式，将是人类根据因果律所能得到的动机模式中最有用的动机模式"(Adams 1976, 470)。既然在动机功利主义那里，道德完美的人所具有的不仅是欲望或动机，而且是这些欲望或动机的模式，这样的人也就可以被视作具有美德的人。然而，动机或品格功利主义仍然不同于美德伦理学，因为品格层面的美德在这里只具有工具性的善，而不具有内在的善：它之所以为善，仅仅是因为它有助于产生可欲的后果。[①]换言之，在功利主义那里，美德的概念来自于，因而也可以还原为行动的后果。

　　同样，美德在义务论特别是康德的义务论中占有重要的位置。事实上，当代一些康德学者甚至（至少曾经）主张，康德本人就是一个美德伦理学家。例如在 1984 年，奥尼尔发表了一篇文章，讨论康德伦理学中的行动准则（maxims）概念。她认为，"行动准则是赋予行动主体的各种特定的意向以意义的根本原则"，因此，"它们与特定类型的行动的对错没有关系，而与生活或者生活的某些方面之根本道德品质有密切关系……具有道德上恰当的行动准则就是过某种特定的生活，或者成为某种特定的人"（O'Neill 1989, 152）。奥尼尔认为，虽然义务确实在康德伦理学中具有核心地位，但它们是"根据某些特定行动准则行动的义务，也就是说，循着某些重要的路线塑造我们的道德生活的义务，或者说，具有某些美德的义务"（O'Neill 1989, 153）。由于义务本来在义务论具有首要的地位，但在奥尼尔看来，义务论强调追求美德的义务，那事实上美德比义务更重要，因而反成为首要的东西，正是在此意义上可以说康德是个美德伦理学家。然而，我们必须记住，康德伦理学中的行动准则不是最根本的概念。有时，我们必须避免根据特定的行动准则行动，而有时我们必须根据我们不情愿接受的行动准则行动。在这样的情况下，正是道德原则告诉我们应该根据什么样的行动准则行动。[②]所以，在五年后将这篇文章收入她自己的一个文集中时，奥尼尔为这篇论文写了一篇"后记"，在这篇后记中她承认，她以前认为康德为我们提供了一种美德伦理学的看法是错误的，因为"康德的基本概念是具有道德价值的原则，这样的原则不仅为外在的正当和义务，而且也为好的品格和制度提供指

---

　　① 因此，沃森指出，在品格功利主义那里，"拥有和运用某种品格所产生的后果这种价值，是评判其他一切价值的终极标准。它与行动功利主义都认为，最基本的概念是好的后果或好的事态，即人类幸福"（Watson 1997, 61）。

　　② 关于这样解释康德的行动准则所产生的另一个问题，见 Louden 1997, 290-292。

南"（O'Neill 1989, 162）。简言之，在康德那里，品格层面的美德只是在道德原则的规范下才有价值。①

因此，在义务论和后果论中，因为有助于产生最好的后果或者能使人更好地遵循道德原则等，美德可以有非常重要的工具价值；但在美德伦理学中，美德因其具有首要地位而获得内在的价值，就好像后果和义务在美德伦理学中可以有工具价值而没有内在价值一样。一些激进的，或者说极端的美德伦理学家，即所谓取代论的美德伦理学家（见 Anscombe 1958）认为义务论和后果论所谈的行动之对错概念不可理喻，因此应当用行动主体的善恶概念取而代之。尽管如此，今天的大多数美德伦理学家是还原论者（见Statman 1997, 8）。他们无须否认义务论和后果论伦理学家所关心的行动之对错概念的恰当性，但他们认为，在美德伦理学中，这些概念多多少少还原于、获自、从属于我们对行动主体之道德品格的判断。

因此，就美德而论，美德伦理学跟义务论与后果论的不同之处在于，对美德伦理学来说，美德具有内在价值；对义务论与后果论来说，美德仅仅具有工具价值。本章将主要讨论美德伦理学家对美德的理解。既然美德在美德伦理学中居于首位，那么我们自然要问，什么是美德，或者什么东西构成了美德，或者是什么东西使某些品格特征成为美德而使另外一些成为恶德（vice）。在沃森看来，正是在试图回答这个问题的时候，美德伦理学家遇到了第一个困境："任何一种缺乏美德理论的美德伦理学都是缺乏解释力的，

---

①　劳顿也曾说康德至少在某种意义上是一个美德伦理学家，但他关注的不是康德的行动准则概念，而是善良意志概念。在他看来，善良意志"作为品格的状态，是一个人所有行动的基础"；由此劳登进而认为，"在［康德］伦理学中真正重要的不是行动而是行动主体"；在这一意义上，可以说康德伦理学也是一种美德伦理学，因为"康德把美德……界定为'在面对与我们意志的道德态度相反的力量时所体现的毅力'。因此，康德眼中的行动主体，因其具有这样的'毅力'，而能抵制与道德律令相悖的欲求和倾向"（Louden 1997, 289）。康德这里把美德定义为抵制与道德律令相悖的欲求和倾向的毅力。事实上，这样的毅力在亚里士多德那里不叫美德，而是与意志软弱（incontinence）相反的节制（continence）。具有美德的人不会有与其美德要求他做的相反的欲求与倾向。不过劳顿自己也承认，把康德解释为美德伦理学家会带来一个问题，因为在康德那里，"善良意志跟美德一样，都是根据服从道德律令得到界定……既然人的美德根据符合道德律令与绝对命令得到界定，那么，康德伦理学中首要的东西，不是美德本身，而是对规则的服从。美德是康德伦理学的核心……但康德的美德本身要受到最高的道德原则的规定"（Louden 1997, 290）。

但是，任何一种具有美德理论的美德伦理学则会沦为一种关注结果的伦理学。"（Watson 1997, 62）他的意思是，一方面，如果美德伦理学家真的坚持美德是首要的，那么，他们就不可能用别的东西来对其加以解释。然而，在这种情况下，我们将弄不明白什么是美德，以及美德如何区别于恶德。这就是为什么沃森说这样的美德伦理学会缺乏解释力，即缺乏解释美德的能力。另一方面，如果美德伦理学家想为美德提供一种解释，为避免循环论证或同义反复，他们就必须用别的东西来解释它。但是，一旦他们这样做了，这些"别的东西"而非美德就会变成首要的，而美德反而至多也只是次要的了，而能够这样解释美德是什么的伦理学便不再是美德伦理学，而只是具备了一种关于美德的理论。

作为当代美德伦理学一个重要流派的代表人物，斯洛特似乎站在这一困境的第一个方面，因为他认为没有必要对美德做出说明。斯洛特确实曾经主张："品格特征通过使其拥有者能够为他们自己所做的，以及使其拥有者能够为他人所做的而获得美德资格，因此，我们看到……我们平常对卓越意义上的美德概念的运用对自我幸福……及他人幸福具有根本的评判意义。"（Slote 1992, 91）然而，这并不意味着他认为，增进自我或他人幸福的一切品格特征都是美德，或者对自我／他人幸福的增进是判断某个品格特征是否为美德的标准，虽然他的确认为，所有美德都增进了自我／他人的幸福。[①] 假如这样的话，我们如何分辨出一种特定的品格特征究竟是美德还是恶德呢？斯洛特的回答很简单：你已经知道，你是明知故问，因为（例如）谁都知道勇敢是美德而鲁莽是恶德。[②] 他在这里所诉诸的是常识和直觉。因此，他更喜欢使用"值得钦佩"（admirable）及其反义词"令人悲叹"

---

① 虽然这仍然会导致产生一个问题，即怎么会所有美德品格都会增进自己和他人的幸福，但了解这一点有助于我们避免伊夫·加勒德（Eve Garrard）认为斯洛特所遭遇的困境："如果我们认为仁慈的［具有美德的］主体视善意［一种美德］为行动的理由，那么她便不会把他人的福利这样的事实视为自己行动的理由，而且我们也不再可以说她的行动是以他人的福利为目的。不过，如果我们认为仁慈的主体把他人的福利作为其行动的理由，那么，就是他人的福利使仁慈的行动成为正确的行动，这样一来，我们就不再是让义务的东西依附于卓越的东西。"（Garrard 2000, 282）

② 因此，我们不难发现，在阐述一个重要的论点的时候，斯洛特常常会插入一句短语："这一点你自己来审察一下。"（比如，Slote 2001, 12, 35） （deplorable），而不是善和恶或者美德和恶德。缘由很简单，前者不需要像后者一样做出解释："说'我发现他的行动（或者他所做的）是善的'就要求做更进一步的澄清，而使用'值得钦佩'则似乎不必如此。"（Slote 1992, 94-95）就是说，人家会问我说的善是什么意思，但不会有人问我值得钦佩是什么意思。正是在这一意义上，斯洛特把自己的美德伦理学视为一种常识美德伦理学："我将要阐述的美德伦理主要以常识和直觉为基础，这种常识和直觉涉及所有视为美德以及更为一般的值得钦佩的内容。同时，为了唤起（或者至少不是阻碍）这样的直觉，我认为，在讨论重大问题时，应该努力避免僵硬地使用那些专业术语，而应该尽可能地使用惯用的或者平常的语言。"（Slote 1992, 94）[1] 有意思的是，斯洛特一方面诉诸常识来决定某个特定的人、行动或品格特征是否值得钦佩，另一方面则反对伦理学中的反理论（anti-theory）或者道德特殊论（moral particularism）。后者认为，不同的道德情景是不一样的，因此我们不能将普遍的道德原则运用到所有这些不同的情景中去。相反，我们应该根据我们对特定情形的道德直觉决定该做什么，不该做什么。但斯洛特反对这种伦理学中的反理论和道德特殊论，认为"我们平常直觉到的道德思想不只是复杂，简直就是自相矛盾，内在不连贯"（Slote 2001, 11; 亦见 Slote 1997, 181）。[2] 斯洛特的意思是，我们对同一个特殊情形可能会有矛盾的直觉。他用的是一个一开始由内格尔设想的一个例子：两个人都开车不小心，开到了对面的马路上，但一个人开到马路对面时正好有车迎面开来，结果发生了事故，另一个人则在将车开到马路对面时，对面没有车过来。对这样的事情，一方面我们有一种直觉认为，第一个人应该负一种第二个人不需要负的责任，因为它造成了事故，而第二个人没有。但另一方面我们又认为，第一个人不应该比第二个人负更大的责任，因为两者的差别只在于为他们无法控制的运气的好坏。第一个人运气不好，而第二个人

---

[1]　对此，科普和索贝尔抱怨说："为了弄清什么样的品格特征值得钦佩，斯洛特必须偷偷摸摸地依赖人们关于行动何对何错的直觉。"（Copp and Sobel 2004, 519）

[2]　例如，约翰·库特根（John Kultgen）就注意到了这一具有讽刺意味的问题："斯洛特全盘否定常识直觉……尽管他对很多人的直觉持这样一种轻率的态度，他却认为他自己的观点又牢牢地植根于常识。"（Kultgen 1998, 339）

运气好。但如我们将在第九章详细讨论的，道德责任只与人能控制的事情有关，而与人不能控制的事情无关，而运气为人所不能控制者。所以我们看到，斯洛特一方面在美德问题上诉诸直觉，而另一方有反对诉诸直觉的道德特殊论。也许意识到了这两者之间的不一致，斯洛特说，他的美德伦理学只是在直觉"不会导致矛盾和似是而非的情况下"才"信任直觉"（Slote 1992, 210）。问题在于，如果没有对所直觉到的美德的或（用其更喜欢的词）值得钦佩的行动、人或品格特征进行说明的话，我们如何避免陷入这样的矛盾和似是而非？①

不管怎么说，在斯洛特的美德伦理学中，我们找不到一个关于什么构成美德的说明，因为他拒绝提供这样的说明。如果一个人的确还不知道某个特定的人、行动或者品格特征是否具有美德，那么斯洛特不可能帮助他。这恰好就是沃森所提出的第一重困境之第一个方面所要表达的：美德伦理学如果缺少一种美德理论，那么它就缺少解释力。不过，大多数当代美德伦理学家倒是试图对美德提供一种说明，并且，因为他们绝大多数是亚里士多德主义者，所以他们所提供的说明是亚里士多德主义的说明：诉诸人的幸福或繁荣（human flourishing）这一概念，即美德是有助于人的幸福的品格特征。然而，一旦对美德提供了这种说明，美德在这种伦理学中便不再居于首位：它之所以必要，是因为它有助于一个人过上幸福的生活。在这种伦理学中居于首要地位的，将是人类幸福而非美德。这样一来，它就不再是美德伦理学，而成为一种关注结果或目的的伦理学：美德之所以为善，仅仅意味它的结果或目标（有助于拥有美德的人过幸福的日子）为善。因而，避免了第一重困境之第一个方面（非解释性），美德伦理学的这些观点必遭遇这个困境的另一个方面，从而美德伦理学本身变成了它原本试图取代的后果论或目的论之一种，并且因此也会具有美德伦理学家认为后果论或目的论会有的所有问题（见 Anscombe 1958）。

此外，在沃森看来，对于像亚里士多德和亚里士多德主义者这样的、

---

① 也许方法之一是求助于整体主义的反思平衡观：让那些相互冲突的直觉彼此挑战，直至获得一种反思的平衡。这对斯洛特而言似乎是条出路。

试图从人性方面对美德提供说明的美德伦理学家而言，还存在第二个两难困境：

> 关于人性（或者典型的人类生活）的关键性理论说明，要么在道德上不确定，要么缺乏足够的客观事实依据。一种有充足客观根据的人性理论至多可以支持我们做出类似我们能够对老虎所做出的那种评判——这是一只好老虎或坏老虎，这种行为不正常，等等。这些判断或许属于健康理论，它把邪恶还原为缺陷……关于人性的客观说明可能意味着，好的人生一定具有社会性。这一隐含的判断可以将反社会的人（sociopath）排除在健康的人的范围之外，但不能将地狱天使排除在健康的人的范围之外。这一对比具有启发性，因为我们往往并不把反社会者视作邪恶的，而是认为其超越了道德的范围。另一方面，如果我们把"社会性"概念加以扩充，使我们可以将地狱天使也排除在正常的人的范围之外，那么需要担心的是，这一概念不再是道德判断的基础，而只是表达了道德判断。（Watson 1997, 67）

需要说明一下的是，沃森在此提到的地狱天使是二十世纪四十年代末在加州建立的一个摩托车国际俱乐部，是个逍遥法外的黑帮。沃森用这个例子的目的是要说明客观的人性概念缺乏规范性。例如，如果我们把社会性作为人性，即将人与其他动物区分开来的特征，那么这种人性观念也许确实有客观性，即有经验的甚至科学的根据；但如果我们把它作为一个规范的概念来区分好人或坏人，即健康的人和有缺陷的人，那么虽然我们确实可以将离群索居的人即沃森所说的反社会者看作有缺陷的人，但我们却无法将地狱天使这个黑帮的成员看作坏人，因为这些人也有社会性。这是沃森所讲的第二个两难的一个方面，即如果我们的人性概念具有客观性，它就没有规范性。其另外一个方面是，如果我们的人性概念是规范性的，能够将像地狱天使成员那样的人看作坏人、有缺陷的人，那么我们就缺乏经验的甚至科学的根据来证明这样的人性概念，就是说这个人性概念缺乏客观性。沃森此处所阐释的两难处境可以放在更为广泛的事实与价值问题方面加以理解：一方面，如果我们把用来解释美德的人性作为一个事实，并且试图提供一个关于人性的描述性说明，那么这样的说明则在道德上是不确定的，就是说它无法告诉我们什么样的品格特征是而什么样的品格特征不是美德。另一方面，如果我们把人性作为一种价值且试图提供一个关于人性的规范性概念，那么，它在道德上当然是确定的，而且可以告诉我们什么是美德、什么不是美德。然而，这样一种对人性的说明不能为美德的规范性概念提供客观基础；它只不过重新表述了这一概念。因此，正如霍斯特豪斯在其避免这一问题的努力中所声明的，这一两难处境实际上意味着："要么我们站在中立的角度说，即对人性进行科学的说明，但在此情况下，我们走不了多远；要么我们还是从业已习得的伦理角度说，但在此情况下，我们不是说明我们的伦理信仰的合理性，而只是重新表达了我们的伦理信仰。"（Hursthouse 1999, 193）[①]

三　亚里士多德美德伦理学的二重困境

　　由于当代美德伦理学家绝大多数是亚里士多德主义者，我们弄清亚里士多德本人关于美德的说明对我们理解当代美德伦理学会很有帮助。正如我们所熟知的，亚里士多德是在其所谓的功能论证（function argument）中提供了对美德的说明。根据他的功能论证，任何具有功能或者活动的事物之善和"好"都必须包含在其独特的功能中。因此，人的善和"好"也必须包含在独特的人之功能中，它是人的独特性，或者用麦克道尔的话说，它是人类要做的分内事。亚里士多德把人的这一功能界定为"具有理性原则的要

---

　　① 　霍斯特豪斯告诉我们："伯纳德·威廉斯……已经对上述困境进行了基本准确的描述。如他在现代自然主义方案中所指出的，若'好人'像'好狼'一样是一个生物学的／行动学的／科学的概念，那么在客观上这样的概念就没有问题，但它也不会以伦理学的方式生发任何更多内容；很大程度上，它在道德上是不确定的……形成于伦理视野的人性概念可能会成为相当丰富的储藏——但是，这一富矿在客观上当然也不会有良好的基础，而只是简单重复与伦理视野有关的观点。"（Hursthouse 2004, 165）

素之积极生活"（NE, 1098a3）；善人能够很好地或者出色地发挥这一独特的人之功能，而人的这种功能之发挥的完满性就是他所说的美德。因此，美德使一个人成为善人，一个出色地从事理性行动，或者过上理性生活的人，而这种生活就是繁荣或幸福的生活（eudaimonia）。

这一关于美德，尤其是我们现在关注的道德美德的说明，必会陷入上述美德伦理的第一重困境的第一个方面：未能维持美德的首要地位。这里有两个问题。第一个问题涉及亚里士多德在实践理性和理智理性之间的区分及在与这两种理性相应的美德即道德上的美德和理智上的美德之间的区分。美德伦理学考虑的是实践理性及其相应的道德上的美德，而理论理性和理论美德则是美德认识论所关心的问题。我们说在美德伦理中美德是首要的概念，这里指的是实践美德或道德美德，而不是理论美德。因此即使美德在亚里士多德那里真是首要的，我们还是要搞清这里具有首要性的美德是哪一种美德。不幸的是，亚里士多德将这两种理性和美德置于一个明确的等级序列之中，认为理论理性和理论美德高于实践理性和实践美德。假如美德确实是规定人之为人的东西，实践美德或者道德美德在这个过程中到底占有什么样的地位？亚里士多德明确地说："如果繁荣（eudaimonia）是合乎美德的活动，那么它应该合于最好的美德；这将是对我们来说最好的东西……这一合乎它自身固有美德的实现活动构成了完美的繁荣。这种实现活动就是我们已说过的沉思。"（NE, 1177a11-18）由于在亚里士多德看来，理论美德高于实践美德，那也就意味着，当亚里士多德说，繁荣是合于最好的美德的活动时，他指的是合于理论美德的活动。这就带来了一个问题：亚里士多德的好人，即没有缺陷的人虽然一定要有理论美德，这样的人是否也必须具有道德美德？这涉及这两种美德之间的关系。一方面，亚里士多德也承认，从事沉思，即进行最高形式的理智活动的哲学家"如果有同道一起沉思也许能做得更好"（NE, 1177a35-1177b1）。我们可能这样来解释这句话：如果一个人善待其同道，那他就能够进行更好的哲学运思；也就是说，如果一个人具有道德美德，这个人就更可能有为其从事哲学运思所必要的理智美德。由于理智美德为幸福的人生所必需，而道德美德有助于理智美德的获得，道德美德在一个人的繁荣或幸福的生活中也就有重要作用。然而，亚里士多德也说得很清楚，哲学的沉思需要闲暇，而道德上的美德则往往要求其拥有者经常忙忙碌碌地去帮助他人。据此，我们或许可以说，亚里士多德甚至认为，按照道德美德的活动有损于哲学沉思，因为一个因具有道德美德而忙忙碌碌地帮助他人的人不可能有闲暇从事哲学沉思。但不管如何，可以确定的一点是，理论美德高于伦理美德；因此如果美德在亚里士多德那里具有首要性，那一定是指理论美德而非伦理美德。我们的第二个也是更重要的问题是，即便道德美德对人的理性的良好运行与理论理性一样必不可少，我们是否还可以把亚里士多德的伦理学视为美德伦理学？正如我们所看到的，美德伦理学认为美德是首要的，这一点使它有别于其他类型的伦理学，后者只允许美德在其体系中居于次要地位。可是，如果美德在亚里士多德那里服务于理性或者繁荣，那么，这与美德在功利主义中服务于最大幸福并无太大差别，也与美德在义务论中服务于义务没有什么不同。[①] 换言之，居于次要地位的美德不会使其伦理学成为美德伦理学，因为美德在这样的伦理学中并没有扮演首要角色。[②] 这就是沃森所讲的美德伦理学的第一个困境的一个方面：如果我们想为美德提供一种说明，那么美德在这个系统中就不再是首要的，而从属于用来说明它的东西，即理性或繁荣。

[①]　例如，霍卡质疑，一种典型的美德伦理何以可以把它核心的解释事实上放在繁荣（ *eudaimonia* ）之上："如果一种伦理学把美德作为繁荣的原因，作为产生独立存在的繁荣状态的工具，那么，它完全不是典型的美德伦理学。"（Hurka 2001, 233）

[②]　因此，格拉西莫斯·桑塔斯（Gerasimos Santas）认为："亚里士多德有美德伦理学这一普遍看法是错误的。"（见 Santas 1997, 281）视亚里士多德伦理学为美德伦理的当代辩护者们也许会回应说，亚里士多德的美德不仅具有工具性，而且至少部分地，或主要地，甚至完全地构成人的幸福。然而，即使如此，沃森还是认为它不是一种美德伦理学，而是一种结果的伦理学，类似于伦理至善伦，因为它依赖一种关于至善的理论（见 Watson 1997, 63）。沃森自己的确提供了一种对美德的独特解释，使得美德的首要地位得以维持，从而使这种伦理学不沦为后果的伦理学。在这种解释里，"至善理论依赖于美德理论"（Watson 1997, 65）。然而，在一个关于亚里士多德是否有此意义上的美德伦理学的脚注中，他做了否定回答，并遗憾地表示："有些令人不爽的是，在我所界定的意义上，我无法在历史上重要的伦理学理论中找到这样一种美德伦理学的哪怕是一个清晰的例证。"（Watson 1997, 71n26）但我在本章第四、第五节中将要论证，朱熹的新儒家伦理学正是沃森所规定的意义上的美德伦理学的一个明确例子。

　　此外，正如几个有影响的学者所注意到的，亚里士多德这一根据人性对美德的说明也必陷入美德伦理的第二重困境的一个方面：他对人性的说明可以说是客观的，但在道德上是不确定的，即缺乏规范性。[①] 他们认为亚里士多德所讲的美德不能从他以理性为人之本质的人性观中推导出来，也就是说这样的人性观不能告诉我们什么样的品格特征是美德，什么样的品格特征是恶德。例如，威廉斯一直持这种观点。在其早期著作中，他认为："如果运用理智和工具改造环境是人的标志，那么，运用理智和工具肆意伤害他人同样是人的标志。"（Williams 1971, 73-74）[②] 在其主要著作《伦理学与哲学的限度》（*Ethics and the Limits of Philosophy*）一书中，威廉斯仍然主张，在亚里士多德关于人性的说明和他关于美德的说明之间存在着断裂："很难相信，对人性的说明，如果它本身还不是一种道德理论的话，可以在不同的生活方式中恰当地确定其中一种是伦理生活。"（Williams 1985, 52）努斯鲍姆曾试图代表亚里士多德回应威廉斯的质疑。我们看到，在上面的引文中，威廉斯加了一个条件，即"如果它本身还不是一种伦理理论的话"。针对这一点，努斯鲍姆的目标之一便在于揭示亚里士多德关于人性的说明不是道德中立的，也就是说，它确实已经是一种伦理理论。在分析了亚里士多德功能论证之后，她得出以下结论：

[①] 值得注意的是，虽然如我们在上一个注释中看到的，沃森自己认为可以提供一种关于美德的说明而又保持美德在这个伦理学体系中的首位的地位，从而避免第一重二难困境，但他对解决第二重困境比较悲观，他仅仅把它作为美德伦理学较为棘手的一个问题进行了讨论。这可能也是有人抵制亚里士多德伦理学在当代复兴的部分原因（见 Watson 1997, 66-68）。

[②] 为了回应这一挑战，余纪元提出"人类的善的生活必须包括这一表示人性特征［理性］的实践和显现。如果一个人的生活受控于欲望，那么它'就表现为彻底的自私'和'一种动物的生活'（NE, 1095b19-20）"（Yu 2007, 66）。欲望是一种没有理性的生活，但它并不必然与理性相反。它在人那里能够也应该由理性所引导。由理性控制的欲望的生活显然不是一种动物的生活，而完全是一种人的生活，一种实践理性的生活，尽管对亚里士多德而言，完全的人的生活不仅仅是一种理性控制欲望的生活，它也包括理智的生活。如果宽泛地理解为肉体生活的欲望的生活，即使受到理性的控制，仍然不是恰当的人的生活，那么几乎没有哪一种亚里士多德认为具有道德美德的生活可以被看作恰当的人的生活，因为在大多数场合，具有美德的人对他人做的就是促进他人的肉体上的生活，让他们不挨饿、不受冻、不被病痛所煎熬。如果这样，亚里士多德就需要说明，受理性控制的欲望的生活是具有美德的实践生活。

　　　　一种生活如果不首先是我们的生活，那么它就不能算作一种对我
们来说是好的生活；而且，由于我们的生活一定是由实践理性以某种方
式安排的生活，而且在这样的生活中，所有的功能都由理性的组织活动
指导和注入，因此，幸福就只能在这样的生活中寻找，而不能在彻底交
付给没有理性的肉体欢愉的生活中寻找，也不能在一个睡眠中的人的、
只有无须指导的消化功能的生活中寻找。(Nussbaum 1995, 116)

基于此，努斯鲍姆确实认为，没有理性指导的生活不可能被视作人的生活。
可是，她没有因此表明，恶的生活就一定没有理性的指导并因此一定不能
被视为人的生活。因而，威廉斯并不信服。他说："正如努斯鲍姆所指出的，
不道德的人或自我放纵的人的生活同样可以是某种由理性所建构的生活；
这也是一种为人所特有的生活。"(Williams 1995, 199)[1]

　　麦克道尔的看法与威廉斯相近。在一篇论亚里士多德的幸福观的文章
中，麦克道尔首先设想了一场发生在 X 与 Y 二人之间的辩论：X 认为，人
应当践行某些美德，包括那些关心他人的美德；Y 认为，美德生活仅仅适于
可鄙的弱者，而真正的人只顾自己，从不实践那些关心他人的美德。接着，
麦克道尔开始讨论亚里士多德提出其功能论证的那个段落，认为这一段落
"可以这样理解：它在亚里士多德本人［关于美德］的实质性观点和与辩论
中 Y 的立场相应的幸福观之间保持中立"(McDowell 1998, 12)。就是说，这
个功能论证不能判定 X 对而 Y 错，虽然也不能判定 Y 对而 X 错。在麦克道
尔看来：

　　　　人的功能存在于理性的活动。这一命题显然将不加反思地满足于
把欲望的生活排除在幸福的生活之外。按照功能论证的精神，我们或

────────────

　　① 除了功能论证，努斯鲍姆也讨论了亚里士多德关于人的政治本质的论证(见 Nussbaum
1995, 102–110)，对此，威廉斯一样表示了质疑："即使格劳孔和阿得曼托斯赞同人在本质上或典型
地是理性的，而且本质上或典型地生活在社会里，但他们仍然会否认，在按照社会的限制性要求生
活时，人的理性得到了最有效的发挥。"(Williams 1995, 199)

许可以说，那样一种生活没有体现大家可以普遍接受的关于人类之独特卓越性的观点。但是，上述命题的排除性论证也没有清楚地排除其他的可能的生活方式。（McDowell 1998, 13）

在另一篇关于亚里士多德道德心理学的论文中，麦克道尔进一步解释了亚氏功能论证可能排除的生活类型和不可能排除的生活类型：

> 亚里士多德认为，关于人性的事实限制了好的人生的范围。他据以提出这一看法的实质性论点事实上只有两个……第一，好的人生必须是有逻各斯的实践的生命活动（NE, 1098a3-4）；这就排除了例如满足放纵欲望的生活，在柏拉图的《高尔吉亚》中，苏格拉底认为卡利克勒斯就过着这样的生活。第二，人在本性上是社会的（NE, 1097b11, 1069b18-19）；这就把与世隔绝的生活排除在外。显然，这两个论点远远不足以充分证成亚里士多德伦理学的合法性。（McDowell 1998, 35-36）

为了进一步阐明合理性并不能引出美德的观点，麦克道尔在一篇反对亚里士多德自然主义的文章中假设了一匹理性的狼。如果没有理性，这匹狼会发现，对它来说，参与狼群的合作捕猎活动是自然而然的事。然而，"一旦获得了理性，它就能够思考其他替代方案；它可以从自然冲动中抽身向后，而直接对参与合作捕猎这件事进行批判性审视……并追问'为什么我应该做这事？'……考虑是否可以在捕猎中出工不出力，但同时还要抢夺自己的那份猎物"（McDowell 1998, 171）。就是说，即使狼出于本性会做美德可能要求它去做的事，但理性的加入可能会导致它质疑自己的自然行动。由此，麦克道尔得出了关于人的结论："即使我们承认，人有追寻美德的天然需求，就好像狼在捕猎过程中有寻求合作的天然需要，但对责疑理性是否真正要求美德行动的人来说，这不一定能起任何作用。"（McDowell 1998, 173）

我们上面的讨论表明，在沃森所说的美德伦理学的第一个困境上，亚里士多德采取的立场是，为美德提供一种说明，认为美德的作用是帮助人过一种为人所特有的生活，即理性的、幸福的生活。这样一来美德在亚里士多德的伦理学中便失去了首要性，并在这个意义上他的伦理学不再是一种美德伦理学。而在沃森所说的美德伦理学的第二个困境上，亚里士多德采取的立场是，提供一种客观的人性论，但这种客观的人性论缺乏规范性，即无法断定什么样的品格特征是美德，而什么样的品格特征是恶德。

四 霍斯特豪斯新亚里士多德主义美德伦理学的二重困境

亚里士多德并没有说过自己是一位美德伦理学家；至少他没有把自己的伦理学作为义务论和后果论的替代物。[1] 因此，我们宣称其伦理学面临美德伦理学的二重困境也许有些时空倒置和不公平。相比之下，由于自称是新亚里士多德主义者的霍斯特豪斯明确地提出她的伦理自然主义，并将它作为美德伦理学来替代义务论和后果论，我们就可以合理地去考察她的美德伦理学是否面临这样的二重困境，特别是因为她事实上也完全意识到，并试图避免这二重困境。一方面，她有自己的人性概念，认为这一概念既是客观的又是规范性的，因此能够避免美德伦理学的第二重困境。另一方面，她也确实试图表明，美德作为品格特征不是幸福或繁荣的手段，而是构成幸福或繁荣的东西，因此认为她也可以避免美德伦理学的第一重困境。本节我将讨论她的这些努力是否成功。我们先用较大的篇幅考察她试图避免第二重困境的努力，然后再简略地讨论她试图避免第一重困境的努力。

在霍斯特豪斯看来，与义务论和后果论主要用"对"与"错"来评判行动的道德价值不同，美德伦理学主要用"好"和"坏"来评判行动者的道德

---

① 在此意义上，麦金太尔可能的确是对的，他认为，对亚里士多德来说，他的思想中确有"在美德之后"的内容。换言之，为了确认特定的品格特征具有美德，我们需要"对社会和道德生活的某些特征在先的描述，而美德必须根据这样的描述来定义和说明"（MacIntyre 1984, 186）。既然这一预先描述只能是关于善人生活的说明，那么"人之善的生活的概念便先于美德概念"（MacIntyre 1984, 184）。

品质。好和坏是规范性的概念。既然这样，为了避免沃森关于美德伦理学的第二个困境，霍斯特豪斯就必须表明，这样的规范性概念有其客观性，而这正是她花了大力气要做的。与安斯康、季奇（Peter Geach）、富特一样，霍斯特豪斯认为，"好"和"坏"是属性形容词（attributive adjective），在这种意义上与"大"和"小"这样的形容词类似，而与"红"和"蓝"这样的形容词不同，因为前者是属性形容词，而后者不是。他们的差别是，我们可以离开了其所形容的东西来理解非属性形容词的意义。例如，即使我们不知道什么东西红、什么东西蓝，我们也可以知道"红"和"蓝"的意义。但离开了其所形容的东西，我们无法理解属性形容词的意义。例如，如果我们不知道大或小所形容的东西，我们就对这两个字所表达的尺寸毫无概念，因为一个世界上最大的 X（如蚂蚁）可能比世界上最小的 Y（如象）的尺寸小很多。好、坏就是像大、小这样的形容词，要理解其意义，我们必须知道被看作好或坏的东西是什么。为了证明"'好'（good）是一个属性形容词，它的语法不会在我们开始用它来做道德评判时突然有所改变"（Hursthouse 1999, 206；亦见259），霍斯特豪斯步富特的后尘，考察了诸如"好"这样的术语如何应用到自然界以阶梯式上升顺序排列的植物、动物和人身上。她力图揭示这些相同的术语修饰这些不同的事物时所呈现出的连续性和变异，以及在这一逐一上升的过程中并没有发生什么神秘的事情，而始终具有相同的语法。霍斯特豪斯认为，这些规范性的术语在修饰植物和动物时显然是客观的，因为它们实际上与"健康的""有缺陷的"是同类词："对这些有生命存在物的评判的真实性绝不依赖我的（当然也不依赖'我们的'）欲望、兴趣或价值。这些术语在其最直接的意义上是'客观的'。"（Hursthouse 1999, 202）因此对她而言，"'好'在'好的仙人掌''好的狼'跟'好人'中的意义一样，而'好人'加上副词'道德上'或'伦理上'［相对于"身体上"等］只能够限制对人所进行考虑的方面；这样的运用不可能改变语法"（Hursthouse 2002, 52）。①

---

①　这多少也与她的伦理自然主义的理解有关。根据一般的看法，伦理自然主义"不仅把伦理学奠基于某种人性观，而且把人类作为生物之自然的、生物学秩序的一部分"（Hursthouse 1999, 206）。

霍斯特豪斯首先考察了我们对植物的评判："我们评判两个方面，即部分和活动，跟两种目的的关系。"（Hursthouse 1999, 198）这里的部分是指植物的叶子、根部、花瓣等，而活动则指生长、吸水、发芽、枯萎以及结籽等。两种目的是"（1）这一物种的成员在特定生命期限中的个体生存；（2）物种延续"（Hursthouse 1999, 198）。因此，好的植物就是其两个方面很好地服务于其两种目的的植物，而不好的植物就是其两个方面没有很好地服务于其两个目的的植物。霍斯特豪斯认为，由于这里她对植物的两个方面和两个目的的描述及在此基础上对植物之好坏的评判是建立在科学的基础的，她在将好、坏这样的规范的概念用在植物上时就具有客观性。

霍斯特豪斯接着转向对动物的评判，在这里她引入了另外两个方面和两种目的。第一个新的方面（总体的第三个方面）是行动或作为，它不同于植物中存在的简单反应。第二个新的方面（总体的第四个方面）是某种关于情感和欲望的心理。随着这两个新的方面的出现，不仅出现了实现前述两个目的的更加复杂的方式，而且也出现了两种新的目的。第一种新的目的（总体的第三个目的）是"对痛苦的特有的摆脱和对快乐的特有的享受"（Hursthouse 1999, 199），因为动物既寻求摆脱痛苦的折磨也寻求快乐的享受，而植物并不能这样。第二种新的目的（总体的第四个目的），特别是在社会性动物如狼和蜜蜂中间，是"社会群体的良好运转"。因此，一种动物尤其是高级动物究竟是好还是坏、是健康还是有缺陷，要看它们的四个方面是否以其物种特有的方式恰当地服务于四种目的。这里的最后一种目的，"社会群体的良好运转"，是社会性动物的特性，由于它也适用于评判也是社会性动物的人类，因此特别重要。社会群体的良好运转"使其成员能够（以其物种特有的方式）很好地生活；也就是说，这种运转有助于该物种特有的个体生存、物种延续，以该物种特有的方式追求对痛苦的摆脱和对快乐的享受"（Hursthouse 1999, 201）。简言之，社会群体的良好运转使其成员能够更好地意识到其他三种目的。为了说明这一点，她使用了一个富特用过的类似例子："狼以群猎；一只不参与捕猎'搭便车'的狼未能很好地行动，因此它是有缺陷的"（Hursthouse 1999, 201），即不是一只好的狼。霍斯特豪斯认为，由于这里她对动物的四个方面和四个目的的描述及在此基础上对动物之好坏的评判是建立在科学的基础的，她在将好、坏这样的规范的概念用在动物上时就具有客观性。

在此基础上，霍斯特豪斯开始讨论人类对自己的伦理评判问题。在她看来，"倘若在伦理自然主义中存在真理的话，那么，我们对我们自身的伦理评判至少应该揭示出某种与植物学家和动物行动学家对其他生物的评判中所发现的相类似的可辨别出来的结构。进而言之，我们对我们自身的伦理评判结构有以下期许：一方面，它类似于高级社会性动物的结构；另一方面，它跟后者之间又有必要的差异，因为人不仅是社会性的而且还是理性的"（Hursthouse 1999, 206）。这里，霍斯特豪斯指出了人较之高级社会性动物的独特之处：在我们对我们人类自身的评判中出现了一个重要的新的方面（总体的第五个方面）——理性。现在我们有五个方面，虽然前两个方面即部分和纯粹的身体活动（它们成为人类生物学或医学的研究内容）都和我们对自身的伦理评判不相干（霍斯特豪斯的这个意思表现在上文曾引过的一句话之中，当时她认为"伦理上"这一术语只是用来限制对人进行考虑的方面，但不会改变我们评判的结构）。因此，在这样的伦理评判中，被评判的方面包括并非纯然是身体的反应，即行动、情感和欲望，以及我们的理性。

正是在这里，霍斯特豪斯将美德的概念引入她的伦理自然主义。她认为："主要是由于我们从理性出发的行动，我们才成为伦理意义上的好人或坏人。"（Hursthouse 1999, 217）不过，她也认为，拥有美德"不仅会很好地处理发自理性的行动，而且也会很好地处理情感和欲望……具有美德的行动也包括与某种情境相应的'并非纯然是身体的反应'……因此，根据这里略述的自然主义，美德概念好像是为了概括那种在伦理层面表示赞许的评判量身定做的"（Hursthouse 1999, 208）。有意思的是，除了理性之外，霍斯特豪斯所认为的与伦理相关的所有方面也出现在动物身上。但是，为什么我们没有对动物做出伦理的评判，而认为它们在道德意义上无善恶可言？对霍斯特豪斯来说，原因在于人类所独有的理性之所以非常重要，不仅因为它是新出现的被评判的方面，而且因为它影响了人类其他所有被评判的方面。例如，动物的行动来自自然倾向，而人的行动则来自理性。虽然人类偶尔也根据自然倾向行动，但正是发自理性的行动才"使我们成为伦理意义上的好人或坏人"（Hursthouse 1999, 207）。同样，与动物不同，正是因为受到理性的影响，人类的情感和欲望才关乎伦理，才可以被视作具有美德或者相反："在具有美德的人那里，这些情感会在恰当的时候，对恰当的人或物，因为恰当的理由被感觉到。"（Hursthouse 1999, 109）事实上，霍斯特豪斯认为，没有理性的影响，涉及对情感的感觉的完整美德一般都是不可能的（Hursthouse 1999, 109）。

值得注意的是，在动物特别是社会性动物那里，新的目的随着新的方面或能力一起出现。然而，在人类这里，新的理性能力的出现并没有伴随任何新增的目的。霍斯特豪斯对亚里士多德提出的把沉思作为人的新增目的尤为不屑。① 不过，她仍然坚持，理性的出现已经足够标识人类与动物之间的巨大鸿沟。其他物种的特性主要由天性所决定，因此，"我们不能有意义地说，（例如）一头雄性的北极熊是坏的、有缺陷的北极熊，因为它不保护自己的幼崽，反而幼崽的妈妈甚至得防止它去杀害幼崽"（Hursthouse 1999, 220）。为什么呢？因为动物所没有做的正是其不可能做的，而他们应该做的也一定是它们能够做的。雄性的北极熊按其本性不会去保护而反而会去伤害幼崽。如果他不伤害甚至去保护幼崽，反而说明这头雄性北极熊有什么缺陷。相形之下，人类的特性在很大程度上取决于"我们的理性——或者说，我们的自由意志……除了明显的身体限制和可能的心理约束之外，我们无法根据我们之所为推定我们之能为，因为我们可以审度我们的所为且至少可以尝试改变它"（Hursthouse 1999, 221）。那么，什么是人类特有的方式？霍斯特豪斯认为是理性的方式，这种方式"是我们能够正当地视为善、

---

① 例如，霍斯特豪斯认为："我们可能会说第五个目的是为灵魂在后世的生活做准备，或者是一种沉思（即理论理智的良好发挥）。但是采用前者（为灵魂的后世生活做准备）会越出自然主义而走向超自然主义，而甚至哲学家也不愿追随亚里士多德去采纳后者（沉思）。"（Hursthouse 1999, 218）

视为出于理性所当为的方式。与此相应，我们特有的快乐是我们能够正当地视为善的快乐，即我们事实上享受着且理性可以正当地加以认可的快乐"（Hursthouse 1999, 222）。

尽管没有新的目的伴随人的理性一起出现，霍斯特豪斯认为她的人性概念一方面仍然是一个规范性概念，另一方面仍然是一个自然主义的或者客观的概念。就前者而言，人所特有的方式并不必然是（并且在大多数情况下不是）大多数人生活所采取的方式，因此，大多数人并不以人之特有的方式生活（Hursthouse 1999, 224）；就后者而言，"事实上，就在伦理相关的那些方面以这种社会动物特有的方式促进了它的四种目的来说，人在伦理上是善的。而且那种结构（诉诸那四种目的）的确在实质层面制约着我能合理认为是人的美德的东西"（Hursthouse 1999, 224）。因此，虽然理性是人所特有的东西，但它并非我们据此判断一个人是好是坏的目的。在这一意义上，与唐纳的抱怨相反[1]，霍斯特豪斯能够回应麦克道尔关于理性的狼是否为好狼的问题，因为霍斯特豪斯并不像亚里士多德那样把理性视作评判人之好坏的标准。相反，我们需要根据四种目的来评判理性：如果它很好地服务于这些目的，那么它就是好的，一个有理性的人因此也就是好人；相反，如果一个人用理性做不道德的事，他至少妨碍了第四个目的即社会群体的良好运转，因此他不是一个好人，而是有缺陷的人。霍斯特豪斯理论的核心部分在于四种目的，以此为基础的她的人性论的确既是自然主义的即客观的，又具有规范性。在此意义上，她确实避免了我们在上文讨论中所碰到的美德伦理学的第二重困境。[2]

---

① 对唐纳而言，"尽管富特和霍斯特豪斯是在与麦克道尔的频繁对话中从事他们的研究计划的，但令人惊奇的是，就我所知，他们和迈克尔·汤普森（Michael Thompson）都没有对麦克道尔在'两类自然主义'一文中提出的批评做出回应"（Toner 2008, 226）。唐纳这里所指的就是麦克道尔关于从理性中推不出美德的批评。

② 因此，像艾伦·汤普森（Allen Thompson）所建议的那样在霍斯特豪斯的自然主义伦理学中加上第五种目的的确是多余的。根据艾伦的观点，"正像好的狮子需要发展捕猎的能力一样，好人也应该发展理性的能力"；因此为实践理性提出一种规范性自治能力的是"我们自然种类的自然目的……即霍斯特豪斯植物学和动物行动学范式的第五种目的"（Thompson 2007, 260）。

由于霍斯特豪斯理论的核心是这四种目的，不出意外，许多批评霍斯特豪斯的学者都把他们的矛头对准了这四种目的的客观性方面。比如，科普和索贝尔认为：

> ［霍斯特豪斯的］基本论点是，何为美德仍然由服务于四种目的的方面所决定。这的确限制了这种观点并使它与富特的自然主义关联在一起。不过，这有点令人费解。有些生物之当为是由自然决定的，而霍斯特豪斯建议我们用以评判植物和动物的那张包含四种目的的清单，恰恰是通过概括我们对这些生物的评价方式而出来的。但是，霍斯特豪斯怎么可以一方面不认为天性决定了人类之当为，另一方面又认为那些为动植物的四种目的奠定基础的考虑同样为人类之四种目的的规范地位奠定基础？(Copp and Sobel 2004, 540)

因此，他们认为霍斯特豪斯面临着进退两难的局面：她必须要么拒绝关于四种目的的富特式自然主义，要么承认自然对于我们的规范性，"如果她认为（她确实认为）自然对我们没有规范性，并且如果她勉强承认（她确实承认），对人来说，以适当的规范方式行事就是以我们能够正确地认为我们以有理由的方式来行事，她必须放弃富特式的自然主义"(Copp and Sobel 2004, 541)。[1] 可以看到，它们这里表述的还是沃森所讲的美德伦理学的第二重困境：用来说明美德的人性概念要么是客观的，因而没有规范性，要么是规范的，因而没有客观性。然而，如果对霍斯特豪斯的思想进行更加仔细深入的解读，就可以发现它并不存在这样的矛盾。霍斯特豪斯所坚持的是，所有的社会动物，只要它们的方面以其物种特有的方式促进了四种

---

[1] 弗兰克·斯文森（Frank Svensson）表达过类似的异议："她可能选择放弃自然对人没有规范性这一思想［这样的话，其思想就不再是伦理自然主义］……或者她不应该认为，社会性动物的四种目的对我们可以将什么东西合理地看作人类的美德有重大的限制。但是，那样的话，她假定的在我们关于植物和动物评判与我们的道德判断之间的类似性就不存在了。"(Svensson 2007, 199-201)

目的，就是好的。非理性的社会性动物与理性的社会性动物（人）之间的差异在于，在前者，促进四种目的的特有方式由天性决定，而在后者那里，促进四种目的的特有方式则是为理性视为正确的，或有理由采取的任何方式。不过，无论理性认为有何种理由采取何种方式，人的五个方面都必须能够促进这四种目的。总之，对霍斯特豪斯来说，理性并不决定理性的动物应该服务于什么目的，而只是决定他们所能够找到的服务于四种目的的方式。

　　不过，在为霍斯特豪斯做了这一辩护以后，我们开始怀疑，作为人的唯一独特之处的理性是否真的如霍斯特豪斯所主张的那样可以标志人与其他社会性动物之间的"巨大鸿沟"。她的伦理自然主义的方案试图表明客观的人性概念是规范性的。现在，如果我们问何为人性，我们首先需要了解人性究竟是取决于方面还是取决于目的。似乎不可能由目的决定，因为根据目的，人与其他社会性动物之间没有什么不同，都是这四种目的，而人性应该是独属于人的性质。那么我们必须从方面中寻找答案，在那里只有理性将人与其他社会性动物分别开来，因为人的其他四个方面都是社会性动物也有的。所以理性一定是人所独有的性质，但理性在霍斯特豪斯的自然主义那里仅仅是促进人与其他社会性动物所共有的四种目的的能力。不过，倘若如此，人与动物之间的鸿沟（如果我们仍可称之为鸿沟的话）当然就没有那么巨大，因为，人所特有的理性必须受到四种目的的限制，而四种目的则是人和动物所共有的。

　　正是在这一意义上，我们产生了一个新的疑问：尽管霍斯特豪斯的伦理自然主义的确能够回应麦克道尔关于理性的狼的异议，但它是否能够回应沃森关于黑帮成员的异议："一种客观的理论真的能够确定，做一个黑帮成员不如做一个好人？"（Watson 1997, 67）霍斯特豪斯认为可以，她所采用的方法首先是把慈善、公平等确认为美德，然后确立黑帮成员为无情、不公平等等，总之不具有美德。对霍斯特豪斯来说，"这几个步骤合起来就能够确定黑帮成员作为人是坏的，因此不会过一种好的人生"（Hursthouse 1999, 228）。然而，正如我们所看到的，美德对霍斯特豪斯来说是有助于人促进四种目的的品格特征。霍斯特豪斯认为黑帮成员缺乏美德的原因显然在于，他们的品格特征并不能促进第四种目的，即社会群体的良好运转。既然这一目的从她关于社会性动物的讨论中原封不动地保留下来，那么按理人与其他的社会性动物之间在这一目的方面并不存在差异。如果这样，问题就出现了。我们来看一种好的社会性动物，比如一只在捕猎时出力的狼，它服务于社会群体的良好运转这一目的，因此是一只好狼。不过，这只狼服务的社会群体显然是特别的群体，它是这只狼作为成员所在的狼群而不是狼这一物种。这只狼可能会跟来自其他狼群的狼发生冲突。现在，如果这只狼能被视为好狼，仅仅是因为它有助于它自己的群体的良好运转，而非其所属物种的良好运转，那么，一个黑帮成员也可能被视为好人，因为这个黑帮成员可能也非常好地促进了他作为成员所在的黑帮这个群体的良好运转。如果霍斯特豪斯说，这个黑帮成员或许确实是好的，但只是作为黑帮成员而言，而不是作为人而言，那么我们也不能说帮助狼群捕猎的狼就是好狼：它是好的，但仅仅是作为这个狼群的成员而不是作为狼。如果一只狼仅仅因为它帮助它的狼群良好运转就能被视为好狼，而一个人只有当他／她帮助人这个物种的良好运转时才能被视为好人，那么，人与其他动物各自所服务的相关目的一定是不同的，但霍斯特豪斯明确地排除了这一可能性。

为了帮助霍斯特豪斯解决这一问题，有论者建议说，我们据以对人做出伦理评判的目的不可能跟我们据以对社会性动物做出评判的目的相同。[1]我们上面看到，有些人认为，既然动物在植物的基础上每获得一个新的方面，也会相应地获得一个新的目的，那么既然人较之动物获得了一个新的方

---

① 科普和索贝尔甚至质疑，霍斯特豪斯那张四种目的的清单是否就必然地优于同样有科学依据的其他清单，因为"对于任何动物，都存在着很多不同的从事科学研究的方式……我们认为，相应地，对于什么东西使一个动物成为其物种的好的成员，也存在很多不同的思考方式"（Copp and Sobel 2004, 535）。例如，他们认为进化生物学家、研究物种自然历史的描述性生物学家和像医生关心人那样关心动物的兽医各自都可以为动物的目的和方面提供一张与霍斯特豪斯所提供的不同的清单。但即使如此，我认为我们至少可以接受霍斯特豪斯的清单为这些客观清单之一，即使它跟其他人的清单一样是一张片面的清单。

面即理性，人也应该相应地获得一个新的目的，即第五个目的，但霍斯特豪斯已经拒绝了这样的可能性。[①] 我们现在要讨论的这些学者接受霍斯特豪斯的看法，认为从像狼这样的非理性的社会动物到像人这样的理性的社会动物转变过程中，虽然我们需要评价这种理性社会动物的方面增加了一个，即理性（第五个方面），但我们据以评价这五个方面的目的还是四个。不过，由于人和非理性的社会动物的不同，四个目的中的第四个即"社会群体的良好运转"应该有所修正或者扩充。例如，克里斯托弗·葛文斯（Christopher W. Gowans）认为，一方面，我们不能认为好人应该只关心他／她所属的特别群体的成员而不是全体人；另一方面，"我们也不能认为社会性动物总的说来都关心他们各自物种的所有成员"（Gowans 2008, 46）。因此，在他看来，为了说明这一差异，重要的是要证明"人因其理性将一切人类成员的幸福作为目的（之一）"（Gowans 2008, 47）。也就是说，这第四个目的在狼这样的社会性动物那里只是指某个特定狼群的良好运转，而在人那里则指整个人类的良好运转。胡克做了进一步发挥，他认为人类物种仍然不够广泛，因此第四个目的中的"团体"的所指应该更进一步拓展，囊括所有理性存在者。为此，他设想了一出科幻情节："所有的人都携带着一种无法治愈的病毒，他们预见这些病毒将会使他们所有人变得彻底堕落，无限凄惨"，结果他们通过杀光所有其他有智力的物种来愉悦自己，其中一个有智力的物种跟人类一样聪明，只是比人类更加仁慈更加乐天。在这种情形下，他认为不应该把人类的幸存视作一种可以据此对人做出伦理评判的目的，因为"所有积极的价值似乎倒向了一边，那就是灭绝人类，使其他有智力的物种繁荣"（Hooker 2002, 35）。他试图通过这一科幻情节表明："真正有价值的东西并不必然地与人类物种相关联。"（Hooker 2002, 35）斯旺顿则认为这还不够。她不仅质疑是否应该仅仅以四种目的理解一切以人类为中心的美德，而且还对一切美德的人类中心主义基础提出挑战。她倡导环境美德："按照深层

---

① 然而，正如葛文斯所指出的，如果非人类的社会性动物也有类似人的其他目的的东西，因而我们可以将人的这些目的看作是自然的，那么，"就很难表明，有关人性的那一个事实可以扮演类似的角色，使我们可以证明，我们的目的应该包括人类总体的福祉"（Gowans 2008, 47）。

环境伦理学的经典看法，我们对自然物的尊重应当符合其自然的地位，这种尊重不是因为自然物有助于人类获得快乐或社会的良好运转。"（Swanton 2003, 92）这也就是说，第四个目的中的"团体"所指的应该是包括人在内的整个自然。

看起来，为了处理上文提及的问题，并对沃森关于黑帮成员的异议做出恰当的回应，霍斯特豪斯似乎不得不采用葛文斯、胡克或斯旺顿的上述建议。根据这样的建议，用来评价人类的第四种目的，不再是在非理性社会动物那里的特殊群体的良好运转，而是人类物种、所有理性存在者或整个环境的良好运转。通过这样的修正，我们就可以确定，沃森提到的黑帮成员不再是好人。虽然他们也许是好的黑帮成员，帮助他们的社会团体，即其所属的黑帮良好运转，但我们据以评判作为人的黑帮成员的第四个目的不再是他们的五个方面是否促进其所属的特定社会群体即黑帮的良好运转，而是是否促进整个人类共同体，或整个理性存在物共同体，或整个自然环境的良好运转。黑帮成员的行为显然不仅无助于这样一个目的的实现，而且还妨碍这样一个目的的实现，因此黑帮成员不是好人，没有过好的人的生活。但对第四个目的的这种修正可能带来一个潜在的问题：这样的人性概念固然具有规范性，但它是否仍然具有客观性呢？如果像霍斯特豪斯那样，把来自其他社会性动物的四种目的完全照搬到人类身上，那么，它们在其他社会性动物那里的客观性也就被带到人类这里，因此她这种人性观的客观性是毋庸置疑的。但是，当第四种目的被修正为人类、理性存在者或环境的良好运转时，至少从亚里士多德主义的视角看来，它的客观性变得暧昧不明，因为根据这一目的所做的伦理评判之真理性可能确实依赖于"我的欲望、兴趣或价值"，而它们都不是"'客观的'（就这一术语最直接的意义上讲）"（Hursthouse 1999, 202）。这就表明，本来葛文斯、胡克或斯旺顿看到霍斯特豪斯的伦理自然主义用来解释美德的人性概念虽然具有客观性却不具有规范性，所以他们主张对霍斯特豪斯的伦理自然主义做出修正，但这种修正的结果是一种具有规范性而缺乏客观性的用来解释美德的人性概念。这就是说，他们从沃森的美德伦理的第二重困境的一个方面走向了另一个方面。因此无论是霍斯特豪斯还是她的这些修正者都没有走出这个困境。

不过，即使我们假定，霍斯特豪斯的伦理自然主义，无论是否经过修正，都可以保持一个客观而又具有规范性的人性概念，因而可以避免沃森认为美德伦理学具有的第二重困境，仍然还存在一个问题。依照霍斯特豪斯的看法，一个性格特征之为善（之为美德），仅仅因为它有助于四种目的。如果的确如此，那么美德不再是首要的善，不再是具有内在价值的善。美德只在有益于四种目的的意义上才是善的，因此它只是工具性的善。正是在这一意义上，胡克断言，美德伦理学最终会沦为规则功利主义（ruleutilitarianism），因为霍斯特豪斯的美德伦理学着眼于幸福的结果来评判品格之善恶（Hooker 2002, 38），这就跌入了沃森认为美德伦理学具有的第一重困境之中：美德伦理学要么为保持美德的首要性而不提供一种美德理论，结果是在这种伦理学中占首要地位的美德没有得到解释，这很有讽刺意义；要么提供一套美德理论以解释什么是美德，结果是美德在这种伦理学中失去了其首要性，因而这种伦理学不再有资格成为美德伦理学。我们可以看到，霍斯特豪斯这里遇到的问题是后者。

霍斯特豪斯对此回应说，胡克误解了她。胡克认为，她用四种目的来证明（justify）某一特定的品格特征是美德，但实际上，她只是用这四种目的来解释（explain）我们本来已经知道是美德的特定的品格特征，或者说加深我们对它的理解。因此，她主张："如果评判标准被视为一种原则，那么它与其说是一种证明原则，倒不如说是一种解释原则。我们确信，仁慈、正义、诚实、温和、勇敢等等是美德，我们也确信，具有这些品格特征的人是伦理意义上的好人，而且我们对这两者的确信度远远高于我们对任何关于这两者的哲学论证的确信度。"（Hursthouse 2002, 52）不过，这种回应并不能令人信服。胡克认为她做的和我认为是有其问题的，并不是她为美德提供了任何哲学辩护（她确实没有做过这样的哲学辩护），而是她试图为它们提供一种自然主义的辩护，即用四种自然的目的来证明某种性格特征是美德。她在许多地方看起来的确是这样做的。例如，她声称"伦理自然主义希望通过诉诸人性来确证（validate）关于某些品格特征为美德的信念"（Hursthouse 2002, 193；着重为引者所加），"我不能只从某些关于什么是可以合理地或理性地做的事情的前提出发，就得出结论说以某某方式行动就是合理的，而一个好人就是以那种方式行动的人。我必须考虑相应的品格特征……是促进抑或有害于这四种目的"（Hursthouse 1999, 224），"取决于四种目的结构确实在实质层面上限制（constrain）了我可以将什么东西合理地看作是人的美德"（Hursthouse 1999, 224；着重为引者所加）。我认为，至少在上面这样一些段落里，我们完全可以说霍斯特豪斯试图为作为美德的某种品格特征提供一种证明而不只是解释。不过，究竟是证明还是解释关系并不太。我们现在可以假设，霍斯特豪斯的确想为作为美德的某种品格特征提供一种解释而非证明，因此我们在做这样的解释之前已经知道这种品格特征是不是美德。即便不管我们除了像斯洛特那样诉诸直觉（我们在前面看到这种直觉的方法是有问题的）以外还有什么别的途径可以让我们知道某个品格特征是不是美德，这里仍然有一个问题，即美德在其伦理自然主义中是否的确还是首要的。尽管在认知的顺序（order of cognition）上，某些品格的善，作为待解释项（explanandum），先于作为解释项（explanans）的对人性的自然主义说明，但是，在存在的顺序（the order of existence）上，解释项还是先于被解释项。这里用一个类比：我们看到远处有一团火，对此我们确信无疑。现在我们需要解释这团火是哪来的。这里，在认知的顺序上，我们对这团火的认识先于我们对造成这团火的原因的认识。但在存在顺序上，很显然造成这团火的原因先于这团火。同样地，一方面，我们在知道某个品格特征为什么是美德之前（我们能够解释它之前）就知道它是美德，因此我们关于它是美德的认知先于我们关于造成它是美德的东西的认知。这是认知层面的顺序。但另一方面，通过解释，我们知道，这个品格特征之所以是一种美德是因为它有助于实现人性。这就是说，在存在的层面上，美德是后于人性的。如果是这样，美德便不再是首要的，它仅仅是工具性的善。在这个意义上，霍斯特豪斯的伦理自然主义还是没有避免第一重困境：它提供了一种美德理论，从而使美德失去了在其伦理学中的首要性。

五　朱熹如何避免美德伦理学的第一重困境

我们在上面考察了亚里士多德主义的美德伦理学必然会遭遇美德伦理学的二重困境。在下面两节，我们将分别考察朱熹的儒学思想如何能够成功面对这两种困境。事实上，像亚里士多德一样，朱熹并非自觉地试图发展一种美德伦理学，更不用说把它作为义务论和后果论的替代理论，因此当然也没有意识到我们这里正在讨论的美德伦理学的二重困境。他所做的只是想对儒家伦理学做出一种最新的、融贯的阐释。不过，在朱熹对儒家伦理学所做的这种系统的阐述中，我们可以发现避免美德伦理学的这二重困境的现存资源。我在本节讨论第一重困境，并在下节讨论第二重困境。

我们先回顾一下美德伦理学的第一重困境：一方面，如果一个人试图用别的东西来说明美德，那么美德便不再是首要的，而被用来说明美德的东西变成首要的；而另一方面，如果我们想要保持美德的首要地位，就必须避免用别的东西来对它进行说明，但这样我们就缺乏一种关于什么东西使一种品格特征成为美德的清晰思想。朱熹确实选择提供一种关于美德的说明，而且也像亚里士多德那样诉诸一种人性观念。然而，在像亚里士多德主义一样用人性来解释美德时，朱熹却没有像亚里士多德主义那样让美德变成次要的东西。关于这是如何可能的，我们下面会加以论证。我们这里可以首先需要指出，之所以有这种差异，原因在于朱熹有一个完全不同于亚里士多德的人性概念。追随儒家的孟子一系，朱熹视人性不仅为与生俱来的东西，而且是人的特性，是将人与万物区别开来的东西。在这一意义上，他与亚里士多德还是一致的。问题在于区别人与万物的这个东西到底是什么。西方传统中的哲学家，包括亚里士多德，差不多都认为人与万物的区别在于理性，尽管他们可能对何为理性的看法并不一致。

这样看来，令人惊讶的是包括朱熹在内的儒家哲学家几乎都没有这样理解人与万物的差异。在他们看来，很简单，人的特性在于仁。仁是儒家最重要的美德。因此，对朱熹来说，区别人与动物的不是理性而是美德，尤其是仁。尽管仁只是儒家的仁义礼智四大德目（有时还加上第五大德目信）之一，但是朱熹认为仁无所不包。这正是儒家关于美德说明的独特之处。亚里士多德讨论过人的美德的统一性（unity）问题，即一个人是否可以有一个或几个美德而没有其他美德。如果美德具有统一性，那么一个人要么没有美德，要么具有所有的美德，而不可能有一些美德而缺乏别的美德（但持美德同一性的人也可以接受一个人只有一定程度的美德：他有所有的美德，但他所有的每一个美德都还没有达到完满的程度）。如果认为一个人可以有一些美德而没有别的美德，则美德缺乏统一性。至于亚里士多德在这个问题上到底持什么立场，学界还有争议。但在朱熹那里，美德是有统一性的，而这关键是他认为仁这种美德可以在整个美德体系中发挥统领作用。其他的美德都由仁所引导、包含或者表现为仁的某些方面。在这个意义上，他说："仁者，本心之全德。"（《语类》卷二十五，606）仁为全德意味着仁包含了所有其他的德。朱熹在其《仁说》一文中说："故语心之德，虽其统摄贯通无所不备，然一言以蔽之，则曰仁而已矣。请试详之。盖天地之心，其德有四，曰元亨利贞，而元无不统。其运行焉，则为春夏秋冬之序，而春生之气无所不通。故人之为心，其德亦有四，曰仁义礼智，而仁无不包。"（《朱文公文集》卷六十七，《朱子全书》第二十三册，3279）但在何种意义上仁统领并包括其他美德？对朱熹而言，仁是使人之为人者，"仁者，仁之本体；礼者，仁之节文；义者，仁之断制；知者，仁之分别"（《语类》卷六，109）。除了仁是全德、包含所有别的德这个说法之外，朱熹也将仁作为首德，统领其他的德。因此，他做了一个类比："性是统言。性如人身，仁是左手，礼是右手，义是左脚，智是右脚。"（《语类》卷六，110）受其困扰，一位学生问如何解释仁的首要地位。朱熹回答说："且是譬喻如此。手固不能包四支，然人言手足，亦须先手而后足；言左右，亦须先左而后右。"（《语类》卷六，110）因此，代表着人性美德的左手还是第一位的。

因此，对朱熹而言，性与德是同一的，因为它们由相同的东西所构成：仁义礼智。在此意义上，他经常有"德性"的说法，以表示人性是具有美德的人性，"大抵人之德性上，自有此四者意思：仁……义……礼……智"（《语类》卷六，110）；相应地，他也有"性之德"的说法，以表示美德属于人性，"仁义礼智皆性之德"（《语类》卷一〇一，2583）。换句话说，性即德，德属于性。在他看来，正是这一点使人区别于动物。朱熹注《孟子·告子上》云：

> 性，形而上者也；气，形而下者也。人物之生，莫不有是性，亦莫不有是气。然以气言之，则知觉运动，人与物若不异也；以理言之，则仁义礼智之禀，岂物之所得而全哉？此人之性所以无不善，而为万物之灵也。（《孟子集注·告子章句上》，《四书章句集注》，457）

在《答陈器之》书二中，朱熹也说：

> 性是太极浑然之体，本不可以名字言，但其中含具万理，而纲理之大者有四，故命之曰仁、义、礼、智。孔门未尝备言，至孟子而始备言之者，盖孔子时性善之理素明，虽不详着其条而说自具，至孟子时，异端蜂起，往往以性为不善，孟子惧是理之不明而思有以明之。（《朱文公文集》卷五十八，《朱子全书》第二十三册，2978）

孟子认为："人之所以异于禽兽者几希。庶民去之，君子存之。"（《孟子·离娄下》）一位学生问及君子存之而庶民去之的"几希"之物，朱熹回答说，它使人与动物有所区别，而不是人与动物共而有之。眼能见，耳能闻，鼻能辨香，口能谈论，手能执捉，足能运奔，此为人与禽兽相同之处，"人所以异者，以其有仁义礼智，若为子而孝，为弟而悌，禽兽岂能之哉！"（《语类》卷五十七，1347）正因为这是人与动物的唯一差异，一方面，人"须是存得这异处，方能自别于禽兽"（《语类》卷五十九，1389）；另一方面，"人若以私欲蔽了这个虚灵，便是禽兽"（《语类》卷五十七，1347）。

朱熹关于人禽之辨的这种说法表面上看可能有些过时，因为当代社会生物学和进化心理学已经令人信服地证明，就利他行动而言，在人与动物之间存在着连续性，就是说，人以外的不少其他动物也具有朱熹在这里认为只有人才具有的利他倾向和行为。在这一意义上，我们可能认为，至少在关于人性的说明上，朱熹终究不如霍斯特豪斯，因为后者充分利用了当代科学的材料，特别是在她关于所有社会性动物依其天性都服务于社会群体的良好运转这一目的的讨论中。然而，虽然生活在前科学的时代和社会，朱熹也意识到了一些动物的社会性。比如，他说"虎狼之父子，蜂蚁之君臣，豺獭之报本，雎鸠之有别"（《语类》卷四，58）。事实上，朱熹甚至认为"人物性本同，只气禀异"（《语类》卷四，58）。换句话说，在人那里被视为美德的四种品质，即仁义礼智，在动物那里也有所表现。

表面上，这一表述与上文所引用的朱熹关于人禽之辨的观点有些相互矛盾。看起来，为了强调人与动物的相同之处，朱熹会认为他们拥有同样的性或理，不同的仅仅是气；而当他强调二者的差异时，他似乎认为二者禀有同样的气，只是性或理不同。他的学生曾就这一表面上的矛盾提出质疑，对此朱熹解释说：

> 论万物之一原，则理同而气异；观万物之异体，则气犹相近，而理绝不同。问："理同而气异"，此一句是说方付与万物之初，以其天命流行，只是一般，故理同；以其二五之气有清浊纯驳，故气异。下句是就万物已得之后说，以其虽有清浊之不同，而同此二五之气，故气相近；以其昏明开塞之甚远，故理绝不同。（《语类》卷四，57）[①]

朱熹用一个类比对此做了进一步的解释。理或性像水，而气则像碗。就气而言，因为它们是不同颜色的碗，不同颜色的碗彼此相异，在此意义上，他认为人与动物的差异在于禀有不同的气。不过，它们又都是某种颜色的碗，就此而言它们是相同的，正是在这个意义上，他认为人和动物禀有相同的气。就理或性而言，不同的碗盛放了相同的水，所以它们是相同的，正是在

[①] 解释这一表面矛盾的方法之一就是指出，随着朱熹晚期的观点取代早期的观点，他在其生命的不同阶段对这一问题持不同见解。陈来对朱熹的相关论述就持这样的看法（见 Chen 2000, 124-143）。然而，事实恐怕并非如此简单。正如我这里引用的这段话所表明的，朱熹很清晰地意识到自己对这一问题所持的不同观点，并且清楚地解释了为何他认为它们并不矛盾。

这个意义上，人和动物具有相同的性。然而，因为相同的水放在不同颜色的碗中也会呈现为不同的颜色，所以它们是不同的，正是在这个意义上，他认为人与动物具有不同的性（见《语类》卷四，58）。

那么，朱熹对人与动物之同异到底持什么观点呢？在他看来，被视为人之四德的四种品质人和动物原本都具备，这就好像相同的水放在不同的碗中一样；而且，人和动物都禀有同样的阴阳和五行之气，就像不同的碗均由相同的材料制作而成。然而，人所禀之气清明正通，而动物所禀之气昏浊蔽塞，正如不同的碗有不同的颜色。人与动物所禀受之气不同，故他们所具有的四种品质也有所不同，正如不同碗的不同颜色使相同的水看上去有所不同（水放黑碗中看上去是黑水，放红碗中看上去是红水，等等）。因为人所禀之气清明正通，人的四种品质得以充分扩展而被称为四德；动物所禀之气昏浊蔽塞，动物的四种品质因此受到限制，从而不能被称为美德。例如，朱熹称："理不同，如蜂蚁之君臣，只是他义上有一点子明；虎狼之父子，只是他仁上有一点子明；其他更推不去。恰似镜子，其他处都暗了，中间只有一两点子光。"（《语类》卷四，57）相反，"人心虚灵，无所不明……人之虚灵皆推得去"（《语类》卷五十七，1347）。

正是在这一意义上，朱熹强调"推"，即扩展（extension）的重要性。人和动物都天然具有四种品质，但这四种品质能否得到充分扩展决定了人和动物之间的差异，而能否充分扩展这四种品质则取决于有没有"推"的能力。而且，正是这种能力的有无决定了四种品质在人为美德，而在动物不为美德：人有能力扩展在己的四种品质，而动物则无此能力。因此，朱熹关于"推"提出一系列重要的主张。例如，他说"仁之发处自是爱，恕是推那爱底，爱是恕之所推者。若不是恕去推，那爱也不能及物，也不能亲亲仁民爱物，只是自爱而已"（《语类》卷九十五，2453）；当解释孝悌为仁之本时，朱熹说"盖能孝弟了，便须从此推去，故能爱人利物也"（《语类》卷二十，461）；① 又说"如爱，便是仁之发，才发出这爱来时，便事事有：第一是爱

---

① 为了避免引起误解，朱熹指出："孝弟是合当底事，不是要仁民爱物方从孝弟做去。"（《语类》卷二十，462）

亲，其次爱兄弟，其次爱亲戚，爱故旧，推而至于仁民"（《语类》卷一一九，2870）；的确，关于孟子所谓的君子所存、庶民所去的人异于禽兽之"几希"，朱熹在注释时说"人若以私欲蔽了这个虚灵，便是禽兽"（见《语类》卷五十七，1347）。

因此，虽然朱熹关于人性的形上学观点，特别是当它与这样的理气概念联系在一起时，可能对西方人而言听起来有些无法理解，尤其是在这所谓的后形上学时代，而且在伦理学领域发生了所谓的自然主义的转向，但朱熹想要强调的只是这么一个简单的经验事实／道德价值：尽管其他的社会性动物也表现出某种程度的利他行动，但它们不可能将其推至它们直接所属的群体之外；相反，人则可以将其推至自己直接所属的群体之外，推至全人类甚至非人类。他关于理气的形而上学仅仅用于解释这一经验事实／道德价值。他的理气形而上学只是想为这样的经验事实和道德价值提供某种解释，所以我在别的地方称这样的形而上学为解释性的形而上学。① 因此，即使当代西方美德伦理学家无法理解或不能接受他的形上学阐释，但它试图解释的经验事实／道德价值还是不可否认的。当代科学可能会不同意朱熹对特定动物的行为的某些描述，认为这种描述不准确，但这对我们这里要讨论的问题关系不大。对我们的讨论关系重大的是，这一经验事实／道德价值能够

---

① 当然，我并不是说对朱熹本人而言这二者是可以分开的。我只是认为，为了接受他关于经验事实／道德价值的阐释，当代西方美德伦理学家不必接受朱熹的形而上学，正如为了接受基督教的宽恕理念，非基督徒不必接受基督教对上帝的信仰一样，即使对基督教来说这二者是不可分割的。因为在当代美德伦理学中存在一种自然主义倾向，我觉得对当今西方多数美德伦理学家而言，如果没有形而上学，这并不表明这种伦理学就有缺陷。然而，对那些对形而上学有迫切要求的人来说，我有与泰勒所谓"存在论的说明"（ontological articulation）（Taylor 1989, 92）类似的理由，认为需要对这一经验事实／道德价值做出解释：为什么动物不能而人能够且应该越出他们直接的种群来扩充他们天生的利他行动。如果他们发现朱熹以理气为根据的"存在论说明"不可接受，那么他们可以提供一种替代性说明。对于同一经验事实／道德价值，可以存在多种存在论说明，对其接受者而言，每一种可能都作为唯一适当的而得到珍视，从而对这个经验事实／道德价值形成类似于罗尔斯所谓的重叠共识（overlapping consensus）。但事实上，并非所有当代西方伦理学家都对朱熹伦理学的形而上学倾向反感。如肯尼斯·多特（Kenneth Dorter）是一位亚里士多德主义的美德伦理学家，但他就接受朱熹的形而上学，认为朱熹所使用的术语"对现代人来说听上去陌生……但其基本理念却并不新奇"（Dorter 2009, 261）。

避免霍斯特豪斯在其关于人与动物之差异的讨论中所遇到的困难。正如我们在前面一节中看到的，因为霍斯特豪斯认为就四种目的而言，特别是第四种目的即社会群体的良好运转而言，人与动物没有区别，所以她无法回应沃森关于黑帮成员所提出的异议：一个黑帮成员可能像狼那样以同样正确的方式行动。就像一匹狼加入狼群参与捕猎以及与其他狼群战斗一样，一个黑帮成员也可能加入他的帮派一起抢劫，并且保卫自己的帮派，使他们不受帮外人员的伤害。既然霍斯特豪斯把这样一匹狼视为好狼，那么我们为什么就不能把这样一个黑帮成员视为好人呢？现在，朱熹关于人与动物之差异的观察能够避免这个问题，因为对他而言，动物的利他行动（天生）局限于它们直接所属的狭隘群体，但是，人天生就会把这样的行动推至全人类甚至人类之外，而且这种推的能力正是把人与其他动物区分开来的东西。这样一来，葛文斯、胡克以及斯旺顿在反对霍斯特豪斯时所提的要求在朱熹这里全部都能得到满足。因为正是这种推的能力而非理性，是人的独特能力，用霍斯特豪斯的话来说，是人的独特方面，一个不能践行这一能力的人是有缺陷的，因此他就不是一个具有人之特性的人。

现在我们可以总结一下，看看朱熹的儒学思想如何能够避免美德伦理的第一重困境。我们看到，关于何者构成美德，或者何者使某一特定品格特征成为美德的问题，像亚里士多德和亚里士多德主义者一样，朱熹提供了一种关于美德的说明，而非依赖于道德直觉，后者使美德成为一个没有得到解释的概念。此外，也像亚里士多德和亚里士多德主义者一样，朱熹对美德的说明是基于人性而提出的。在这一意义上，他可能赞同霍斯特豪斯的观点，"美德使其拥有者成为善人。（为了过得好，为了作为人而幸福，为了过一种人所特有的好的、幸福的、人的生活，人需要美德）"（Hursthouse 1999, 167）。现在的问题是，朱熹根据人性而提出的美德说明，是否像亚里士多德和亚里士多德主义者根据人性提出的对美德的说明一样，使美德失去了其在伦理学中的首要地位，从而使基于这种美德概念的伦理学不再是一种美德伦理学，而只是一种关于美德的理论，因此从根本上与没有为美德留有重要空间的其他伦理理论（我们在第二节中对这些理论考察过）不能区分开来呢？我们的答案是否定的。尽管朱熹也认为，美德因使其拥有者成为有别于动物的人而成为善，但美德不只是一种工具的善。但这不只是因为一个人没有美德就无法过上有别于动物的人的生活，或者因为一个人一旦过上有别于动物的人的生活便不能遗弃美德。这一点甚至亚里士多德主义者也会同意，并且在这一意义上他们认为美德具有内在价值。相反，一种有别于动物的人的生活本身是由美德所规定的。对朱熹而言，是美德而非理性或者别的什么决定了人的本性。人性本善即有仁义礼智诸德，因此，一个人要想成为有别于动物的人，那他就必须是善的，必须具有仁义礼智诸德，因为否则的话他就跟动物没什么区别；因为朱熹用美德定义人性，说一个人需要美德是为了成为有别于动物的人，这并不会使这样一种美德伦理成为一种重结果的伦理学，因为一个人的美德使其拥有的结果恰恰就是成为有德之人。朱熹这里提供的对美德的说明，虽然以人性为基础，但它能够维持美德的首要地位。正是在这一意义上，我们可以说朱熹避免了美德伦理学的第一重困境。

六　朱熹如何避免美德伦理学的第二重困境

在上一节中，我们认为朱熹提供的对美德的说明避免了美德伦理学第一重困境。关于这一点，我们似乎应该要比较小心。按照沃森对这第一重困境的描述，我们要么为了保持美德的首要性，就不提供一个美德理论，虽然作为一种美德伦理学却不告诉我们什么是美德会很奇怪；要么我们提供一种对美德的说明，但一旦提供这种说明，美德就不具再有首要性了，因为我们用来说明美德的东西，不管它是什么，便成了首要性的东西了。我们知道朱熹采取了第二个策略，即为美德提供一种说明。但如果这样，美德在他的伦理学中应该不再具有首要性了，而他用来说明美德的东西变成了首要的东西。但我们上面说，美德在被朱熹这样说明以后没有失去其首要性，那他是如何做到的呢？正如我们所看到的，他试图用人性即使人之为人的东西、将人与别的存在物区分开来的东西来说明美德。但这样一来，说明美德的人性才应该是首要的，而美德应成为从属于人性的东西。这里的关键是朱熹的人性概念。我们上面提到，与亚里士多德将理性作为人性、作为人之为人的东西、作为将人与动物区分开来的东西不同，朱熹认为将人与动物区分开来的、使人之为人的人性是道德性，即仁义礼智，也就是美德。这样在用人性说明美德时，他便又恢复了美德的首要地位。但在这里，明眼人一看就知道，朱熹似乎做了一个循环论证：美德由人性决定和说明，而人性本身又由美德决定或说明。如果真是如此，那么朱熹对美德的说明并没有对美德提供一种客观的解释，而仅仅是对它的重新表述，而这正好是美德伦理学第二重困境的一个方面：用来说明美德的人性概念要么是客观的，因此在道德上不确定的；要么是规范性的，因此缺乏客观的基础。如果朱熹成功避免第一重困境的前提是陷入第二重困境，那么他的成功就很廉价。因此，本节将考察朱熹是否可以避免美德伦理学的第二重困境。有一点很清楚，他用以解释美德的人性概念在道德上是确定的，因为他的人性概念包含了仁义礼智这些美德。既然如此，那么接下来我们的工作就是要看看这一说明是否缺乏客观性，就是说，当他说人性具有仁义礼智这些美德时，他只是在说人性应该有这些美德呢，还是也提供了客观的证据证明人性确实具有这些美德？如果是前者，那么朱熹用来解释美德的人性观具有规范性却没有客观性，因而没有避免美德伦理学的第二重困境。如果是后者，朱熹用来解释美德的人性概念既具有规范性又具有客观性，因而避免了美德伦理学的第二重困境。

　　乍一看，似乎前者是对的。在上一节的引文中，朱熹说人性是形而上的太极浑然之体，我们对此无可言说。在同一封信（《答陈器之》书二）的稍后部分，朱熹重申了这一点，他讲人性之未发，"所谓浑然全体，无声臭之可言、无形象之可见"。如果关于人性为善我们无可说，那么，我们怎么能知道人性是善的、是包含有仁义礼智的呢？朱熹一定是指人性应该有仁义礼智，而不是说人性实际上确实有仁义礼智。但实际上述当然不是朱熹的观点，因为朱熹确信人性是有仁义礼智。但他是怎么知道的呢？为了回答这一问题，朱熹区别了人性和人情。仁义礼智属于人性，而恻隐之心、羞恶之心、恭敬之心以及是非之心则是与它们相应的人情。程颐曾说："因其恻隐之心，知其有仁。"(《遗书》卷一五，168)朱熹认为程颐这句话非常富有洞见，因为它"也不道恻隐便是仁，又不道掉了恻隐，别取一个物事说仁"(《语类》卷五十三，1288)。在朱熹看来，虽然我们不能混淆人性和人情，但我们也不能把它们彼此割裂开来："有这性，便发出这情；因这情，便见得这性。因今日有这情，便见得本来有这性。"(《语类》卷五，89)他对程颐关于仁和恻隐之心所提出的看法做了概括，并将其运用于人性的其他方面及其相应的人情：

> 盖是理之可验，乃依然就他发处验得。凡物必有本根，性之理虽无形，而端的之发最可验。故由其恻隐所以必知其有仁，由其羞恶所以必知其有义，由其恭敬所以必知其有礼，由其是非所以必知其有智。使其本无是理于内，则何以有是端于外？由其有端于外，所以必知有是理于内而不可诬也。(《朱文公文集》卷五八《答陈器之》书二，《朱子全书》第二十三册，2779)

因此，尽管对人性没有直接的理解，我们还是可以确信人性具有美德，因为我们可以感知到人情之善。在朱熹看来，人性是人情的未发状态，而人情是人性的已发状态。我们所感知到的事物使人性发出来并显现为人情。例如，"见孺子入井，而有怵惕恻隐之心，便照见得有仁在里面；见穿窬之类，而有羞恶之心，便照见得有义在里面"(《语类》卷五十三，1288)；同样，经过一座庙宇，一个人便会产生恭敬之情，由此可见人性之礼。简而言之，当外部事物刺激了我们的感官，内心的人性便被唤醒，由此所表现出来的就是人情(见《朱文公文集》卷五十八《答陈器之》书二，《朱子全书》第二十三册，2779)。朱熹用了几个类比来解释我们从可以直接感知的人情之善，认识不可直接感知的人性之善。他说："如见水流之清，则知源头必清矣。四端，情也，性则理也。发者，情也，其本则性也，如见影知形之意。"(《语类》卷五，89)他还说，根据人情认识人性，"恰如有这般儿子，便知得是这样母。……譬如草木之萌芽，可以因萌芽知得他下面有根。也不道萌芽便是根，又不道掉了萌芽别取一个根"(《语类》卷五十三，1288)。

　　总之，我们可以根据对人情之善的直接认识而间接认识人性之善，就像我们看见出自源头的清流从而间接认识清澈的水源，看见事物的影子从而间接知道事物的形状，看见这般的儿子而间接了解这般的母亲，看见草木的萌芽而间接推断下面有根。因此，很显然，朱熹的人性概念既不是在道德上不确定，因为它明确表示人性具有美德，也不是主观的，因为它有坚实的客观经验基础。但我们可能还是会有疑义：一个客观描述人是什么的人性概念怎么能够是规范性的，即它怎么能够告诉我们之所当是？如果我们之所当是建基于我们实际上之所是，那么我们就必定已经是我们之所当是。因此，即使这样的人性概念有规范性，它也是毫无意义的。对此，朱熹认为人性具有美德，但他承认人情可以为善亦可为恶。因此，他说："性才发，便是情。情有善恶，性则全善。"（《语类》卷五，90）当朱熹认为人性根本上具有美德时，他并不是说所有人实际上已经是善的，而是说所有人能够而且应当具有美德。

　　不过，这样会引出一个新的问题。如果从善的人情可以推断出引发这个人情的人性一定为善，那么难道我们就不能相应地从恶的人情推断出引发这个人情的人性一定为恶吗？答案是否定的。再一次使用朱熹的类推："草木之萌芽，可以因萌芽知得他下面有根。"然而，仅仅因为无草木之未萌，我们还不能说下面一定没有根；同样，仅仅因为草木之萌芽不好，我们还不能推断出它的根一定是坏的。无根确实不可能有苗，但无苗却并不表示无根；坏根固然不可能有好苗，但坏苗却并一定表明坏根。好的根也可能因其他原因而不发芽或者发芽后变坏。当然，我们也不能将这个类比推得太远，因为我们至少不能排除这样一种可能性：在有些情况下，没有萌芽确实是因为没有根，或者萌芽不好确实是因为根不好。但是，我们知道，朱熹直截了当地拒绝了人性为恶的可能性。这是否意味着，考虑到某些人情确实是恶的，并且有些人确实上是恶人这样的事实，朱熹人性为善的主张终究是一种缺乏客观基础的形上学主张？

　　答案再一次是否定的。我们可以从朱熹对人和动物所做的区别来看。正如我们所看到的，虽然他认为恶人就事实层面而言无异于禽兽，但他也认为恶人就应然层面而言有别于禽兽。我们通常会说，恶人应该具有美德，但我们不会说动物应该具有美德，因为"应该"暗含"能够"：恶人事实上有可能被塑造成具有美德的人，而动物则不能。一位学生向朱熹请教为何万物具有同样的性却仍有差异，他回答说："人之性论明暗，物之性只是偏塞。暗者可使之明，已偏塞者不可使之通也。"（《语类》卷四，57）在这段文字中，朱熹不仅区分了人与物，还区分了善人（他们因此而成为真正的人、健康的人）和恶人（他们因此而成为名义上的人、有缺陷的人）。人物之别在于性之通蔽。若性因气之偏而蔽塞，则不可能通。这也是社会性动物为什么不能扩充其四种天赋品质而使之成为美德的原因之所在。善恶之人的区别在于性之明暗。性没有被人的私欲遮蔽为明；反之则为暗。在后一种情况中，"人"的行动无异于动物，因为他们已经把人类所独有的能力，即将四种品质推向极致的能力弃而不用。不过，说无德之人与动物无异，只是就他们实际上的所为而论，而不是就他们的所能为而论。诚如朱熹所言，（动物的）偏塞之性不可使之通，（无德之人）因私欲之遮蔽而晦暗之性则可使之明。紧接着上面这段文字，一位学生说："人之习为不善，其溺已深者，终不可复反矣。"朱熹对此并不赞同，他认为："势极重者不可反，亦在乎识之浅深与其用力之多寡耳。"（《语类》卷四，57）换句话说，虽然需要比别人付出更多的努力，但那些深溺于恶习的人仍然可以回归正确的轨道。只要他们根据《中庸》所说的去做："人一己百，人十己千"，便会"虽愚必明"（《语类》卷四，65）。这就是为什么朱熹反复强调《大学》中下面这段文字的原因："小人闲居为不善，无所不至，见君子而后厌然，掩其不善而著其善。"在朱熹看来，小人对不善行动的遮掩实际上表明他们意不诚（见《语类》卷十五，300），知不真（《语类》卷十六，302），自欺（《语类》卷十六，304），且错上加错（为不善是错，掩其不善又是错）（《语类》卷十六，334）。但在朱熹看来，这也恰恰表明即使不道德的人也知道人之为人的独特之处在于其有美德。正是在这一意义上即使是恶人也不同于动物。

因此，朱熹在主张人性具有美德时，并不意味着每一个体实际上已经具有美德。事实上有很多人不具有美德，在此意义上，很多人还不是真正有别于动物的人。他们是有缺陷的人。在这一意义上，虽然朱熹不会赞同霍斯特豪斯对人性的亚里士多德主义理解，但他无疑会赞成她的以下看法。当我们说人性为人所特有的东西时，这里所说的为人所特有的东西（characteristic of human beings）不是一个统计学的概念。就是说，它不是我们在对人类做了简单观察和统计以后所得到的概念。换言之，它意味着不是所有人都以人所特有的方式生活，也不必然意味着大多数人以人所独有的方式生活。要确定一种方式是否为人类所特有的方式，就是要看看是不是所有的人都能够这样做（而不是实际上都这样做）。因此，正如霍斯特豪斯之所言，这个概念"显然是规范性的，显然要引出下述判断：很多人并不是'以类所特有的方式'生活，因而是有缺陷的人"（Hursthouse 1999, 223）。①在这一意义上，朱熹一方面主张人性具有美德，另一方面承认有些人（实际上很多人）并不具有美德，但这并不矛盾。朱熹与霍斯特豪斯的不同之处在于何为人性。在霍斯特豪斯看来，人性在于理性，而在朱熹看来，人性则在于"推"，即扩充四种品质的能力，也就是让这四种品质成为人之美德的能力。②因此，只要一个人身上的这四种品质没有得到充分扩充，那这个人就是在伦理上或多或少有缺陷的人，正如一个人如果缺乏为人所特有的视力就是身体上或多或少有缺陷的人。更重要的是，在朱熹看来，如果一个人的身体缺陷严重到一定程度，他可能就永远无法获得人所特有的身体能力，但是，一个在伦理上有缺陷的人，不管其缺陷多么严重，只要愿意努力运用

---

①　霍斯特豪斯的这个看法与汤普森的生活形式（a form of life）概念一致。根据汤普森的观点，一个特定物种的生活形式不会被这个物种成员的一些（甚至大量）反例所证伪。这个物种中那些没有这种生活方式的成员应该要有这样的生活方式。这里，"我们可以说，只是'应该'出现于某个个体中的东西形式上已经存在于这个个体中"（Thompson 1995, 295）。这个观点也与黄百锐在道德理由内在论和外在论争论中的立场一致。与简单的内在论和外在论观点不一样，黄百锐采取了一种中间的或者说混合的立场。他认为："这些理由外在于个别行动者的动机，但内在与人性。"（Wong 2006, 188）根据我们这里讨论的朱熹的立场，黄百锐应该更确切地说，道德理由始终内在于人性，但不一定内在于每个人的动机结构：它们内在于具有美德的人的动机结构，但外在于缺乏美德的人的动机结构。

②　我们说对朱熹而言"推"是人之区别标志，与他用天理和生来描述人之独特性并不矛盾：前者（"推"）是经验事实，而后者则是对事实的一种的形而上学解释。

"推"的功夫①，就永远有可能重新获得人所特有的伦理方式。为了成为有别于动物的人，所有的人可以且应当具有人所特有的伦理方式，尽管并非所有的人以这种方式生活，甚至大多数人不是以这种方式生活。这也可以说明，为什么我们会谴责人的伦理缺陷，却不会谴责人的身体缺陷。

　　现在我们可以做一个小结。在本节开头，我们的问题是，朱熹用人性概念解释美德时把人性和美德等同了起来，这是否意味着他的人性概念仅仅是重新表述了它所试图解释的美德概念，因而这样的人性概念只有规范性而缺乏客观性，而这是沃森认为美德伦理学会面临的第二个困境的一个方面。相形之下，亚里士多德主义的人性概念则落入了第二重困境的另一个方面，即他的人性概念具有客观性却没有规范性。这一节的讨论证明，实际上的情况并非如此，因为朱熹将人性理解为德性的观点建立在经验观察之上：一方面，存在有美德的人之情；另一方面，那些没有展示有美德的人之情的人可以并且应当具有这些有美德的人之情，因为它们是人所特有的东西，缺少它们就意味某人是有缺陷的人。简言之，朱熹的人性概念既是客观的又是规范性的，因此可以成功避免第二重困境。

七　结　论

　　本章讨论了由沃森所提出的美德伦理学因强调美德的首要地位而面临的二重困境。在亚里士多德的功能论证中，理性和美德之间存在着巨大的鸿沟，正如威廉斯和麦克道尔他们所指出的，它的当代辩护者尚未对其进行充分弥合。我认为正是由于这一鸿沟，亚里士多德伦理学作为一种美德伦理学才会不可避免地面临这二重困境。本章还认为，霍斯特豪斯发展出来的精致的新亚里士多德主义伦理自然主义也面临着同样的问题，尽管她有意地试图避免这二重困境。接着，本章转而考察朱熹的伦理学。本章证明，朱熹和亚里士多德主义者一样，选择对美德加以说明而非置之不理，并且，

---

　　①　对朱熹而言，仅圣人不需要用力"推"，但这只是由于圣人的四种品质能够自然扩充："圣人自然流出，灌溉百物，其他人须是推出来灌溉。"（《语类》卷二十七，693）

对美德的说明也诉诸了人性概念。不过，他在用人性解释美德的时候避免了第一重困境，因为他有一个不同于亚里士多德主义的人性概念。朱熹以美德而非理性规定人性。与此同时，他的人性即美德的观点表明他的人性观具有规范性，但他又提供了足够的证据表明人性确实有美德，而这表明他的人性观也有客观性。在此意义上它也就同时成功地避免了第二重困境。

参考文献

陈来：《朱熹哲学研究》，上海：华东师范大学出版社，2000年。

程颢、程颐：《二程集》，北京：中华书局，2004年。

朱熹：《四书章句集注》，台北：大安出版社，1994年。

朱熹：《朱子语类》，北京：中华书局，1986年。

朱熹：《朱子全书》，上海：上海古籍出版社，合肥：安徽教育出版社，2002年。

Adams, Robert Merrihew. 1976. "Motive Utilitarianism." *Journal of Philosophy* 73: 467-481.

Anscombe, Elizabeth. 1958. "Modern Moral Philosophy." *Philosophy* 33: 1-19.

Aristotle. 1963. *Nicomachean Ethics*. in *Works of Aristotle*, vol. ix. Oxford: Oxford University Press.

Copp, David, and David Sobel. 2004. "Morality and Virtue: An Assessment of Some Recent Work in Virtue Ethics." *Ethics* 114: 514-554.

Dorter, Kenneth. 2009. "Metaphysics and Morality in Neo-Confucianism and Greece: Zhu Xi, Plato, Aristotle, and Plotinus." *Dao: A Journal of Comparative Philosophy* 8: 255-276.

Garrard, Eve. 2000. "Slote on Virtue." *Analysis* 60: 280-284.

Gowans, Christopher W. 2008. "Virtue and Nature." *Social Philosophy and Policy* 25: 28-55.

Hooker, Brad. 2002. "The Collapse of Virtue Ethics." *Utilitas* 14: 22-40.

Hurka, Thomas. 2001. *Virtue, Vice, and Value*. Oxford: Oxford University Press.

Hursthouse, Rosalind. 1999. *On Virtue Ethics*. Oxford: Oxford University Press.

Hursthouse, Rosalind. 2002. "Virtue Ethics vs. Rule-Consequentialism: A Reply to Brad Hooker." *Utilitas* 14.1: 41–53.

Hursthouse, Rosalind. 2004. "On the Grounding of the Virtue in Human Nature." in Jan Szaif, ed. *What is Good for a Human Being?: Human Nature and Value*. Berlin and New York: Walter de Gruyter.

Hursthouse, Rosalind. 2007. "Virtue Ethics." *Stanford Encyclopedia of Philosophy*. plato.stanford.edu/entries/ethics-virtue. Accessed on March 1, 2009.

Kultgen, John. 1998. "The Vicissitudes of Common-Sense Virtue Ethics: Part I: From Aristotle to Slote." *The Journal of Value Inquiry* 32: 325–341.

Louden, Robert B. 1997. "Kant's Virtue Ethics." in Daniel Statman, ed. *Virtue Ethics: A Critical Reader*. Washington, DC: Georgetown University Press.

MacIntyre, Alasdair. 1984. *After Virtue*. Notre Dame: University of Notre Dame Press.

McDowell, John. 1998. *Mind, Value, and Reality*. Cambridge MA: Harvard University Press.

Nussbaum, Martha. 1995. "Aristotle on Human Nature and the Foundation of Ethics." in J. E. J. Altham and Ross Harrison, ed. *World, Mind, and Ethics: Essays on the Ethical Philosophy of Bernard Williams*. Cambridge: Cambridge University Press.

O'Neill, Onora. 1989. "Kant after Virtue." in her *Constructions of Reason: Exploration of Kant's Practical Philosophy*. Cambridge: Cambridge University Press.

Santas, Gerasimos X. 1997. "Does Aristotle Have a Virtue Ethics." in Daniel Statman, ed. *Virtue Ethics: A Critical Reader*. Washington, DC Georgetown University Press.

Slote, Michael. 1992. *From Morals to Virtue*. Oxford: Oxford University Press.

Slote, Michael. 1997. "Virtue Ethics." in Marcia W. Baron, Philip Pettit and Michael Slote, eds. *Three Methods of Ethics: A Debate*. Malden, MA: Blackwell Publishing.

Slote, Michael. 2001. *Morals from Motives*. Oxford: Oxford University Press.

Stateman, Daniel. 1997. "Introduction." in Daniel Statman, ed. *Virtue Ethics: A Critical Reader*. Washington, DC: Georgetown University Press.

Svensson, Frans. 2007. "Does Non-Cognitivism Rest on a Mistake?" *Utilitas* 19: 184–200.

Swanton, Christine. 2003. *Virtue Ethics: A Pluralist View*. Oxford and New York: Oxford University Press.

Taylor, Charles. 1989. *The Sources of the Self: The Making of the Modern Identity*. Cambridge, MA: Harvard University Press.

Thompson, Allen. 2007. "Reconciling Themes in Neo-Aristotelian Meta-Ethics." *The Journal of Value Inquiry* 41: 245–263.

Thompson, Michael. 1995. "The Representation of Life." in Rosalind Hursthouse, Gavin Lawrence, and Warren Quinn, eds. *Virtues and Reasons*. Oxford: Clarendon Press.

Toner, Christopher. 2007. "Sorts of Naturalism: Requirements for a Successful Theory." *Metaphilosophy* 39: 220–250.

Watson, Gary. 1997. "On the Primacy of Character." in Daniel Statman, ed. *Virtue Ethics: A Critical Reader*. Washington, DC: Georgetown University Press.

Williams, Bernard. 1971. *Morality: An Introduction to Ethics*. New York: Harper.

Williams, Bernard. 1985. *Ethics and Limits of Philosophy*. Cambridge, MA: Harvard University Press.

Williams, Bernard. 1995. "Replies." in J. E. J. Altham and Ross Harrison, eds. *World, Mind, and Ethics: Essays on the Ethical Philosophy of Bernard Williams*. Cambridge: Cambridge University Press.

Wong, David B. 2006. *Natural Moralities: A Defense of Pluralistic Relativism*. Oxford and New York: Oxford University Press.

Yu, Jiyuan. 2007. *The Ethics of Confucius and Aristotle: Mirrors of Virtue*. New York and London: Routledge.

第六章　道德实在论：
朱熹美德伦理学的进路

一　引　言

在元伦理学中，特别是在道德本体论问题上，存在着道德实在论与反实在论之争。实在论者承认（1）道德命题有真假，而且至少其中有些是真的；（2）其真假取决于客观存在的道德事实或道德性质。反实在论者都否认（2），有的还否认（1），而对（1）的否定又可采取两种形式，要么根本否认有道德命题存在，要么承认有道德命题存在，但否认有任何道德命题为真。[①]因此，道德反实在论基本上可以分成三类。最极端的是非认知主义（non-cognitivism），认为我们的道德判断并不具有认知的意义，因此没有真假；它事实上并不是道德命题，而不过是伪装成道德命题了的，或者有道德命题假象的我们的情感的表达，所以这样一种立场通常称为情感主义（emotivism）或者表达主义（expressivism）。例如，当我们说某个行为不对时，我们实

---

①　还有一种立场，一般被归于实在论，但在我看来也可以看作间于实在论和反实在论之间的一种立场。这种立场通常被称为反应依赖说（response-dependent theory）或者感受性说（sensibility theory）。这种立场当然也接受（1），认为道德判断有真假，但对于（2）的立场则比较复杂，认为决定我们的道德判断之真假的道德事实或性质既不是完全客观的、也不是完全主观的。这是因为道德性质有点类似洛克所说的第二性质。与完全客观的，即不依赖于我们对其感知而存在的第一性的质（如一个物的形状、大小、数量等）不同，第二性的质，如颜色、声音、味道等，取决于我们的感知，因为物本身没有颜色、声音、味道，在此意义上，它们是主观的。但同时我们之所以在物上感知这样的第二性的质是因为这个物确实有在我们的感官上产生这样的感觉的力量，在此意义上它们又是客观的。道德本体论上的这第三种立场认为，道德性质在一种类似的意义上既是主观的又是客观的。持这样一种立场的主要有麦克道尔和大卫·维金斯（David Wiggins）。

际上只是在表达我们不喜欢这个行为的情绪，这样的表达也许有恰当与否之分，但没有真假之别。这种理论的主要代表是艾耶尔（A. J. Ayer）和西蒙·布莱克本（Simon Blackburn）。另一种反实在论承认道德判断是认知性的，而且试图描述某种客观的道德实在，但由于这样的实在根本不存在，这样的道德判断便总是错的，而永远没有任何真的道德判断。其情形类似于历史上的燃素说，它想用燃素来解释燃烧现象，但由于这样的燃素根本不存在，不管什么样的燃素说总是错的。所以这样一种理论也叫作错误理论（error theory），主要由麦基和理查德·罗伊斯（Richard Royce）提出。道德反实在论的第三种形式认为我们的道德判断有真假，但否认客观的道德实在的存在。一个道德判断的真假取决于判断者所接受的一套主观标准。我们说某人的行动不对与一个球赛的裁判说某个球员的动作犯规类似。我们可以确定这个裁判的判断的真假，但我们根据的标准是球赛规则，而球赛规则不是客观的，而是为球赛更赏心悦目而制定出来的。因此这样一种理论通常也被认为是主观主义或者非客观主义。当代元伦理学中的大多数反实在论者都属于这一类，主要代表则有哈曼和科思嘉。道德实在论也有各种形式，但根据一种简单的分类，有自然主义的和非自然主义的。自然主义的道德实在论认为客观存在的道德事实或道德性质要么就是自然事实或自然性质，要么是依附于（supervene）自然事实或自然性质上的事实或性质，我们可以像认识其他自然现象一样认识道德事实。代表这样一种立场的有理查德·博伊德（Richard Boyd）和彼得·莱顿（Peter Railton）。非自然主义的道德实在论认为道德事实、道德性质不是自然事实、自然性质，而是与三角形所具有的内角之和为 180 度这样的数学性质或者是像柏拉图所讨论的形式所具有的形而上学性质类似的非自然性质。这种立场以摩尔和拉斯·谢弗-兰多（Russ Shafer-Landau）为代表。按照另一种不太常见但对本章的讨论至关重要的划分，道德实在论还可以分为以道德行为为关注点的道德实在论和以道德行为者为关注点的道德实在论。前者所说的道德事实和道德性质都是涉及道德行为的事实或性质，而后者说的道德事实或性质都是涉及行为主体的事实或性质。在这个意义上，这两种道德实在论的元伦理学立场分别相应于大家熟悉的几种规范伦理学立场：前者相应于关注行动的后果论和义务论，而后者相应于关注行为者的美德论。我之所以说这种划分不常见（事实上也许是我在这里第一次明确地、有意识地做出这样的区分），是因为在当代道德哲学中的道德实在论几乎都是以行动为中心的。我之所以说这种划分对本章的讨论很重要，是因为本章将关注的朱熹的道德本体论不仅在实在论与反实在论之争中持实在论立场、在自然主义与反自然主义之争中持自然主义立场，而且在义务论／后果论与美德论之争中持美德论的立场。在我看来，道德实在论必须要正面面对反实在论者认为道德实在论必须面对的一些严重困难（第二节），但以行动为中心的道德实在论无法克服这样的困难（第三节）。只有以美德伦理为进路的道德实在论，即以行动者而不是以行动为焦点的道德实在论才能为道德实在论提供一个真正的出路。在这方面，代表当代西方美德伦理学复兴运动中最重要的新亚里士多德主义的霍斯特豪斯虽然并没有有意识地提出一种道德实在论，但她对美德的客观性的详细论述表明了以美德伦理为进路的道德实在论之可能性，但由于其亚里士多德主义固有的理智主义倾向使这样的道德实在论不能真正说明一个行为主体作为人为什么必须要具有美德（第四节）。本章的重点是要阐明，朱熹的以儒家美德伦理学为进路的道德实在论不仅可以克服新亚里士多德主义的问题（第五节），而且也可以很好地避免道德反实在论认为道德实在论所具有的困难（第六节）。最后我对全章做一小结。

二　道德实在论的四大困难

如果我们在道德上持一种反实在论的立场，那么我们的所有道德主张都缺乏了客观性。而如果我们的道德主张缺乏了客观性，我们对于为什么要做这种道德主张认为应该做的事情就会开始产生疑问。就此而言，道德实在论就有它独特的吸引力，因为它认为道德主张具有客观性，即以客观存在的道德事实或道德性质为基础，因而我们也就更有理由遵循这样的道德要求。但是，在道德反实在论者看来，道德实在论存在着一些严重的困难。

首先就是我们无法从事实推出应该。持一种道德实在论，就是说规范性的道德主张是建立在事实基础上的，也就是说，我们以"应当"形式出现的规范性命题是从以"是"为形式的事实性命题推演出来的。但是，大家知道，休谟在其《人性论》中指出，在"是"与"应当"之间存在着一个巨大的，但为人们忽略了的鸿沟："在我遇到的每一个道德学体系中，我一向注意到，作者在刚刚是照平常的推理方式进行的，确定了上帝的存在，或是对人事做了一番议论；可是突然之间，我却大吃一惊地发现，我所遇到的不再是命题中通常的'是'与'不是'等连系词，而是没有一个命题不是由'应该'或'不应该'联系起来的。这个变化虽是不知不觉的，却是有极其重大的关系的。因为这个应该或不应该既然表示一种新的关系或肯定，所以就必须加以论述和说明；同时对于这种似乎完全不可思议的事情，即这个新关系如何能由完全不同的另外一些关系推出来的，也应该举出理由加以说明。不过既然作者们通常不是这样谨慎从事，所以我倒想向读者们建议要留神提防；而且我相信，这样一点点的注意就会推翻一切通俗的道德学体系，并使我们看到，恶德和美德的区别不是单单建立在对象的关系上，也不是被理性所察知的。"（Hume 1978, 469）休谟说的是类似这样的情况：我们刚刚做了一个描述性的命题，"甲打了乙"，便很自然地做出一个规范性命题，"甲不该打乙"或"甲打乙不对"，好像我们可以从"甲打乙"这个事实命题推出"甲不该打乙"这样一个规范命题似的。类似地，我们刚刚做了一个描述性的命题，"张三把摔倒的李四扶了起来"，便很自然地做了一个规范性的命题，"张三应该帮助李四"或者"张三帮助李四是对的"，仿佛后者可以从前者推导出来似的。而休谟在上面这一段话中，就是要提请我们注意，关于"是"的命题与关于"应该"的命题是两种完全不同类型的命题，我们不能从一个关于"是"的实然命题中推出一个关于"应该"的应然命题来。查尔斯·R. 皮格顿（Charles R. Pigden）认为，之所以从"是"推出"应当"是谬误，并不是因为道德具有任何特殊的特征，而是由于逻辑的保守本性："合法推理的结论是包含在前提之中的。你不可能取出你没有事先放进去的东西。"（Pigden 1991, 423）既然在"是"的命题中没有"应该"，那么，根据逻辑的这种保守性质，从前者推出后者就是一种谬误推论。后来，人们往往用摩尔在其《伦理学原理》中提出的"自然主义谬误"（naturalistic fallacy）来说明这种谬误推论的性质，虽然实际上摩尔关心的不是这个问题，而是我们接着要讲的大多数道德实在论都会面临的另一个问题（他自己也是一个道德实在论者，确切地说，是一个非自然主义的实在论者，但他认为自己的实在论不会犯这种自然主义的谬误）。

其次，自然主义的道德实在论面临着摩尔所谓的"开放问题"（open question）。我们上面讲了摩尔的自然主义谬误实际上并不是指从事实推出应该的谬误。摩尔自己是个非自然主义的道德实在论者。在他看来，"好"或"善"（good）是一个最基本的、简单的、不可分析的道德概念，我们可以用它来定义别的概念，如正当（right）概念，但它本身是不可定义的。任何要对"好"进行定义的意图，不管是用快乐还是神的诫命，在摩尔看来都是犯了被称作"自然主义谬误"的逻辑错误。因此必须指出，摩尔对"自然主义谬误"这个词的使用并不是非常严格的，因为尽管快乐确实是"自然的"，神的诫命却肯定不是。也因此，W. K. 弗兰克纳（W. K. Frankena）正确地指出，摩尔实际上指的是"定义谬误"（definitional fallacy）而不是"自然谬误"（natural fallacy）（见 Frankena 1939, 469）。在摩尔看来，当我们用别的东西来定义"好"、说某某属性是好时，我们就会面临一个开放的问题：它真的好吗？一个问题是否是一个开放的问题，就看我们提的这个问题是否说得通（intelligible）。例如，如果有人把"光棍"定义为"没有结婚的成年男子"，我问"光棍真的是一个没有结婚的成年男子吗"这个问题就不是一个开放的问题，因为这是一个说不通的问题，就是说，我会提这个问题的事实本身就表明了我要么不知道什么是光棍，要么不知道什么是未结婚的成年男子，要么两者都不知道。但是假如我们用某种自然属性来定义"好"或"善"，我们就一定会面临开放的问题。例如，如果我们把好定义为快乐这种自然属性，人们就可以合理地问"快乐真的是善吗"？这是一个开放的问题，因为这个问题是说得通的，就是说，我们提出这个问题的事实本身并不表明我们不理解"好"和"快乐"。如果我们把善定义为我们有欲望去欲望的东西，定义为令人羡慕的东西，或任何别的什么自然属性，我们都会面临开放的问题。而我们能对这个定义提出开放的问题就表明这个定义有问题，也就是说，"好"与我们用来定义它的那种自然属性不是一回事（Moore 1993, 67）。

道德实在论必须面对的第三个问题是麦基所谓的怪异性（queerness）问题。道德实在论者断定有客观的道德性质。在麦基提到的持这种观点的人中包括弗朗西斯·哈奇森（Francis Hutcheson）和理查德·普莱斯（Richard Price），前者说道德的善是体现于行动中的、使我们赞成这种行动的某种性质，后者则说，对和错是行动的特质，而不是我们心灵的性质（Mackie 1990, 31）。麦基认为道德实在论的这种观点是非常怪异的。这个怪异性有两个层面，一个是存在论的，一个是认识论的。在存在论层面，麦基认为，如果存在有客观的道德性质的话，这是一种非常怪异的性质。为什么呢？以打人这个行动为例子。如果我们说，这种行动有产生痛苦的自然性质，这并不是一种怪异的性质，因为我们可以知道这个打人的行动确实造成了被打的人的痛苦。但道德实在论者说，除了这种产生痛苦的自然性质以外，这个行动还具有"错"（wrongness）这种道德性质，麦基认为这就是一种怪异的性质。我们再以帮人疗伤为例子。如果我们说这个行动有减轻痛苦的自然性质，我们不会说这是一种怪异的性质，因为我们确实看到这种行动帮助他人减轻了痛苦。但如果道德实在论者说，这个行动不仅有让人减轻痛苦的自然性质，而且还有"对"（rightness）这种道德性质，麦基认为这就是一种怪异的性质。一方面，"对"和"错"这样的道德性质怪异在什么地方呢？跟打人这种行动所有的产生痛苦的性质和帮助人疗伤这种行动所具有的减轻痛苦这种性质光具有客观性不一样，道德实在论者认为这两种行动分别具有的"错"和"对"这样的道德性质不仅具有客观性，而且具有规范性，或者说它们具有客观的规范性（objective prescriptivity）。换言之，如果我们知道了某个行动的自然性质，我们只是知道存在着这样的性质，但如果我们知道了某个行动的道德性质，我们不仅知道存在着这样的性质，而且还会有一种动机去从事具有"对"这种性质的行动（如帮人疗伤）或者不做甚至阻止具有"错"这种性质的行动（如打人）。这怎么可能呢？另一方面，这样一种客观的道德性质本身是否是一种自然性质？如果是，为什么与我们熟悉的自然性质如此不同呢？如果不是，那么它们与自然性质的关系如何呢？就是说一个行动之产生痛苦的性质与其"错"的性质有什么关系，一个行动之减轻痛苦的性质与其"对"的性质之间有什么关系？所有这些都表明，道德实在论者所假定的客观的道德性质具有存在论上的怪异性。麦基认为这种性质在认识论上也具有怪异性。如果这样的道德性质存在的话，我们需要某种与我们认识自然界的所有其他东西不一样的、独特的知觉或直觉的官能。因为凭我们认识自然世界的日常官能，我们所能认识到的只是客观的自然性质，而不是具有客观规范性的道德性质。道德实在论者往往诉诸一个独特的道德直觉官能，但麦基指出：

> 　　不管这个过程多么复杂，如果它要产生权威的规范结论，这种直觉需要某种特定的输入项，不管是前提，是论证，还是两者兼而有之。当问我们怎么知道这种权威的规范性、知道这些独特的伦理前提的真假、知道这种独特的伦理推理形式的说服力这样困难的问题时，我们关于感官知觉、关于内省、关于对解释性的假设的设想、关于推论、关于逻辑构造、关于概念分析，或者关于上述诸项的任何综合所能做出的日常说明都不能为此提供一个令人满意的回答。（Mackie 1990, 38-39）

由于道德实在论所假定的客观的道德性质具有这样的存在论和认识论上的怪异性，麦基认为我们最好还是放弃这样的假定，即否认这种客观的道德性质的存在。

　　道德实在论必须面对的第四个，也是我要讨论的最后一个问题就是所谓的不可追踪的（intractable）道德分歧问题。这是麦基用来反对道德实在论的第二论证，他称之为根据相对性的论证（argument from relativity）。这个论证的前提是"不同文化之间和不同历史时期之间道德规则之差异以及在一个复杂的社会内部不同团体和阶级的道德信念之不同"（Mackie 1990, 36）。道德相对主义者哈曼也说："不同文化的成员在对错问题上通常持有很不相

同的信念，而且通常根据很不相同的信念行动。"（Harman 1996, 8, 10-11）当
然光是存在着道德分歧这一点还不足于证明客观的道德事实、道德性质的
不存在，因为在科学问题上也存在着分歧，而我们一般都并不因此而否认科
学涉及的是客观存在的事实或性质。这里的关键是人们在伦理问题上的分
歧与人们在科学问题上的分歧具有不一样的性质："科学上的分歧是由于作
为理性推论或者解释性假设之基础的证据之不足，而我们很难用同样的方
式来说明在道德规则上的分歧。"（Mackie 1990, 36）换言之，与科学上的分
歧不一样，在道德问题上的分歧是无法追踪的。由于科学问题上的分歧是
由于证据的不足，因此分歧的双方可以设计一些实验，即使这样的实验在当
下因各种条件所限实际上还不能做，争论的双方都可以接受实验的结果所
证明的假设，因此科学分歧至少在理论上是可以最终解决的。但道德问题
上的分歧并不是因为证据的不足，因此争论的双方无法共同设计一个其结
果大家都能接受的、用来检测双方不同假设的实验。哈曼用了几个例子来
说明道德分歧的这种不可追踪性。即使在充分讨论并就相关问题拥有完整
信息以后，素食主义者和肉食主义者之间的分歧还是会存在，因为他们之间
的分歧似乎在于他们各自给动物和人赋予的重要性不同；同样，人们在堕胎
和安乐死问题上的争议，也不是因为其中的一方或双方关于堕胎或者安乐
死的相关事实缺乏全面的了解，而是因为他们在生命的内在价值与生命使
之成为可能的东西（如快乐的经验和有成就感的活动）的价值问题上的看法
不同；我们有的人认为恐怖主义炸毁一个有名的古老的博物馆的行为比炸
一条人群拥挤的街道更坏，而还有一些人则持相反的看法。这样的分歧同
样不是因为这两部分人对博物馆和拥挤的街头的事实在认知上有分歧，而
是由于他们对生命的价值和珍贵的建筑与艺术品的价值看法不一。当然，
即使证明了道德分歧较之科学分歧的这种不可追踪性，道德非实在论者也
意识到，这并不就直接表明道德实在论之不能成立。在他们看来，道德实在
论和道德反实在论可以看作是对不可追踪的道德分歧这种现象所做的两种
不同的解释，而在他们看来，道德实在论的解释没有道德反实在论的解释
好。为什么呢？如果我们接受道德实在论，认为存在着客观的道德事实或

道德性质，而相互之间有分歧的各种道德主张都试图把握这同一个道德事实。很显然，这些分歧的道德主张有可能都是错的，而不可能都是真的，因为对于同一个道德事实，相互矛盾的各种观点中最多只有一个是真的。那么为什么其他人都错了呢？这些人"要么对这个事实犯了错误，要么他们的推论有问题，要么他们缺乏别人具有的达到真理的能力"（Harman 1996，40）。这样的解释之所以有问题，不只是因为我们很难想象在（例如）堕胎问题上的任何一方有这里所说的问题，而另一方则没有，而且是因为我们没有一个客观的、可操作的标准来断定到底是其中哪一方有问题。相反，根据反实在论的解释，之所以人们在道德问题上有分歧，是因为"人们属于和参与不同的生活方式。这里的因果联系似乎主要是这样的：人们之所以赞成一夫一妻制，是因为他们在过一夫一妻的生活，而不是相反，即人们之所以过一夫一妻的生活是因为他们赞成一夫一妻制"（Mackie 1990, 36）。换言之，之所以人们在道德问题上持不同的立场，是因为他们有不同的生活方式。在道德反实在论者看来，很显然这样一种对道德多样性的解释比道德实在论对它的解释要好得多。

我们上面讨论的是道德反实在论者认为道德实在论会面临的四个主要问题。因此，任何人要想提出一种可信的道德实在论，都必须能对这些问题做出恰当的说明。

三　以行动为焦点的道德实在论的问题

我在本章的引言中说，道德实在论可以根据其聚焦的不同而分为以行动为中心的道德实在论和以行为者为中心的道德实在论。前者所说的客观的道德性质是道德行为所具有的性质，而后者所说的客观的道德性质是行为者所具有的道德性质。在我看来，以行动为焦点的道德实在论无法避免我们在上一节讨论的所有问题。当然我们在这里不可能逐一考察这种道德实在论的所有版本，并说明它们各自具有的问题。事实上我们也没有必要做这样的详尽考察，因为有些道德实在论者自己就承认他们的理论存在着上述的某些、至少某个问题。例如，莱顿在其著名的《道德实在论》一文的结尾就承认，他的道德实在论不能完全避免摩尔的开放问题（Railton 2003, 32）。在本节，作为例证，我仅考察以行动为中心的道德实在论对休谟挑战的两个回应，看看他们为什么没有成功地从"是"推出"应该"。

从稍近但较不为人知的马克·T. 尼尔森（Mark T. Nelson）的论证开始。尼尔森没有去论证道德实在或道德性质的客观性，但他认为我们可以从事实命题推出价值命题。为此，他提出了这样一个针对休谟命题的反论证：

> N1. "从道德角度看，伯蒂应该跟玛德琳结婚"是达利娅阿姨的诸信念之一；
> N2. 达利娅阿姨的所有信念都是真的；
> N3. 因此，从道德角度看，伯蒂应该跟玛德琳结婚。（Nelson 1995, 555）

这显然是个有效论证，但这个论证真的如尼尔森认为的从事实陈述推出了应然陈述吗？显然，上面论证的结论是一个应然陈述，而第一前提是一个事实陈述。关键是第二前提。它表面上看起来同样是一个事实陈述。然而，如果我们说"达利娅阿姨的所有信念都是真的"，那么达利娅阿姨的这一信念"从道德角度看，伯蒂应该跟玛德琳结婚"就同样是真的；但是说达利娅阿姨的信念"从道德角度看，伯蒂应该跟玛德琳结婚"是真的，却只是意指"从道德角度看，伯蒂应该跟玛德琳结婚"——这却是一个应然陈述。因此，尼尔森所实现的，不是从一个事实陈述推出了一个应然陈述，而是从一个应然陈述推出了一个应然陈述。

为了回应我们的反对意见，尼尔森在对第二前提的特殊（specific）解释与一般性（general）解释之间做出了一个区分。根据特殊解释，第二前提确实"隐含一个清单，包括了达利娅阿姨的所有信念以及对于每一个信念为真的断言"（Nelson 1995, 559）。由于这个清单当中同样包括达利娅阿姨的这一信念"从道德角度看，伯蒂应该跟玛德琳结婚"以及其他应然信念，因此第二前提不是一个纯粹描述性的陈述。然而，尼尔森宣称，对第二前提也可以做一般性的解释，"即解释为这样一个命题：达利娅阿姨的所有信念——不管它是什么——都是真的，或许这样说更好些：达利娅阿姨是绝无错误的，而这种解释并不带有道德承诺……对 N2 的特殊解释带有一个'伯蒂有义务跟玛德琳结婚'的道德承诺，但是对它的一般性解释却不带有这样一个道德承诺。此外，我的论证在对 N2 的一般性解释之上仍然是有效的，而我所意指的正是这个一般性解释"（Nelson 1995, 559）。

尼尔森的论证存在的问题是双重的。一方面，他并没有告诉我们为什么在一种特殊解释同样自然的情况下必须对第二前提进行一般性解释。另一方面，如果一般性解释可以接受，否认存在道德信念的逻辑实证主义者和其他道德情感论者（因为对它们来说道德信念只是情感表达而已）可能认为尼尔森的反论证是无效的，因为对他们来说第二前提并不包括达利娅阿姨的这样一个情感"从道德角度看，伯蒂应该跟玛德琳结婚"，因此我们不能得出结论说，从道德角度看，伯蒂应该跟玛德琳结婚，即便达利娅阿姨的所有信念都是真的。在这样一种情况下，尼尔森不得不向道德情感论者表明存在道德信念且这样的信念同样包含在第二前提中。然而，即便情感论者被说服，他们也将认识到尼尔森并没有从事实陈述推出一个应然陈述，因为第二前提本身就（至少部分地）是一个应然陈述。

现在我转向另一个更早也更著名的尝试。在其发表于 1964 年的经典文章《如何从"是"推出"应当"？》中，约翰·R. 塞尔（John R. Searle）对休谟命题直接发起攻击。他认为，休谟命题的意思就是："存在一类事实陈述，它在逻辑上与价值陈述不同。没有任何一套事实陈述能够单独引出任何价值陈述。用更具当代性的术语来说就是，如果不至少加上一个评价性前提的话，就没有任何一套描述性陈述能够引出一个评价性陈述。"（Searle 1964, 43）塞尔设计了如下反例对休谟命题进行反驳：

（1）琼斯说："我兹许诺付给史密斯 5 美元"；

（2）琼斯许诺要付给史密斯 5 美元；

（3）琼斯将自己置于付给史密斯 5 美元的义务之下；

（4）琼斯有义务付给史密斯 5 美元；

（5）琼斯应当付给史密斯 5 美元。（Searle 1964, 44）

塞尔宣称，在这个例子当中，作为前提的第一个句子显然是一个描述性陈述，而第二个句子只是第一前提的重述，第三个句子只是对"许诺"这个词的一个字典式解释，第四个句子是对第三个句子的一个重述。由此，从第四个句子似乎就合逻辑地得出了作为结论的第五个句子——一个应然陈述。

塞尔的文章一经发表，就引起了关于这一反例是否有效的热烈讨论。我的质疑稍有不同。我并不质疑此反例的有效性，我质疑的是它是否真的从那个事实陈述推出了一个应然陈述。在解释他的反例时，塞尔宣称休谟命题建立在对于"描述性陈述"的一个狭义理解的基础上，所谓狭义的"描述性陈述"，指的是限于如"我的车一小时能跑 80 里""琼斯身高 6 英尺""史密斯的头发是棕色的"等等一些陈述。然而塞尔认为有一类十分不同的描述性陈述，如"琼斯已婚""史密斯做出了一个许诺""杰克逊有 5 美元"，以及"布朗击出了一记本垒打"。它们如何不同呢？塞尔说："尽管这两种陈述的对象都是客观事实，包含'已婚''许诺''本垒打''5 美元'这些词汇的陈述所描述的是这样一些事实——它们的存有预设了某些制度（性存在），比如，一个人有 5 美元，这就预设了货币这种制度。如果去掉那种制度，他所拥有的不过就是一个上面有绿色墨水的长方形纸片。一个人击出了本垒打，预设了棒球规则的制度；没有这个制度，他就只是用一根棒子击中了一个球。类似地，一个人只有在婚姻和许诺的制度范围内才能结婚或做出许诺。没有那些，他所做的就不过是发出声音或者做出动作。为了表明这种事实的特征，我们可以称其为制度性事实（institutional fact），以与非制度性或者说原始事实（brute fact）进行对照。一个人有一张上面印了绿色墨水的纸片是原始事实；而他有 5 美元则是一个制度性事实。"（Searle 1964, 54-55）

所谓"制度性事实"，塞尔指的是由某些特定规则创造出来的行为（例如下棋这种行为只有在相关的规则形成之后才可能），而不是仅仅由规则所规定的事先已经存在的行为（例如吃这种行为早在餐桌礼仪形成之前就已经存在了）。在塞尔看来："一旦我们承认这种制度性事实的存在并且开始去把握它们的性质，那么看出许多形式的义务（obligation）、承诺（commitment）、权利、责任都是被类似地制度化的东西就只有咫尺之遥了。某人有某些义务、承诺、权利、责任常常是事实，但却是制度性事实而不是原始事实。上文中我借以从'是'推出'应当'的，就是这种制度化形式的义务——许诺。"

正是在这个意义上，我认为塞尔未能成功地从一个事实陈述推出一个应然陈述，因为他的结论——尽管其中有"应当"这个词出现——实际上仍然是一个事实陈述或者说描述性陈述。"应当"一词至少有两种用法，一种是规范性的，一种是描述性的。如果我说"人不应当伤害他人"，"应当"在这里的用法就是规范性的；然而，如果我说"在不允许死刑的地方凶手不应当被处死"，"应当"这个词的用法就是描述性的。二者的区别在于，在第一种用法中，我作为说话人显然同意人们不应当伤害他人；而在第二种用法中，我认为凶手应当不会被处死只是因为考虑到死刑不被允许，而我完全有可能认为死刑是好的、杀人者应当被处死。①

我认为塞尔反例的结论当中对"应当"的用法同样是描述性的，这一点甚至在他自己对于该论证的解释当中就已经清晰地显示了出来："我从一个原始事实开始，即一个人说出了某些词，然后我用制度这个概念来产生出制度性事实，如此我们得出了'此人应当付给另一个人5美元'的制度性事实。整个论证都有赖于对'做出一个许诺就是要去承担一个义务'这个构成性规则的诉诸。"（Searle 1964, 55）换句话说，塞尔的整个论证只是等于：只要一个人参与了许诺这一制度，他就应该遵守他的许诺；而对于这个制度是好的

① "应当"的两种意义之间的这个区分是由埃里森·雅戈（Alison Jaggar）提出的："一个对于事实陈述与价值陈述之间存在逻辑鸿沟具有承诺的哲学家……可能会论证'应当'一词存在至少两种不同的含义：一种是描述性的，说话者是在报告一个无可争议的、客观的事实（尽管是一个制度性意义的事实而不是原始事实）；一个是评价性的，它带有这样一个内涵：说话者赞同琼斯去履行自己的支付承诺。对此，反对者可能会说，只要前提被解释为只是包含描述性的或者说分析的陈述，塞尔例子中的最后一个陈述就只包含前者，即纯粹描述性的'应当'。"（Jaggar 1974, 375）

还是不好的、人们是否应当参与这一制度，它什么都没说。既然我们可能都接受塞尔的结论，它的描述性特征就不那么清晰。为了更清楚地揭示这种描述性，我们可以构造一个类似的例子：

（1）琼斯全心全意地信奉纳粹主义；
（2）并且琼斯发现史密斯躲藏在一个波兰人家庭里；
（3）史密斯是个犹太人；
（4）琼斯应当杀死史密斯。

在这个例子当中，结论的得出并不是因为我们认为琼斯应当杀死那个犹太人，而是考虑到琼斯参与了纳粹主义的制度性活动，因此他应当杀死史密斯，即使我们可能因为认为琼斯不应当杀死史密斯，而想要废除这项制度。[①] 所以与尼尔森的论证事实上是从应然命题推出应然命题相反，塞尔的论证是从实然命题推出了实然命题。但他们共同的问题是，他们设计的论证并不构成对休谟命题的反论证，因为他们想向我们证明的是，他们能够从实然命题推出应然命题。

四 亚里士多德主义美德伦理学的进路：霍斯特豪斯的成就及局限

虽然我在上一节中只讨论了以行动为中心的道德实在论一个侧面，但在我看来，这也从一个侧面反映了这种道德实在论的一般问题，也就是说它不能避免我在本章第二节所列举的道德反实在论者认为道德实在论会面临

[①]　迈克尔·马丁（Michael Martin）对塞尔的论证做了一个类似的批评："（1'）戈培尔说：'我兹向你，希特勒，承诺，我将杀死五百万犹太人。'通过一种类似于塞尔的论证可以得出（4'）戈培尔有义务杀死五百万犹太人。然而这何其荒谬。不管是戈培尔还是任何其他人，没有人可以具有一个实施残暴行为的道德义务，也就是说有这样一个初始（*prima facie*）义务。这表明塞尔推出他的（4）的推理过程是有问题的，因为它与上面得出（4'）这个荒谬结论的推理过程是一样的。"（Martin 1974, 150）

的问题。在这一部分，我将考察新亚里士多德主义美德伦理学家霍斯特豪斯论证道德实在论的美德伦理学进路，包括它的成就和局限。如我在本章一开头所指出的，霍斯特豪斯本人没有有意地想从美德伦理学的进路论证道德实在论，但她对美德的客观性的论证事实上是一种道德实在论的论证。当然，也如我在本章引言中指出的，我们在霍斯特豪斯对美德伦理学中发现的她对道德实在论的论证是以行动者为中心的，而不是以行动为中心的。换句话说，这样一种道德实在论的进路所要论证的，不是一个行动所具有的对和错这样的道德性质的客观性，而是作为行动者的人所具有的好和坏这样的道德性质的客观性。我认为对道德实在论的这种美德伦理学进路不仅有望证明道德性质的客观性，而且可以避免道德反实在论者认为道德实在论所具有的问题。

由于道德实在论的美德伦理学进路所关注的是作为行为主体的人，其最重要的道德概念是作为行动主体的人的好坏，而不是行动的对错（在这种进路中，行动的对错是从行动者的好坏推导出来的），而它最重要的任务就是要证明人的好与坏这样的道德性质是客观的。在做出这个证明之前，霍斯特豪斯强调，在美德伦理学中使用的"好"与"坏"这样的形容词是属性（attributive）形容词，而不是谓语（predicative）形容词。霍斯特豪斯认为："这必然导致的情况就是，尽管你可以根据你喜欢的任何一个标准来对事物进行评价和选择，然而你所挑选的名词或名词词组必须是你用来描述你有意称其为'好'的事物的，因为它决定了恰当的好（goodness）的标准。"（Hursthouse 1999, 195）霍斯特豪斯说在这两类形容词之间的区分来自其老师富特，而富特则说这个区分源于季奇的一篇常常被忽略而不应该被忽略的一篇论文，《好与恶》（Foot 2001, 2）。所以我把季奇的这篇文章找来，发觉它确实是一篇非常重要的文章，至少对于本章要讨论的问题来说。所以在讨论霍斯特豪斯的观点之前，我先简单地说明一下季奇在这篇文章中的主要观点。

在这篇文章的一开头，季奇就从语法上区分了属性形容词和谓语形容词。他说，如果"X 是 AB"（A 是形容词，而 B 是一个名词）可以分成"X 是 A"和"X 是 B"，那么 A 这个形容词就是谓语形容词，如果"AB"不能被分开，分别作为 X 的谓语，那么 A 这个形容词就是一个属性形容词。他举例说明。如果我们说，"X 是红书"，这里 "红" 和 "书" 可以分别作为 X 的谓语，因为我们可以分别说 "X 是红的" 和 "X 是书"。相反如果我们说 "X 是小象"。这里的 "小象" 就不能分开，分别作为 X 的谓语，因为虽然我们还可以说 "X 是象"，但不能说 "X 是小的"。为什么不能呢？我们可以设想另外一种情况。如果我们说 "Y 是大蚂蚁"，我们同样不能将作为形容词的 "大" 与作为名词的 "蚂蚁" 分开，用作 "Y" 的谓语说，"Y 是大的" 和 "Y 是蚂蚁"。如果我们把 "X（象）是小的" 和 "Y（蚂蚁）是大的" 放在一起，我们就看到了问题，因为很显然，我们看到的 X 要比 Y 大很多（Geach 1956, 33）。

在对属性形容词和谓语形容词做了这样的区分以后，季奇说形容词 "好" 和 "坏" 与 "大""小" 这样的形容词类似，而与 "红""黄" 这样的形容词不同。就是说，它们是属性形容词，而不是谓语形容词。为了说明这一点，他在 "红车" 与 "好车" 之间做了对比。如果在远处有一辆红车，有一个人看到了它的颜色，但看不清它是什么，他可以说，"这是红的"，而另一个视力好但色盲的人看到它是车，但不知道它的颜色，他可以说，这是 "车"，然后我们听到两个人交流以后，可以说："这是红车。"这说明 "红" 和 "车" 可以分别作为我们看见的东西的谓词，因此 "红" 是谓词形容词。但是，季奇指出："很显然，我们不可能综合两个独立的信息，即 '这是好的' 和 '这是车'，来确定 '这是好车'。"（Geach 1956, 33）这是因为，假如有一辆好车在两个人面前，即使一个人可以知道这是车而不知其好坏，因而说 "这是车"，但很显然另一个人不可能不知道这是什么而只知道 "这是好的"，因此即使第二个人这样说了，我们在听到这两个人说的话以后，除非我们也像第二个人那样脑子有问题，我们也断不会因而确定在他们面前的是一辆好车。

季奇之所以要强调 "好""坏" 是属性形容词而不是谓语形容词，主要是为了反对两类哲学家的观点。第一类是他称为 "客观主义者" 的哲学家的观点。虽然他没有点名，但因为他认为这样的哲学家有 "自然主义的谬误" 的概念并认为 "好" 是简单的、不可定义的非自然的属性，我们可以知道，他主要针对的是摩尔的观点。① 季奇虽然同意摩尔的观点，认为用快乐、欲望的满足等来定义"好"确实会犯自然主义的谬误，而且在这样做时，人们实际上是在将"好"看作谓语形容词。但他也反对摩尔将好看作一种"非自然"的属性。一方面，这样的否定说法没有告诉我们这种属性是什么样的属性，从而使这种属性具有了神秘的成分。但更重要的是另一方面。像摩尔这样的"客观主义者"与他们所批评的、犯自然主义谬误的哲学家有一个共同的问题，就是他们把"好"看作一种独立的单一的属性，仿佛"好车""好树""好老虎""好刀""好人"等中的"好"都具有相同的意义。在季奇看来："认为要么所有被称为'好'的东西都必须满足同一个条件，要么'好'这个词就是不可救药地含混不清的，这纯粹是一种偏见。"（Geach 1956, 35）但我们在上面看到，"好"作为属性形容词与像"红"这样的谓语形容词的一个重要区别恰恰就是，像"红"这样的谓语形容词的意义是独立于其所描述的名词的意义的。因此即使我们对于红色之物一无所知，我们也可以知道"红"的意思，因为一把红椅、一朵红花、一件红衣中的红（redness）是完全一样的。然而，我们要理解好的意义就必须理解被看作好的名词的意义。换言之，我们并不具有一个独立的、一致的关于"好"（goodness）的标准可以应用于一切事物。相反，我们的好（goodness）的标准必须是特定于被我们描述为"好"的那个东西的。换句话说，好这个规范性概念必须来自一个关于被认为是好的东西的描述性概念。好车的好、好树的好、好老虎的好、好刀的好、好人的好都有不同的意义，就好像大病毒的大、大蚂蚁的大、大象的大、大山的大、大行星的大具有不同的意义。因此正如富特指出的，"我们必须将'坏'改成'好'，如果我们开始以为这样的形容词所描述的哲学书而实际上是一本催眠书"（Foot 2001, 3）。

季奇要反对的第二类哲学家他称为牛津道德学家。在大多数情况下他也没有点名是谁，但在一个地方，他提到康德主义哲学家罗斯（W. D. Ross）的名字。这些牛津道德学家认为，季奇所讨论的作为属性形容词的"好"的用法主

---

① 相对而言，富特在讨论作为属性形容词的"好"与"坏"时，则明确地反对摩尔的观点。见 Foot 2001, 2。

要具有赞扬的功能而不是描述的功能。换言之，它主要是一个规范概念而不是一个事实概念。因此说"这是一本好书"也就是我建议你看这本书。但季奇说："我完全反对认为'好'的首要功能不是描述功能的观点。"（Geach 1956, 36）他举了反例说，如果我说"这个人是好小偷"，这里的"好"这个字完全是描述性的，意指这个人善于偷东西而不被发现，但我绝对不是赞扬他。在季奇看来，"好"的主要功能是描述而不是赞扬。例如如果我说这个人有好的眼睛、有好的胃等，在一般情况下，我并不是想将他的眼睛和胃等推荐给别人。在季奇看来，虽然这些以罗斯为代表的牛津道德学家和以摩尔为代表的客观主义者相互并不同意，但他们都认为"好"这个形容词，为了避免其意义的含糊不清，就必须有一个统一的意义，而这个统一的意义就不可能是描述的，而必须是推荐性的。因为在描述的意义上，如我们上面看到的，"好 X"之"好"与"好 Y"之"好"意义不同，但它们有共同的推荐意义：如果有人需要 X，我就把这个 X 推荐给他，如果有人需要 Y，我就把这个 Y 推荐给他。但在季奇看来，尽管对所有好的东西的好我们无法提供一个统一的说明，但并不表明我们的好的概念就是含混不清的。他做了一个类比说，2 的平方等于 2 的 2 倍，但 3 的平方是 3 的 3 倍，4 的平方是 4 的 4 倍。所以 X 的平方是 X 的几倍取决于 X 这个数字，但这并不表明"平方"这个词的意义含混不清。

现在我们回到我们本节要讨论的核心主题，霍斯特豪斯美德伦理学进路的道德实在论。由于我们在前一章中对霍斯特豪斯的美德伦理学做了比较详尽的讨论，我们在这里只从道德实在论的角度对它做比较简要的说明。我们说了美德伦理学进路的核心概念不是行动的对错，而是行动者的好坏。刚才我们讨论的季奇的观点对这种进路的道德实在论的重要性就在于，它告诉我们，要知道作为行动者的好坏就必须要知道作为行动者的人是什么，因为仅当我们知道了人是什么，我们才能确定一个具体的人是好人还是坏人，而这正是霍斯特豪斯所做的。[①] 如我们在第五章讨论美德伦理的两个两

---

① 在我刚才描述的季奇的观点中，有一点是我不同意的。为了反对牛津道德学家认为"好"这个词主要是推荐性的观点，他强调它主要是描述性的。如我们在本章后面要论证的，在我看来，"好"这个词是同等地描述性的和推荐性的。

难时所看到的，霍斯特豪斯对人之好坏的讨论从相对无争议的对于动植物的好坏的讨论开始。她认为，我们在评价植物、动物和人的好坏时，要从他们各自的目的和方面着手，如果一个 X 的诸方面很好地为其诸目的服务，这就是一个好 X，否则则是一个坏 X。这也许可以看作对"好"的一般的、形式上的定义，但要具体知道"好 X"中"好"的实质意义，我就必须了解这个X 是什么。我们首先假定这个是植物。植物有两个方面，即其构成部分（叶片、根、花瓣等）和活动（生长、吸水、发芽、枯萎、结籽等）。植物也有两个目的，即"（1）维持为其所属物种之成员所具有的典型的生存期的个体生存；（2）维持物种的延续"（Hursthouse 1999, 198）。因此，一个好的植物就是其部分和活动与其个体生存和物种延续完美适应的植物。换言之，一个好的植物就是其两个方面能够很好地服务于其两个目的的植物。

其次我们假定 X 是动物。除了植物具有的两个方面和两个目的以外，动物还有两个额外的方面和目的。新增的第一个方面（第三方面）是与植物的被动性反应形成对照的能动性的活动，而新增的第二个方面（第四方面）是某种由情绪和欲望组成的心理状态。有了这两个新的方面，动物不仅有了实现前两个目的的更为复杂的方式，而且产生了两个新的目的。第一个新目的（第三个目的）是其"特有的避免痛苦及追求快乐的方式"，而第二个新目的（第四个目的）是在狼和蜜蜂这样的社会性动物的"社会群体的良好运转"。因此，一个动物特别是高级动物，到底是好的还是有缺陷的，应该以这四个方面能否很好地服务于这四个目的来衡量。最后一个目的，也就是"社会群体的良好运转"，作为社会性动物的特征，由于与我们对同样是社会性动物的人的评估相关而显得尤其重要。这种功能"使其成员（以其物种特有的方式）获得好的生存；也就是说，有利于其特有的个体生存，有利于它们对物种延续做出其特有的贡献，有利于避免其特有的痛苦，有利于获得其物种特有的快乐"（Hursthouse 1999, 201）。简言之，第四个目的，就是要使其成员能够更好地实现另外三个目的。

霍斯特豪斯认为，现在我们也可以以类似的方式来讨论人。在人那里，又出现了一个全新的方面（第五方面）：理性（rationality），尽管没有新的目的出现。因此如果我们要对一个人做全面的评价，我们就要看这个人的五个方面是否很好地为这四个目的服务，从而确定这个人是好人还是坏人。但在伦理学中，我们不讨论头两个方面，即人的身体的构成部分及其单纯的身体活动，它们是人类生物学和医学的对象。因此，伦理评估的方面包括行为、情绪、欲望和理性。虽然较之高级动物，人只是增加了一个新的方面即理性，但理性不仅是一个需要评估的新的方面，而且它影响了对人的其他方面的评估。例如，动物的行为是出自先天倾向的，而人的行为出自理性因而成了伦理评估的对象。同样，与动物不同的是，情绪（emotions）和欲望（desires）在人身上之所以同样是伦理相关的方面，是因为它们受到理性的影响。因此，霍斯特豪斯认为，理性的出现标志着人与动物的巨大差别。表明其他存在之特征的东西，很大程度上是被自然决定的。它们之所以不去做某些事，正是因为它们不能做。与此相反，人类所特有的东西在相当大程度上是由"我们的理性（如果愿意你也可以说'我们的自由意志'）"所决定的："除了显而易见的物理局限和可能的心理局限外，无法从我们实际上所做的知道我们能够做的，因为我们能够对我们实际上的行为进行评估然后至少尝试去改变它们。"（Hursthouse 1999, 221）所以，人类特有的生存方式就是理性的方式，"就是任何我们可以正确地视作好的、有理由采取的方式"（Hursthouse 1999, 222）。

因此，对一个人做伦理评价，即将纯身体方面排除在外的评价，说一个人是（伦理上的）好人或是坏人，就是看这个人的行为、情感、欲望和（特别是）理性能否很好地服务其四个目的，特别是第四个目的，即社会群体的良好运转。霍斯特豪斯强调，她对人的这样一种描述是建立在当代生物学、人种学、人类性、心理学和社会学等基础上的，因此她在此基础上确立的与人的独特性即人性紧密相关的"好人"之好的概念也具有客观性。事实上，她之所以不同意别的一些哲学家，认为人较之高级动物没有新增任何额外的目的，恰恰是因为我们缺乏客观的证据，证明人有这样的新的目的。例如，她说，"我们或许会说人的第五个目的是我们的灵魂为来世生活所做的准备，或者它就是沉思，即理论理性的良好运作。但是接受第一点就等于超出了自然主义的范围走向了超自然主义，而对于像亚里士多德一样接受第二点，即使是哲学家们也是要犹豫再三的"(Hursthouse 1999, 218)。

我们可以看到，作为一个新亚里士多德主义者，霍斯特豪斯跟亚里士多德一样，认为人与动物的唯一差别是理性。但在一个重要的方面，霍斯特豪斯跟亚里士多德不同。亚里士多德没有区分人的方面与目的。由于在他那里，人的独特功能是理性活动，一个好的人就是具有卓越理性活动的人。但如有些当代哲学家所指出的那样，这种意义上的"好人"之"好"并不具有完全的道德的确定性。就是说，虽然这种意义上的"好"是一种客观的性质，但它并非完全是道德的性质。也就是说，人所具有的这种"好"的性质虽然是客观的，但不是规范。例如，麦克道尔就认为，一个理性功能得到卓越发挥的人不一定就是一个道德上的好人。为了说明这一点，他让我们想象一只获得了理性的狼。狼本来也是一种社会动物，这跟人一样，但跟人不一样，没有理性。现在假设一个狼群中的一只狼获得了理性，应该说与人无异了。但这只狼在获得理性以后与跟在获得理性之前的自己或者与还没有获得理性的其他狼会有什么差别呢？当然有很多可能性，但我们至少不能排除这样的可能性：在获得理性之前，它本能地参与其狼群的集体捕猎并与其他狼分享猎物。但在获得理性以后，它可能会想，我是不是可以不参加捕猎而继续分享（甚至设法独吞）猎物呢？这就表明，理性并不一定隐含道德上的好的性质(McDowell 1998, 171-173)。霍斯特豪斯的美德伦理学则可以避免这个问题，因为与亚里士多德不同，她区分了人的方面和目的。一个人是否是好人要看人的诸方面是否很好地为人的诸目的服务。虽然理性是最重要的方面，是影响了所有其他方面的方面，但一个人是否是好人，并非看这个人的理性活动是否卓越，而要看这个人的理性活动是否有助于人的目的，特别是第四个目的即社会群体的良好运转的实现。在这个意义上，麦克道尔所假想的那只卓越地发挥了其理性功能以便能够不劳而获的理性的狼就不是好狼，因为它妨碍了"社会群体的良好运转"这个目的的实现。

这就表明，在霍斯特豪斯的美德伦理学进路中，"好人"的"好"不仅是人具有的一种客观的性质而且是在道德意义上规范的性质。在这个意义上，我们在霍斯特豪斯那里发现了一种非常成功的道德实在论证明。但是虽然非常成功，它还存在一个严重的问题。她这种意义上的"好人"虽然排除了充分运用理性为自己谋私利的人（因为如我们上面看到的，这样的人妨碍了"社会群体的良好运转"这个目的的实现，因此是不好的人），但却无法排除沃森所设想的黑帮成员。这个黑帮成员，当然是个理性的人，但他跟其他成员非常合作，并通过其理性的卓越发挥让其他成员的利益和大家所属的整个帮派的利益最大化（Watson 1997, 67）。按照霍斯特豪斯的标准，这样的人应该可看作好人，因为他的各个方面，包括理性，很好地服务于他的各个目的，包括所属的社会群体的良好运转。霍斯特豪斯也许会说，这个黑帮分子或许确实是好的，但那是作为一个黑帮分子，而不是作为一个人。但若如此的话，我们就不能说一个在捕猎中对群体有贡献的狼是一只好狼：它只是作为其特定群体的一员而不是作为狼是好的。如果一只狼仅仅因为对群体有贡献就可以被看作一只好狼，而一个人，除非他或她能够有利于人类物种，却不能被视作一个好人，那么人与社会动物的第四个目的就一定不同。在社会动物那里，这个目的是一个动物所属的特定群体的良好运转，而在人那里，这个目的是一个人所属的整个人类共同体的良好运转，然而霍斯特豪斯在讨论从社会动物到人的转折时，不仅没有为人增加新的目的，而且也没有修改人和动物共享的目的。也就是说人与动物具有相同的第四个目的：社会群体的良好运转。

因此，到最后，在霍斯特豪斯那里，"好人"的好虽然可以说是一种客观性质，但还不是一种道德上完全具有规范性的性质。换言之，它还不是一个严格意义上的道德性质。正因为这一点，我们有必要转而考察朱熹的道德实在论之儒家美德伦理学进路。

五　儒家美德伦理学进路：朱熹对霍斯特豪斯局限性的克服

朱熹也是一个道德实在论者，而且他对道德实在论的论证也采取美德伦理学的进路，就是说，他所主要关心的不是一个人的行动之对错，而是作为行动者的人的好坏。在这种进路中，一个人行动的对错取决于行动者的好坏，也就是说，对的行动就是一个好人倾向于从事的行动。所以对于美德伦理学来说，最重要的是如何确定行动者的好坏，而对于实在论来说，最重要的是如何论证人的好坏这种道德品质是客观的而非主观的。由于好人是人所应当成为的人，即朱熹所谓的人之所当然者，确定这种当然之则的客观性的一个办法就是确定其理由即朱熹所谓的其所以然者之客观性。所以说明朱熹的以美德伦理学为进路的道德实在论的一个办法是从他关于所当然和所以然的讨论开始。

在《大学或问》中解释致知概念时，朱熹先说，"致者，推致之谓……言推之而至于尽也"，紧接着他就说，"至于天下之物，则必各有所以然之故，与其所当然之则，所谓理也……故致知之道，在乎即事观理，以格夫物"（《朱子全书》第六册，512）。这里朱熹说明世界上的所有物都有其所以然之故，说明该物为什么是该物而不是别的物，也有其所当然之则，说明该物应该是什么，而两者都是由该物之理决定的。致知也就是也知道这个理。这里朱熹是一般地说天下之物，而没有专门谈论人类。这就表明，在他看来，（例如）如果我们知道有毒的蔷薇有毒，那么它一定有其所以然之故，即它为什么会有毒的道理，它也有其所当然之则，即其应该有毒的道理（也就是说如果一枝有毒的蔷薇没有毒，那它作为有毒的蔷薇就是有缺陷的、不健康）。同样，如果我们知道狼会参与集体捕猎，那么它也一定有其所以然之故，即狼为什么会集体捕猎的道理，和它的所当然之则，即狼应该参与集体捕猎的道理（也就是说如果一只狼不参加集体捕猎却争抢其他狼的猎物，我们可以确定这是一只有缺陷的、不健康的狼）。① 在该书后面解释格物穷理时，朱熹一开始又说了类似的一般的话："天道流行，造化发育，凡有声色貌象而盈于天地之间者，皆物也。既有是物，则其所以为是物者，莫不各有

---

① 所以朱熹认为："人物各具当然之理处。"（《语类》卷六十，1430）人与物在这方面的不同之处在于，当物是其不当是或不是其所当是时，一定是由于自然的原因，因而我们不能要求它为之负责。而当人是其不当是或不是其所当是时，往往是由于这个人自身的原因，因而我们可以要求他为之负责。

当然之则，而自不容已，是皆得于天之所赋，而非人之所能为也。"(《朱子全书》第六册，526)这里他特别强调物之当然之则"皆得于天之所赋，而非人之所能也"，这就更明确地表明，朱熹是一个规范实在论者，即一个物该是这样而不该是那样不是由我们人决定的，而是由天即客观实在决定的。紧接者，朱熹则特别对人之所以然和所当然做说明："今且以其至切而近者言之，则心之为物，实主于身，其体则有仁义礼智之性，其用则有恻隐羞恶恭敬是非之情，浑然在中，随感而应，各有攸主，而不可乱也。次而及于身之所具，则有口鼻耳目四肢之用。又次而及于身之所接，则有君臣父子夫妇长幼朋友之常。是皆必有当然之则，而自不容已，所谓理也。"关于人的这种所以然和所当然我们下面会详细讨论。在这段话的最后，朱熹又回到万物之所以然和所当然："使于身心性情之德，人伦日用之常，以致天地鬼神之变，鸟兽草木之宜，自其一物之中，莫不有以见其所当然而不容已，与其所以然而不可易者。"(《朱子全书》第六册，527-528)这里朱熹强调了物之所当然之理之不容已和所以然之则之不可易，实际上从另一个侧面反映了这样的理和则的客观性。

朱熹认为，世界上发生的一切，即"然者"，不管是否是其所当然者，都有其所以然者。因此有其所以然者之"然者"(所有然者都有其所以然者)并非都是所当然者，也就是说即使并非所当然之然者也有其所以然者。这一点在他解释程颢"人生气禀，理有善恶"这句话时就体现得很清楚。朱熹认为，程颢这里并非在说有善的理也有恶的理，而是说世上有善人、有恶人这个事实、这个然者必定有其理，即有其所以然。由于程颢认为人性皆善，但人性必定禀于气中，而气的质量有不同，所以一个人如果禀有清纯之气，这个人就理应善，而如果一个人禀有浑浊之气，这个人就理应恶。换言之，一个人之所以善(然者也是其所当然者)有其所以然(有其理)，其所以然者是这个人禀有清纯之气(或者，如果禀有浑浊之气的话，他将它澄清了)；同样，一个人之所以恶(然者但不是其所当然者)也有其所以然(有其理)，其所以然者就是这个人禀有浑浊之气又不做努力将其澄清。如果一个人禀有清纯之气却恶，而禀有浑浊之气又不加澄清却善，这反而是违背天理的事情，即不可能出现的事情。正是因为这样，朱熹说，程颢讲的"人生气禀，理有善恶"的"'理'字，不是说实理，犹云理当如此"，这个"理"字"只作'合'字看"（《语类》卷九十五，2426）。

如果不仅作为所当然者的然者（成善人、做善事）有其所以然，而且作为非所当然者的然者（成恶人、做恶事）也有其所以然，那我们如何来确定何为所当然者，何为所不当然者呢？是我们可以任意决定的呢，还是存在着我们可以用来区分所当然者与所不当然者的客观标准呢？朱熹的回答是后者。在朱熹看来，任一然者皆有其所以然，而如果这一然者是所当然者，则它还有其作为所当然者之所以然者，如果这一然者是所不当然者，则它还有作为所不当然者之所以然。换言之，每个然者，例如每个存在的人，都有（至少）两个所以然者。一方面，一个善人作为善人（然者）有其所以然者（说明为什么他是善人），而这个善人应当是善人（其所当然者）也有其所以然（说明为什么他应当是善人）。同样，一个恶人作为恶人（然者）有其所以然者（说明为什么他是恶人），而这个恶人之不应当是恶人（其所不当然者）也有其所以然者（说明为什么他不应当是恶人）。尽管这两个所以然都可以用理来说明，但如朱熹所说的，说明前一种所以然者（为什么一个人是善人、为什么一个人是恶人）之理不是实理，为方便讨论，我们姑且称之为虚理，而说明后一种所以然者（为什么一个人应该是善人而不应该是恶人）之理则是实理。虚理与实理的差别在于，虚理只是说明一个物之所以出现、产生或存在的原因，是纯描述性的，而实理则说明该物（不管其事实上出现、产生或存在与否，即不管它是否是个然者）该不该出现、产生、存在，是规范性的。例如，世界上有善人、有恶人，虚理只是说明为什么有善人、有恶人，而实理则要说明为什么一个人应该是善人而不应该是恶人。

在进一步展开我们的论证之前，有必要对我们上面关于朱熹的然者、所当然者和所以然者的理解做一些澄清，因为郑泽绵在其博士论文中认为我们这种对朱熹的理解是一种误解。在他看来，我们之所以认为有两个所以然，即说明然者（is）的所以然和说明所当然者（ought）的所以然，是因为我们把"'所以然'看成对'为什么'（why）的回答，而不是看成对'怎样做'（how）的回答。对'为什么'的回答是一套理论，如物理学或规则伦理学。与此相反，宋明理学的核心是自我修养，所讲求的理是为人处事的当行之理。譬如我向人请教如何游泳，他能游泳，这是'然'；他的游泳动作，是'所以然'，对我这个学习者来说，这些动作要领既是他的'所以然'，也是我要学的'所当然'。要等到我真正学会了游泳，才算得上真正把握到了其中的'所以然'。所以朱子常常并列使用这两个词。如'是以虽与物接，而不能知其理之所以然与所当然也'。准确地说，朱子的'所当然'与'所以然'只是同一个当行之理的两种描述，只是体会的深浅有所不同"（郑泽绵2011，218）。我认为这样的理解并不符合朱熹的原意。如果知道所以然就是知道怎样做，并且不知道所以然就不知道怎么做，那么除非一个人知道做某事的所以然，这个人就不能做这件事；反过来说，如果一个人成功地做了某件事，这就表明这个人知道了其所以然。但朱子显然并不持这样一种观点。例如，在解释《论语·泰伯》第九章"民可使由之，不可使知之"时，朱熹说："民可使之由于是理之当然，而不能使之知其所以然也。"（《四书章句集注》，141）这就是说，我们可以让老百姓做他们应该做的事情，即使我们没办法让他们知道其所以然。很显然这里的所以然指的是为什么要这样做的理由。如果所以然应理解为怎样做，那老百姓怎么能做他们不知道怎么做的事情呢？同样，在解释《孟子·尽心上》第五章"行之而不著焉，习矣而不察焉，终身由之而不知其道者，众也"时，朱熹也说：这是"言方行之而不能明其所当然，既习矣而犹不识其所以然，所以终身由之而不知其道者多也"（《四书章句集注》，491）。这里朱熹讲得更明确，一个人可以终身做一件事而不知道其所当然和所以然。如果所以然指的是怎样做，那一个人肯定不可能终身不知所以然而然者。在《朱子语类》中讲到孟子的这段话时，朱熹也说："人固有事亲孝，事兄弟，交朋友亦有信，而终不识其所以然者，'习矣，而不察也'。此'察'字，非'察物'之'察'，乃识其所以然也。"（《语类》卷十二，215）这里朱子也说，即使不知其所以然，人也还是可以事亲孝，事兄弟，交朋友信等。事实上，郑泽绵上引的朱熹的话说的也是这个意思。较完整的这段话是："人莫不与物接，但或徒接而不求其理，或粗求而不究其极，是以虽与物接而不能知其理之所以然与其所当然也。"（《朱文公文集》卷四十四《答江德功》，《朱子全书》第二十二册，2038）这里的与物接也就是待人接物的意思。人可以知道如何正当地待人接物，却不知其所以然和所当然。朱熹在所有这些地方实际上都是在说明《系辞》中所说的"百姓日用而不知"的状况。

确信对朱熹的然者、所当然者和所以然者的理解无误后，我们现在再回到前一段讨论的问题：作为解释所当然者（和所不当然者）之所以然的理具有规范性没有问题，但它有没有客观性呢？或者说这种理的规范性是否是建立在其客观性的基础上的呢？这是确定朱熹是否是一个道德实在论者的关键问题。朱熹对这个问题的回答还是肯定的，因而是个道德实在论者。在朱熹看来，由于人之性在气中，而气有清纯和浑浊之分，因此，在虚理的意义上，理当有善人、有恶人，但是在实理的意义上，每个人都理当成善人而不是恶人。为什么呢？这要看什么是人，或者说人性是什么，或者说人之所以为人者是什么。在跟学生讨论《孟子·尽心下》第十六章"仁也者，人也"时，朱熹说："仁者，人之所以为人之理也。然仁，理也；人，物也。以仁之理，合于人之身而言之，乃所谓道者也。"（《四书章句集注》，516）在跟学生讨论同一章时，朱熹也说，"人之所以为人者，以其有此［即仁］而已。一心之间，浑然天理，动容周旋，造次颠沛，不可违也。一违，则私欲间乎其间，为不仁矣。虽曰二物，其实一理。盖仁即心也，不是心外别有仁也"；又说，"人之所以得名，以其仁也。言仁而不言人，则不见理之所寓；言人而不言仁，则人不过是一块血肉耳。必合而言之，方见得道理出来"（《语类》卷六十一，1459）。这就说明人之所以为人是因为其有仁，没有了仁，一个人就不再是人了，或者是有缺陷的人了，或者只是名义上的人了，或者是与动物没有太大差别的人了。值得注意的是，在第一段话中的"不可违也"的"不可"是规范意义的"不可"，意为不容许或"不应该"或"不应当"，而不是描述意义上"不能够"，因为这一段接下来马上就讲了人能够违仁。但既然一个人能够违仁，为什么就不应该违仁呢？就是因为仁是人之所以为人者。

　　这里，为了解释为什么我们应当成为仁者，朱熹说这是因为它构成了我们的人性。当然，朱熹这里说的仁是包含了儒家其他美德的全德。在其《仁说》一文中，朱熹说："天地以生物为心者也，而人物之生，又各得天地之心以为心者也。故语心之德，虽其总摄贯通，无所不备，然一言以蔽之，则曰仁而已矣。请试详之。盖天地之心，其德有四，曰元、亨、利、贞，而元无不统。其运行焉，则为春、夏、秋、冬之序，而春生之气无所不通。故人之为心，其德亦有四，曰仁、义、礼、智，而仁无不包。其发用焉，则为爱恭宜别之情，而恻隐之心无所不贯。故论天地之心者，则曰乾元、坤元，则四德之体用不待悉数而足。论人心之妙者，则曰'仁，人心也'，则四德之体用不待遍举而该。盖仁之为道，乃天地生物之心，即物而在，情之未发而此体已具，情之既发而其用不穷，诚能体而存之，则众善之源、百形之本，莫不在是。此孔门之教所以使学者汲汲于求仁也。"（《朱文公文集》卷六十七，《朱子全书》第二十三册，3279）在与学生讨论这个问题时，朱熹还具体地说明了在何种意义上仁德会导引并且涵括其他三德。朱熹认为，作为人之所以为人者，仁者，"本体；礼者，仁之节文；义者，仁之断制；知者，仁之分别"（《语类》卷六，109）。关于这一点，他在《玉山讲义》中说得更具体："仁字是个生底意思，通贯周流于四者之中。仁，固仁之本体也；义，则仁之断制也；礼，则仁之节文也；智，则仁之分别也。正如春之生气，贯穿四时，春则生之生也，夏则生之长也，秋则生之收也，冬则生之藏也。故程子谓四德之元犹无常之仁，偏言则一事，专言则包四者，正谓此也。"（《朱文公文集》卷七十四，《朱子全书》第二十四册，3589）在其他地方他还做了一个类比："性是统言。性如人身，仁是左手，礼是右手，义是左脚，智是右脚。"（《语类》卷六，110）

　　这里，朱熹认为，仁义礼智这些美德构成了人性。在这个意义上，一方面，人性是具有美德的，是有德的性，即德性，因此朱熹说："大抵人之德性上，自有此四者意思：仁，便是个温和底意思；义，便是惨烈刚断底意思；礼，便是宣着发挥底意思；智，便是个收敛无痕迹底意思。性中有此四者，圣门却只以求仁为急者，缘仁却是四者之先。"（《语类》卷六，110）而另一方面，仁义礼智，作为美德，乃是人性的美德，即性之德。因此朱熹在《答张钦夫论仁说》中说："盖人生而静，四德具焉，曰仁，曰义，曰礼，曰智，皆根于心而未发，所谓'理也，性之德'也。"（《朱文公文集》卷三十二，《朱子全书》第二十一册，1409）说仁义礼智是人性，是人之为人的所以然者，也就是说这是将人与其他存在物区分开来的东西。因此在注《孟子·离娄下》"人之所以异于禽于兽者几希，庶民去之，君子存之"一章时，朱熹说："人物之生，同得天地之理以为性，同得天地之气以为形；其不同者，独人于其间得形气之正，而能有以全其性，为少异耳。虽曰少异，然人物之所以分，实在于此。众人不知此而去之，则名虽为人，而实无以异于禽兽。君子知此而存之，是以战兢惕厉，而卒能有以全其所受之理也。"（《四书章句集注》，413-414）这里虽然没有明确指出人与动物之几希差异为何，但他明确地说，由于这几希是将人与动物区分开来的东西，一个人如果不是存之而是去之，则"实无异于禽兽"。在与学生讨论《孟子》的这一段时，朱熹则更明确地指出了这几希差异究竟为何。朱熹首先不同意佛教将人定义为"耳能闻，目能见"，说"这个禽兽皆知"，是人与物所同者。然后他说："人所以异者，以其有仁义礼智，若为子而孝，为弟而悌，禽兽岂能之哉！"（《语类》卷五十七，1347）正是因为这是人与动物唯一的差异，人便"须是存得这异处，方能自别于禽兽"（《语类》卷五十九，1389）；而"人若以私欲蔽了这个虚灵，便是禽兽"（《语类》卷五十七，1347）。

可以看到，与霍斯特豪斯一样，朱熹这里对道德实在论的论证采取的美德伦理学的进路，就是说他的关注点主要不是去论证一个人的行为之对或错这种道德性质的客观性，而是去论证作为行为者的人之好或坏、善或恶这种道德性质的客观性；而且与霍斯特豪斯也一样，朱熹这种以美德伦理学为进路的对人之好坏、善恶的客观性论证也诉诸人性概念。但较之霍斯特豪斯的论证，朱熹的论证有一个明显的长处，即它避免了前者的一个重大缺陷。我们在前面看到，霍斯特豪斯理解人性基于人的四个目的，特别是社会群体的良好运转这个为社会动物所特有的目的，和为这四个目的服务的五个方面，特别是理性这个为人所特有的方面。她做了详尽的论证，表明人客观上确实有这些目的和方面。但我们看到，她的论证的一个问题是，从这样一种对人性的理解中，她无法做出具有道德上规范性的人之为人的充分说明，因为按照这样一种人性观，一个黑帮成员也可以说是一个好人，因为他的五个方面，包括其理性，很好地服务于其四个目的，包括社会群体（他所属的黑帮）的良好运转。与此相反，朱熹是用仁义礼智来说明人性的，而仁义礼智本身就是规范性的美德概念，它们不仅是人之为人的所以然者，也是人之为人的所当然者。因此，一个黑帮成员或任何其他不道德的人，因其缺乏仁义礼智这种使之成为人的人性，就不是一个好人，是一个有缺陷的人，是一个无异于禽兽的人。

但是朱熹较之霍斯特豪斯的这个长处似乎也隐含着一个短处。我们刚才讲了，霍斯特豪斯的人性概念具有其客观性，甚至是科学性，因为她是建立在生物学、人类学、人种学、心理学、社会学等当代知识基础上的。事实上，她之所以反对人们通过重新规定人的第四个目的或者提出人的第五个目的而修正她的人性概念，使之能够回应黑帮成员的问题，最主要的原因是因为在她看来，我们缺乏客观的甚至是科学的根据来对人性概念做出这样的修正。现在我们说朱熹的人性概念可以推导出人应该是道德的人，但他的人性概念是否具有为道德实在论所需要的客观性呢？朱熹的回答当然是肯定的，但他的回答有没有说服力呢？表面上看来是否定的。这是因为在朱熹看来，仁义理智作为人性是形而上者。例如，在注《孟子·告子上》"生之谓性"章时，朱熹就指出："性者，人之所得于天之理也；生者，人之所得于天之气也。性，形而上者也；气，形而下者也。人物之生，莫不有是性，亦莫不有是气。然以气言之，则知觉运动，人与物若不异也；以理言之，则仁义礼智之禀岂物之所得而全哉？此人之性所以无不善，而为万物之灵也。"（《四书章句集注》，457）形而上者，顾名思义，就是超越形状者，即是无形者，因此朱熹说，"既曰形而上者，则固自无形矣"（《朱文公文集》六十一卷《答林德久》，《朱子全书》第二十三册，2949）；在跟学生讨论《中庸》第十二章时，朱熹也说，形而上者之事"固有非视听之所及者"（《语类》卷六十三，1532）；在跟学生讨论周敦颐《通书》"诚上"章时，朱熹也说，"且如造化周流，未著形质，便是形而上者"（《语类》卷九十四，2389）。既然性是形而上者，而形而上者是非感觉器官所能及，性也就是非感觉器官所能及者。因此，在《答陈器之》问《玉山讲义》一书的一开头，朱熹就说，"性是太极浑然之体，本不可以名字言，但其中含具万理，而纲理之大者有四，故命之曰仁、义、礼、智"；又说，"所谓浑然全体，无声臭之可言、无形象之可见"（《朱文公文集》卷五十八，《朱子全书》第二十三册，2778）。如果人性是非我们的感官所能及者，我们当然还可以说人应该有仁义礼智之德，但我们不能说因为这是人性，毕竟我们无法知道人性。而如果这样，我们关于人应该成为具有仁义礼智之德的人的断言就只具有规范性，而缺乏客观性，因而也不能支持道德实在论。

但朱熹自己却认为，人应该有仁义礼智这个断言，不仅具有规范性而且也具有客观性。换言之，虽然人性非我们的感官所能及，但我们还是可以客观地知道人性由仁义礼智构成。为此，他提出了两个相互关联的论证。第一个是刘述先称之为"由流溯源的方法"："朱子一贯以为性是未发，性既无形，故不可以直接的方法掌握，必由已发倒溯回去，始可以见性之本然。"（刘述先 1984，217）[①] 这里所谓的已发就是情，是流，其源是未发之性。未发之性故非我们的感官所能及，已发之情则可以为我们所感知。由流溯源的方法就是由可感知之情溯不可感知之性的方法。在上述《答陈器之》的信中，朱熹就用了这个方法。他说："然四端之未发也，所谓浑然全体，无声臭之可言、无形象之可见，何以知其粲然有条如此？盖是理之可验，乃依然就他发处验得。凡物必有本根，性之理虽无形，而端的之发最可验。故由其恻隐所以必知其有仁，由其羞恶所以必知其有义，由其恭敬所以必知其有礼，由其是非所以必知其有智。使其本无是理于内，则何以有是端于外？由其有是端于外，所以必知有是理于内而不可诬也。"（《朱文公文集》卷五十八，《朱子全

[①] 类似地，陈来称这种方法为逆推论证。值得指出的是，这里讲的倒溯法或逆推法，与朱熹自己所说的与"顺其理"相反的"逆其理"不同。朱熹说："恻隐羞恶，多是因逆其理而见。惟有所可伤，这里恻隐之端便动；惟有所可恶，这里羞恶之端便动。若是事亲从兄，又是自然顺处见之。"（《语类》卷五十三，1288）朱熹这里说的是我们见恻隐、羞恶之情的状况与我们见恭敬之情的状况不同。

书》第二十三册，2779）在跟他的学生讨论这个问题时，朱熹也说："仁义礼智，性也。性无形影可以摸索，只是有这理耳。惟情乃可得而见，恻隐、羞恶、辞逊、是非是也。故孟子言性曰：'乃若其情，则可以为善矣。'盖性无形影，惟情可见。观其发处既善，则知其性之本善必矣。"（《语类》卷六，108）

朱熹的这个由情溯性的方法来自程颐。程颐曾说"因其恻隐之心，知其有仁"（《遗书》卷十五，168）。朱熹认为程颐此言"说得最亲切分明。也不道恻隐便是仁，又不道掉了恻隐，别取一个物事说仁。譬如草木之萌芽，可以因萌芽知得他下面有根。也不道萌芽便是根，又不道掉了萌芽别取一个根"（《语类》卷五十三，1288）。在朱熹看来，我们既不能混淆性与情，也不能把它们割裂开来："有这性，便发出这情；因这情，便见得这性。因今日有这情，便见得本来有这性。"（《语类》卷五，89）朱熹认为，程颐的由恻隐而知仁的方法可以扩展到四端的其他三端和性的其他三个方面。因此他说："性不可言，所以言性善者，只看他恻隐、辞逊四端之善则可以见其性之善，如见水流之清，则知源头必清矣。四端，情也，性则理也。发者，情也，其本则性也，如见影知形之意。"（《语类》卷五，89）更具体地说，"恻隐、羞恶，是仁义之端。恻隐自是情，仁自是性，性即是这道理。仁本难说，中间却是爱之理，发出来方有恻隐；义却是羞恶之理，发出来方有羞恶；礼却是辞逊之理，发出来方有辞逊；智却是是非之理，发出来方有是非。仁义礼智，是未发底道理，恻隐、羞恶、辞逊、是非，是已发底端倪……如今因孟子所说恻隐之端，可以识得仁意思；因说羞恶之端，可以识得义意思；因说恭敬之端，可以识得礼意思；因说是非之端，可以识得智意思。缘是仁义礼智本体自无形影，要捉摸不着。只得将他发动处看，却自见得。恰如有这般儿子，便知得是这样母"（《语类》卷五十三，1287-1288）。朱熹更举例说："见孺子入井，而有怵惕恻隐之心，便照见得有仁在里面；见穿窬之类，而有羞恶之心，便照见得有义在里面。"（《语类》卷五十三，1288）在上述的《答陈器之》书中，朱熹用感应说提出了类似的说法："盖四端之未发也，虽寂然不动，而其中自有条理，自有间架，不是侗侗都无一物，所以外边才感，中间便应。如赤子入井之事感，则仁之理便应，而恻隐之心于是乎形；如过庙过朝之事感，则礼之理便应，而恭敬之心于是乎形。"（《朱文公文集》卷五十八，《朱子全书》，第二十三册，2779）这里我们看到，朱熹对孟子的"四端"的"端"字有不同的理解。在孟子那里，某物之端指的是该物的起点，而该物就是在这个起点得到充分发展后实现的。例如恻隐为仁之端，意为恻隐经过充分发展以后便是仁。但在朱熹那里，某物之端则成了已经存在的某物所流露出来的端倪。因此在其《玉山讲义》中，朱熹在引了孟子"恻隐之心，仁之端也；羞恶之心，义之端也；恭敬之心，礼之端也；是非之心，智之端也"后就说："谓之端者，犹有物在中而不可见，必因其端绪，发见于外，然后可得而寻也。"（《朱文公文集》卷七十四，《朱子全书》第二十四册，3589）

因此，在朱熹看来，尽管我们对于性没有直接的感知，我们仍然能够确信性是有德之性，是由仁义礼智构成的，因为存在我们能够感知的善的情。在朱熹看来，性是情之未发，而情是性之已发，因此，从所发之情我们可以逆推未发之性，作为对为什么会有这种情的解释。[①] 在上面所引的一些段落中，我们看到朱熹有了几个类比来说明如何从可见的情而知不可见的性。第一个是不可见的根与可见的萌芽的关系。我们虽然不能直接知道地下的根，但从地面上生长出来的健康的萌芽，我们就可以确定下面一定有健康的根。第二是不可见的母亲与可见的孩子的关系。虽然我们不能直接知道不在现场的母亲是否善良，但从我们看到的这个孩子之懂事，我们就可以断定他一定有个善良的母亲。第三个是不可见的水源与可见的水流的关系。虽然我们不能直接知道不可见的水源的质量，但从这个源头流出的清澈的水，我们就可以确定这个水源也一定非常清澈。第四是不可见的性与可见的影之间的关系。虽然我们不能直接知道不可见的形，但从可见的影之大小我们可以推知其形之大小。根据这样的类比，虽然我们不能直接知道人性之

---

　　① 因此，我曾撰专文说明，朱熹的形而上学与在当代西方哲学中被抛弃的形而上学不同，后者是基础主义的，而前者是解释性的。其差别就在于，解释学性的形而上学是以经验现象为基础的，是为了解释这些经验现象（然者）而做出的说明（其所以然），而后者则完全独立于经验现象的。见黄勇 2015，118-128。

善恶，但从可见的其所发之情的善，我们可以确定人性之善。由此可见，当朱熹说，人性具有仁义礼智之德时，他不只是在做一个规范的断定，而且也是在做一个客观的描述。

但在这里我们似乎就碰到了一个问题。我们可以从恻隐、羞恶、辞让、是非这些善端、善情里面推知一定有仁义礼智等性之美德。但若想由此得出人性为善、为德性，我们就得假定所有作为端的情都是善的，而如果这样，世界上就不会有恶，不会有恶人，这显然是反事实的，也不是朱熹所持的观点。朱熹一方面认为性是有德的，另一方面他也确实承认情可以是善可以是恶。他声称："性才发，便是情。情有善恶，性则全善。"（《语类》卷五，90）这就是说，除了四端这些善端、善情外，还有一些恶端、恶情。然而这又导致了一个新问题。如果从善的情我们能够推论说它们由之生发的性必定是善的，我们难道不是同样能够从坏的情推出它们由之生发的性必定是坏的吗？陈来也看到了这个问题："按照朱熹，情是性的表现，由此，从普遍存在于人的四端之情可以证知人无不具有四德之性。但是，情有善恶，于是，同样的方法也可以说，从人有种种不善之情推知人也有与之相应的不善之性。所以朱熹这种以情证性的方法缺乏普遍性而陷入矛盾。"（陈来 2015，211）虽然陈来提出了解决这个矛盾的三个可能办法，但他又说，一则朱熹本身没有意识到这个问题，因而也不可能用这些办法来解决这个问题，二则这些解决方法本身也有问题。事实上，我认为朱子的逆推法在用来说明善恶之情时是具有不对称性的。我们再次借用朱熹的类比，从地面上生发的芽，我们能够推知在地底下一定有根。然而，我们不能仅仅因为地面上没有芽就说在地底下一定没有根；同样，从地面上长出的健康的苗我们可以推知下面一定有健康的根，但我们不能仅仅因为地上发的芽不好就推出其在地下的根也一定不好。一个坏的根，由于它是坏的，确实不能生出好的芽来，甚至根本不能生出任何芽；而一个好的根并不总是生出好的芽：根之没有芽或者芽变坏可能有其他的原因，比如土壤不好，或者没有适当地施肥、浇水或培育，或者长出的芽被人或动物踩坏等。同样，发出好的情的一定是好的性，但该有好的情出现的时候好的情却不出现甚至出现恶的情，则不一定因为有不好的性，而是因为有别的因素。

我认为这正是朱熹的观点。但这种观点还需要得到论证，因为我们上面最多只是表明一种可能性：好的性可能由于别的什么原因而没有发出好的情，甚至发出恶的情，但我们毕竟不能排除另一种可能性，之所以没有应该有的善的情确实是因为没有善的性，之所以有恶的情确实是因为有恶的性。这就好像在我们的类比中，虽然没有芽不一定是没有根、有不健康的芽不一定是有不健康的根，但我们毕竟不能排除这个可能性：没芽确实是因为没有根，或者芽不健康确实是因为根不健康。然而朱熹断然排除了性恶的可能性。这是否意味着，鉴于实际上确实存在恶的情和恶的人的事实，朱熹"德性论"的人性观说到底还是一个形而上学的、纯粹规范性的观点，而缺乏任何客观的根据？要说明这个问题，我们就必须转向朱熹的第二个论证：人，特别是恶人，与动物的不同。确实，如我们在前面看到，就恶人作为恶人来说，朱熹认为他们与禽兽无异。例如他说："今人至于沉迷而不反，圣人为之屡言，方始肯来，已是下愚了。况又不知求之，则终于为禽兽而已！盖人为万物之灵，自是与物异。若迷其灵而昏之，则与禽兽何别？"（《语类》卷八，132）在另一个地方，他又说："人物之所同者，理也；所不同者，心也。人心虚灵，无所不明；禽兽便昏了，只有一两路子明。人之虚灵皆推得去，禽兽便推不去。人若以私欲蔽了这个虚灵，便是禽兽。人与禽兽只争这些子，所以谓之'几希'。"（《语类》卷五十七，1347）

但同时，朱熹又注意到另一个事实并试图说明之：恶人作为人与禽兽又不一样。我们批评恶人，认为他们不应该是恶人，而应该成为善人，但我们不批评禽兽，不说他们不应该是禽兽，而应该成为善人。为什么呢？应该隐含着能够。恶人可以变善，但禽兽则不能。在《经筵讲义》的一开头，朱熹就说，虽然人人都生有仁义礼智之德，"但以人自生而有血气之身，则不能无气质之偏以拘之于前，而又有物欲之私蔽之于后，所以不能皆知其性，以至于乱其伦理而陷于邪僻也。是以古之圣王设为学校，以教天下之人，使自王世子、王子、公、侯、卿、大夫、元士之适子以至庶人之子，皆以八岁而入小学，十有五岁而入大学，必皆有以去其气质之偏、物欲之蔽，以复其性，以尽其伦而后已焉”（《朱文公文集》卷十五，《朱子全书》第二十册，691-692）。他的学生问：“若是气质不善，可以变否？”朱熹回答说：“须是变化而反之。如‘人一己百，人十己千’，则‘虽愚必明，虽柔必强’。”（《语类》卷四，64）在另一个地方，朱熹也说：“就人之所禀而言，又有昏明清浊之异。故上知生知之资，是气清明纯粹，而无一毫昏浊，所以生知安行，不待学而能，如尧舜是也。其次则亚于生知，必学而后知，必行而后至。又其次者，资禀既偏，又有所蔽，须是痛加工夫，‘人一己百，人十己千’，然后方能及亚于生知者。及进而不已，则成功一也。”（《语类》卷四，66）

这个观点似乎与孔子说的“唯上智与下愚不移”的说法有矛盾。但朱熹并不这样认为。在其《论语集注》中注这一段话时，他引了程颐的话来解释：“人性本善，有不可移者何也？语其性则皆善也，语其才则有下愚之不移。所谓下愚有二焉：自暴自弃也。人苟以善自治，则无不可移，虽昏愚之至，皆可渐磨而进也。惟自暴者拒之以不信，自弃者绝之以不为，虽圣人与居，不能化而入也，仲尼之所谓下愚也。然其质非必昏且愚也，往往强戾而才力有过人者，商辛是也。圣人以其自绝于善，谓之下愚，然考其归则诚愚也。”（《四书章句集注》，246）朱熹在这里提请我们注意的恶人能成为有德者而动物则不能这个事实应该是不太有争议的。在上引的《经筵讲义》中，朱熹更进一步说明了这个事实的所以然：“天道流行，发育万物，而人物之生，莫不得其所以生者以为一身之主。但其所以为此身者，则又不能无所资乎阴阳五行之气。而气之为物，有偏有正，有通有塞，有清有浊，有纯有驳。以生之类而言之，得其正且通者为人，得其偏且塞者为物。以人之类而言之，则得其清且纯者为圣为贤，得其浊且驳者为愚不肖。”（《朱文公文集》卷十五，《朱子全书》第二十册，693）有学生问“人物之性一源，何以有异”时，朱熹更明确指出：“人之性论明暗，物之性只是偏塞。暗者可使之明，已偏塞者不可使之通也。”（《语类》卷十四，57）这里，朱熹不仅在人与非人之间做了区分，而且在有德因而真的人与邪恶因而只是名义上的人之间做了区分。人与非人类之间的不同在于其气是正通者还是偏塞者。而善人与恶人之间的区别在于其气是清纯者还是浊驳者。在人那里，不管其气是清纯还是浊驳者，都是正通之气，因此浊驳之气可以澄清。而在动物那里，由于其气偏而塞，无法变得正而通，所以动物无法变善。因此，在跟学生讨论《中庸》第二十二章时，朱熹说："物禀得气偏了，无道理使开通，故无用教化。尽物性，只是所以处之各当其理，且随他所明处使之。它所明处亦只是这个善，圣人便是用他善底。如马悍者，用鞭策亦可乘。然物只到得这里，此亦是教化，是随他天理流行发见处使之也。如虎狼，便只得陷而杀之，驱而远之。"（《语类》卷六十四，1570）

我们前面在问，朱熹关于人性由仁义礼智之德构成的观点是否只是一种规范的观点，表示人应该有仁义礼智，还是也有其客观性。如果朱熹是一个道德实在论者，他必须对这样一种观点提供客观性的证明。我们上面考察了他为证明这种客观性的两个相互关联的论证。一方面，他用逆推法，通过人有恻隐、羞恶、辞让、是非之善情来证明，人必定有产生这些善情之相应的善性，即仁义礼智。另一方面，虽然人也有不善的、恶的情，要解释这种不善的、恶的情的产生有两个途径。一个是证明人有产生这种不善之情的相应的不善之性，另一个是证明不存在相应于不善之情的不善之性，而证明这种不善的情虽然也发自善的性，但在这个过程中由于别的因素的作用，使善性没有发出善情甚至发出恶情。我们看到，朱熹的论证采取的是后一种途径，而这个论证的核心就是人物或者说人禽之辨。因为通过经验的、历史的和文化的观察，我们可以知道即使是至恶之人也可以变成善人，甚至圣人，而动物则不可；相应地我们重视对人的道德教育，而对动物，如我们上面看到朱熹所说的，则"无用教化"；同样地，如果有人杀了人，我们就会谴责他，而如果虎狼吃了人，我们"只得陷而杀之，驱而远之"，而不会谴责之。这就说明人性，作为人之为人者，作为将人与动物区分开来者，一定是具有仁义礼智诸德之性。因此，如果有人的仁义礼智被遮蔽，我们就可以说这个人不是一个健全的人，是一个有缺陷的人，是一个（在实然的意义上）与禽兽无异的人，而这样的事情一直在动物身上发生、在所有动物身上发生，我们则不说它们是不健全的、有缺陷的动物，原因就在于前者可以变善而后者不能。为什么说朱熹的这第二个论证，即恶人可以变善而动物不可以的论证，证明了人性一定是善的，一定具有仁义礼智呢？假设人的性，至少是恶人的性，跟动物一样，没有仁义礼智①，都是不善的甚至都是恶的，那么我们就无法解释甚至至恶之人还是可以变善而动物则不可以这个经验事实。换句话说，由于动物没有善性而不可以变善，那么如果人也没有善性，（恶）人也不可以变善，而这是反事实的（counterfactual）。因此我们必须认为，即使恶人之性也善。

六　朱熹如何面对道德实在论的四个难题

我们在本章力图阐明，朱熹以美德伦理学为进路的道德实在论何以证明，作为道德性质的人之好与坏或善与恶这样的道德性质既是客观的又是规范的。换言之，它们具有麦基所谓的客观规范性。但是，我们前面说过，一个成功的道德实在论必须至少能够面对我们在本章第二节讨论的、道德反实在论者认为道德实在论必须面对的问题。因此，在结束本章之前，我们可以简单地考察一下，朱熹的以行为者为焦点的道德实在论如何面对这些问题。

首先是休谟的不能从事实命题推出价值命题的问题。休谟的假定是，事实都是纯事实，关于这样的事实的描述就一定是纯事实的描述，而任何价值的命题都不是事实命题，因此我们不能从事实命题中推出价值命题。这是因为，如皮格顿所指出的，推论具有保守性，我们不能从一个前提（事实命题）中推出它本身没有已经包含的东西（价值命题）。但休谟的这个假定本身就是错的，因为存在着一些价值事实，而关于这些价值事实的命题就既是事实命题，又是价值命题。做一个类比。假如一个医生检查了一个人的身体，说"你有病"。你说这是一个事实命题呢，还是价值命题？当然它是一个事实命题，因为这是医生对这个人的身体实际状况的描述。但它何尝

① 这里为了论证的方便，我没有涉及更复杂的问题，即朱熹有时候认为动物也有仁义礼智。关于这一点，我在别的几个地方都有讨论，我的结论是朱熹最后所持的观点与我在这里简化处理的观点并无二致。具体可见黄勇 2015，特别是 122。

又不是一个价值命题呢？说一个人的身体有病，就是说这个人的身体不是它应该所是的样子，而且往往隐含着应该得到医治。反过来说，假如这个医生在检查了这个人的身体后说，"你没有病"或者"你很健康"。这也既是一个事实命题，又是一个价值命题。它是一个事实命题，因为它描述了这个人实际的身体状况，但它又是一个价值命题，因为它表明这个人的身体是它应该所是的情况，而且往往还隐含着这个人应该维持这样的情况。现在我们再回到道德层面上。如果我们对一个人做了考察，发现它的仁义礼智没有被私欲遮蔽，因为在恰当的情况下，他都有恻隐、羞恶、辞让、是非之情，从而说他是一个好人。这当然是一个价值命题，但他也是一个事实命题，是可以被我们在这个人身上发现的事实证实的命题。反过来说，如果我们对一个人做了考察以后，发现在该有恻隐等四端之情发出来的时候却没有发出来，甚至反而会发出相反的情，我们就会说他是一个坏人。这当然也是一个价值命题，但它又是一个事实命题，因为这是对这个人的实际情况的描述。当然有人会说，好坏是纯价值概念，而不是事实概念。从纯事实上，我们最多只能说这个人有没有四端之情，而不能说这个人好坏；从这个人有没有四端之情得出关于这个人之好坏的结论就是从事实命题推出价值命题。但这个说法是不能成立的。我们再回到医生对病人的诊断上。按照这种说法，医生在检查了一个人的身体以后，只能说（例如）"你身上有 Covid-19"，而不能说"你身体有病"，并指责这个医生从前者推出后者是从事实命题推出价值命题。很显然，这种说法是不能成立的。这是因为医生根据对人的身体的了解已经确定了什么样的状况是健康的状况，什么样的状况是有病的状况，因此在对一个人的身体做了检查以后，就直接可以说这个人身体病还是没有病。道德上的好坏也是一样的。我们已经确定什么是健康的、没有缺陷的、能与其他动物相区分的人的状况，因此在对一个人做了考察以后，马上就可以确定这个人有没有"好"或者"健康"的品质，一种既是事实的又是规范的品质。因此，简言之，朱熹对休谟问题的回答不是说明如何从事实命题推出价值命题，而是解释我们关于人的好这个规范品质的命题本身既是事实命题又是规范命题。

其次，朱熹的以行为者为焦点的道德实在论也不会面临摩尔所谓的开放问题。我们前面对季奇一篇文章的讨论表明，之所以摩尔认为我们在试图定义"好"的时候会面临开放问题，是由于其持一种独特的"好"的观念。一方面，如季奇所指出的，他的"好"的概念是含混不清的。当我们试图理解他的这个概念时，他只能说它不是什么，因为我们想到的这些"什么"都是自然性质，而他说"好"是非自然性质，但他又不能指出这种"好"的具体性质。另一方面，他讲的"好"的这种性质是单一的，也就是当我们说"好X""好Y""好Z"时，这里的"好"都有同样的意义。但这种"好"的概念是有问题的。在美德伦理学进路的道德实在论中，我们看到，"好"的意义离不开被称为好的东西的意义。因此，"好X"之"好"不同于"好Y"之"好"，后者又不同于"好Z"之"好"。如果我们开始以为某物是"X"而说它是好"X"，但后来发觉它不是"X"而是"Y"，我们很可能要说这是"坏Y"。同时，在这种美德伦理学进路中，无论是霍斯特豪斯的亚里士多德主义版本还是朱熹的儒家版本，"好"都是一种自然性质，而不是非自然性质。由于在"好"这个观念上的这两点差异，这种以行为者为中心的道德实在论可以避免摩尔的开放问题。例如在朱熹那里，人是具有仁义礼智之性的存在物，因此好人就是其仁义礼智之性没有被私欲遮蔽的人。如果摩尔问："具有仁义礼智的人真的好吗？"那么他问错了问题，因为他又把"好"看作具有独立于好的东西的意义的一般性质，而我们所使用的"好"的意义不能离开了被称为好的东西来理解。但他可以问："具有仁义礼智的人真的是好人吗？"而这个时候我们就可以给他一个肯定的回答，因为，我们对人的定义就是具有仁义礼智之性的存在物，因此这里没有开放问题。当然他可以不同意我们对人的定义，但在这个时候他不是说我们对好人的定义会面临开放的问题，而是说我们对好人的定义错了。在这种情况下，为了说明这里不存在开放问题，我们可以问他，既然他不同意我们对好人的定义，那么他的定义是什么。如果他说"好人是具有X、Y、Z特性的人"，那么他也一定承认这个定义并不面临开放问题。如果他认为这还是会面临开放问题，那么他就不仅在说"好"不可定义，而是任何东西不可定义。

再次，我们看看朱熹的"好"和"坏"这样的道德性质是否具有麦基所谓的怪异性，包括存在论上的和认识论上的。首先从存在论角度看，麦基在说客观的道德性质（即他所谓的客观的规范性）具有怪异性时，他主要针对的是以行动为焦点的道德实在论，因为这种实在论主张行动具有客观的对与错的性质。也许持这样一种道德实在论的人可以设法回应麦基的问题，虽然在我看来这样的性质确实是很怪异的。但是我们在这里讨论的是以作为行动者的人为中心的道德实在论，而这种实在论所关心的道德性质是人之"好"与"坏"的性质。虽然霍斯特豪斯和朱熹关于人之"好"与"坏"的规定有所不同，因为他们对人之为人者的理解不同，但他们所讲的人之好与坏这两种道德性质都是自然的性质，没有任何怪异之处。这是因为他们对这两种道德性质的理解是以人的身体之健康与有病这两种自然性质为模型的。因此，除非麦基认为医生对人的身体使用的"健康"和"有病"这样的概念本身也具有怪异性，我想他不会认为以人为焦点的道德实在论所强调的好、坏这类客观的道德性质具有任何怪异性。但我们在前面讨论对休谟问题的回应时已经指出，医生所使用的"健康"和"有病"这样的具有麦基所谓的"客观的规范性"的性质是自然的性质，因而也不可能有什么怪异性。美德伦理学所使用的人在道德上的好、坏这两种性质类似身体上的健康、有病这两种性质，因而也没有什么怪异性。由于这类客观的道德性质在存在论上没有怪异性，它们在认识论上也就不会有什么怪异性。因为它们本身就是自然性质，我们不需要有任何不同于我们用来认识自然现象的特别官能来认识这样的道德性质。就好像医生在确定一个人的身体有健康与否时完全凭借他与我们都有的日常的认识官能，我们在确定一个人是好人还是坏人时，即在通过确定其有没有恻隐、羞恶、辞让、是非等四端而确定其有没有仁义礼智时，我们也只是在使用我们日常的认识官能，而不需要有任何特别的官能。

最后，我们看看朱熹以人为焦点的道德实在论如何回应道德相对性或者说基于不可追踪的道德分歧的批评。我们看到，这种批评简单地说就是，如果存在着客观的道德性质，而且伦理学的任务就是要把握这样的客观性质，那么在伦理学问题上就不会有这么多的分歧，而且这种分歧与在科学问题上的分歧不同，后者可以追踪到对所研究对象的证据之不足，但前者是不可追踪的，即使大家对有关的事实有了充分的了解并达成了共识，这样的争论还是会存在。以人为焦点的道德实在论对有关的道德性质，即作为行动者的人之好和坏的性质，有没有争论呢？当然有争论，因为这种有关人的好坏的性质的理解取决于我们对被称为好或坏的人之性的理解，而对于什么是人性，不同的哲学家有不同的理解。我们在本章中已经看到霍斯特豪斯与朱熹对什么是人性，即人之为人者，即将人与他物区分开来者，就有不同的理解，而且这只是对人性众多理解中的两种。但这是否就成为我们认为人之好和恶作为客观的道德性质不存在的理由呢？显然不是的。关键是，在这里，大家对人之好、坏这样的道德性质的理解上的分歧与科学分歧类似，如果本身不就是科学分歧的话。换句话说，这样的分歧是可追踪的：可以追踪到大家对人性的理解上的分歧，而大家在人性问题上的分歧又是因为大家关于人性的事实证据不足，而这种关于人性的证据不足的问题，随着研究的逐步深入，至少在理论上是可以解决的。不过，可能有人会说，即使在人性的好坏这样的道德性质问题上确实不存在不可追踪的意见分歧，但这种以作为行动者的人为中心的道德实在论怎么回应道德反实在论所说的不可追踪的道德分歧呢：在堕胎问题上的分歧、在素食和肉食问题上的分歧、在藏有珍贵艺术品的博物馆被炸和一个繁忙的街道被炸哪个更坏的问题上的争论？回答是，因为这种道德实在论采取了美德伦理学的进路，它主要关心的是行为者的好坏的问题，而不是行动的对错的问题，而上面提到的有争议的问题都是行动的对错问题而不是行为者的好坏问题。但毕竟美德伦理学并没有完全排除行动对错的问题，而只是说行动的对错问题是从行为者的好坏问题推导出来的，就是说，对的行动就是好的人，即具有美德的人典型地会做的事情。因此道德反实在论者还是会问，一个好人、一个具有仁义礼智这样的美德的人在碰到这样的问题时会怎么做？要回答这样的问题，我们要看到，这里我们所面对的实际上是道德两难，而在真正的道德两难（即两个选项同样坏，而我们又不得不选择其中的一项）面前，一个好人、一个具有仁义礼智等美德的人也没有比我们更好的办法。我在别的地方曾用有轨电车难题来说明。假定这里我们面临的是真正的道德两难，那么两个同样好的、具有同样程度的仁义礼智之德的人如果做出恰恰相反的事情，一个人让它前行从而压死五个人，另一个则扳轨道让它转向从而压死一个人，也没有什么奇怪。他们之所以是好人、是具有仁义礼智之德的人不在于他们在面对这样的两难时做了什么事情，因为两个坏人、两个没有仁义礼智的人在这种情况下做的事情与他们不会有两样。他们之所以是好人是因为他们在做这样的事情时，还伴有某些恰当的情绪，例如为他们行动的负面后果感到懊恼、沮丧甚至负罪感等，并且有为被压死的人的家族提供帮助或其他什么补偿的欲望。

七　结　论

本章的目的是讨论道德实在论如何可能。为此我们区分了两种道德实在论，即以行动为中心的道德实在论和以行动者为中心的道德实在论。前者强调行动之对错这两种道德性质的客观性，而后者则要论证作为行动者的人之好坏这两种道德性质的客观性。由于规范伦理学中的义务论和后果论关注行动，而美德伦理学关注行动者，前者可以说是以义务论或后果论为进路的道德实在论，而后者可以说是以美德伦理学为进路的道德实在论。道德反实在论认为道德实在论面对种种难题，我们特别提到了其中四个最重要者。我们认为以行动为中心的道德实在论确实很难避免所有这些问题，但以行动者为中心的道德实在论则可以很好地避免所有这些问题。这种以美德伦理学为进路的道德实在论的一个特征是，强调作为行动者的人之好坏是与人性紧密相关的，而人性不仅是客观的，而且是可以研究的，尽管关于到底什么是人性，即什么是将人与他物区分开来者，迄今还没有共识。本章讨论了这种以美德伦理学为进路的道德实在论的两个版本，即霍斯特豪斯的亚里士多德主义版本和朱熹的儒家版本。尽管前者有不少的成就，但它的一个明显缺陷是其所得出的"好人"之"好"的概念无法将"好的"黑帮成员排除在好人外面，也就是说这个概念虽然具有明显的客观性却在规范性方面有缺陷。与此形成对照，朱熹以仁义礼智之德来规定的好人之好这种道德性质则不仅具有完全的客观性，而且还有充分的规范性。

参考文献

陈来：《朱子哲学研究》，上海：华东师范大学出版社，2000 年。

刘述先：《朱子哲学思想的发展与完成》，增订本，台北：台湾学生书局，1984 年。

黄勇：《朱熹的形上学：解释性的而非基础主义的》，《社会科学》2015 年第 1 期。

郑泽绵：《朱熹论自我修养及其心性论基础》，香港：香港中文大学，2011 年。

朱熹：《四书章句集注》，台北：大安出版社，1994 年。

朱熹：《朱子全书》，上海：上海古籍出版社，合肥：安徽教育出版社，2002 年。

朱熹：《朱子语类》，北京：中华书局，1986 年。

Foot, Phillipa. 2001. *Natural Goodness*. Oxford: Oxford University Press.

Frankena, W. K. 1939. "The Naturalistic Fallacy." *Mind* (New Series) 48: 464–477.

Geach, Peter. 1956. "Good and Evil." *Analysis* 17.2: 33–42.

Harman, Gilbert. 1996. "Moral Relativism." in Gilbert Harman and Judith Jarvis Thomson. *Moral Relativism and Moral Objectivity*. Cambridge, MA: Blackwell Publishers Inc.

Hume, David. 1978. *A Treatise of Human Nature*. Oxford: Oxford University Press.

Hursthouse, Rosalind. 1999. *On Virtue Ethics*. Oxford: Oxford University Press.

Jaggar, Alison. 1974. "It Does Not Matter Whether We Can Derive 'Ought' from 'Is'." *Canadian Journal of Philosophy* 3: 373–379.

Mackie, J. L. 1990. *Ethics: Inventing Right and Wrong*. London: Penguin Books.

Martin, Michael. 1974. "The Deduction of Statements of Prima Facie Obligations from Descriptive Statements." *Philosophical Studies: An International Journal for Philosophy in the Analytic Tradition* 25: 149–152.

McDowell, John. 1998. *Mind, Value, and Reality*. Cambridge, MA: Harvard University Press.

Moore, G. E. 1993. *Principia Ethica*. revised Edition. Cambridge: Cambridge University Press.

Nelson, Mark T. 1995. "Is it Always Fallacious to Derive Values From Facts?" *Argumentation* 9: 553-562.

Pigden, Charles R. 1991. "Naturalism." in Peter Singer, ed. *A Companion to Ethics*. Oxford: Blackwell.

Railton, Peter. 2003. "Moral Realism." in his *Facts and Values: Essays toward a Morality of Consequence*. Cambridge: Cambridge University Press.

Searle, John R. 1964. "How to Derive 'Ought' From 'Is'?" *The Philosophical Review* 73: 45-58.

Watson, Gary. 1997. "On the Primacy of Character." in Daniel Statman, ed. *Virtue Ethics: A Critical Reader*. Washington, DC: Georgetown University Press.

第七章 美德与感通：
王阳明论对恶人的同感

一 引 言

同感（empathy）是当代道德心理学和道德哲学中比较热门的一个话题。作为人类道德生活中的一种现象，同感当然古已有之。但对同感现象的哲学讨论，则相对不那么古老。根据从哲学角度研究同感现象最重要的学者斯洛特的观点，西方哲学中的同感概念最早出现于英国哲学家休谟的著作中，那是在十八世纪。斯洛特承认这个概念在中国出现得更早。程颢和王阳明提出的万物一体观念实际上表达的就是同感的概念。这样算来，在中国哲学中同感概念的出现要比西方哲学早七百年左右。斯洛特曾经认为孟子的万物皆备于我的概念也是同感概念，如果这样，同感概念在中国哲学中出现的时间就更早了。不过现在斯洛特改变了看法，认为孟子只是提到了同感现象，但没有相应的同感概念。至于同感（empathy）这个词在英文中的出现则更迟，大概是在十九世纪。休谟虽然最早提出了同感感念，但他用的词是我们今天在中文中翻译为同情的 sympathy。虽然在中国哲学中同感概念出现很早，但一直没有一个相应的词。我们今天在用中文讨论当代西方心理学和伦理学中的 empathy 这个概念时往往感到很难找到一个合适的词翻译它就是一个明证。我在本书中用"同感"这个词也是权宜之计，主要是避免与同情（sympathy）相混淆。如果同情这个词没有被用来翻译 sympathy，我想我们完全可以用它来翻译 empathy。至于在美学领域中用来翻译 empathy 的"移情"一词则显然不适用于伦理学中讨论的 empathy。这是因为美学中的移情是审美主体将自己的情移到审美对象上。例如，如果审美主体的心情很高兴，她就倾向于将这种高兴的心情转移到其审美对象上，好像其审美对象也表现出了高兴的样子。但在伦理学中的 empathy 所表达的也许是相反的：empathy 的主体感受到其对象所感受到的东西。如一个人有痛苦，另一个人虽然自己没有同样的痛苦却能感受到这个人的痛苦，而这就是 empathy。虽然斯洛特考察了同感概念在西方哲学和中国哲学中的历史，但他认为当代心理学和伦理学对同感概念的研究之广度和深度已远远超出历史上所有哲学家对这个概念的探讨。在我看来，尽管这一看法在某些方面不无道理，但是，儒家对同感现象有很多重要的洞见，它们在西方当代的相关研究中却极少引起注意。本章和下一章都以明儒王阳明的哲学为焦点，讨论儒家对当代道德心理学和伦理学关于同感概念的讨论所能做出的贡献。在这一章中，我将集中讨论王阳明的这样一个洞见：对于那些缺乏同感的人，即本章标题所谓的恶人，我们也可以、能够而且应该具有同感。王阳明在这一问题上的观点是他关于同感的一般看法的一部分，不宜孤立地加以理解，因此，我们先来看一下王阳明对于通常所谓同感的更为一般、更少争议，因而对当代关于同感的讨论不能做出什么特别贡献的见解。

二　王阳明的同感概念

　　要讨论王阳明的同感概念及其对当代道德心理学和道德哲学中关于同感概念讨论的贡献，首先有必要对同感这种现象有一个清楚的理解。那么，什么是同感呢？不妨看一看当代文献中对于同感的几种有影响的界定。霍夫曼是这一领域最有影响力的心理学家之一，他认为，同感是"对另一个人感同身受般的情感驱动（affective）反应"，其关键性的必要条件是"进入这样一种心理过程：使其感觉与他人的处境而不是自己的处境相应"（Hoffman 2000, 29-30）。白森是另一位有影响力的心理学家，他的最重要贡献是通过大量的实验证明，同感具有利他主义的成分。在他看来，"某人需要帮助，我们对他的处境有所感知，由此引发出与之相应的以他人为指向的情感"

（Batson 2011, 11），这种情感便是同感。它"产生利他动机，即以改善同感对象的处境为终极目标的动机"（Batson 2011, 59）。当代关于同感的哲学讨论中，斯洛特做过最重要的贡献，依其之见，同感乃是"当我们看到某个人处在痛苦中，我们内心产生的……对他人的情感"（Slote 2010a, 15）。他在同感与同情（sympathy）之间做了明确的区分。假设一个人正在经历痛苦，如果我也感受到了这个人的痛苦，这是同感，如果我对这个人的痛苦产生了一些相关的但本身不是痛苦的情感，如遗憾，这是同情。

以上这些关于同感的界定大同小异。这样理解的同感有几个明显特征。其一，同感意味着同感主体（the empathic agent）感受到的情感与同感客体（the object of empathy）感受到的情感即便不完全等同，至少也是相似或相容的，也就是说同感主体能够感受到同感对象所感受到的。正是在这个意义上。在上文霍夫曼说，与同感主体的感觉相应的不是同感主体自己所处的状况，而是同感对象所处的状况。例如，当我看到一个人切菜时不小心切破了手指，鲜血直流，我作为一个具有同感的人也会感到疼痛。但真正与我的这种疼痛感相应的，不是我自己的状况，因为我的手指没有被割破，而是我的同感对象的状况，因为他的手指确实被切伤了。这使得同感和一些类似的情感，尤其是同情（sympathy）区别开来。一个富有同情心的人会为处于悲伤中的人感到难过，但是，处于悲伤中的人显然没有为自己处于悲伤中感到难过，就此而言，富有同情心的人所感受到的情感与其同情对象所感受到的情感既非完全等同或相似，甚至亦非相容。其二，同感不仅关乎认知，而且涉及情感驱动，所以具有同感的人不仅仅能很好地解读他人的想法，准确地模拟他们的所思所感；而且他还能够分享他们的所思所感，并在必要和可能的情形之下，他会采取相应的行动。[①] 假如我自己背上感到痒，我不只是

---

① 南希·艾森伯格（Nancy Eisenberg）强调了这一点。在她看来，同感是"一种源自对另一个人情感状况的领悟或理解的情感驱动反应（affective response），与另一个人感受到或者应该感受到的情感相同或者极其相似"；她强调，"在此定义中，同感兼有认知成分与情感成分"（Eisenberg 2000, 677；着重为引者所加）。相反，斯蒂芬·达沃尔（Stephen Darwall）在试图区分同情与同感并证明前者优于后者时忽略了这一情感面相："同感是一个同感主体想象其客体所感受到或应该感受到的情感（例如，恐惧），或者是借助想象对这些情感的模仿，而不管同感主体是否因此关心［作为同感客体的］那个小孩。同感可以与袖手旁观的冷漠甚至施虐狂的残忍并行不悖。"（Darwall 1997, 261）

知道背上有痒，而且会很自然地采取行动来解除这种痒。同样，如果他人背上痒，作为具有同感的人，我不仅会知道他人背上痒，而且还会感到他背上的痒，因此也会自然地倾向于采取行动帮他解除这种痒。其三，以上我们看到的这些同感定义几乎是中立的，即强调具有同感的人能够感受到他人所感受到的东西，而没有说他人感受到的是积极的情感（如快乐）还是消极的同感（如痛苦）。确实也有人（包括斯洛特和王阳明）认为同感主体因同感对象而感受到的情感也可以是积极的（例如，一个具有同感的人看到别人快乐便自己也感到快乐，即感到他人的快乐），但是，时下心理学和哲学对同感的讨论大多集中于消极情感。这是可以理解的，因为假如人家很快乐，我们作为同感的人，除了也感到他们的快乐以外，似乎也没什么有意义的事情好做。实际上，"empathy"及"sympathy"的词根"pathos"（感伤）就指向某种消极之物。虽然英语词"empathy"的词源与我们对中国哲学中的同感概念的理解无关，但本文的主题，即王阳明对恶人的同感的概念，如我们下面的讨论将表明的，与对善人的同感相反，涉及的是一个具有同感的人对同感对象的负面情感。

虽然如我们前面提到，直到今天，汉语中仍然没有一个现成的词可以恰当地与英语词"empathy"互译，但中国哲学中确实存在同感概念。我想最能表达这个概念的就是王阳明的"以万物为一体"，以致又使我认为在中文中可以将empathy翻译为"一体感"。当然，我们马上就会看到，王阳明的"以万物为一体"概念比我们今天所理解的同感概念更为宽泛。王阳明在一段有名的文字中这样解释"以万物为一体"："大人者，以天地万物为一体者也，其视天下犹一家，中国犹一人焉。若夫间形骸而分尔我者，小人矣。大人之能以天地万物为一体也，非意之也，其心之仁本若是，其与天地万物而为一也。"（《王阳明全集》，968）在这段文字中，王阳明把"以万物为一体"的概念与儒家思想中最重要的美德及最重要的人性要素"仁"联系起来。为了更好地理解"以万物为一体"和"仁"之间的关联，以及这两个概念如何进一步与本文关注的同感概念相关联，我们需要把"以万物为一体"概念略往前追溯至宋儒程颢，因为是程颢第一次从与万物一体的角度诠释

"仁"。程颢著名的《识仁篇》开篇就说："学者须先识仁。仁者，浑然与物同体。"（《遗书》卷二上，16）① 仁者在何种意义上与物同体？程颢诉诸汉字"仁"的一个日常用法（"仁"字本指人所特有的人性美德），即能够感觉到痛痒，尤其是从否定意义上说，"不仁"就是感觉不到痛痒："医书言手足痿痹为不仁，此言最善名状。仁者，以天地万物为一体，莫非己也。"（《遗书》卷二上，15）

　　这里，程颢把医学意义上的"仁"和道德意义与人性意义上的"仁"做了最好的类比。如果我的一只手麻木不仁，我就感觉不到痛痒，在此意义上，这只手就非我所有、与我并非一体（《遗书》卷二上，15）；反过来说，"夫手足在我，而疾痛不与知焉，非不仁而何？"（《遗书》卷四，74）就是说，如果我不以自己的手足为一体因而感觉不到我自己的手足的痛苦，那就表明我麻木不仁。与之相应，我与某物浑然一体意味着我能感觉到这个某物的痛痒。既然儒家伦理学所讲的仁者是博爱之人，那么他一定能感觉到万物的痛痒，这就意味着他与万物浑然一体。正是在这个意义上，程颢说，至仁者"品物万形为四肢百体"，把外物看作自己的身体的部分，因而能感觉到万物的痛痒。由于这种感觉既是认知性的又具有情感驱动力，有这种一体感就表明我不仅知道他人有痛痒，而且还感到了他人的痛痒，从而产生了想解除他人痛痒的自然倾向，并做出解除他人的痛痒的实际行动。相反，眼看着他人遭受痛苦而不试着减轻其痛苦的人与自己的手脚麻木无法感知痛痒的人无异：正如后者不能以自己的手脚为一体，前者不能将他人看作与自己为一体，两者都是缺乏仁的表现（《遗书》卷四，74）。

　　基于上述理解，我们可以更好地领会王阳明通过将"仁"理解为"以万物为一体"所阐明的同感概念。下面这段有名的文字将这个概念表述极为生动：

---

　　① 《识仁篇》继而把这个概念与孟子及张载联系起来。孟子讲"万物皆备于我"，认为关键在于与物无对，即克服我与万物之间的二元对立。张载在著名的《西铭》中说道："乾称父，坤称母，民吾同胞物吾与。"因此，我们可能想把中国哲学中的同感概念进一步追溯至张载甚至孟子（Slote 2010b）。不过，我认为只有在程颢的"与物同体"概念中才能找到最清晰、最融贯的同感概念，而王阳明则进一步发展了程颢的与物同体观。

> 孺子之入井，而必有怵惕恻隐之心焉，是其仁之与孺子而为一体
> 也；孺子犹同类者也，见鸟兽之哀鸣觳觫，而必有不忍之心焉，是其仁
> 之与鸟兽而为一体也；鸟兽犹有知觉者也，见草木之摧折而必有悯恤之
> 心焉，是其仁之与草木而为一体也；草木犹有生意者也，见瓦石之毁坏
> 而必有顾惜之心焉，是其仁之与瓦石而为一体也。（《王阳明全集》, 968）

虽然我赞同王阳明这里所说的看到草木和无生命的物体摧折毁坏时的情感，但是，如果把同感理解为去感受同感对象所感受到的情感，那么，确实就很难把对草木及无生命的物体的这种情感看作同感，因为草木和无生命的物体显然自己没有什么感觉，我们作为具有同感的人自然也就不能感到它们所感到的东西。[①] 这说明王阳明的万物一体概念所包含的东西超出了同感概念所能包含的东西。但王阳明在这段话中讲到的与动物的一体感与我们今天所理解的同感概念是一致的，因为动物确实是有感觉的，因此与动物有一体感也就是能够感到动物所感到的东西，而这就是同感。但我在本章所要关心的甚至也不涉及与动物的一体感即同感，而只涉及与他人的一体感即同感，也就是感到他人，特别是深感痛苦的他人感到的东西。更重要的是，本章所关心的不是对他人身体上的痛苦的同感，因为在这方面，确如斯洛特所说，当代西方道德心理学和道德哲学已经做出了详尽的说明，我很难看到王阳明在这个方面能够做出多少独特的贡献。相反，本章所要讨论的是王阳明关于对那些道德上有缺陷的人、那些对他人的痛苦缺乏同感的人、那些造成他人痛苦的人的同感的讨论，因为这是为当代西方心理学家和哲学家所忽略的同感的一个重要层面。

---

① 格雷戈里·柯里（Gregory Currie）讨论了他所谓的同感主义者（Empathist），包括赫尔德（Herder）、诺瓦利斯（Novalis）、洛采（Lotzel）及利普斯（Lipps）等在大约一个世纪以前所阐发的对无生命物体的同感概念。这些同感主义者将同理解为将我们的情感注入事物之中（Currie 2011）。如果像这样在美学的意义上理解同感，那么我们或许的确可以对物体有同感。但是，这不仅不同于我们所理解的伦理学意义上的同感（去体验同感对象的体验），而且也不同于王阳明所主张的对待事物（包括草木和无生命的物体）的伦理态度。在这个意义上，植物也许揭示了同感的限度：我们只能对人和动物具有同感（Marder 2012）。但这并不必然意味着，我们对有情众生之外的事物丝毫没有道德责任，只是我们需要借助同感以外的其他概念去解释这样的责任罢了。

三　王阳明论对恶人的同感：其所不是

阳明所论的对恶人的同感究竟是什么？为了避免误解，也为了后面更好地说明王阳明这个概念对于当代关于同感的哲学和心理学讨论的独特贡献，在正面阐释这个概念之前，请允许我先来说明一下它不是什么。在当代西方关于同感的讨论中，不少学者提出了一些概念，似乎与王阳明关于对恶人的同感概念十分类似。事实上，虽然王阳明有对恶人的同感概念，但他自己并没有用这个词。我们会看到，这是我从西方学者有关同感的一篇文章的标题借用来的。王阳明只是认为，以万物为一体中的万物应该也包括其良知被私欲遮蔽了的人，而这就是我这里说的恶人。与恶人为一体也就是要感到恶人之为恶人所感到的痛痒（如我后面要指出的，这种恶人作为恶人所感到的痛痒就是良心之痛），也就是对恶人的同感。但是当代西方文献中这些看起来与对恶人的同感概念很相近的概念，实际上表达的是很不相同的意思。

第一，对恶人的同感显然不是指对恶人感到厌恶或愠怒，至少不是通常意义上的厌恶或生气。[①]一方面，不管一个具有同感的人对恶人是否感到愤怒或憎恨，恶人在当恶人或行恶的时候显然没有与之相似或相容的愤怒或憎恨等情感。如果恶人自己不对自己的所作所为感到厌恶和愤怒，那么我们对恶人的所作所为的厌恶和愤怒，不管恰当与否，就不可能是对恶人的同感，因为我们上面已经说明，同感就是具有同感的人感到同感对象所感到的东西。另一方面，如斯洛特所言，"憎恨是同感的严重障碍"（Slote 2007, 59）。如果我们对一个人具有仇恨，那我们就不可能对这个人有同感，因为同感体现了具有同感的人对同感对象的爱。霍夫曼确实提出过"同感的愤

---

① 子曰："唯仁者能好人，能恶人。"（《论语·里仁》）孔子在这里对"恶"有一种独特的理解。既然孔子也讲"仁者爱人"（《论语·颜渊》），那么，"能恶人"中的"恶"显然只是爱的一种形式，它适用于我们这里所讲的无同感的人或恶人。另一方面，此种"恶"显然也不是说去咒骂他们或者希望他们走霉运，而是希望他们不再做恶人，变成具有同感的人，因此它有恨铁不成钢的意思。

怒"（empathic anger），那么这是否就是对恶人的同感呢。在讨论这个问题时，他一开始就指出："如果有人使受害者陷入困境，那么旁观者的注意力可能会从受害者身上转移到罪犯身上。他会对罪犯感到愤怒，因为他同情受害者，或者对受害者有同感从而感同身受到自己受到冒犯，或者两种情感兼而有之。"（Hoffman 2000, 96）具有同感的人在上述情况下可能的确有这种"同感的愤怒"。然而，在"同感的愤怒"中有两个成分，一是同感，一是愤怒，其中同感指向受害者，即这个具有同感的人感到了受害者所感到的，但在这个时候，那位具有同感的人对于受害者丝毫没有感到愤怒；愤怒指向罪犯，就是说那位对受害者有同感的人，恰恰是因为对受害者的同感，而对加害于受害者的罪犯具有仇恨，但在这个时候，他对这个罪犯没有丝毫的同感。简言之，在"同感的愤怒"中，同感和愤怒指向两个不同的对象：前者是针对受害者，而后者针对加害者即本章所要讨论的恶人。因此，既然霍夫曼所讲的"同感的愤怒"并不是对受害者也不是加害者的同感，它显然不是我们所讲的对恶人的同感；而且由于它表示的是对恶人的愤怒，而我们上面说，愤怒是同感的绊脚石，那么霍夫曼的"同感的愤怒"与对恶人的同感是矛盾的。

第二，我刚提到，本章的标题"对恶人的同感"，英文是"Empathy with Devils"，我在这里得到了亚当·莫顿（Adam Morton）一篇论文的题目"Empathy for Devils"的启发。[1] 不过，虽然我们的说法类似，我和他的观点即使没有针锋相对也是差别甚大。莫顿这样定义同感："在以下特定心理状态中，甲对乙有同感：乙经验到某种情感或态度，甲再现乙的状态，且分享其情感驱动的基调与取向。"（Morton 2011, 319）应该说这个定义没什么特别，它与我们上一节中讨论的对同感的几个定义相差无几。根据这一定义，莫顿认为对恶人具有同感，就是不仅要像在犯罪心理学意义上那样去体验恶人所经验的，而且要带着同样的情感基调和视角去体验它。体验恶人所

---

[1] 诺埃尔·卡罗尔（Noël Carroll）写过类似的论文，题为《对恶人的同情》（"Sympathy for the Devil"）（Carroll 2004）。

经验的一般说来已很困难（尤其是如果恶人的行动非常令人厌恶，那我们就得伤害自尊地去相信我们可能做了类似的事情），不过在某些情形之下或许还是可能的；但是，要带着同样的情感驱动去体验恶人所经验的几乎不可能，除非具有同感的人自己愿意成为恶人，因为这意味着我们也有做恶人所做的那些恶行的欲望和倾向。[①]正是在此意义上，莫顿认为："想对真正的暴徒产生真正的同感是困难的。我们可以描述动机，甚至往往还可以想象做出这类行为的时候究竟是什么情形，但是，要达到同感所要求的同情认同极其困难。"（Morton 2011, 321）就此而言，我赞同莫顿所讲的无法对暴徒怀有同感（Morton 2011, 330），或者说，倘若有可能这样做，那么，我认为我们显然应该抑制对他们的同感，因为这不是值得称道、值得提倡的道德同感。

第三，在思考本章题目的时候，索伦·克拉奇（Sören Krach）及其合作者发表的研究项目"汝之瑕疵，吾之疾痛"（Your Flaws are My Pain）也引起了我极大的兴趣。虽然这个名称所表达的观点与王阳明所讲的对无同感的人具有同感的概念更为接近，不过二者之间仍是相去甚远。他们在研究中所讨论的瑕疵并非不道德的行为，而只是违反了社交礼仪，其中包括：（1）违反者意识到的偶发事件，例如演讲时结结巴巴或是在污泥中滑倒；（2）违反者没有意识到的偶发事件，例如拉链开着，或者后兜搭着厕纸四处走动；（3）违反者意识到的有意为之的事件，例如在高档餐厅打响嗝，把垃圾弃置街头；（4）违反者没有意识到的有意为之的事件，例如在公众演讲中过度地自吹自擂，或者穿一件印着"我本性感"字样的T恤衫。如果出现这些情形，一个具有同感的旁观者会替违反社交礼仪的人感到尴尬。这之所以是同感是因为这种尴尬也是违反者要么自己确实感到的（上面的第一类），要么是它如果意识到自己的处境后会感到的（上面的第二类），要么是他没有感到但应该感到的（上面的第三、第四类）。但这不是我将要讨论的王阳明对不道德的人的同感。不过，该项研究阐发了一个重要的、有启发性的概念，那

---

① 莫顿举了一个例子。丈夫生同事的气，妻子起初感到很惊讶；不过，当她努力站在她丈夫的立场上想问题，后来不仅理解了丈夫的想法和感受，而且同样生丈夫同事的气（Morton 2011, 321–322）。

就是"社会之痛"（social pain），它不同于我们通常的同感所体验到的身体之痛（physical pain）："目前的科学进路旨在阐明对他人困境的同感的神经认识论基础，并主要考察身体上的疼痛，比如做饭时割伤了手指……直到最近，杨及其同事才证明，以通情方式感觉到（身体）疼痛的皮质层网状物同样参与对他人社会之痛（比如，遭遇社会排斥等……）的同情过程。"（Krach et al. 2011, 8）由于我们所熟悉的同感概念所涉及的都是对他人身体上的痛苦的感受，这项研究的成果，即所证实的我们也可以感到他人所感到的社会性的痛苦（具体表现为尴尬），大大扩展了我们对同感的研究范围。虽然我们在本章中要讨论的王阳明关于对恶人的同感还不能归入这项研究所发现的这种新的同感，因为它既非一般讨论的身体之痛，亦非这个研究中所说的社会之痛，但它为我们确定王阳明对恶人的同感的性质提供了非常有益的启发。

第四，在当代同感研究中，斯洛特所讲的第二序同感（the second order empathy）与王阳明对恶人的同感概念在内容上虽并不相同但最为相近，因此我们有必要对此做更为细致的讨论。斯洛特在讨论道德赞同（moral approval）和道德反对（moral disapproval）时，分别针对具有同感的主体和没有同感的主体探讨了两类不同的第二序同感。所谓第二序同感当然是相对于第一序的同感而言的。我们迄今为止讨论的基本上都是第一序的同感。看到一个人甲在受苦，一个有同感的人乙也感到了甲的痛苦并帮助甲解除痛苦，这是第一序的同感。另一个没有同感的人丙对甲的痛苦视而不见或者正是造成甲痛苦的人，这是第一序同感的缺失。现在有第四个、具有同感的人丁，在看到了乙对甲的帮助后对乙产生了一种温暖的感觉，而由于丁对乙产生的这种温暖感是与乙在帮助甲时的热心是同质的，斯洛特认为可以将它也看作一种同感，但是第二序的同感。这种温暖的第二序同感是正面的，它表示了丁对乙的行为的道德赞同。但对本章要讨论的王阳明关于对恶人的同感直接相关的是负面的同感，是丁对丙产生的同感。这里我们看到，没有同感的丙没有感受到甲的痛苦，甚至是他加害于甲，因而也没有帮助甲解除痛苦的欲望和自然倾向。现在有同感的人丁对丙这种没有同感的人产生了一种感觉，斯洛特也称之为第二序的同感，只是这是负面的。关于这种负面的同感，斯洛特有这样的描述："如果一个人对他人的行为显示出他基本上缺乏同感，那么具有同感的人会因为这样的行为感到寒心（至少感到'心凉'），而我想说的是，这些针对行为主体的（反射性）情感构成了道德反对。"（Slote 2010a, 35）斯洛特强调说，既然我们认为一个具有同感的人能感觉到同感对象之所感，那么，具有同感的人之所以感到寒心，正是因为同感对象"对待他人的态度或情感是冷漠的（或者说，冷血或极其冷淡）"（Slote 2010a, 37）。换言之，具有同感的人"实际上会从对他人漠不关心的'冷血'对象身上'感染上冷酷'，而这种感染上的冷酷将构成对这些对象（或其行为）的反对"（Slote 2010a, 37）。

这里，斯洛特讲的负面意义上第二序的同感是对缺乏同感的人的同感，因此似乎跟我们要讲的对恶人的同感，至少就这种同感的对象而言，是一样的。更重要的是，它与我们上面讨论的莫顿对恶人的同感不同，因为在莫顿那里，对恶人的同感导致了具有这种同感的人去帮助恶人去做恶事，而斯洛特这里对没有同感的人即恶人的第二序同感则导致了对这种恶人的道德批评。在这一点上，至少较之莫顿的对恶人的同感，斯洛特的这种对恶人的第二序同感与王阳明的对恶人的同感距离不那么远。不过，我们需要澄清一些问题。

第一，斯洛特说，具有同感心的人对无同感的人之所作所为感到寒心，而这种寒心感就是第二序的同感。但要成为同感，根据我们在本章一开始的理解，具有同感的人感到的应该与其同感对象感到的是一致的。为了证明这一点，斯洛特认为无同感的人是冷血的或具有冷血感。但具有同感的人对没有同感的人所感到的寒心与这个没有同感的人所感到的冷血，即前者的寒心感与后者的冷血感，应该是很不一样的。一个没有同感心的人有冷血感，但一个具有同感心的人对这个没有同感心的人也有冷血感吗？我不敢苟同。一个具有同感心的人对缺乏同感的人的所作所为感到寒心，但无同感的人对自己的所作所为也感受到了这样的寒心吗？我也不敢苟同。如果一个人对某事在情感上感到寒心会驱使他避免做这件事，那么，无同感的人如果也有这种寒心感的话就不会去做这件事。因此，无同感的人没有同感即其做出没有同感之事（伤害他人）或没有做出同感之事（帮助他人）这个事实恰恰说明他没有感到寒心，尽管他的所作所为让有同感的人感到某种寒心。在这个意义上，我们不能把斯洛特所描述的一个有同感心的人对没有同感心的人所感到的东西称为同感。

第二，虽然我们上面刚刚否定了这种可能性，但为讨论计，让我们假定无同感的人的确因自己是无同感的人，即因自己做出没有同感的事（伤害他人）或没有做出有同感的事（帮助他人）而感到寒心，那么，这个无同感的人因自己的无同感而感受到的这种寒心和具有同感的人对无同感的人感受到的寒心至少相容吗？显然不是，因为无同感的人虽然对自己的无同感感到寒心，却还是会去做无同感的事，或者至少还是不会去做有同感的事，而具有同感的人，恰恰由于对无同感的人而感到寒心，如斯洛特所指出的，会去做有同感的事（帮助他人），或者至少不会去做没有同感的事（伤害他人）。

第三，与此相关，因为第二序同感仿照第一序同感，所以这两类同感之间应该有着根本的相似性。也就是说，在第二序同感中的两种寒意感（即具有同感的人对于没有同感的人的所作所为所感到的寒意和这个没有同感的人对自己的所作所为感到的恶意）之间的关系与第一序同感中两种痛苦感（即具有同感的人对一个痛苦的人感同身受到的痛苦与这个痛苦的人自己切实感受到的痛苦）之间的关系应该是相似的或对称的。[①]但事实上不是如此。在第一序同感中，具有同感的人和他的同感所指向的人有一个共同的动机，即摆脱同感对象的不利状况（如痛苦）。然而，在斯洛特所描述的第二序同感中这一点并不存在：即使无同感的人确实因自己作为无同感的人或做出没有同感的事而感受到负面情感，他也没有想去摆脱这些负面情感；另一方面，根据斯洛特的观点，因无同感的人而感到寒心的具有同感的人也没有想

---

① 斯洛特似乎在如下意义上承认第一序同感与第二序同感之间的不对称性：有着第二序同感关怀的人"反对某人的动机、性格或者行为时，他们以同感的方式记下那个人的冷漠或冷淡，这与他们一贯的热心或温和至少有点不协调（虽然这种不协调不一定会让人觉得不快或不舒服）"（Slote 2010a, 40）。

去帮助无同感的人去摆脱他的寒心感，使他不再是一个没有同感的人而变成一个有同感的人。

　　这便引出了第四个问题。本文一开始就已经强调过，同感不仅关乎认知而且涉及情感驱动：一个具有同感的人不仅善于解读他人的想法，而且还想去改变他人的不利状况。这在第一序的同感中表现得非常清楚。假如我是一个有同感的人，看到一个人在受苦，我当然知道这个人在受苦（认知的层面），但我也感到了这个人的痛，而这种感受会驱使我去帮助这个人解除痛苦（情感驱动层面）。然而，斯洛特所讲的具有第二序同感的人似乎只有认知的层面，而没有情感驱动的层面：这样的人（实际上在斯洛特看来只有这样的人）只能做出（赞成和）反对的道德判断。在一定意义上，这样的批评对斯洛特来说有失公允，因为他本人也强调了同感的情感驱动性质。他认为："同感是一种心理激励机制，它既构成了通常道德动机的一个关键要素，也构成了做出及理解道德断言的一个关键要素。"（Slote 2010a, 5；着重为引者所加）这里，斯洛特讲情感驱动的同感是双重意义上的关键要素：其一，通常的道德动机；其二，做出及理解道德断言。根据我的理解，在斯洛特那里，前者关系到第一序同感，而后者关系到第二序同感。前者比较容易理解，因为这就是斯洛特强调的具有同感的人因对缺乏同感的人的第二序同感而有动机去做这个没有同感的人不做的事情（帮助他人）和不做这个没有同感的人做的事情（伤害他人）。不过，关于第二序同感，我们不免要问：做出及理解道德判断在何种意义上显示了同感的情感驱动性质？斯洛特的答案似乎是这样的，"同感发达的人看到另一个人对第三者做出自私冷漠或恶意的行为，就会反对那样的行为，并会有某种动机／欲望不去做出那样的行为"（Slote 2010a, 46）；而且，"因行为者对他人的漠不关心而感到寒心，这就要求我们有丰富的同感，而这样的同感也使我们自己（作为行为主体）不会对他人漠不关心"（Slote 2010a, 53-54）。简言之，具有同感的人将不会去做让我们心寒的事（而会去做让我们感到温暖的事），在这一点上，他与缺乏第二序同感的人在其所作所为方面正好相反；在此意义上，斯洛特认为，我们的第二序同感是关乎情感驱动的。

　　然而，这似乎是对同感之情感驱动要素的错误理解。按照拙见，同感关乎情感驱动是在以下意义上说的：具有同感的人对一个处于不利状况中的人具有同感，因此想去帮助他摆脱不利状况。例如，在第一序同感中，如果有人割伤了手指感到疼痛，具有同感的人会感受到伤指者的疼痛，并因而想去缓解他的疼痛。这正是白森和他的团队做了大量的研究想要证明的一点，即同感是利他的。因此，与之相应，在第二序同感中，如果一个人冷血无情，那么具有同感的人应当感受到冷血之人的冷酷（斯洛特认为具有同感的人的确感受到这种冷酷），并因而在情感的驱使之下试图除去冷血之人的冷酷无情（斯洛特没有说具有同感的人会这样做）。然而，斯洛特告诉我们，具有第二序同感的人之所以是有情感驱动力，不是因为他想去帮助无同感的人摆脱冷酷无情，使之不再冷酷无情而成为具有同感的人，而只是因为他不会去做冷酷无情、无同感的事。这就相当于，一个具有第一序同感的人感同身受到另一个处在痛苦中的人的痛苦以后，他不是因此去帮助处在痛苦中的人摆脱痛苦，而是想摆脱他自己感同身受到的痛苦（也许通过把注意力从他感同身受到的痛苦的源头转到别处），或者更确切地说，是想让自己以后避免其同感对象所处的痛苦状态。然而，这是以自我为中心的做法。白森和他的团队已经非常有说服力地证明，一个具有同感的人不会那样做。

　　因此，斯洛特所设想的一个具有同感的人对一个没有同感的人的第二序同感关怀是这样的：具有第二序同感之人不会做任何没有第一序的同感的人会做的事，但也不会做任何事情去帮助这个无同感的人走出无同感的状态并成为一个具有同感的人。正是在此意义上，我认为斯洛特的同感伦理——作为一种美德伦理——也有我们在本书第四章详细讨论过的、由索罗门提出来的美德伦理学深层次的自我中心问题：

　　　　问题在于，行为主体对自身品性的关注和他对他人品性的关注之间存在不对称。此处突显的问题有这样的形式：既然美德伦理要求我首先关注我自身的品性，这不就意味着我必须把自己的品性看成我自己在道德层面最重要的特征吗？但倘若如此，而且我以恰当的方式关心他人，那么，我对他们的关心不应该是不只关心他们的需求欲望有没有得到满足，而且还要关心他们的品性吗？我不是应该像关心自己的品性那样关心邻居的品性吗？（Solomon 1997, 172）

之所以称这种自我中心为深层次的自我中心是因为它与我们常见的自我中心不同。日常意义上具有自我中心的人只考虑自己的财富、健康和名声等，而不考虑他人的财富、健康和名声等。这是浅层次的自我中心。深层次的自我中心，如我们在上引索罗门的话中所见的，是指一个人只追求自己的美德，而不关心他人的美德，虽然他在追求自己的美德时也关心他人的财富、健康和名声等（因为这些美德要求他关心他人的财富、健康和名声等）。但就他们认为美德比财富、健康和名声等更重要、更珍贵而言，虽然他们既关心自己也关心他人，但由于他们在关心自己时着眼的是较重要的东西，即关心自己的美德，而在关心他人时则考虑的是不那么重要的东西，即关心他们的财富、健康和名声等，这些人可以说是自我中心的。索罗门提出这个有关美德伦理学的自我中心问题时主要考虑的是康德主义对亚里士多德主义的美德伦理学的批评，因为亚里士多德就明确地说，具有美德的人是真正的自爱者，并将其与庸俗的自爱者相区分，前者相当于我们这里说的深层次的自爱者，而后者相当于日常的或浅层次的自爱者。就斯洛特对第二序同感的理解而言，要避免这个深层次的自我中心问题，如果认为冷酷无情是件坏事，那么，一个具有第二序的同感的人就不能只是如斯洛特所说的自己不做冷酷无情之人、不做冷酷无情之事；而应该更进一步尽己所能地帮助他人走出冷酷无情的状态，使他们也不做冷酷无情之人，不做冷酷无情之事，而这一点恰恰不仅是在斯洛特对第二序的具有美德的人的描述中所缺失的，而且也是他后来明确否定的。

这一点说起来非常遗憾，因为在其早期著作讨论自爱与他爱的对称性时，斯洛特自己都接受这个观点。在自爱与他爱问题上，很多伦理学家都持一种不对称的立场。与我们上面提到的深层次和浅层次的自我中心相应，自爱和他爱问题也有两个层次。在浅的层次上，一般认为一个道德的人有义务帮助他人获得幸福，但没有义务追求自己的幸福，所以在这个层次上存在着一个自爱与他爱之间的不对称（爱他人甚于爱自己）。在深的层次上，一般认为一个道德的人有义务使自己达到品德的完善，但没有义务去促进他人的品德完满，所以在这个层次上也存在着自爱与他爱之间的不对称（爱自己甚于爱他人）。在其一部较早的著作中，斯洛特反对这样的一种不对称性，认为无论是在浅的层次上还是在深的层次上，我们都应该在自爱与他爱之间保持一种对称。由于浅层次的这种对称与我们这里要讨论的问题无关，我们可以看一下斯洛特关于深层次上的这种对称性的说法："在通常的意义上，我们赞赏……一个人能够提升自己或他人的赞赏度。通常我们都会赞赏那些拥有关涉自身（self-regarding）与关涉他人（other-regarding）的美德……而且我们也赞赏那些帮助他人培养令人赞赏的或闪耀美德光辉的品性。"（Slote 1992, 111）这里斯洛特明确地说，一个人应当像关心自身的道德完善那样关心他人的道德完善。如果他把这种想法贯彻到他的第二序同感概念中去，他本应该说，具有第二序同感的人不仅想让自己成为一个具有同感的人，不想去做任何没有同感的事，而且还想去帮助他人成为有同感的人，或使他不再是无同感的人。可惜的是，斯洛特不仅自己没有这样做，而且后来可能是意识到了他早期的这种自爱与他爱之间的对称观与我们这里讨论的他关于第二序同感观之间的冲突，他宣称他现在已经放弃了他早期关于自爱与他爱之间应该保持对称的观点（Slote 2020）。正是在这一点上，阳明关于对恶人的同感的思想可谓"及时雨"。

四　王阳明论对恶人的同感：其之所是

我们已经知道，在王阳明看来，仁者是具有同感的人，因为他以万物为一体。以某物为一体意味着，如果一物有痛痒疾患，与该物为一体者就能感觉到它的痛痒疾患并试图去除这样的痛痒疾患。例如，如果我的手发痒了，我就能感觉到痒并很自然会去抓痒。这是因为我和我的手是一体的。所以，如果我和我的邻居是一体的，要是邻居真有痛痒疾患，我也就能感觉到邻居的痛痒疾患并会很自然地去帮助他解除这种痛痒疾患；如果我与万物是一体的，要是其中的任何一物有痛痒疾患，我也就能感觉到他／它的痛痒疾患并很自然地去帮助他／它解除这种痛痒疾患。本章第二部分已经解释了这一观念，但在那里，我们的关注点只是身体上的痛痒疾患，但阳明所理解的痛痒疾患远远超出纯粹身体上的痛痒疾患。我们先看这段文字：

> 圣人之心，以天地万物为一体，其视天下之人，无外内远近，凡有血气，皆其昆弟赤子之亲，莫不欲安全而教养之，以遂其万物一体之念。天下之人心，其始亦非有异于圣人也，特其间于有我之私，隔于物欲之蔽，大者以小，通者以塞，人各有心，至有视其父子兄弟如仇雠者。圣人有忧之，是以推其天地万物一体之仁以教天下，使之皆有以克其私，去其蔽，以复其心体之同然。(《王阳明全集》, 54)

这段文字开头部分提到的"安""全""养"可能让人觉得，王阳明这里所讲的具有同感的人，即以万物为一体的人，也只是关心人们外在的或者身体方面的福祉，但这里的"教"明白无误地说明，一个具有同感的人对他人的关心不限于他人的外在的、物质的、身体的福祉，而一定也关心他人内在的福祉。关于"教"的具体内容，王阳明在该段的后半部分说得更明确，因为在这里他所关注的、作为同感对象的不是那些饥寒交迫的、物质生活上有困难的人，而是那些自私的、其本心为物欲遮蔽了的，甚至将自己的父子兄弟当仇人的人。他们不是物质生活上有困难的人，而是在道德生活上有缺陷的人，即是对他人没有同感的人，也就是本章所说的恶人。王阳明认为，儒家所讲的具有同感的人会竭尽所能地帮助这些人"克其私，去其弊，以复其心体之同然"，使他们也能以万物为一体，即变成对他人具有同感的人。正是在这个让他人恢复其天地万物一体之仁，即让他人恢复其同感心的过程中，圣人才能"遂其万物一体之念"，即实现了真正意义上的第二序的同感。

尤为重要的是，王阳明还认为，去帮助他人成为具有同感的人，乃是做具有同感的人的题中应有之义。换言之，如果一个人能感受到他人身体上的痛苦，甚至进而想去缓解这种痛苦，但是他仅仅做到这一步，而没有进一步帮助他人成为具有同感的人或者至少不再是无同感的人，那么，他还算不上是一个具有同感的人。关于这一点，王阳明在下面这一段话中有清晰的解释：

> 夫人者，天地之心；天地万物，本吾一体者也。生民之困苦荼毒，孰非疾痛之切于吾身者乎？不知吾身之疾痛，无是非之心者也。是非之心，不虑而知，不学而能，所谓良知也。良知之在人心，无间于圣愚，天下古今之所同也。世之君子惟务致其良知，则自能公是非，同好恶，视人犹己，视国犹家，而以天地万物为一体，求天下无治，不可得矣。古之人所以能见善不啻若己出，见恶不啻若己入，视民之饥溺犹己之饥溺，而一夫不获，若己推而纳诸沟中。（《王阳明全集》，79）

这段话同样辨明，具有一体之仁的人，即有同感的人不但关心他人外在的福利（"生民之困苦荼毒""民之饥溺"），而且也关心他们内在的福利（民之"善"和"恶"）。用斯洛特的话说，前者是第一序的同感，而后者是第二序的同感。当然本章关心的是第二序的同感。从这段话中我们可以看出，王阳明第二序的同感概念不仅有负面义（见他人行恶便自觉痛苦："见恶不啻若己入"），而且还有正面义（见他人行善便自觉心情舒畅："见善不啻若己出"）。不过，本章集中讨论它的负面义。就负面义而言，最重要的一点在于，君子即具有同感的人，看到他人行恶时不仅感到痛苦，从而想去帮助恶人克制自己不去行恶，而且还会觉得，如果仍有人行恶，乃是他们的错，是他们自己的一体之仁也即他们的第二序的同感未遂之故（"而一夫不获，若己推而纳诸沟中"）。如我们上面看到的，斯洛特的第二序的同感概念由于缺乏这些内容而成了一个有问题的概念，而王阳明的对恶人的同感，由于强调了这些内容，反而成了真正意义上的第二序同感。

在上述两段文字中，我们看到，王阳明同时谈论，因而可能还没有清晰地区分具有同感的人所关注的他人的外在福祉和内在福祉。不过，在很多别的地方，他将这两者做了明确的对照，并且用具有同感的人对他人外在福祉的关心（即斯洛特所讲的第一序的同感）来解释具有同感的人对他人内在福祉的关心（第二序的同感），因为前者浅显而后者不易懂：

> 仆诚赖天之灵，偶有见于良知之学，以为必由此而后天下可得而治。是以每念斯民之陷溺，则为戚然痛心，忘其身之不肖，而思以此救之，亦不自知其量者。天下之人见其若是，遂相与非笑而诋斥之，以为是病狂丧心之人耳。呜呼！是奚足恤哉？吾方疾痛之切体，而暇计人之非笑乎！人固有见其父子兄弟之坠溺于深渊者，呼号匍匐，裸跣颠顿，扳悬崖壁而下拯之。士之见者方相与揖让谈笑于其傍，以为是弃其礼貌衣冠而呼号颠顿若此，是病狂丧心者也。故夫揖让谈笑于溺人之傍而不知救，此惟行路之人，无亲戚骨肉之情者能之，然已谓之无恻隐之心，非人矣。若夫在父子兄弟之爱者，则固未有不痛心疾首，狂奔尽气，匍匐而拯之。彼将陷溺之祸有不顾，而况于病狂丧心之讥乎？而又况于蕲人之信与不信乎？（《王阳明全集》，80）

在这段话中，王阳明一开始谈论的是第二序的同感。因为见"斯民之陷溺""其身之不肖"，王阳明感到"戚然痛心""疾痛之切体"，并想以良知来救这些人。这里涉及的是这些人的内在福祉。很显然，这种第二序的同感为常人不易理解，因此天下人都对王阳明"相与非笑而诋斥之，以为是病狂丧心之人耳"。为了说明这种第二序的同感，王阳明在这段话的后半部分就以大家比较容易理解的第一序的同感做类比。假如看到自己的父子兄弟将要掉入深渊，难道会有人不心急火燎地去救吗？难道有人还会嘲笑这个人如此这般地去救自己的父子兄弟吗？而在这段话的最后，王阳明更是表明，救道德上陷溺的人甚至比救将要掉入深渊的父子兄弟更重要。紧接着上引的这段话，王阳明还说，孔子周游列国的时候也遭遇了同样的处境，他为其可为，甚至知其不可为而为之，拯民于道德沦丧之中，汲汲遑遑若求亡子于道路。他这样做同样遭人讥毁诋侮嫉仇，甚至包括他最亲密的学生也有不理解他的时候。然而，孔子从未放弃。王阳明的确意识到，将自己与孔子相提并论未免有失狂妄，不过他说到，看到人们道德沦丧，实实在在感到疾痛之在身，所以彷徨四顾，寻求去病之方，狂病以愈，且不快哉。然而，唯一可能的途径在于："共明良知之学于天下，使天下之人皆知自致其良知，以相安相养，去其自私自利之蔽，一洗谗妒胜忿之习，以济于大同。"（《王阳明全集》，81）因此，王阳明所描述的具有同感的儒者显然不同于亚里士多德所讲的有德之士或真正的自爱者。后者只关心自己成为有德之士，没有想让他人变成有德之士；前者却同时有心使他人变成有同感的人。确实，如果一个人只对他人的外在痛苦具有同感，那他就称不上是真正具有同感的人。故而王阳明曰：

> 圣人之求尽其心也，以天地万物为一体也。吾之父子亲矣，而天下有未亲者焉，吾心未尽也；吾之君臣义矣，而天下有未义者焉，吾心未尽也；吾之夫妇别矣，长幼序矣，朋友信矣，而天下有未别、未序、未信者焉，吾心未尽也。（《王阳明全集》，257）

因此，在王阳明看来，那些没有帮助人们实现外在福祉，甚至伤害人们外在福祉的人固然是无同感的人，但如果一个人虽然可能帮助人们实现外在福祉，或至少不会伤害人们外在福祉，但却无心帮助他人成为有同感的人或至少不再做无同感的人，也就是说不关心他们的内在福祉，那么他也是一个无同感的人。这两种意义上的无同感的人阳明都是反对的。因此，他说：

> 后世良知之学不明，天下之人用其私智以相比轧……外假仁义之名，而内以行其自私自利之实，诡辞以阿俗，矫行以干誉，掩人之善而袭以为己长，讦人之私而窃以为己直，忿以相胜而犹谓之徇义，险以相倾而犹谓之疾恶，妒贤忌能而犹自以为公是非，恣情纵欲而犹自以为同好恶。（《王阳明全集》，80）

五　三点澄清

我们在上文呈现了王阳明的对恶人的同感概念。我们已经看到，对恶人的同感是一种痛感，它有别于身体之痛（physical pain）及社会之痛（social pain），或许我们不妨称之为良心之痛（conscience pain）：具有同感的人为一个无同感的人感到痛苦，因此想去帮助他不再做无同感的人或成为有同感的人，从而帮助他摆脱痛苦。在这里我们看到了斯洛特所追寻的不偏于己不偏于人的对称想法：具有同感的人不仅关心自己有同感，而且同样关心如何使他人具有同感。然而，这样一个对恶人的同感的概念固然合理，但为避免误解，还需要做些澄清。

首先，我们可能会问，具有同感的人看到无同感的人即我们所说的恶人确实会感受到某种悲伤或痛苦，即我们所讲的良心之痛，并想帮助恶人消除这种良心之痛，就是说帮助他们成为有同感的人，成为善人，但无同感的人即恶人自己是否也感受到了这种良心之痛呢？回答好像是否定的。实际上，如果无同感的人感受到了这种良心的悲伤或痛苦，他就会试图解除这样的痛苦，从而变成有同感的人，成为善人。但他还是一个没有同感的人、还是一个恶人这个事实就表明他没有为自己是一个没有同感的人、是一个恶人而感到良心之痛。因此，这里我们注意到两类同感对象——经历外部身体之痛的人和遭受内在良心之痛的人——之间的重要差异。遭受外部身体之痛的人，在解除自己的痛苦方面，往往感到无助或需要帮助，因此出现一个能对他们的身体之痛感同身受并帮助他们解除这样的痛苦的、具有同感的人就显得十分必要；与此形成对照，一个真正能够感受到内在良知之痛的人则完全可以自己摆脱这种痛苦，因为摆脱这种痛苦的方式很简单，就是自己不要继续做恶事、做恶人。相应地，出现一个能对他们的良知之痛感同身受并帮助他们解除这样的痛苦的、具有同感的人似乎就没有什么必要。而如果这个没有同感心的人继续做恶事、做恶人并需要有一个具有同感心的人帮助他们停止做恶事、做恶人从而变成一个具有同感心的人，这就表明这个人没有为自己作为恶人所做的恶事感受到阳明所讲的内在良知之痛。而如果这个恶人自己没有为自己的恶感到良心之痛，那么一个有同感心的人为这个恶人而感到的良心之痛就不能算是同感，因为如我们在本章一开头就讲到的，同感的一个显著特征在于，具有同感的人感同身受到的痛苦与同感对象所感受到的痛苦即便不是完全等同，也是相似或相容的。但在这里，如果同感对象作为无同感的人即恶人完全没有感受到良心之痛，那么，同感主体所感受到的恶人的良心之痛与恶人为自己的恶所感到的（如果他真的感到什么的话）就并不相似、相容，因而他对恶人感到的也就不是一种同感。别忘了，我们之所以把草木瓦石排除在我们的同感对象之外，恰恰是因为它们在（即将）被摧折损坏之际不会感到悲伤或其他任何负面的情感，而由于他们没有任何情感，即使我们对这些东西之被损坏而感到痛心，这种痛心感也不能被称为同感，因为这些树木在被折断时自己没有这种痛心感（事实上我们知道它们不可能有任何感觉）。

这个问题比较容易回答。事实上，我们常常对没有任何负面情感的人具有同感。上面所引王阳明的文字中也用到了孟子所举的一个例子。我们都对即将落入井中的孩子有同感，但这个孩子自己极有可能没有任何负面情感，而且甚至在井边玩得正开心。霍夫曼也举了两个例子：一位得了绝症的人自己并不感到悲伤，因为他没有察觉到疾病；一位得了唐氏综合征的人非常自得其乐（Hoffman 2000, 81-82）。斯洛特所引约翰·努南（John Noonan）的例子更富戏剧性：一个即将被打掉的胎儿毫无任何负面的情感（Slote 2007, 17）。但是，我们显然可以对这些人有同感，这一点很容易理解。虽然即将落井的孩子、没有察觉到绝症的人和即将被打掉的胎儿没有感到任何悲伤，但他们在适当的情形之下都会（would）、能够（could）或应该（should）感到悲伤。霍夫曼就讨论了同感的两个源头：一是一个人生活的大格局，二是这个人当下的处境。如果二者在同是消极的意义上相容，比如在一人即将溺亡的情形中，具有同感的人几乎会不由自主地感受到即将溺亡者所感受到的危难。但是，如果二者相左，那我们就得把这个人当下的处境放到他生活的大背景中。例如，即便即将落井的小孩、患了绝症却不自知的人、得了唐氏综合征的女孩和即将被打掉的胎儿可能没有感受到，而且在某种意义上无法感受到悲伤，甚至还可能享受他们当下的处境，我们也的确会因为同感而为他们感到悲伤，进而想去（帮助他们）去除他们会、能够或应该感受到的悲伤的源头。[①] 以上述那位得了绝症因不知道自己的病情而并不感到悲伤的人为例子，他的医生看了他的化验单，知道他患了绝症，没有多少时日可活，就感到了这个病人的悲伤。虽然这个病人自己没有这样的悲伤，但我们还是可以将他的医生的这种情感看作同感，因为这个医生感到的虽然不是这个病人自己在当下实际上感到的，但这是他在恰当的情形下（即在知道了自己的真实病情后）会、能够和应该感到的。王阳明所讲的对无同感的人的同感也属于这一范畴，即具有同感的人因其同感对象之缺乏同感、之为恶所感受到的良心之痛，虽然不是这个作为同感对象的恶人事实上在当下所感到的，但是他在恰当的情形下会、能够或应该感受到的。在这个意义上，这个具有同感的人对没有同感的恶人所感到的良心之痛也可以合理地看作一种同感，即本章所要讨论的对恶人的同感。

然而，如果我们允许自己对实际上没有，但我们认为他们会有、能够有且应该有的负面情感的人抱有同感的关心，并试图帮助他们消除引发这些负面情感的原因，那么，我们似乎有落入家长作风（paternalism）的危险，因为有同感的人即使处于好心想帮助没有同感的人解除的东西可能不是这些没有同感的人自己想解除的。这是我想澄清的与阳明对恶人的同感概念相关的第二个要点。家长作风不都是有问题的。有有问题的家长作风，也有没有问题的家长作风。在上面的例子中，如果我们对即将落井的小孩、身患绝症的人、唐氏综合征女孩和受到流产威胁的胎儿产生情感驱动的同感的关心，人们显然不能说我们的情感和行为是成问题的家长作风。然而，如果我们对一个开始抽烟、有艺术天赋却拒不加以发展，或者退出基督教

---

① 达沃尔的同感理论的问题恰恰在于，他没有区分同感对象的实际感受和他在恰当的条件下会有、能有或该有的感受。他说："同感涉及不断地从他人角度分享他人的心理状态。我们的同感对象可能讨厌自己，感到自己没有价值，只想得到她认为她完全应得的痛苦。（以第一人称角色）通过想象分享她的这些顾虑很难说是对她的同情。"（Darwall 2007, 264）

会的成年人（假定我们是基督徒，相信在教会之外别无救赎之途）产生情感驱动的同感的关心，并努力使他们不抽烟，迫使他们发展自己的艺术天赋，或者硬把他们留在教会里面，这种家长作风也是没问题的吗？我想在这些情形中，我们的情感和行为更像是成问题的家长作风。关于成问题的和不成问题的家长作风的区别，斯洛特已经做了深入的讨论（Slote 2007；2010a）。

问题在于，如何划清有问题的家长作风和没问题的家长作风之间的界限，或者说如何保证我们对他人的同感的关心不是成问题的家长作风。如果同感对象没有感受到同感主体认为他会、能够或应该感受到的情感，为了避免有问题的家长作风，同感主体就应该对同感对象采取某种特定的视角。但是，有两种采取视角的方式，一种以自我为导向，另一种以他人为导向。埃米·科普兰（Amy Coplan）认为："如果以自我为导向的方式采取某种视角，一个人会把自己置入另一个人的处境之中。因此，如果我以自我为导向的方式对你采取某种视角，我就会想象，如果我处在你的境况之中我会有什么样的感觉。"（Coplan 2011, 9）用这种以自我为导向的方式采取对同感对象的视角相对说来比较容易，但也比较容易出现问题。只有当同感主体和同感对象之间有重要的或者恰当的重叠，也就是说，只有当具有同感的人在特定情形下的感受恰恰就是同感对象在同样情形下的感受，这种方式才行得通。在较复杂的情形下，自我与他人在相关方面有所不同，这种以自我为导向的对同感对象采取的视角就会有问题，因为如果我处在你的位置上我所有的感受很可能与处在你这个位置的你自己所感受到的很不一样。这时，我们就需要难度更大的、以他人为导向的方式采取对同感对象的视角："一个人从他人的视角呈现他人的处境，进而试图模拟目标……个体的经验，就好像他自己就是目标个体。"（Coplan 2011, 9）就是说，采取了以他人为导向的视角采取方式，具有同感的我要感受到我的同感对象所感受的，就不能只是想象如果我自己处在我的同感对象的位置会有什么感受，而是要了解我的同感对象在他这个状况下所实际感受的。在这两种导向之间，我完全同意科普兰的看法，即应采取以他人为导向的视角采取过程，"我们的同感概念需要排除自我导向型的视角采取过程，除非它与他人导向型的视角采取过程相结合"（Coplan 2011, 10），而在后一种情况下，自我导向性的视角采取过程与他人导向的视角采取过程就没有什么差别了。

　　当然科普兰也承认，这一点说起来容易做起来难，因为它要求我们必须进一步了解我们的同感对象，而不只是想象如果我们处在他的境地会何所思何所感。然而，由于我们现在考虑的是对恶人的同感而不是对身体上有痛苦的人的同感，我们面临的困难更大。这里，我们作为有同感的人感受到的是我们认为无同感的人即恶人实际上没有感受到但在恰当情境下会、能够而且应该感受到的悲伤即其良心之痛，这时，我们采取的视角是自我导向型的还是他人导向型的？如何判定？似乎很难判定，尽管对于我们来说，辨别我们对恶人的同感的关心是否为成问题的家长作风是多么重要。在阳明那里，避开这一难题的方法之一也许是区分关涉自我的行为与关涉他人的行为。根据这个区分，主要是对于那些只关涉自我的行为来说，家长作风是成问题的，而自主则是重要的。例如一个人喜欢抽烟，虽然不影响他人，但影响这个人自己的身体。在这种情况下，如果谁采取家长作风，不让他抽烟，这样的家长作风就可能是有问题的，因为这个人的抽烟只影响他自己。然而，就一个人的关涉他人的行为而言，家长作风往往可以得到合理性辩护。例如，如果我们阻止某人伤害他人，甚至使他帮助他人，那么，我们的做法就不是成问题的家长作风，因为这个人的伤害他人的行为和帮助他人的行为都是涉及他人的行为。

　　不过，我认为王阳明不会采取这一进路。我们以不成问题的家长作风去阻止无同感的人甲去伤害乙，或者使甲去帮助乙（结果甲不再是无同感的人，或者说，变成了有同感的人）；这时，如果我们具有同感的话，那也只是对受到伤害或得到帮助的人乙有同感，而不是对无同感的人甲有同感。然而，我们在这里最关心的问题是：王阳明也谈到了我们对无同感的人的也即本章所说的恶人的同感。换言之，每次阻止无同感的人伤害他人或者使他帮助他人的时候，我们同样关心如何提升无同感的人的福祉，或者至少是如何防止他的福祉趋于下降。这是因为，一方面，人各不相同，提升一个人某一方面的福祉的方式可能不会提升，甚至还会减少另一个人的福祉（例如我们让一个人去上艺术课可能会增加这个人的福祉，而让另一个人去上这样的课则可能不会增加他的福祉，甚至反而会降低他的福祉），所以我们意识到家长作风的问题；但另一方面，我们在人之为人方面又有共性。在儒家看来，这就是我们的"仁"性，缺乏了仁性，一个人作为人就有了缺陷。在阳明那里，"仁"也就是我们的万物一体感，而我们在前面已经阐明，这种情感进而言之也就是儒家所理解的同感。因此，任何人如果失去仁、失去万物一体感、失去对他人的同感的关心，那么他作为人就有了缺陷，其作为人的福祉就被降低，因而他也会、能够并应该感受到良心之痛，即便他当下并没有感觉到它。这里我们可能会问：从哪个角度来看，究竟是从以自我为导向的角度（即以同感主体为导向的角度），还是从以他人为导向的角度（即以无同感的同感对象为导向的角度）来看，一个人对他人的同感的丧失将被视为良心之痛？答案可能是两者都不是，因为它不是一个专门指向特定人（无论是自己还是他者）的角度，而是一个普遍适用于一切人的角度。就此而言，如果一个有同感的人对一个无同感的人产生同感的关切，那么，他是在采取一种以人性为导向的视角，而不是科普兰所讲的以自我为导向或以他人为导向的视角。这种以人性为导向的视角，用王阳明自己的话说，就是以天地万物为一体的视角：

> 天地万物，本吾一体者也，生民之困苦荼毒，孰非疾痛之切于吾身者乎？不知吾身之疾痛，无是无非之心者也。是非之心，不虑而知，不学而能，所谓良知也。良知之在人心，无间于圣愚，天下古今之所同也。（《王阳明全集》，79）

这里，阳明给我们提供了一个非常有意思又很重要的洞见：我们对无同感的人的同感的关切，我们对受到无同感的人伤害或者没有得到他帮助的人的同感的关切，这两者非但没有任何冲突而且还是相互支持的。实际上，在很多情况下具有同感的人的一个行为同时展现、反映并实现了这两种同感的关切。我们阻止无同感的人去伤害他人，或者促使无同感的人去帮助他人，这一行为同时体现了两种同感的关切：一方面，我们对因得到本无同感的人的帮助而外在福祉得到提升，或者至少因不会受到本无同感的人的伤害而使外在福祉免于下降的人有同感的关切；另一方面，我们关切的也是本无同感的人，由于这种关切，这个人逐渐成为一个有同感的人，从而使其内在福祉得以提高。这一点也可以用亚里士多德所讲的真正的自爱者与庸俗的自爱者之间的区分来加以解释。无同感的人就像庸俗的自爱者，他既伤害他人的外在福祉又伤害自己的内在福祉。相反，真正的自爱者在提升他人外在福祉的同时提升自己的内在福祉。然而，亚里士多德所讲的真正的自爱者还不足以成为王阳明所讲的具有同感的人。如果亚里士多德所讲的真正的自爱者不仅提升他人的外在福祉而且提升他人的内在福祉，也就是，使他人成为像他自己那样的真正的自爱者，那么，他就成为阳明所讲的具有同感的人了。然而，亚里士多德从来没有讲过，真正的自爱者或者说有德之士将会这样去做，或者被要求这样去做。我在本书的第四章对这个问题已做了详细的讨论。

这也为我们提供了一个新的视角去看待斯洛特所举的作为新纳粹主义分子的父亲和他女儿的例子。在这个例子中，这个女儿苦苦思索，如果她父亲在大屠杀幸存者的家附近发表仇恨演说该怎么办，假定她对她父亲（言论自由的权利）和大屠杀幸存者（受到演说的羞辱）都有同感的关切。虽然比起某人对罪犯和受害者都有同感的关切的例子，这个例子没有那么极端，斯洛特已经发现这个女儿的两种同感的关切之间的冲突。为在父亲和大屠杀幸存者之间做出选择，斯洛特建议她阻止她父亲在大屠杀幸存者的家附近游行示威并表达他的新纳粹主义观点，因为虽然阻止她父亲的行动固然会给她父亲带来伤害，但容许她父亲的行动带给大屠杀幸存者的伤害要深得多；斯洛特还认为，女儿在这样做时很显然是在以同感的方式对待大屠杀幸存者，但她同时并不必然是在以非同感的方式对待父亲，只要她"对她父亲以及／或其他新纳粹分子正在［因无法参加集会而］感受到或将会感受到的挫败感相当敏感"（Slote 2007, 69）。① 王阳明会建议用另一种更好的方式看待这个例子。首先我们需要知道，作为新纳粹主义者的父亲针对大屠杀幸存者的仇恨演说究竟是反映出他对大屠杀幸存者具有同感的关切，还是反映出他缺乏此种关怀。按照斯洛特的分析，显然是后者。这一点阳明当然也会赞成。倘若如此，作为新纳粹主义者的父亲发表仇恨演说，既会伤害自己（他的人性程度降低了），又会伤害大屠杀幸存者（受到了羞辱）。在这种情况下，如果女儿决定阻止父亲发表仇恨演说，那么她就对父亲和大屠杀幸存者同时表现出了明确的同感（防止父亲的人性程度降低，并使大屠杀幸存者免受羞辱），而且在这两种同感之间完全没有冲突。相反，这两种同感甚至是相互依赖的。一方面，正是由于她对其父亲的良心之痛的同感并努力帮助其父亲解除这样的良心之痛，她对大屠杀幸存者的同感才得以实现；另一方面，正是因为她对幸存者的同感，她才为自己父亲的行为感到良心之痛。

接下来我想澄清第三点，并以此来结束本章对于王阳明对无同感的人即恶人的同感的讨论。大家普遍认为，甲有某种需求，乙要对他产生同感，很重要的一点在于乙自己以前体验过这种需求。例如，亚当·斯密（Adam Smith）认为，如果一个人以前有过某种需求，那么他更容易对有同样需求的人产生同感。在霍夫曼那里，二者的关联更为紧密："如果旁观者曾经有过类似的经验，一旦他们从他人或他人的处境那里觉察到相关线索，他们就会做出同感的反应。"（Hoffman 1981, 130）这一点看上去比较容易理解。如果我以前生过病、住过院，那么我就比较容易对现在在生病、在住院的人产生同感。但如果真是这样，那么，为了能对无同感的人即恶人产生同感，拥有无同感的经验对我们来说似乎就很重要；更严重的是，为了能对一个残忍的

---

① 斯洛特这里可能在讨论霍斯特豪斯所讲的我们面对道德困境之时的"额外部分"（remainder）（Hursthouse 1999, 35-38）。我们可以用斯洛特自己所举的例子来解释这一关于道德困境的概念。我们只能领养两个孤儿中的一个；那么，在领养了其中一个孤儿之后，如果我"以同感方式强烈地感觉到我没有领养的那个孤儿（受伤）的情感"（Slote 2007, 69），那这就是霍斯特豪斯所讲的额外部分。如果我这样做了，那么无论是对领养的孤儿来说还是对没有领养的孤儿来说，我都具有美德（在霍斯特豪斯看来）或具有同感（在斯洛特看来）。

人产生同感，我们得有残忍对待他人的经验，即便我们的目的乃是通过对无同感的人和残忍的人的同感而使无同感的人变成有同感的人、使残忍的人不再残忍。这好像是我们无法接受的。

幸运的是，要对无同感的人产生同感，同感主体似乎未必需要这样一些过去自己亲身经历的负面经验。显然，我们大多数人并没有坠井、身患绝症或行将溺亡的经验，但这并不妨碍我们对一个即将落井的孩子、身患绝症的人和行将溺亡的人产生同感的关切。不仅如此，最近心理学家已经通过大量的实证研究证实了这些日常观察的结论。例如，莎拉·D. 霍奇斯（Sara D. Hodges）和她的合作者所进行的一项研究表明，以前有过类似经验的人"觉得他们能更好地理解被研究者，而知道观察者有过类似经验的被研究者也认为这些观察者对他们有更好的理解"（Hodges et al. 2010, 407）。这里，霍奇斯等人强调，双方只是对同感有如此的感觉而已：具有同感的人和同感对象只是感觉到同感主体过去的经验强化了自己的这种同感。然而，这项研究也同样表明，过去的经验并不能使具有同感的人经由同感更加准确地感受和理解同感对象的特定情感与想法。这说明，"观察者不能很好判断自己的同感的准确性……而被研究者往往没有意识到观察者在同感方面的误差"（Hodges et al. 2010, 407）。白森和他的同事所进行的另一项研究则表明，对于女性来说，过去关于某种需求的经验会增强一个人对有同种需要的人的同感，但对于男性来说情况并非如此（Batson et al. 1996, 481）。更重要的是，他们在研究中发现，"接受调查的男性和女性在没有过去经验的情况下都有相当丰富的同感"。

显然，与特别强调过去经验之重要性的假说不同，要对有某种需求的人产生同感，相似的经验并非必要前提（Batson et al. 1986, 482）。[①] 白森在后来的一部著作中认为："过去经验可能会提高对他人之需求的了解，进而增强对他的同感的关切，但是，这种了解也可能来自其他源头。"（Batson 2011, 194）

---

① 实际上，过去的经验太多也可能成为一个问题，因为这可能使一个人的注意力从他的同感对象转移到他自身过去所感受的痛苦或悲伤（可见 Hoffman 2000, 56）。

那么，我们的同感还有哪些"其他源头"呢？毕竟，我们似乎都同意说，一个没有过任何痛苦经验的人很难对处在痛苦中的人产生同感，正如一个色盲症患者无法理解红与蓝的差别。霍奇斯等人在上文提到的研究中讨论了其他源头，那就是"熟悉某种特定经验的一般的（'固定模式化的'）性质"（Hodges et al. 2010, 407）；斯洛特也认为，"一般说来，如果我们对世界上的行为和事件的未来结果或假设性结果有更多的了解，那么，我们就会不仅对一个人正在感受的东西产生同感，而且也会对他将会感受到的东西产生同感，对如果我们做了某些事情或者某些事情发生了他可能会感受到的东西产生同感"（Slote 2010a, 17）。回到阳明对恶人的同感的概念，要能够对恶人产生同感，也就是说，能够感受到恶人会、能够及应该感受到的良心之痛，我们自己的确要有类似的痛苦经历，虽然不必像恶人会、能和该有的良心之痛那么剧烈。如果我们有某种轻度疼痛的经验，就可以通过想象对剧烈的疼痛有一个概念。按照王阳明的观点，除了只有在理论上才能断定其存在的天生的圣人，我们每个人一定有过良心之痛的过去的经验，或者对我们过去的经验感到某种良心之痛。虽然每个人天生就与万物一体，故而会、能和该感受到万物的痛痒，但是，我们都很容易受到私欲的遮蔽，它把我们同其他事物间隔开来，使我们实际上无法感受到万物的痛痒，从而变成无同感的人。只有通过不断的道德修养，祛除私欲之蔽，我们才能再次感到与万物一体。到那时候，我们开始对我们过去的为人处事感到良心之痛，就好像我们对自己的过去产生同感一样。[1] 在对于我们过去的自我的这种同感中，我们感受到了自己在过去会、能够或应该但实际上没有感受到的痛苦。在这个意义上，我们对过去自己的同感也是一种延迟的同感。[2] 正是这种我们

---

① 据我所知，彼得·戈尔迪（Peter Goldie）首次阐发了我们对过去的自我产生的同感。他举例如下："昨晚我参加公司聚会。一两杯酒下肚之后，我喝高了，在席间站起来高唱《爱如蝴蝶》（*Love is Like a Butterfly*）。当时我醉醺醺的，兴奋异常，以为朋友们非常喜欢我的演唱。但第二天当我回想起昨晚的事情，就有一个极具讽刺性的差距。现在我认识到，他们当时都在嘲笑我，而不是像当时我所想的那样和我一起欢笑：这是一个认知上的具有讽刺意味的差距——我现在知道了我当时所不知道的东西。"（Goldie 2011, 201-202）。

② 在布鲁恩（C. Bruun）和侯尔本（B. Wholeben）看来，"延迟的同感乃是对以下经验的同情的理解：先前因缺乏某种经验或视角而没有产生同感"（Bruun and Wholeben 2002, 22）。

通过对自己过去的同感或者说延迟的同感所感受到的痛苦，即良心之痛，成为我们能够对恶人产生同感的主要源头。

六　结　论

本章讨论了王阳明对恶人的同感概念。通过上述的讨论，我们看到，这里所谓的对恶人的同感不是指对恶人的外在福利的关心。例如，它指的不是当一个恶人在饥饿、挨冻或生病时我们能不能、该不该对他的痛苦感同身受并试图为他提供食物、衣服或药物等来消除这样的痛苦。在这个意义上，对恶人的同感与老子的以德报怨和耶稣转过另一边脸不同（当然也不一定矛盾）。同时，我们也看到，这里所谓的对恶人的同感也不是指对恶人之作恶的理解、宽容、怂恿，甚至参与。在这个意义上，我们讲的对恶人的同感同我们上面讨论的莫顿讲的对恶人的同感不同。相反，我们在王阳明思想中发现的对恶人的同感指的是一个具有同感的人对恶人所处的负面境况（即其内在福祉被损坏的情况）而感到的这个恶人虽然在还是恶人时没有，而且不可能有，但在恰当的条件下会、能够和应该感到的痛苦，并试图帮助恶人将这种痛苦解除的努力。在这个意义上，王阳明的对恶人的同感概念是对当代同感理论的一个重大贡献。我们知道，几乎所有关于同感的讨论围绕着对经历身体上疼痛（physical pain）的人同感。有这样的同感的人不仅知道有人经历这种身体上的疼痛，而且自己还感到这样的疼痛，并因此而产生帮助这个人消除这种身体上的疼痛的欲望和行动。唯一超出这种狭隘的对身体上的疼痛的关心的，是我们在上面看到的由克拉奇及其合作团队提出的社会性的疼痛（social pain）概念。根据这样一种概念，当我们看到有人因有意或无意地违背了某种社交礼仪时，如果我们有同感心的话，我们不仅知道这些行为违背了某些社交礼仪，而且会感到这些人或者是实际上感到的或者是虽然没有实际上感到但在恰当的条件下会、能够或应该感到的社会性的痛，具体表现为尴尬的感觉，并有帮助这些人走出这种尴尬境地的欲望和行动。而王阳明的对恶人的同感讲的是，当我们看到一个人在作恶时，如果我们有同感心的话，我们不仅知道这个人的作为人性的良知或良心受到了伤害，而且我们会感到这些恶人自己虽然实际上还没有感到但在恰当的条件下会、能够和应该感到的良心的疼痛，并有帮助这些恶人改恶从良从而消除这种良心之痛的欲望和行动。王阳明对这种良心之痛的强调在当今的所有同感理论中都是付诸阙如的，但很显然又是非常重要的。正是在此意义上，我们认为王阳明的对恶人的同感思想是对当代同感理论的一个重要贡献。

参考文献

程颢、程颐：《二程集》，北京：中华书局，1981 年。

王阳明：《王阳明全集》，上海：上海古籍出版社，1992 年。

杨伯峻：《论语译注》，北京：中华书局，1980 年。

Batson, C. D. 1991. *The Altruism Question: Toward a Social-Psychological Answer*. Hillsdale, NJ: Erlbaum.

Batson, C. D. 1997. "Self-Other Merging and the Empathy-Altruism Hypothesis: Reply to Neuberg et al." *Journal of Personality and Social Psychology* 73.3: 517–522.

Batson, C. D. 2011. *Altruism in Humans*. Oxford: Oxford University Press.

Batson, C. D., J. G. Batson, C. A. Griffitt, S. Barrientos, J. R. Brandt, P. Sprengelmeyer and M. J. Bayly. 1989. "Negative-State Relief and the Empathy-Altruism Hypothesis." *Journal of Personality and Social Psychology* 56: 922–933.

Batson, C. D., J. G. Batson, J. K. Singlsby, K. L. Harrell, H. M. Peekna and R. M. Todd. 1991. "Empathic Joy and the Empathy-Altruism Hypothesis." *Journal of Personality and Social Psychology* 61: 416–426.

Batson, C. D., B. D. Duncan, P. Ackerman, T. Bucldey and K.Birch. 1981. "Is Empathic Emotion a Source of Altruistic Motivation?" *Journal of Personality and Social Psychology* 40: 290–302.

Batson, C. D., I. L. Dyck, J. R. Brandt, J. G. Batson, A. L. Powell, M. R. McMaster and C. Griffitt. 1988. "Five Studies Testing Two New Egoistic Alternatives to the Empathy-Altruism

Hypothesis." *Journal of Personality and Social Psychology* 55: 52–77.

Batson, C. D., K. O'Quin, J. Fultz, M. Vanderplas and A. Isen. 1983. "Influence of Self-Reported Distress and Empathy on Egoistic versus Altruistic Motivation to Help." *Journal of Personality and Social Psychology* 45: 706–718.

Batson, C. D., L. L. Shaw. 1991. "Encouraging Words concerning the Evidence for Altruism." *Psychological Inquiry* 2.

Batson, C. D., Karen Sager, Eric Garst, Misook Kang, Kostia Rubchinsky and Karen Dawson. 1997. "Is Empathy-Induced Helping Due to Self-Other Merging?" *Journal of Personality and Social Psychology* 73.3: 495–509.

Berenguer, Jaime. 2010. "The Effect of Empathy in Environmental Moral Reasoning." *Environment and Behavior* 42.1: 110–134.

Bruun, C. and B. Wholeben. 2002. "Deferred Empathy: A theoretical Model." *The Gerontologist* 42.1 (special issue): 22.

Carroll, Noël. 2004. "Sympathy for the Devil." in Richard Greene and Peter Vernezze, ed. *The Sopranos and Philosophy*: I Kill Therefore I Am." Chicago and La Salle, IL: Open Court.

Cialdini, Robert B., Stephanie L. Brown, Brian P. Lewis, Carol Luce, and Steven L. Neuberg. 1997. "Reinterpreting the Empathy-Altruism Relationship: When One Into One Equals Oneness." *Journal of Personality and Social Psychology* 73.3: 481–494.

Coplan, Amy. 2011. "Understanding Empathy: Its Features and Effects." in Amy Coplan and Peter Goldie, ed. *Empathy: Philosophical and Psychological Perspectives*. Oxford: Oxford University Press.

Currie, Gregory. 2011. "Empathy for Objects," in Amy Coplan and Peter Goldie, ed. *Empathy: Philosophical and Psychological Perspectives*. Oxford: Oxford University Press.

Eisenberg, Nancy. 2000. "Empathy and Sympathy." in Michael Lewis and Jeannette M. Haviland-Jones, eds. *Handbook of Emotions*. 2nd edition. New York and London: Gilford Press.

Darwall, Stephen. 1997. "Sympathy, Empathy, and Care." *Philosophical Studies* 89: 261–282.

Eklun, Jakob, Teresia Andersson-Sträberg, Eric M. Hansen. 2009. "'I've Also Experienced Loss and Fear': Effects of Prior Similar Experience on Empathy." *Scandinavian Journal of Psychology* 50: 65–69.

Goldie, Peter. 2011. "Empathy with One's Past." *The Southern Journal of Philosophy* 49 (Spindel Supplement): 193-207.

Hodges, Sara D., Kristi J. Kiel, Adam D. I. Kramer, Darya Veach and B. Renee Villanueva. 2010. "Giving Birth to Empathy: The Effects of Similar Experience on Empathic Accuracy, Empathic Concern, and Perceived Empathy." *Personality and Social Psychology Bulletin* 36.3: 398-409.

Hoffman, Martin L. 1981. "Is Altruism Part of Human Nature?" *Journal of Personality and Social Psychology* 40.1: 121-137.

Hoffman, Martin L. 1991. "Is Empathy Altruistic." *Psychological Inquiry* 2.2: 131-133.

Hoffman, Martin L. 2000. *Empathy and Moral Development: Implication for Caring and Justice*. Cambridge, UK: Cambridge University Press.

Huang, Yong. 2010. "The Self-centeredness Objection to Virtue Ethics: Zhu Xi's Neo-Confucian Response." *American Catholic Philosophical Quarterly* 84.4.

Hursthouse, Rosalind. 1999. *On Virtue Ethics*. Oxford: Oxford University.

Krach, Sören, Jan Christopher Cohrs, Nicole Cruz de Echeverría Loebell, Tilo Kircher, Jens Sommer, Andreas Jansen and Frieder Michel Paulus. 2011. "Your Flaws Are My Pain: Linking Empathy to Vicarious Embarrassment." *PLoS One* 6.4: 1-10.

Marder, Michael. 2012. "The Life of Plants and the Limits of Empathy." *Dialogue* 51: 259-273.

May, Joshua. 2011. "Egoism, Empathy and Self-Other Merging." *The Southern Journal of Philosophy* 49 (Spindel Supplement): 25-29.

Morton, Adam. 2011. "Empathy for the Devil." in Amy Coplan and Peter Goldie, ed. *Empathy: Philosophical and Psychological Perspectives*. Oxford: Oxford University Press.

Slote, Michael. 1992. *From Morality to Virtue*. Oxford: Oxford University Press.

Slote, Michael. 2007. *Ethics of Care and Empathy*. Oxford: Routledge.

Slote, Michael. 2010a. *Moral Sentimentalism*. Oxford: Oxford University Press.

Slote, Michael. 2010b. "The Mandate of Empathy." *Dao* 9.3: 303-307.

Slote, Michael. 2020. "Replies." in Yong Huang, ed. *Michael Slote Encountering Chinese Philosophy*. London: Bloomsbury.

第八章 环境美德伦理学：
王阳明反人类中心主义的道德偏倚说

一 引 言

环境伦理学可以看作一种应用伦理学，它把某种一般的伦理学理论应用到具体的环境问题。换个角度，环境伦理学也可以看成传统伦理学的扩展形态：传统伦理学的道德对象仅限于人，而环境伦理学的道德对象还包括人之外的存在者。不管怎么说，环境伦理学和一般／传统伦理学密切相关。因此，环境伦理学自二十世纪以来的发展与一般伦理学相似：在初始阶段，在环境伦理学中居主导地位的是后果论和义务论，而现在则是美德论开始出头。究其原因，一是因为美德伦理学的吸引力，既包括它自身作为一种规范伦理学的吸引力，也包括它在应用／扩展到环境问题时的吸引力；二是因为义务论和后果论各自的缺陷，既包括这些理论自身的缺陷，也包括它们应用／扩展到环境问题时所表现的缺陷。然而，环境美德伦理学也有自身的问题，特别是因为迄今我们所看到的环境美德伦理学基本上沿袭了亚里士多德的幸福或繁荣（*eudaimonia*）论路线，从人类的福祉（human flourishing）出发关注环境问题，故而本质上是人类中心主义的，即使不能说是利己主义的（第二节）。通过考察明儒王阳明的著作，我们可以提出一种儒家的环境美德伦理学，而它的核心在于有德之人以万物为一体。作为一种美德伦理学，它也关注有德之人的福祉；不过，既然有德之人与万物一体，有德之人的福祉也就意味着宇宙万物的福祉，或者反过来，万物的福祉也就是有德之人的福祉。因此，儒家环境美德伦理学可以不必像其他形态的环境美德伦理学那样受人类中心论的困扰，但又并不因此而成为一种自然中心主义（第三节）。不过，有德之人与万物一体并不意味着他得无差别地对待万物，仿佛当一个人的利益与（比如）一棵草的利益发生冲突时他就要抛硬币决定采取什么行动。这与儒家的"爱有差等"这种道德偏倚论（moral partialism）观念有关。传统上"爱有差等"处理人与人之间的关系，但阳明把它扩展到处理与人之外的存在者之间的关系。但要证成道德偏倚论，并反对道德不偏倚论（moral impartialism），不是一个简单的任务（第四节）。

二　环境美德伦理学

在过去几十年，一般意义上的美德伦理学经历了令人印象深刻的复兴；与之相应，环境美德伦理学如今也已发展成为义务论环境伦理学和后果论环境伦理学的强劲对手。

作为一种规范伦理学，后果论，顾名思义，就是根据一个行动的后果来确定一个行动的对错。根据最具代表性的后果论理论即功利主义，看一个行动的后果也就是看这个行动是增加了还是减少了宇宙中的幸福总量，而这里的幸福又是通过快乐和痛苦来规定的。因此如果一个行动增加了宇宙中的快乐总量或者减少了宇宙中的痛苦的总量，这个行动就是道德的，反之就是不道德的。很显然，即使这种理论作为规范人与人之间的关系没有问题，将这样一种理论运用到或者扩展到环境就有一个严重的局限。因为这样一种理论是建立在对快乐和痛苦的衡量基础上的，但在宇宙中只有人和动物才能有快乐和痛苦的感觉，而环境伦理学涉及的不只是人和动物，还包括不能感知快乐和痛苦的植物甚至非生物。此外，以功利主义为代表的后果论本身也有许多问题，而这些问题在这个理论被运用、扩展到环境问题时依然存在。这里我只提一下其中的两个问题。第一个问题是公正问题。在评判一个行动或一个社会政策的道德价值时，功利主义只讲幸福的总量，而不讲这个总量的分配。如果这个理论所要考虑的宇宙只包括人类，这种伦理学至少在理论上容许伤害甚至杀害一部分无辜的人，只要这个宇宙中的其他人因这一部分人的被伤害甚至杀害所获得的快乐高于这几个被伤害、杀害的人所因其被伤害、杀害而有的痛苦，而这对这些被伤害、杀害的无辜的人显然是不公的。这种不公的现象在功利主义被运用到、扩展到环境问题时不仅存在，而且可能还会加剧。我要提一下的功利主义的第二个问题是最早由帕菲特提出、后来由马特·茨沃林斯基（Matt Zwolinski）和大卫·施密茨（David Schimdtz）发展的所谓功利主义必然会导致的令人厌恶（repugnant）的结论。我们刚才说，在讲一个行动或者一个社会政策的后果时，功利主义要看其对宇宙中的幸福总量的增减。但这种总量可以是这个宇宙中所有成员各自幸福量加起来而得的总值，也可以是指这个宇宙中每个成员的幸福的平均值，即把所有成员的幸福量加起来再除以成员的数量。如果我们要比较同一个社会在不同时期的道德进步或者退步，如果这个社会的成员数量保持不变，我们无论是根据不同时期的幸福的总值还是平均值，结果是一样的。同样，如果我们要比较两个社会，看哪一个社会更道德，只要这两个社会的成员数量一样，我们无论是看这两个社会各自的幸福总值还是看这两个社会各自的幸福的平均值，结果也是一样的。可是如果一个社会在不同时期的人员数量发生了变化，或者我们要比较的两个社会的成员数量不同，那么用总值还是用平均值就有不同的结果。假如一个社会采取了一种社会政策使这个社会的幸福总值增加百分之五十，同时使其成员数量增加了百分之一百。那么这个社会政策是否道德呢？如果我们根据幸福的总值看，回答是肯定的，因为这个总值因这个社会政策的实施而增加了，但如果我们根据平均值，那么回答是否定的，因为幸福的平均值因这个社会政策的实施而降低了。同样如果要比较两个社会哪个更道德，如果一个社会的幸福总值比另一个社会高百分之五十，但成员数量比后者多一倍。这时如果我们用幸福的总值来衡量，那么是前一个社会更道德，而如果我们用平均值来衡量，则后一个社会更道德。在上述两个情形中，不难看出，平均值比总值更能反映真实的情况。但帕菲特所要指出的是，无论我们是用总值来衡量还是用平均值来衡量，都会引出令人厌恶的结论。如果考虑一个社会的幸福总值，令人不快的结论在于：即便这个社会采取了一个社会政策使得这个社会的幸福的平均值下降，也就是说每一个体成员的幸福变糟，只要这个政策使得人口增长到一定程度，让这个社会的幸福总值超过以前，那么这个社会就是一个更好的社会，而使这个社会变得更好的社会政策就是道德的政策。如果考虑平均效用，令人不快的结论在于：一个社会只要减少人口就是一个更好的社会，哪怕为了提升平均效用而杀掉一些人（Zwolinski et al. 2013）。

义务论并没有好到哪儿去。康德可谓最具影响力的义务论伦理学家了，但从康德的义务论里没办法发展出一种合适的环境伦理，这是因为根据它的义务论，只有理性存在物才可以成为我们道德行动的对象。例如，他认为："我们对动物不负有直接义务；我们对它们的义务乃是对于人类的间接义务。"（Kant 1997, 212）这是说，我们虐待动物的行为本身不构成道德上的错误，但是，它可能诱发我们残忍地对待其他人，即如果我们习惯地虐待动物，我们可能会把这种对待动物的态度不自不觉中变成我们对待人的态度，而这就构成了道德上的错误，因为我们对人类有直接的义务。换言之，如果我们对动物的残忍不会导致我们对人的残忍，那么我们对动物的残忍也没有什么问题。即使我们对动物的残忍必然会导致我们对人的残忍，而且由于我们对人有义务因而不能对人残忍，所以我们也不应当对动物残忍，但我们对动物的不残忍只有工具的价值。康德举例明之："某人由于自家的狗不再能帮他讨生活便用枪杀了它。倘若如此，他并没有违反任何对狗的义务，因为狗没有判断能力。但是，他这样做却损害了自身良善仁爱的品性，而他本应践行这些品性，因为他对人类所负义务的缘故。"（Kant 1997, 212）如果我们没有对于动物本身的义务，自然也就不会有对于植物本身的义务。

诚然，义务论不必是康德主义的。义务论的要义在于强调某些明确的道德义务，践履这些道德义务构成内在之善。道德主体的义务相应于道德客体的权利，因为后者有其内在价值。因此，像汤姆·里根（Tom Reagan）这样的义务论环境伦理学者便主张，动物有内在价值从而拥有权利。保罗·泰勒（Paul Taylor）甚至进一步认为，举凡生命体，包括植物和微生物都有其内在价值以及随之而来的权利。然而，说一个存在物有其内在价值并不必然意味着它有权利，从而产生道德主体对它的义务。不妨以约翰·奥尼尔（John O'Neill）的观点为例。他不否认人之外的存在者可以有其内在价值，但他认为它们有其内在价值或非工具价值并不意味着它们需要得到我们的道德关怀："我们可以在客观的意义上讲何者构成实体之善，同时不一定要主张这些善应当实现。我们可以知道何者'对于 X 来说是善的'，以及与之相应何者构成'X 的发展'，与此同时却认为 X 乃不应存在之物，故而我们应当抑制 X 的发展。"（O'Neill 1993, 22）奥尼尔举例说，病毒也有其内在之善，就是说有使病毒成为病毒的东西，但我们"根本没有理由认为这些善应当算作目的本身（当然，我们也许会有充分的工具意义上的原因主张某些病毒应当得以繁殖，例如它们对于所处的生态系统来说是不可或缺的部分）"（O'Neill 1993, 24）。罗纳尔·桑德勒（Ronald Sandler）同样主张："自然物具有固有价值（inherent worth）或内在价值（intrinsic value），这一光溜溜的事实并没有蕴含任何东西，尤其没有蕴含主体应当如何回应这一价值。因此，自然物具有内在价值这一事实并没有做出任何特定的规范性要求。"（Sandler 2007, 113）

正是在这样的情境中，许多哲学家在探究环境问题时转向了美德伦理学。特别有意思的是托马斯·E. 希尔（Thomas E. Hill），本身是一位康德主义哲学家，却成了环境美德伦理学的先驱。他的名文《人类卓越的理想和自然环境保护》讲了一位富有的怪人，他在自己的院子里铲除了所有的花草树木，包括一棵古老高大的牛油果树，然后将整个前院铺满沥青。我们一般都会认为他这样做是不对的。但他错在什么地方呢？很显然，我们无法用后果论特别是功利主义来批评这个人的行为，特别是如果我们考虑到这个人之所以这样做的主要理由是这样他可以省下不少维护这个院子所需的时间和开支。当然我们可以采取义务论的观点说他的行为侵犯了某些生物的权利，但如我们上面所说的，动植物有其内在价值没有问题，但它们是否有权利还有待证明。所以，在希尔看来，我们更加妥帖的思路是从这个行动转向行为者，追问"何种人会如此行事"（Hill 1983, 211）。希尔对这一问题的回答是，会如此行事的人缺乏谦逊的美德，因为谦逊的美德会要求他"认识到无知觉的自然自身的重要性"（Hill 1983, 220），就是说，不管自然对我们人类来说是否重要，自然有它自己的价值；会如此行事的人也是缺乏审美感的人，因为他只看到这样做会让他节省时间和金钱，但看不到一个绿叶葱葱的院子与一片沥青地之间的差别。因此，希尔认为做这样的事的人是我们自己经过反思以后不想成为的人。

除了谦逊和审美感之外，许多环境美德伦理学家还强调了其他与对待自然的态度相关的品性。据卢克·范温斯维恩（Louke Van Wensveen）所说，人们讨论环境问题已经使用了 189 种美德和 174 种恶德（Wensveen 2000）。例如，大卫·梭罗（David Thoreau）在著名的《瓦尔登湖》一书中言曰，自愿简朴的美德有益于人类的幸福，因为"大部分的奢侈品，许多所谓生活的舒适，非但没有必要，而且对人类进步大有妨碍"（Thoreau 1951, 19）。由于导致我们破坏自然的原因（至少一部分）在于我们追求奢华的生活，简朴便是一种与保护生态环境相关的美德。雷切尔·卡逊（Rachel Carson）主张，对自然之美的好奇是一种与环保相关的美德，因为"它永远是一剂良药，帮助我们对抗无趣和乏味……避免要命地执迷于人造物，避免疏离我们的力量之源"（Carson 1956, 43）。一个人如果对自然之美好奇，那就不太可能毁坏它。卡恩·巴德斯利（Karen Bardsley）认为，感激，包括对自然之美与恩赐的感激，将促进知足和积极的生活态度，从而提高人类的福祉（Bardsley 2013, 27–40）。

不过，从美德伦理学的进路研究环境问题也有一个困境，那就是把我们的注意力从自然转向了人自身。我们需要获得美德，包括关心环境的美德，因为它们对于人类的福祉来说是有益的，甚至是不可或缺的。例如，奥尼尔认为："像其他存在者一样，人类有一些对于人类的福祉来说具有构成意义的善，与此相应另外还有一些对人类的福祉来说具有工具意义的善。我们应当促进许多其他生物的繁荣，因为它们对于我们自身的福祉来说具有工具意义。"（O'Neill 1993, 23）这显然是人类中心主义，因为我们只是出于人类福祉之故才心系自然。正是因为这一点，霍尔姆斯·罗尔斯顿（Holmes Rolston）认为环境美德伦理只有"片面真理，但总的说来是危险的"（Rolston

2005，61）。它是危险的，因为我们的环境美德伦理学家"似乎使爱自然从属于自爱。但是，如果用自然如何有益于我们的美德这样的框架理解自然，我们就把自然置于错误的参照框架之内"（Rolston 2005，76）。奥尼尔曾用亚里士多德的友谊概念做了一个类比。友谊对于生机勃勃的人类生活来说是一个具有构成意义的成分，而因朋友自身之故（而不是为我自己之故）关心朋友对于真正的友谊来说具有构成意义。同样，我们应当把大量的（即便不是全部）人之外的存在者自身的繁荣作为目的本身加以促进，因为这对于人类的福祉来说具有构成意义（O'Neill 1993，24）。在罗尔斯顿看来，即使我们像奥尼尔那样主张美德之人因自然自身之故，而不是因我们人类之故关心自然，我们只是在较低层次上避免了人类中心主义，但这种人类中心主义在一个较高的层次上有回来了。为什么？我们需要因人之外的存在者自身之故而促进它们的繁荣，归根结底却是为了人类：除非我们因人之外的存在者自身之故而促进它们的繁荣，否则我们就无法实现人类自身的福祉。所以，实际上我们在做的是因我们自己之故才因自然之故去关怀自然。这里我们在环境美德伦理学中看到了两个层次的人类中心主义。在较低层次的人类中心主义中，我们关心自然是因我们人类之故，例如使我们人类有一个宜居的环境。这里的环境没有任何自身的价值，而只有对我们人类的工具价值。环境美德伦理学克服了这样一种低层次的环境美德伦理学，因为具有美德的人关心自然是为自然本身之故，而不只是为我们人类之故（关心了自然，我们当然也会有一个宜居的环境，但我们之所以关心自然不是为了使人类有一个宜居的环境，而是为了自然）。这就是说，具有美德的人认为自然有其内在的价值，而不只有对人类的工具价值。但具有美德的人之所以因自然自身之故而关心自然，是因为他要过一个作为人的繁荣的生活，而要过作为人的繁荣生活，他就需要过一个具有人作为人应该有的美德，而其中的一个美德要求他因自然之故去关心自然。这就是我这里说的高层次的人类中心主义。在这两个层次的人类中心主义之间的关系类似于我在本书第四章讨论的以人类为范围的美德伦理学所具有的前两种自我中心主义（低层次的自我中心）与第三种自我中心主义（高层次的自我中心）之间的关系。

　　有些学者试图回应从美德伦理学角度研究环境问题所带来的这种人类中心主义倾向。这些回应，基本上可以分为两类。一类是吃子弹的方式，即承认环境美德伦理学具有人类中心主义，并为这种人类中心主义辩护。二是承认人类中心主义有问题，但否认环境美德伦理学具有这种人类中心主义倾向。我认为这两种回应都是不成功的。我们先看第一种回应。詹妮弗·维尔西门（Jennifer Welchman）对环境美德伦理学的辩护是先承认它确实具有人类中心主义倾向，然后再论证这样的人类中心主义倾向是不可避免的。她的主要论证是采取元伦理学领域中的道德理由内在论，即休谟主义的立场。根据这种立场，"离开了内在于行动主体的品格的利益、欲望、需求，理论上的证明无法给这个行动者提供行动的动机"（Welchman 1999, 412）。她据此批评各种非人类中心的环境理论，如生态中心的、生命中心的和深度生态的理论，认为它们都持道德理由的外在论立场。维尔西门认为，这样的理论确实可以提供很多非人类中心的理论上的理由去关怀环境，但它们无法内在于我们的品格的利益、欲望和需求，因而无法为我们提供去关怀环境的动机。就是说，即使它们很好地证明了自然有其内在价值，我们应该为自然本身之故去关心自然，但由于我作为行动主体没有关心自然的欲望，或者说我的因自然而关心自然的行动不能使我有的任何欲望得到满足，我就没有动力去做这样的关心自然的行动。但我认为维尔西门的论证是不成功的。这倒不是她用来论证其人类中心主义立场的道德理由内在论不对。事实上我自己也是一个道德理由内在论者。问题是，道德理由内在论并不必然在环境问题上导致人类中心主义。道德理由内在论只是说，仅当与内在于行动者的利益、欲望和需求等相关时（即能让这样的利益、欲望和需求等得到实现时），一个理论上的论证才能成为我们行动的理由，即才能使我们有动力去行动。因此，用道德理由内在论的首倡者威廉斯的话说，我们行动的理由一定是内在于我们的、以欲望为其主要成员的"主观的动机集"（subjective motivational set）。换言之，我们的行动的理由必须内在于我们自己的欲望，但从这里却无法推出我们的欲望一定是自我中心的欲望。例如，如果我去帮助一个人，那必定不只是因为我相信我应该帮助别人，而是因为我有帮助别人的欲望，但我帮助别人的欲望并不表明我是为了自己的利益才去帮助别人，因为很可能我本身就有利他的欲望。简言之，维尔西门混淆了人类关心自然的欲望与人类为自身的利益而关心自然的欲望。道德理由内在论要求我们持前一种立场，但并不要求我们持后一种立场。

我们现在看第二种回应。与上述这种吃子弹的方式来回应认为环境美德伦理学具有人类中心主义倾向的批评不同，还有一些环境美德伦理学家则否认它具有人类中心主义的倾向，而其方法就是论证人类的繁荣与非人类的繁荣是分不开的。例如，菲利普·卡法罗（Philip Cafaro）就认为："同样的行动、同样的人格特征使我们同时成为好的邻居、好的公民和好的环境主义者，这并不是偶然的。在很多情形下，同样的生态系统同时导致人类和非人类的繁荣；污染和生态健康的退化对人和其他有机物都会造成伤害。"（Cafaro 2015, 432）但在我看来，这样的回应是完全不成功的。它不仅没有证明环境美德伦理学没有人类中心倾向，实际上它比被批判的那种环境美德伦理学具有更严重的人类中心倾向。为什么这样说呢？因为被批评为有人类中心倾向的环境美德伦理学也认为，与环境有关的人类美德不仅要关心非人类存在物的繁荣，而且要为这些非人类存在物本身而不是为了我们人类去关心这些非类人存在物的繁荣。如我们上面提到的奥尼尔就认为，具有环境美德的人会因自然自身之故而不是为人类之故去关心自然。我们也看到，批评环境美德伦理学有人类中心倾向的人，如罗尔斯顿，也并不否认这一点。他们之所以认为这样的环境美德伦理学还具有人类中心倾向是因为，根据这样的伦理学，人类要繁荣，就必须要有美德，而美德要求人类做的事情之一就是要关怀自然，而且不是为了自己才关怀自然，而是为了自然而关怀自然。而这就是说，美德要求人类为自然之故而关怀自然的目的还是为人类的繁荣之故，因为如果为了自身之故而去关怀自然的话，人类就不会有繁荣。我们可以看到，这种批评与我们在本书第四章结论前的最后一节讨论的霍卡认为美德伦理学是根本上的自我中心主义的批评是一致的。霍卡承认，具有美德的人会关心他人，而且是为他人之故而不是为自己之故去关心他人，但他之所以这样关心他人最终是为了他自己的繁荣，因为他如

果是为自己之故而不是为他人之故去关心他人的话，他自己的生活就不会
繁荣。面对这样的批评，卡法罗说，人类的繁荣与自然的繁荣是分不开的，
人类要实现自己的繁荣，就必须关怀自然的繁荣。这就是说，人类关心自然
的繁荣的目的是为了人类自己的繁荣，只是由于人类的繁荣与自然的繁荣
分不开，人类才去关心自然。可见，这种观点比被批评的环境美德伦理学甚
至倒退了一步，因为它甚至不承认人类是为自然之故，而不是为人类之故去
关心自然的繁荣。

我认为环境美德伦理学的人类中心主义确实是个问题，但是我们所能
看到的针对这种批评所提出的各种对环境美德伦理学的辩护都并不成功。
然而，这并不意味着环境美德伦理学注定会失败。如果我们转向儒学，特别
是王阳明的新儒学，我们将会看到环境美德伦理学可以避免这种人类中心
主义的危险。

三 王阳明的万物一体：人类中心主义的消解

儒家伦理学首先是一种美德伦理学。作为一种美德伦理学，它就必须
提供一个标准，确定人的哪些品格特征是美德（virtue），而哪些品格特征是
恶德（vice）。在儒家看来，美德是规定人之为人的品格特征。正是在这个意
义上，儒家认为仁是人类最基本的美德。《孟子·尽心下》就说"仁也者，人
也"，《中庸》第二十二章也说"仁者人也"，都说明仁这种品格特征是人之
为人的特征，是把人与别的存在物区分开来的东西。王阳明也承袭这种观
点。他说："人者，心之德，人而不仁，不可以为人。"（《王阳明全集》，811）
这里，他一方面将仁看作人心的一种品格特征，另一方面又将这种品格特征
看作将人规定为人的东西，因此仁在他看来就是人的最根本的美德。那么
什么是仁呢？儒者对仁的界定不尽相同，阳明对它的理解直接来自宋儒程
颢。在他著名的《识仁篇》一开始，程颢就说道："学者须先识仁。仁者，浑
然与物同体。"（《遗书》卷二上，16）就是说，有仁的人与天地万物无分己物
内外，而变成了一体。这里的一体是什么意思呢？它又怎么与传统儒家的

仁这个伦理美德联系起来了呢。程颢借用医学意义上的"仁"，特别是"不仁"即仁之缺乏来解释："医书言手足痿痹为不仁，此言最善名状。"（《遗书》卷二上，15）手如果麻木，就感觉不到痛痒，而感觉不到痛痒，一个人也就不会有将痛痒去除的动机，这就是我们日常说的麻木不仁。因此，反过来说，如果一个人没有麻木，他就可以感觉到身上的痛痒，而能感觉到自己的痛痒，而这就是有仁。程颢进而由此解释作为伦理美德的仁："仁者，以天地万物为一体，莫非己也。"（《遗书》卷二上，15）医书讲的一体之仁指的是自己的身体，仁者全身没有任何一处有麻木，因而任何一次有痛痒都会感觉到，而且一旦感觉到，就会自然地试图去解除这种痛痒。伦理学上的一体之仁是医书上讲的这种仁的扩充。如果一个人不仅能感到自己的痛痒并有解除这种痛痒的自然倾向，而且能够感到父母、子女、兄弟、姐妹身上的痛痒并有帮助他们解除这种痛痒的自然倾向，那就说明他以他的家里人为一体，即他的仁扩展到了全家。而如果他家里有人有痛痒，他却感觉不到他们的痛苦（虽然也许知道他们有痛痒），从而没有帮助他们解除这种痛痒的自然倾向，这个人就麻木了，就不仁了。这样一个过程不断向外扩展，到邻居，到陌生人，到所有人、所有动物、所有生物，一直到所有存在物，以致到达以万物为一体。到这个时候，世上任何一物有什么不幸，一个仁者都会感觉到，并试图对不幸者加以关怀。与之相反，如果我感觉不到，那就说明我麻木了、我不仁了、我没有以万物为一体。

王阳明继承并发展了程颢对仁的这种解释。他说："仁者以天地万物为一体，使有一物失所，便是吾仁有未尽处。"（《王阳明全集》，25）这里他明确地也将仁定义为与万物感通的能力，因此仁者能与天地万物为一体，即能够将万物作为自己的身体，能够感知万物的痛痒和不幸。由于王阳明认为仁是将仁与动物区分开来的东西，因此他认为事实上每一个人都有仁，都能以天地万物一体。但人一旦有私欲，这个人的仁心就会被这样的私欲所遮蔽，就像乌云遮挡了阳光一样。而其结果就是这个人变得麻木不仁，不能以天地万物为一体，而把他们看作与自己的身体无关的、在自己的身体之外的东西，因而也就不能感觉他们的痛痒。所以在上引的这段话中，王阳明说："使有一物失所，便是吾仁有未尽处。"天地万物中只要有一物之痛痒为我感觉不到，就表明我的身体的某个部位麻木了、不仁了，我的仁这种美德还没有充分培养出来。王阳明称这样的人为小人，而其仁心没有被私欲遮蔽，因而能以天地万物为一体的人为大人。所以他对大人与小人做了这样的区分："大人者，以天地万物为一体者也，其视天下犹一家，中国犹一人焉。若夫间形骸而分尔我者，小人矣。大人之能以天地万物为一体也，非意之也，其心之仁本若是，其与天地万物而为一也。岂惟大人，虽小人之心亦莫不然，彼顾自小之耳。"（《王阳明全集》，968）这里王阳明特别指出，小人的问题在于要区分你我，你的身体是你的，我的身体是我的，而不以你的身体为我的身体的一部分，因此你的痛痒是你的痛痒，而不是我的痛痒，这就是小人的私欲将其本有的心之仁德遮蔽了，因而不仁了。

王阳明的这种仁者以天地万物为一体的思想很显然对环境伦理具有重要的意义。这里需要说明的是，在古代汉语中，万物可以只是指众人，而不包括人之外的其他存在物。在上引的这段话中，王阳明说，以天地万物为一体者"天下犹一家，中国犹一人"，可能更使我们以为王阳明的万物一体之仁只限于人类。如果这样，那它对环境伦理学没有直接的意义。但紧接着上面所引的话，王阳明又说："是故见孺子之入井，而必有怵惕恻隐之心焉。是其仁之与孺子而为一体也；孺子犹同类者也，见鸟兽之哀鸣觳觫而必有不忍之心焉，是其仁之与鸟兽而为一体也；鸟兽犹有知觉者也，见草木之摧折而必有悯恤之心焉，是其仁之与草木而为一体也；草木犹有生意者也，见瓦石之毁坏而必有顾惜之心焉，是其仁之与瓦石而为一体也。"（《王阳明全集》，968）在这段话中，王阳明描述了大人从以他人（孺子）为一体到以鸟兽为一体，再到以草木为一体，并一直到以瓦石为一体的过程。很显然，王阳明讲的万物是指世界上的所有存在物。而且王阳明在此一再强调，大人之所以能与所有这些存在物为一体，感到他们的不幸，不是因为这些存在物是他的同类，而是因为他有仁，即对其他存在者之不幸的感受能力。

在这个意义上，王阳明的万物一体观是一种环境伦理学思想，而由于这种万物一体观实际上是对在儒家传统中最重要的美德即仁的体现，王阳明的万物一体观是一种环境美德伦理学。不过，与我们在上一节中讨论的当代西方环境美德伦理学大都追随亚里士多德的理性主义路线不同，王阳明的环境美德伦理学走的是情感主义道路，它的核心概念万物一体感本质上是我在上一章讨论的同感（empathy）。当代道德心理学把同感理解为一种情感或情感生成机制。一个具有同感的人对他人的苦痛感同身受，因此，具有同感的人自然会去帮助他人摆脱苦痛，就像我们如果感到后背发痒自然会伸手去抓挠。我们已经看到，程颢和王阳明所描述的与万物一体之仁正是如此。当然，如我在上一章中指出的，王阳明的万物一体感超出了同感所能涵括的内容。具有同感的人能够感到其对象所感受到的东西，这就表明同感的对象一定是有感觉的存在物，如人和动物。植物和无生命物没有感觉，因此在受到伤害时自己不会感到痛苦。既然它们自己不能感到痛苦，那么能够感受痛苦的存在物如人当然也就不可能感受到它们的感受（因为它们根本就没有感受），也就是说不能对他们有同感。在这个意义上，虽然王阳明讲的仁者见孺子之入井时有的一体感即怵惕恻隐之心和见鸟兽之哀鸣觳觫时而有的一体感即不忍之心可以说是同感，但他说的仁者在见草木之摧折时而有的一体感即悯恤之心和见瓦石之毁坏时而有的一体感即顾惜之心则不能算是同感。但即使如此，这种怜悯之心和顾惜之心还是一种道德情感。因此我们还是可以恰当地称王阳明的环境美德伦理学是一种情感主义的环境美德伦理学。

我们在上一节看到，在当代西方发展出来的、主要是以亚里士多德伦理学为基础的理性主义环境美德伦理学的一个重大问题是其不能克服的人类中心主义。那么王阳明的情感主义的环境美德伦理能否避免这个问题呢？表面上看，它不仅不能，而且可能使这个问题加倍。为什么这样说呢？因为情感主义的美德伦理学，包括环境美德伦理学对一个人的利他行为的解释是，当他人、他物受到伤害时，一个以万物为一体的人感觉到好像自己受到了伤害，因而产生了一些负面的情感，怵惕恻隐、不忍、悯恤、顾惜等。我们之所以称它们为负面的情感是因为这是一些我们一旦感到就想加以消除的情感。就像当我们背上觉得痒时，这是一种不好受的感觉，所以我们就想要去除这样的感觉，而要去除这样的感觉，我就会去抓痒。当我与一个他人为一体时，如果这个他人身上有痒，我也感觉到痒，而这也是不好的感觉，所以我要去除这样的感觉，但要去除这样的感觉，我不能抓自己的背，因为我的痒的感觉源于他人的背上的痒，所以我要帮助他人去掉他背上的痒。所以霍夫曼就说："同感的痛苦是不爽的，而帮助受难者通常是去除这种不爽的同感的痛苦之根源的最好办法。"（Hoffman 1981, 51）这就是说，一个具有同感的人的助人行为实际上具有利己主义倾向。具有同感的人，因为对他人所受之苦感同身受，自然想摆脱自己的苦痛，但是，除非他人所受之苦被解除，这个具有同感的人无法解除自己感到的痛苦。因此，他自然也会去帮助他者摆脱苦痛。如果这种对他人的同感确实是利己主义的，那么王阳明讨论的对非人类存在物的一体感也就变成人类中心主义了。对鸟兽有仁心的人看到鸟兽哀鸣觳觫而有不忍之心，所谓不忍就是不能忍受，是一种负面的每个人都想去除的情感，但由于这种情感的源头是鸟兽的哀鸣觳觫，因此为了去除自己的不能忍受的情感，这个人就必须帮助鸟兽脱离其痛苦的境地。这似乎是说，有仁心的人帮助鸟兽原来是为了帮助自己。同样地，具有同感的人见草木之摧折而有悯恤之心，这里的怜悯也是一种负面的、一个人不想有的情感，但由于这种情感的源头是草木之摧折，因此为了去除自己的怜悯这种负面情感，他就要去关心草木。这似乎是说，有仁心的人之所以关心草木原来也是为了自己。最后，有仁心的人见瓦石之毁坏而有顾惜之心，这里的顾惜还是一种负面的、每个人都想要去除的情感，但由于这种情感的源头是瓦石之毁坏，因此为了去除顾惜这种负面情感，他就要去保护瓦石。这似乎是说，有仁心的人之所以关心瓦石原来还是为了自己。

正是在此意义上说，王阳明的情感主义的环境美德伦理学也具有人类中心主义倾向：有仁心的人看到环境被破坏就产生了一些不爽的感觉，于是他们就设法保护环境，从而使自己的这种不爽的感觉消失，因为这种不爽的感觉的源头是环境之被破坏。所以他们保护环境只是为了使自己没有不爽的感觉。我们本来是想用王阳明的情感主义环境美德伦理学来解决当代西方理性主义的环境美德伦理学所存在的人类中心主义倾向，但这种倾向还没有解决，我们倒在前者身上发现了在后者身上不存在的人类中心主义。但值得庆幸的是，这种对情感主义环境美德伦理学的人类中心倾向的指责是建立在对这种现象的误解基础上的。当代研究同感现象的心理学家白森做了大量心理学实验证明，由同感导致的帮助他人的动机是利他主义的而非利己主义的。例如，具有同感的人在看到他人受难时会去帮助这个人。我们上面说，这是因为这个人在看到他人受难时自己也感到痛苦，而他之所以帮助这个处于痛苦中的人是就是为了解除自己的痛苦，因为他自己的痛苦的源头是看到了他人的痛苦，因而由同感造成的帮助行为本质上是利己主义的。但实际上这只是对这种帮助行动的一种有待验证的假设，即利己主义的假设。事实上，我们也可以有一种利他主义的假设，即这个人在帮助他人时完全没有考虑到他自己的痛苦感，而只是为了帮助对象解除痛苦（虽然在解除了帮助对象的痛苦以后，他自己原来因见到这个帮助对象的痛苦而有的同感痛苦也消失了，但这不是他帮助他人的动机）。那么这两种假设中到底哪一种是正确的呢？如果这个人的帮助人的动机真的是利己主义的，是为了去除自己在看到他人受难时的不舒服感，那么除了去帮助这个受难的人解除其痛苦外，还有一个办法就是避免对他人的苦难的经验，所谓眼不见为净，或君子远庖厨。所以白森设计了一系列实验，以确定到底哪一种解释是正确的。这些实验比较复杂，我们这里只能简单地说明一下。在白森的这些实验中，他设计了两个变项：一个是被实验的人的同感程度的高低，还有一个是避免经验到他人痛苦的难易。假如利己主义的假设是对的，那么即使是有较强的同感心的人也只会在很难避免对他人痛苦的经验的情况下才会去帮助这个有痛苦的人（也就是说帮助他人解除痛苦比避开对他人的痛苦的经验更容易消除自己的不爽的同感经验）。但这些实验的结果是，在有较高程度的同感的实验者中，即使是在很容易避免对他人的痛苦的经验，而要做出很大努力才能帮助人的情况下，还是有百分之九十一的人选择去帮助人。这表明利己主义的假设是错的，而利他主义的假设是对的。因为如果一个有同感的人只是想避免因看到他人的痛苦而引起的不适感，我们刚才提到，他有两个办法，一个是帮助其同感对象脱离痛苦状态，二是避免对这个同感对象的经验。现在假设第一个办法比较费力，而第二个办法非常容易，那他就没有理由选择第一个办法，但事实上绝大部分具有同感的人选择去帮助人，这就说明他们帮助人的动机不是为了解除自己的痛苦，虽然事实上由于他们帮助了别人，使这些人的痛苦得以解除，他们因感到他人的痛苦而自己有的痛苦感也得到了解除（Batson 2011, 111-114）。

虽然白森对同感之利他主义性质的研究限于对人的同感，但很显然，他由此得出的结论可以类推到人对其他存在物的同感和类似的感情上，因为在王阳明那里人对其他存在物的同感和类似的感情，如我们在上面看到的，都是从人对其他人的同感外推出来的，因而我们也可以说，在这个意义上王阳明的环境美德伦理学不是人类中心主义的。但王阳明的环境伦理学是否也面临我们在上节讨论的当代西方环境美德伦理所面临的那种意义上的人类中心主义呢？表面上看也是的。我们知道这种意义上的人类中心主义指的是，虽然一个具有美德的人会关怀自然，而且是为自然之故而关怀自然，而不是为了自己之故（这样自然可以为人类提供一个优质的生活空间等）而关怀自然，但他之所以为自然之故而关怀自然最后还是为了自己生命的繁荣，因为这种繁荣要求他为自然之故而关怀自然。王阳明好像也持这个观点。在他那里，仁是将人与其他存在物区分开来的东西，因此要成为一个完整的、真实的、没有缺陷的人，就不能让人的仁心被任何私欲遮蔽，而如果这个仁心不被私欲遮蔽，他就会自然地不仅去关心其他人，而且也会去关心鸟兽、草木、瓦石，而且是为他／它们之故而不是为自己之故而关心他们。也许是在这个意义上，在《书王嘉秀请益卷》一共两段话的文字中，王阳明在每一段的一开头就分别提到己的问题。在第一段的开头，王阳明说："仁者以天地万物为一体，莫非己也，故曰：'己欲立而立人，己欲达而达人。'古之人所以能见人之善若己有之，见人之不善则恻然若己推而纳诸沟中者，亦仁而已矣。"（《王阳明全集》，272）这里，王阳明明确地说仁者以天地万物为一体，莫非己也，又说，仁者所以会去立人、达人是因为这是立己、达己的自然要求。所以归根到底还是为了己。在第二段的一开头，王阳明又说："君子之学，为己之学也。为己故必克己，克己则无己。"（《王阳明全集》，

272）这里说君子需要"克己""无己"，最后还是"为己"。

但事实上，王阳明的环境美德伦理学可以独辟蹊径地避免当代西方环境美德伦理学所面临的人类中心主义。这倒不是说他是一种自然中心主义，或者是自然、人类双中心主义，而是说，在王阳明的环境美德伦理学面前，问它是人类中心主义，还是自然中心主义，还是人类、自然双中心主义都失去了其意义。这是因为，就好像利己主义和利他主义，不管它们如何不同，都共同假定"己"和"他"是分离的，人类中心主义和自然中心主义也都假定了人类和自然的分离。但王阳明的仁者以万物为一体的思想恰恰否定了这样一种分离性。当仁者把万物都作为自己的身体一部分时，世界上的一切，如我们上引的王阳明的一段话所表明的，"莫非己也"。在另一个地方，王阳明还说："全得仁体，则天下皆归于吾。"（《王阳明全集》，110）在这种意义上，我们当然还可以说它是一种利己主义，是一种人类中心主义。但是如果这个"己"已经包含了"他"，这个世界上已经没有什么东西与"己"相对、在"己"之外，这样的利己主义还有什么问题吗？如果这个世界上没有什么东西与人类相对、在人类之外，这样的人类中心主义还有什么问题吗？反过来说，能够把世界上的一切看作是自己的一部分，一个人就必须克服自我。这就是为什么在我们上引的一段话中，王阳明在说了君子之学是为己之学后，马上又说："为己故必克己，克己则无己。"另外我们上面所引的、表面上看是一种利己主义的一句话（"全得仁体，则天下皆归于吾"）之前，王阳明则刚刚强调要无私："仁者以万物为体，不能一体，只是己私未忘。"就其要求无己、克己和无私而言，王阳明的万物一体观也是一种利他主义。但是，如果这个"他"已经包含了"己"，在这个世界上已经没有什么东西与"他"相对、在"他"之外，这样的利他主义还有什么特别值得称道的吗？同样的道理，如果由于人类以万物为一体，自然已经成了人类的一部分，在这个世界上已经没有什么东西与人类相对、在人类之外，那么说王阳明的万物一体观是一种人类中心主义还有什么问题吗？反过来，如果同样由于人类以万物为一体，人类已经包含在自然中，在这个世界上已经没有什么东西与自然相对、在自然之外，说王阳明的万物一体观是一种自然中心主义，作为一种环境美德伦理学，还有什么特别值得称道的吗？所以王阳明的万物一体观，作为一种美德伦理学思想，我们虽然既可以说它是一种利己主义，也可以说它是一种利他主义，但实际上它既不是利己主义，也不是利他主义，因为万物一体以后，已经没有"己"与"他"的区分了，而利己主义和利他主义都假设"己"与"他"的分离。同样，王阳明的万物一体观，作为一种环境美德伦理学思想，我们虽然既可以说它是一种人类中心主义，也可以说它是一种自然中心主义，但实际上它既不是人类中心主义，也不是自然中心主义，因为万物一体之后，已经没有人类与自然的区分了，而无论是人类中心主义还是自然中心主义都假定了人类与自然的两分。所以与其说王阳明的情感主义的环境主义美德伦理克服了当代西方理性主义环境美德伦理所面临的人类中心主义问题，不如说它从根本上消解了这个问题。事实上，不言而喻的，它也同时消解了第一层意义上的利己主义和利他主义之争、人类中心主义与自然中心主义之争。

讲到这里，我们不能不提到当代心理学在讨论同感现象时有些社会心理学家提出的、至少在表面上与王阳明的万物一体说非常类似的自我—他者的融合（self-other merging）概念。虽然先前也有不少心理学家提出过类似的思想，但在研究同感现象这个背景中提出这个概念的最有影响的是心理学家罗伯特·B. 西奥蒂尼（Robert B. Cialdini）和他的研究团队。在1997年发表的一个研究报告中，他们指出，在同感过程中发生了自我即具有同感的人与他者即同感的对象之间的至少是某种程度的融合。在同感发生时，当一个人（同感主体）采取了另一个人（同感对象）的视角（无论是通过他人的指示还是自身有的一种归属感），并从而能够感觉到另一个人正在感觉到的东西时，这个人就将他自己并入到这个他者的范围内（Cialdini et al. 1997, 482）。当然他们指出，这里所谓的将自己并入他人的范围内只是观念上的，而不是身体上的。在他们看来，这种自我与他者的融合的结果就是一体性（oneness）。所以人们之所以有帮助行为"不是因为他们对亲近的他者有一种同感的关怀，而是因为他们感到了与他者的同一性，就是说因为他们在他者那里看到了自己"（Cialdini et al. 1997, 483）。所以这种一体性的感觉也就是具有同感的人感到了他和同感对象共享的、融合在一起的，或者相互联系起来的人格同一性（personal identities）。这种自我与他者融合而成的一体性似乎与王阳明讲的万物一体非常相似。更重要的是，我们上面看到，王阳明的这个概念既不是利己主义的，也不是利他主义的，而西奥蒂尼和他的团队也明确指出了这一点。确实，他们之所以提出自我与他人的融合和同一性概念一开始主要是为了反对白森及其团队的"同感—利他主义假设"，"因为如果人们在他们对之有紧密归属感的他者中发现了更多的自己，那么他们对这些人的帮助行为就可能不是无私的"，不是利他的，因为在这种情况下，他们在帮助他者时实际上发生的是在帮助他在他者中看到的自己。但是他们也"避免将一体性看作帮助行为的利己主义动机，而只是说它是非利他主义的。这个'非利他主义的'用法体现了我们的论证的一个重要特征：当自我与他人之间的区分被削弱了，在自私与无私之间的传统区分也失去了其意义。因此，在一体性的条件下，我们不一定要将帮助行为看作利己主义的，但我们可以将其看作非利他主义的，以把它与无私概念相区别"（Cialdini et al. 1997, 490-491）。

但在一个重要的方面，王阳明的万物一体观与西奥蒂尼的自我与他者融合而得的一体性存在着差别，而恰恰是在存在这个有差别的地方，我们会发觉王阳明的万物一体观要比西奥蒂尼的一体性更可取。说明这个差别的一个简单办法就是这样一个类比：在西奥蒂尼那里，自我与他者的融合就好像两个原来不同的、不在一起的存在物逐渐地相互靠拢并最后重叠在一起，如果不是完全重叠，至少是相当大程度的重叠。所以有两个关键词经常出现在他们的文献中，一个就是重叠（overlap）。事实上，他们说的自我与他者的融合（merging）就是自我与他者的重叠。这一点在他们这篇研究报告的摘要中就可以体现出来，因为在这里他们用的就是自我和他者的重叠："导致同感关怀的条件也会导致一种更强的自我—他者的重叠感，从而表明在这些条件下的帮助行为有可能不是无私的，而是指向自我的。"（Cialdini et al. 1997, 481）在正文中，这个字也数次出现。为了证明我们关于自我部分地存在于自身之外，即存在于他者之中这个概念并非异想天开，他们说："采取一种泛文化观的理论家和研究者都已经注意到，自我—他者的重叠在非西方社会中是一个主导的观念。"（Cialdini et al. 1997, 492）另外一个经常出现的关键词则是同一性（identity）。例如，在解释同感现象时，他们说，"在一个人受伤时，另一个跟他分享某种同一性的人很可能有一种情感上的伤痛"（Cialdini et al. 1997, 482）；在另一个地方，他们又说，关系越紧密，与他人的一体感（融合起来的同一性）就越强。在一个注释中，他们还把这种共享的同一性与我们性（we-ness）相联系。这就是说，通过同感，同感的主体与同感的客体获得了同一性。当然这种同一性到底是什么意思也可以做不同的解释。他们说这不是身体意义上的同一性（好像两个不同的身体合在一起，成了一个身体），不是字面意义的同一性（好像两个人的欲望、情感与思想等变成了一个人的欲望、情感与思想），更不是如白森所指责的那样是一种神秘性的同一性，而是一种隐喻意义上的同一。但这种隐喻意义上的同一性到底是什么意思，他们还是说不清楚。在这一点上，哲学家斯洛特给他们提供了帮助，他说这不是数目上的（numerical identity/oneness）同一性，而是性质上的同一性（qualitative identity/oneness）。就好像当我说我跟你拥有相同的汽车时，我并不是说我们共同拥有一辆车，而只是说我拥有的车与你拥有的车是相同的。同样，当我说，我跟你一心一意时，我并不是说我跟你共同拥有一个心、一个意，而只是说我的心、意跟你的心、意是相同的（Slote 2014, 109-111）。

与此形成对照，表现王阳明的万物一体观的形象是两个或更多的东西连接了起来、贯通了起来。这里，一方面，连接起来的东西并没有重叠在一起，变成同一个东西。例如我的两个脚都与我形成一体，但不仅这两个脚并不相互重叠，而且它们与我身体的其他部分也并不重叠。同样，当我与他人形成一体时，我也并不是与这个他人重叠在一起，形成了一个人，而是说我跟他连接、贯通在一起，从而好像通电了一样，我可以感觉到他所感觉到的。另一方面，我的手和脚形成了一体，不是因为手和脚之间有什么同一性，而是由于它们连接在一起。同样，形成一体的我和他人之间并不具有同一性，或者更确切地说，我之所以与他人为一体，不是因为我和他有同一性，而是我与他人连接起来了。当一个人能够以鸟兽、草木甚至瓦石为一体并在它们有不幸时也能感受到它们的不幸时，王阳明当然也不是说这个人与这些存在物重叠了、同一了，而只是说，这个人与这些存在物连成了一体。在当代西方环境伦理学中也有人，特别是义务论者，持类似王阳明的观点，认为人类与自然形成了一个连续体。但奥尼尔认为，这种观点不能成立。他提出了两个理由。第一个理由是，"生态科学和量子力学都没有表明在一个人类个体和其环境之间没有重要的区分"（O'Neill 1993, 144）。但我们看到，当王阳明说人以万物为一体时，他也并不否认形成一体的各个部分之间的区分，就好像他不会否认连成一体的手与脚之间的区分一样。所以人与自然形成一个连续体并不表示人与自然没有分别。奥尼尔的第二个理由是，"这样的论证为对他者的义务提供了一种错误的论证。看上去它为我们对'非人类'世界的义务提供了一条捷径，但他所提供的义务太弱了。对自身的义务比对他者的义务要弱得多"（O'Neill 1993, 144）。奥尼尔的意思是，由于在这里人与万物形成了一体，人对自然的义务便变成了人对自己的义务。他之所以说这种义务太弱是因为，当尽义务的人和这个人对之尽义务的人是不同的人时，除非后者豁免前者的义务，前者就必须向后者尽义务。例如当我向他人借了钱以后，我就有义务将钱还给这个人。这样的义务是比较强的义务。但如果这个人跟我说钱不用还了，我的还钱的义务就被豁免了。但假如我对自己有义务，就好像我向自己借了钱一样。这里欠债的人和债主是同一个人，那他自己就可以，而且倾向于对自己豁免这个债。所以如果尽义务的人和被尽义务的人是同一个人，他也就可以很容易，而且很倾向于将自己的义务消除。正是因为这样，很多哲学家甚至认为，对自己的义务是个矛盾的概念。当然康德是例外，他坚持认为对自己的义务是一个合理的概念。关于对自己的义务我在别的地方讨论过（Huang 2005, 411-413），但我们在这里对此没有必要深究，因为奥尼尔在这里的批评是针对义务论的环境伦理学的，而王阳明持的是一种美德论的环境伦理思想，在这里义务不是一个主要的概念。当我身上有痒时，我不会去问我有没有义务去搔痒，而会很自然地去搔痒。同样，一旦万物一体感得到培养，当我看到孺子入井而有恻隐之心时，我不会问我有没有义务去救这个小孩，而就会很自然地去救；当我听到鸟兽哀鸣觳觫而有不忍之心时，我不会问自己有没有义务去救鸟兽，而就会很自然地去救；当我看见草木之摧折而有悯恤之心时，我不会问我有没有义务去关心草木，而就会很自然地去关心；当我看见瓦石之毁坏而有顾惜之心时，我同样不会问我有没有义务去保护瓦石，而就会很自然地去保护。

王阳明的万物一体观与西奥蒂尼团队因同一性而形成的自我—他者的融合概念的上述差别有个重要的后果。由于西奥蒂尼他们的自我与他者的融合强调的是自我与他者之间的同一性，自我的帮助行为就往往是针对与其分享同一性的他者，也就是说，他们倾向于帮助与他们相同的人，而不太倾向于帮助那些与他们不同的人。在他们的研究报告中，一方面，他们说："一个人的困境的深度会影响我们对这个人的同情（sympathy）感，但不会影响我们的一体感（perception of oneness）。"（Cialdini et al. 1997, 491）就是说，即使一个人身历极度的痛苦，如果我们在他身上没有看到我们自己，我们就不会与他产生那种自我与他者的融合而获得的一体感。而由于他们认为我们的帮助行为是由我们的一体感造成的，一个人的困境的深度似乎就不会影响我们对这个人的帮助行为。另一方面，他们又说："导致我们的帮助行为的是（自我与他者之间的）共同性，而不是共情（compassion）。我们认为，这是因为，同感关怀的首要功能就是作为一体性的情感信号。"（Cialdini et al. 1997, 491）对此，梅（Joshua May）就提出了责问：根据这样一种自我与他者的融合论，我们就无法解释"具有同感的人也会去帮助那些与他们自己很不相同的人"（May 2011, 34）。西奥蒂尼他们实际上也意识到了这个问题，因此在他们研究报告的最后一段话里，他们说由于他们这种自我—他者融合论为"基于自我与他者的重叠面的帮助行动提供了一个理由"，在面对那些亲近的他者（家庭成员、朋友、邻居、同事）以外的人时，我们也应该"强调人与人之间的共同性而不是他们之间的差别"（Cialdini et al. 1997, 492）。与此形成对照，在王阳明那里，一个人之所以能以他者为一体，不是因为这个人在他者那里看到了自己，不是因为这个人与他者至少在某些方面是同一的，而是由于这个人具有的以万物为一体的仁心，即对他者的不幸的感受性。这就使这个人不仅可以以与他有共同性的人为一体并产生对他们的帮助行为，也可以以与他很不相同的人，包括我们在前一章讨论的恶人，形成一体并产生对他们的帮助行为。这一点在我们上引的那段关于万物一体的经典段落中就表达得非常清楚。在那段话中，王阳明说我们之所以见孺子入井而有怵惕恻隐之心，不是因为我们与孺子是同类，而是因为我们的仁心使我们以孺子为一体；我们之所以鸟兽之哀鸣觳觫而有不忍之心，不是因为我们和鸟兽都有知觉，而是因为我们的仁使我们以鸟兽为一体；我们之所以见草木之摧折而有悯恤之心，不是因为我们与草木都有生意，而是因为我们的仁使我们以草木而为一体；而这也说明我们为什么见瓦石之毁坏而有顾惜之心，因为即使我们与瓦石没有什么共同性，我们的仁还是使我们以瓦石而为一体。因此，王阳明的万物一体观既可以说明仁者对与他相同或相似的他者有帮助行动，也能说明仁者对与他不同的他者有帮助行动，而西奥蒂尼的自我—他者的融合论只能说明前者而不能说明后者。正是在这种意义上，我认为王阳明的万物一体观比西奥蒂尼的自我—他者的融合说更有说服力。

四　爱有差等：道德偏倚论的证成

我们已经看到，王阳明认为具有同感的仁者可以感受到万物的不幸，而且自然地倾向于帮助万物走出这种不幸，因为他以万物为一体。然而，王阳明是否因此就认为，具有同感的仁者会或应当无差别地关爱万物呢？回答当然是否定的。在王阳明看来，虽然万物都是有仁者身体的不同部分，但这并不表示我们就应该对他们一视同仁。特别是在我的身体的这些不同的部分之间发生冲突时，我们就必须做出某种牺牲。

在与其弟子的一次对话中，王阳明非常清楚地表达了上述观点。儒家经典之一的《大学》在提出修身、齐家、治国、平天下之后紧接着说道："自天子以至于庶人，壹是皆以修身为本。其本乱而未治者，否矣。其所厚者薄，而其所薄者厚，未之有也！"这里关键的是，《大学》提出了表面上与万物一体观有冲突的厚薄观念。朱熹是最有影响力的理学家之一，他解释说，修身是"本"，齐家、治国、平天下是"末"；"厚"针对家庭成员，而"薄"针对国人和天下之人。有位弟子问王阳明："大人与物同体，如何《大学》又说个厚薄？"下面这一段著名的文字便是王阳明的回答，它和我们关心的环境问题直接相关：

> 惟是道理，自有厚薄。比如身是一体，把手足捍头目，岂是偏要薄手足，其道理合如此。禽兽与草木同是爱的，把草木去养禽兽，又忍得。人与禽兽同是爱的，宰禽兽以养亲，与供祭祀，燕宾客，心又忍得。至亲与路人同是爱的，如箪食豆羹，得则生，不得则死，不能两全，宁救至亲，不救路人，心又忍得。这是道理合该如此。……大学所谓厚薄，是良知上自然的条理，不可逾越。（《王阳明全集》，108；着重为引者所加）

王阳明这里实际上讲的就是儒家的爱有差等说。虽然万物一体、仁者爱世界上的一切，但这也不是一视同仁的爱。能以万物为一体的仁者对父母的爱甚于其对他人的爱、对人类的爱甚于对鸟兽的爱、对鸟兽的爱甚于对草木的爱、对草木的爱甚于对瓦石的爱。

王阳明的这种对万物的差等之爱与当代关于同感的心理学研究的发现是一致的。例如，研究同感现象最有影响的当代心理学家霍夫曼就说："对于自己家庭和种族团体的成员，简言之，对自己所属的团体的成员，人们更可能有同感和帮助行为。而且如果我们考虑到自己所属团体的成员，包括自己，都比较相似，并分享亲近感、爱慕感，那么我们就会一点也不奇怪地发现，人们对朋友比对陌生人、对与他们类似的人比对与他们不同的人，更容易产生同感。"（Hoffman 2000, 206）霍夫曼认为容易使人产生同感的所有这些人，家庭成员、同一团体成员、朋友和与自己相似的人，都有一个共同点，就是他们对于同感者的熟悉性，所以霍夫曼称之为同感的熟悉性偏见。由于当代心理学对同感的研究基本上限于对人的同感，而没有考虑对人以外的其他存在物，至少是动物的同感，所以他们没有指出人相互之间比人对其他存在物更容易产生同感，但如果我们做出这样的引申，应该是没有问题的。

　　虽然像霍夫曼这样的当代心理学家与王阳明观察到了同样的现象，这个现象在前者那里叫作同感的熟悉性偏见，而在王阳明那里称作万物一体的厚薄差异。但对这个他们共同观察到的现象的评价，他们却发生了重大的分歧。从霍夫曼用"偏见"这个词来描述这种现象我们已经可以知道，在霍夫曼看来，虽然可以作为连接社会的胶水，同感这种现象不是没有问题的。同感的问题就是它不能公平地对待不同的人，对熟悉的人有偏爱，因而无法满足道德哲学的无偏倚（impartiality）标准。当然霍夫曼注意到，在某些情况下，这种偏见有自我纠错功能。例如，知道了同感具有熟悉性偏见以后，在面临一个不熟悉的陌生人时，我们可以努力将这个陌生人想象为我们家里的一个成员，使我们对这个人产生的同感类似于，甚至等同于我们对我们熟悉的人产生的同感，从而消除这种熟悉性偏见所带来的不平等、不公正后果（Hoffman 2000, 213）。但霍夫曼又认为，在有些情况下，熟悉性偏见的自我纠错功能就不能发挥作用。在我只看到一个陌生人需要帮助时，我确实可以通过将其想象成我家里的一员从而产生对他的同感和对他的帮助行为。但是如果我面对的是两个人，一个是我的家庭成员，另一个是陌生人，两个人都需要我的帮助，而我只能帮助其中之一，这个时候熟悉性的偏见就不可避免地会使我对这两个人有不公平的对待：偏爱前者，而忽略后者。在这种情况下，霍夫曼就认为同感必须要受到某些无偏倚的道德原则的制约，或者说同感必须镶嵌于这样的道德原则中。

　　我们这里没有必要去详细考察霍夫曼在其书的最后一部分的三章中关于这个问题的论证，因为我们这里的目的只是要说明，在霍夫曼那里，同感的这种对不同对象的厚此薄彼的熟悉性偏见是一种负面的、需要克服的东西。如果我们认为这不是偏见，是不需要克服的问题，就是说，如果我们觉得道德偏倚论是可以得到合理论证的，而道德的不偏倚性反而是有问题的，那我们就没必要去考察霍夫曼是如何用无偏倚的原则矫正有偏倚性的同感的。正是在这一点上，我们看到，王阳明与霍夫曼的观点形成了对照。虽然他的万物一体观本身，如我们将看到的，被他的学生认为有墨家的爱无差等观的嫌疑，但如我们在上面看到的，王阳明不认为这种万物一体观会使我们一视同仁地、不偏不倚地对待世界上包括我们人类在内的一切存在者；而且他还认为，这种对万物的有厚有薄、有偏有倚的对待方式是值得提倡的。事实上，虽然我们从理性上有时也觉得应该一碗水端平地对待不同的人、不同的物，但从直觉上来说，王阳明关于对万物的差别对待的看法，除了关于动物的一些具体看法（如可以宰杀动物以养亲、供祭祀、燕宾客）在我们中的有些主张动物权利的人看来有问题，即便是当代最激进的反人类中心主义的生态主义者也会接受。显然，如果某棵树甚至某种动物包含着唯一可以治愈许多癌症患者的成分，那么我想再激进的环境主义者也不会反对我们砍伐此树或杀害这个动物以治病救人。问题在于，王阳明爱有差等说是否只有直觉的根据而没有理性的根据。在我们上引的那段话中，我着重标出了王阳明反复使用的"道理""条理"这样的词。他说"惟是道理，自有厚薄"，就说明我们对不同的事物有厚薄的对待是有道理的；又说，我们用手足保护头目，不是偏要薄手足，而是"其道理合如此"，等等。这都表明，在王阳明看来，万物一体的人对万物厚此薄彼的态度是有道理的、有条理的。

那么这是什么道理、条理呢？首先我们可以排除这样的看法，即我们之所以对万物厚此薄彼，是因为虽然万物都有各自的内在价值，但这些价值的高低不同。我们在前一节中已经说明，王阳明的万物一体观没有预设万物具有同等的内在价值，同样他的爱有差等说也没有预设万物具有不同的内在价值。不过，看到王阳明用我们以手足来保护头和目的类比来赞同用草木喂养鸟畜、赞同宰杀动物供人使用，我们可能会认为阳明把不同存在者的内在价值置于一个等级序列之中，就好像头和眼睛的内在价值高于手足的内在价值，人类的内在价值高于动物的内在价值，动物的内在价值又高于植物的内在价值，植物的内在价值高于无生命物的内在价值。然而，我们必须放弃这样的看法，因为王阳明也认为，在不能两全的情况下，我们应该优先照顾父母而非路人。如果王阳明认为我们应该有厚有薄地对待不同的事物的根据是这些不同的事物有高低不同的内在价值，那我们就势必要说父母的内在价值要高于外人的内在价值。这很显然不仅是一种荒谬的看法，而且也不可能是王阳明的意思。

倘若如此，王阳明反复论及的爱有差等中的"道理"或"条理"究竟应做何理解？也许理解这种"道理"或"条理"的第二种可能的方式是，我们对万物的同感和出于同感的对万物的照顾是一个从我们亲近的人开始并逐渐向外扩展的自然而然的过程。王阳明和弟子的另一段对话跟这一点有关。弟子问曰："程子云'仁者以天地万物为一体'，何墨氏'兼爱'反不得谓之仁？"从弟子的角度看，与万物一体意味着不偏不倚地爱它们，倘若如此，墨家提倡无差等的兼爱就是对的。但所有儒者包括王阳明都不同意墨家的这个观点。王阳明在回答中用了一个譬喻，以此突显我们对物的同感具有渐进的特点："譬之木，其始抽芽，便是木之生意发端处；抽芽然后发干，发干然后生枝生叶，然后是生生不息。若无芽，何以有干有枝叶？能抽芽，必是下面有个根在。有根方生，无根便死。无根何从抽芽？父子兄弟之爱，便是人心生意发端处，如木之抽芽。自此而仁民，而爱物，便是发干生枝生叶。墨氏兼爱无差等，得自家父子兄弟与途人一般看，便自没了发端处。不抽芽便知得他无根，便不是生生不息，安得谓之仁？孝弟为仁之本，却是仁理从里面发生出来。"（《王阳明全集》，25-26）根据王阳明这里的说法，我们对万物的同感和出于同感的照顾之所以表现出差等，其中的一个道理或条理在于，就像植物必先有根，然后才有芽，然后才有干，然后才有枝叶，同样我们的爱必从亲近之人开始，然后逐步拓展到对他者（路人、鸟兽、草木、瓦石）的爱。然而，即使我们承认这个比喻的正当性（即爱从家始确实如树从根始），这本身并不必然意味着我们要优待跟我们亲近的人。它只规定了一个时间顺序：我们先爱家人，然后爱他人。墨家反对儒家爱有差等，但对"先己后人"这个过程实际上并无异议。例如，《孟子》中的墨者夷子便主张"爱无差等，施由亲始"（《孟子·滕文公上》）。换言之，我们大可先爱亲近的人，只要我们以后把这种爱同等地施之于他人。然而，这显然不是王明阳本人及一般儒家所讲的爱有差等的意思。在上述引文中，王阳明主张的不是我们应该先爱亲近的人，然后以同等的程度爱别人、别的物，而是我们应当厚爱我们亲近的人而非其他人、物，特别是当我们对二者的爱发生冲突的时候。例如，"至亲与路人同是爱的，如箪食豆羹，得则生，不得则死，不能两全，宁救至亲，不救路人"。

在王阳明看来，这种厚此薄彼而不仅仅是先此后彼的做法也是有"道理"和"条理"的。只是他可能认为这个道理不言自明，所以没有加以充分的解释。

所以我们要尝试理解王阳明所说的爱有差等的"道理""条理"的第三种方式是，把这里的道理、条理看作非道德的（当然不是不道德的）道理、条理，而不是道德的道理、条理。在解释为何我们应当厚爱我们亲近的人而薄爱陌生人时，我们可能就会碰到当代哲学家威廉斯所讲的"一个想法便太多"（one thought too many）的问题：假如我的妻子和一位陌生人同处于危险之中，而我只能救其中一人，在这样的情形之下我不用多想，自然就会救我的妻子；如果说我当初的动机充分阐述出来乃是——除了她是我的妻子之外——在这种情形下道德允许我救我的妻子，那么，就是"一个想法便太多"了（Williams 1981, 18）。威廉斯想象的情形与王阳明的设想差不多：箪食豆羹，得则生，不得则死，自然忍心救至亲而不救路人。根据这样一种解释，假设我们问这个人，你有什么理由去救至亲而不是路人，而如果这个人说，除了他是我的至亲外，还因为……那么不管这个另外的理由是什么，在威廉斯看来，都是"一个想法便太多"的情形。换言之，威廉斯认为，在这种情况下，他是你的至亲就是你救他而不救路人的足够理由或者（用王阳明的话说）道理、条理。关于这一点，我们前面看到，霍夫曼就指出："如果受害者是家属、首属群体（primary group）的成员、密友，或者其个人需求与关切和自己相近的人，那么，大多数人的同感会达到更高的程度（可以让他们产生同感的苦痛的情景要求就较低）。"（Hoffman 2000, 197）因此，根据这样一种解释，阳明所讲的"道理"或"条理"就是指，我们自然倾向于对我们亲近的人产生更强烈的同感。然而，这依然不够。我们很自然去做或倾向去做的事未必是我们应当做的，而我们没有自然倾向去做的事情则不一定是我们不应该做的，否则我们就犯了直接从事实推出应该的自然主义谬误。与上述丈夫救妻子的情形相关，威廉斯指出："某些情形超出了［道德上的］正当性辩护。"（Williams 1981, 18）这是说——至少依苏珊·沃尔夫（Susan Wolf）对威廉斯的解释——丈夫所做的是一种非道德的善，这种善与道德的善同样重要，因此不能以后者压制前者（Wolf 2012）。这里很显然，虽然威廉斯和沃尔夫认为这个人救自己的妻子而不是路人是对的，但他们也没有说这个人的行动在道德上对的。他们只是说，这个人有这样做的非道德理由，而且在这种情况下，让非道德的理由压倒道德的理由也是对的。这就是说，他们还是把道德与无偏倚主义（impartialism）联系在一起了。在这一点上，他们持与霍夫曼一样的观点。所不同的只是，他们认为，我们的生活很复杂，我们不能让道德决定一切，有些事情（如在上述情形下救妻子而不救路人）即使不是道德的，我们还是有压倒道德理由的非道德理由去做。而霍夫曼则认为，同感在这方面与道德哲学的不偏不倚的标准发生了冲突，因而应该得到校准。在他看来，"基于同感的道德，至少仅有基于同感的道德可能是不够的"（Hoffman 2000, 206），因此重要的是，用正义的道德原则补充同感，或者将同感嵌入正义的道德原则。我们已经看到，王阳明不同意霍夫曼的看法，认为他所描述的像救至亲而不救路人的行为不仅是我们有自然倾向去做的，而且我们有这样做的道理、条理，就是说，我们应该这样做。我们的问题是这是什么样的道理、条理。如果我们接受威廉斯／沃尔夫的看法，那么王阳明讲的救至亲而不救路人的道理、条理就不是道德的道理、条理，而是非道德的道理、条理，或者说是在当道德的道理、条理与非道德的道理、条理发生冲突时我们有时可以让后者压倒前者的道理、条理。

但这种解释还是有问题，因为在我看来，王阳明在这里讲的道理、条理本身就是道德的道理、条理，也就是说，在上述情形下救至亲而不救路人的情形不仅可能有非道德的（当然不是不道德的）证明，而且也有道德的证明。换言之，王阳明那里用来证明对万物的厚此薄彼的道理、条理是道德的道理、条理，而不是非道德的道理、条理。所以我们需要寻找理解王阳明的道理、条理的另一种，即第四种方式。为什么我们要优待我们亲近的人呢？根据我们现在要考虑的第四种理解方式，爱或同感本质上会厚待那些我们亲近的人，而对待生疏或陌生的人要淡薄一些。就是说，我们要么没有爱，有爱的话就一定是有厚薄的。假定这是爱或同感的一种缺陷，那么我们不妨想象两个世界，一个世界有这种同感或爱，另一个世界则没有。在其他方面相同的情况下，我们更喜欢生活在哪个世界？我想答案显而易见：我们愿意生活在一个有这种同感或爱的世界上，即使我们知道它是有差等的。这一思路与当代道德情感主义哲学家斯洛特关于在他看来本质上就有偏倚性的爱或关爱（care）的观点一脉相承。斯洛特说道："我们赋予爱很高道德地位的观点不同于以普遍的仁慈为道德的看法，在我看来，这一点强有力地支持我们偏好关爱而不是普遍的仁慈。"（Slote 2001, 137）

但这样一种合理性证明可能仍然不充分，因为仿佛我们只是做了一个两恶相权取其轻的迫不得已的选择，而在王阳明那里这是一个比较正面的事情。所以让我们尝试另一种，即第五种方式来理解王阳明的爱有差等的道理、条理。中国古代哲学家墨子提供了一种思想实验：想象两个世界，一个世界推行儒家的有差等之爱，另一个世界推行墨家的无差等之爱。看我们想生活在哪一个世界。儒家可能会说，在推行墨家无差等之爱的世界里，父母所得到的爱要少于他们在推行儒家有差等之爱的世界里所得到的爱，因为他们的子女现在不允许爱他们胜过爱其他人。因此他们认为实行儒家的爱有差等的世界更好。针对这一可能的反驳意见，墨子说，这是一个误解。在爱无差等的世界里，父母从子女那里获得的爱的确要少一些，因为子女需要像照顾父母那样照顾他人，但父母将从子女之外的其他人那里获得更多的爱，因为其他人也会像对待他们自己的父母那样对待他们，或者说像他们自己的子女对待他们那样对待他们。这样，父母在墨家的爱无差等的世界里得到的总体的爱不会少，虽然他们在自己的子女那里得到的爱少了（《墨子闲诂·兼爱下》，114-115）。然而，在儒家看来，墨子此说同样是一个误解。为了以恰当的方式照顾（更不必说爱）一个人，我们需要了解他，也就是说，知道他需要、喜欢、偏好什么，如此等等。显然，比起疏远陌生的人，我们更了解，因而更能照顾好我们亲近的人；比起动物，我们更了解，因而更能照顾好同类的人；比起植物，我们更了解，因而更能照顾好动物；而比起非生物，我们更了解，因而更能照顾好植物。虽然并不是要论证我们在这里的观点，但沃尔夫说："道德不只是要求我平等地、公平地对待人，而是要求我们好好地对待人。"（Wolf 2015, 35）由于我了解我的父母，但我不了解一个陌生人，我可以很好地关心我的父母，但我不能同样好地对待陌生人。约尔格·罗西克（Jörg Löschke）称这是一种认识论的解释：紧密的"关系帮助我们确定相关的理由——关于什么东西符合我们的朋友和孩子的利益，我们通常比什么东西符合陌生人的利益知道得更多"（Löschke 2017, 399）。在我看来，虽然王阳明没有明确地说，他讲的爱有差等的道理、条理就是这个意思，但我认为这与王阳明的总体思想是一致的。这是因为王阳明是一个道德特殊主义者（moral particularist），认为没有什么普遍的道德原则可以运用到所有场合，因为不同的场合都不一样，因而需要我们对具体的场合有充分的了解以后才能知道做什么对、做什么不对。例如，当有学生就孟子言"执中无权犹执一"问时，王阳明说："中只是天理，只是易，随时变易，如何执得？须是因时制宜，难预先定一个规矩在。如后世儒者要将道理一一说得无罅漏，立定个格式，此正是执一。"（《王阳明全集》，19）而我们所要知道的一个重要方面正是我们要帮助的人的特殊性。

　　但王阳明的爱有差等这种道德偏倚论还有一个重要特征。一方面，说我们爱父母甚于爱路人，爱人类甚于爱鸟兽，爱鸟兽甚于爱草木，爱草木甚于爱瓦石，但这并不等于说我们只爱前者不爱后者。事实上，当我们对前者的爱与对后者的爱不发生冲突时，我们对后者的爱也不一定逊于对前者的爱，虽然我们对后者的爱可能没有对前者的爱那么恰当，因为我们对后者的了解没有我们对前者的了解那么多、那么精确。另一方面，即使在我们对前者的爱与对后者的爱发生冲突而陷入爱前者要牺牲后者的窘境时，阳明使用了"忍"这一非常形象的词。忍着做某事，这意味着我们要忍受做这件事带来的某种不快，意味着如果可以的话，我们并不想去做这样的事。因此，阳明说"禽兽与草木同是爱的，把草木去养禽兽，又忍得"，便意味着我们仍然对草木有同感，因为我们也爱它们，否则我们就没有理由要"忍"着用它们喂养动物。同样，"人与禽兽同是爱的，宰禽兽以养亲，与供祭祀，燕宾客，心又忍得。至亲与路人同是爱的，如箪食豆羹，得则生，不得则死，不能两全，宁救至亲，不救路人，心又忍得"。当所有这些事情发生时我们都需要做出"忍"的努力，这表明，即使我们允许或者甚至促使这些事情发生，如有可能我们还是愿意防止它们发生；如果无法防止，若可能的话，我们会在事后对受到伤害或者至少没有得到帮助的一方做出补偿；如果无法做出这样的补偿，则至少内心会感到某种不安、懊悔或伤心。阳明的这一看法，相当于当代美德伦理学家霍斯特豪斯所讲的"道德剩余物"（moral residue）或"道德余量"（moral remainder）。如果人们面对类似于阳明所讲的困境，霍斯特豪斯指出："他们不管怎么做都要违反道德要求，我们希望他们（特别是当我们想到真实的事例）以某种方式把这一点记下来——通过悲痛、遗憾、懊悔或罪责感，或者，在某些情况下，通过承认需要道歉、赔偿或补偿。这——懊悔或罪责，道歉的新要求或其他——叫作（道德）'剩余物'或'余量'。"（Hursthouse 2001, 44）

五　结　论

本文援引阳明学说，以说明儒家环境美德伦理学可以避免以义务论和后果论进路，以及其他环境美德伦理学特别是亚里士多德主义美德伦理学在探讨环境问题时所遇到的某些困境。这种儒家环境美德伦理学的核心是万物一体观。有德之人由于与万物一体，所以他能感受到万物的痛痒，如同他能感受到自己身上的痛痒；或者反过来说，他感受到与万物一体，因为他感受到了万物的痛痒。这种感受到万物痛痒或者与万物一体的能力就是仁。在儒家看来，仁是标识着人之为人的基本美德。仁不仅是认知的，同时也是情感驱动的。感受到后背痛痒的人不仅知道后背的痛痒，同时还想去摆脱这种痛痒。同样，感受到动物痛痒的人不仅知道动物的痛痒，同时还想去帮助它摆脱这种痛痒。因此，一位具有关爱环境之美德的儒者之所以关爱万物，不是因为它们具有内在价值，而是因为它们是他身体的一部分。初看起来，这样的人似乎以自我为中心，但事实上并非如此，因为一切都在他之内，易言之，万物都是他的一部分，而利己主义，就同利他主义一样，都要假定自己和他人之分离。由于这种利己主义和利他主义的区分在王阳明的美德伦理学中失去了意义，人类中心主义与自然中心主义的区分在王阳明的环境美德伦理学中也就失去了去意义。

参考文献

程颢、程颐：《二程集》，北京：中华书局，2004 年。

孙诒让撰，孙启治点校：《墨子闲诂》，北京：中华书局，2001 年。

王阳明：《王阳明全集》，上海：上海古籍出版社，1992 年。

杨伯峻：《孟子译注》，北京：中华书局，2005 年。

Zwolinski, Matt and David Schmidtz. 2013. "Environmental Virtue Ethics: What It Is and What It Needs to Be." in Daniel C. Russell, ed. *Cambridge Companion to Virtue Ethics*. Cambridge: Cambridge University Press.

Kant, Immanuel. 1997. *Lectures on Ethics*, Cambridge: Cambridge University Press.

O'Neill, John Francis. 1993. *Ecology, Policy and Politics: Human Well-being and the Natural World*. London: Routledge.

Sandler, Ronald. 2007. *Character and Environment: A Virtue-Oriented Approach to Environmental Ethics*. New York: Columbia University Press.

Hill, Thomas E., Jr. 1983. "Ideals of Human Excellence and Preserving Natural Environments." *Environmental Ethics* 5: 211–228.

Thoreau, Henry David. 1951. *Walden*. New York: Bramhall House.

Carson, Rachel. 1956. *The Sense of Wonder*. New York: Harper & Row.

Bardsley, Karen. 2013. "Mother Nature and the Mother of All Virtues: On the Rationality of Feeling Gratitude toward Nature." *Environmental Ethics* 35.

Rolston, Holmes, III. 2005. "Environmental Virtue Ethics: Half the Truth but Dangerous as a Whole." in Ronald Sandier and Philip Cafaro, eds. *Environmental Virtue Ethics*. Lanham, MD: Rowman and Littlefield Publishers.

Welchman, Jennifer. 1999. "The Virtue of Stewardship." *Environmental Ethics* 21: 411–423.

Cafaro, Philip. 2015. "Environment Virtue Ethics." in Lorraine Besser-Jones and Michael Slote, eds. *Routledge Companion to Virtue Ethics*. New York: Routledge.

Hoffman, Martin. 1981. "The Development of Empathy." in J. P. Rushton and R. M. Sorrentino, eds. *Altruism and Helping Behavior: Social, Personal, and Developmental Perspectives*. Hillsdale, NJ: Erlbaum.

Hoffman, Martin L. 2000. *Empathy and Moral Development: Implications for Caring and Justice*. Cambridge: Cambridge University Press.

Hursthouse, Rosalind. 2001. *On Virtue Ethics*. Oxford: Oxford University Press.

Batson, C. Daniel. 2011. *Altruism in Humans*. Oxford and New York: Oxford University Press.

Cialdini, Robert B., Stephanie L. Brown, Brian P. Lewis, Carol Luce and Steven L. Neubert. 1997. "Reinterpreting the Empathy-Altruism Relationship: When One Into One Equals Oneness." *Journal of Personality and Social Psychology* 75: 481–494.

Slote, Michael. 2014. *A Sentimentalist Theory of Mind*. New York and Oxford: Oxford University Press.

Slote, Michael. 2001. *Morals from Motive*. Oxford: Oxford University Press.

Huang, Yong. 2005. "A Copple Rule Versus the Golden Rule: A Daoist-Confucian Proposals for Global Ethics." *Philosophy East and West* 55: 393–425.

May, Joshua. 2011. "Egoism, Empathy, and Self-Other Merging." *The Southern Journal of Philosophy* 49: 25–39.

Williams, Bernard. 1981. *Moral Luck*. Cambridge: Cambridge University Press.

Wolf, Susan. 2012. "'One thought Too Many': Love, Morality, and the Ordering of Commitment." in *Luck, Value, and Commitment: Themes from the Ethics of Bernard Williams*. Oxford: Oxford University Press.

Wolf, Susan. 2015. "Morality and Partiality." in her *Variety of Values: Essays on Morality, Meaning, and Love*. Oxford: Oxford University Press.

Löschke, Jörg. 2017. "Relationship as Indirect Intensifiers: Solving the Puzzle of Partiality." *European Journal of Philosophy* 26.1: 390–410.

第九章　美德与运气：
王阳明论道德责任

一　引　言

我在别的地方曾经指出，王阳明的良知既不是吉尔伯特·赖尔（Gilbert Ryle）所谓的理智之知（knowing-that），也不是他所谓的能力之知（knowing-how），而是一种动力之知（knowing-to）。较之理智之知和能力之知，作为动力之知的良知的一个显著特征是其能驱使其拥有者做出与其相应的行动（Huang 2017）。由于王阳明的良知是道德的知识，因此是道德的动力之知，即驱使其拥有者从事与这种道德知识相应的道德行为之知。例如，如果在动力之知的意义上我知道我应该爱父母，这种知就会驱使我去爱父母，而作为纯理智之知的我关于我应该爱我父母的知和作为能力之知的关于怎样爱父母的知都没有这种驱动力。由于王阳明认为，人人生而具有良知，我们就有了一个问题：为什么还是有人不做道德的事情甚至还去做不道德的事情呢？这实际上就是儒家的恶的问题：既然人性为善，那恶从何来？一般都认为儒家包括王阳明都没有能很好地解决这个恶的起源问题，但本章的目的正是要论证，王阳明对这个问题的解决方案不仅是说得通的，而且也是深刻的。在王阳明看来，人们之所以作恶，是因为其私欲遮蔽了良知。而私欲之所以产生是因为存在不利的习和气即习气。这里的习指的是一个人出生和成长于其中的环境，而气则指的是这个人的生理和心理构成。在这个意义上，一个人有什么样的习气，对良知有利的还是不利，是超出这个人的掌控的。在这个意义上，人有什么样的习气乃是一种道德运气。道德运气作为一个哲学概念主要是由威廉斯和内格尔提出来的。威廉斯自己也知道，道德运气可能被看作一个矛盾说法：道德涉及的东西我们可以控制，而运气涉及的则我们不可控制。而内格尔也承认道德运气具有悖论性质：一个人应该为他不应该为其负责的事情负责。尽管如此，威廉斯和内格尔还是认为，我们可以正当地要求人们为他们因运气所做的事或所成为的人负道德责任，因为不然的话，可能谁都可以不为其所为和所是负责了（言下之意，所有的事情都有运气成分）。在本章中，我将用王阳明的思想来挑战这种道德运气说。就其认为影响我们的道德品质的习气为我们无法控制而言，很显然王阳明也承认有道德运气。但他的道德运气概念有两个独特的方面，从而使它可以避免威廉斯所谓的矛盾说法和内格尔所谓的悖论，并使其与道德责任概念一致。一方面，王阳明认为，不利的习气只是在一个人的志不立的时候才会对我们的道德品质产生负面的影响，而一个人的志之立与不立在这个人的控制范围之内。另一方面，虽然在理论上有可能出现因运气好而生而知之的圣人，王阳明认为真正可贵的不是生而无过而是改过（《王阳明全集》，172；本章下文凡引改书，只注页码）。

二 恶之起源

王阳明认为心是身之主。这里的身包括耳目口鼻四肢。无心我们就不能视听言动（90）。而这里的心也不是作为心脏的一团血肉，而是使我们可以视听言动者。而这种能使我们视听言动的心"便是性，便是天理。有这个性才能生。这性之生理便谓之仁"（36）。这里王阳明将作为身之主宰的心看作人的性，也即是将人与其他动物区分开来者，并进一步指出将人与其他动物区分开来的性就是儒家认为最重要的美德即仁。正是这个原因，王阳明说："至善者，心之本体也。心之本体，哪有不善？"（119）这是因为，在王阳明那里，至善的心之本体就是良知："知是心之本体，心自然会知：见父自然知孝，见兄自然知弟，见孺子入井自然知恻隐，此便是良知不假外求。"（6）因此当陆原静来信说"良知，心之本体，即所谓性善也"时，王阳明回信说：

"性无不善，故知无不良。"（62）

但如果每个人都有至善的良知，而这种至善的良知作为心又是身的主宰，一个自然的问题就是恶从何来，因为在儒家传统中无人可以否定有恶人和恶事。这与基督教传统中不一样，因为有些基督教神学家可以否认恶的存在，认为我们所谓的恶在上帝眼里肯定是善的，因为上帝不容许恶的存在，而我们之所以以为这是恶只是因为我们的视界有限，看不到、不能理解上帝的宏大计划。为了了解王阳明对这个问题的回答，我们首先要知道王阳明眼中的恶的性质，因为王阳明曾经认为善恶只是一物。对此他的一个学生感到疑惑，问道："善恶两端，如冰炭相反，如何谓只是一物？"王阳明回答说："至善者，心之本体。本体上才过当些子，便是恶了。不是有一个善，却又有一个恶来相对也。故善恶只是一物。"（97）在王阳明那里，本善之人性会体现于喜怒哀乐爱恶欲等情感中。如果这种情感恰到好处，就是善，而如果有过（和不及）则就是私即恶。所以王阳明说："父之爱子，自是至情。然天理亦自有个中和处，过即是私意。"（17）这里王阳明说恶只是情之过，没有提到同样是恶的不及，这是因为在王阳明看来，"大抵七情所感，多只是过，少不及者。才过便非心之本体，必须调停适中使得"（17）。所以王阳明的看法是，只有一个至善的心之本体，我们说的善恶只是这个心之本体发在七情上的中（善）和过与不及（恶）。正是在此意义上，王阳明说，如冰炭相反的善恶两端只是一物。当过与不及即恶发生时，至善之心之本体便被遮蔽。在这种意义上，王阳明对恶的理解类似西哲奥古斯丁。奥古斯丁说恶是善之缺失，而王阳明说恶是善之遮蔽，意思相近。

对恶有了这样的理解，我们要问的问题现在就不是恶如何产生，而是至善之心是如何被遮蔽的。王阳明认为这发生在心被外物感而应之时。为了解释这一点，王阳明在意与良知之间做了区分。他说："意与良知当分别明白。凡应物起念处，皆谓之意。意则有是有非，能知得意之是与非者，则为之良知。依得良知，即无所不是矣。"（217）这里所谓的是非也就是我们要讲的善恶。必须注意的是，这里的善恶都是心之本体应物起念时所发之意的是非或善恶。因此，不仅这里的非或恶不是心之本体之非或恶，因为心之本体是无非无恶的，而且这里的善与心之本体之善也不同，因为心之本体之善，如我们在下面要详细讨论的，是一种至善，而意之善不是至善。如果恶之产生是在心之本体应物起念时发生，那么是否防止恶的最好途径就是不要应物起念呢？如我们下面要讨论的，在王阳明看来，这确实是佛教采取的途径，但王阳明反对这种方法。毕竟应物起念是恶之发生的机缘而不是其原因，因为它同时也是善之发生的机缘，虽然也不是它的原因。心之本体是无善无恶的至善，而意之善恶则产生于心之本体应物起念之时。

如果心之应物起念只是恶之产生的机缘而不是其原因，那么这个原因到底是什么呢？为了说明这个问题，王阳明说："若良知之发，更无私意障碍，即所谓'充其恻隐之心，而仁不可胜用矣'。然在常人不能无私意障碍，所以须用致知格物之功胜私复理。"（6）这里我们看到作为心之本体的良知在应物起念时，如果没有私欲，其意为是、为善，而当有私欲时，其意则为非、为恶。这里的私欲把至善的良知遮蔽了，就好像乌云把太阳遮蔽了。因此私欲才是恶产生的原因。

当然这还不是令人满意的答案。最主要的是，王阳明的良知或本心不只具有认知功能（cognitive），而且还有驱使功能（affective）。就是说，良知不仅告诉我们孰是孰非，而且还促使我们行是避非。换言之，良知不仅是道德知识，而且是道德欲望。如果这样，与良知这种道德欲望相反的私欲，即自私和不道德的欲望是哪里来的呢？这似乎是一个困难的问题。很多学者也确实认为王阳明甚至整个宋明儒学都没有办法对恶之起源提出一个合理的解释。这方面最有代表性的是陈来在其讨论王阳明哲学精神一书中的看法："恶的问题对儒家特别是心学总是一个困难。如果说恶是善的过或不及，则'过'或'不及'又缘何发生？'心之本体原是一个天，只为私欲障碍'，姑息、残酷或可说仁之过与不及，而仁的'私欲'如何归属呢？阳明说：'喜怒哀乐本体自是中和的，才自家着些意思，便过不及，便是私'……人又为什么会'自家着些意思'呢？良知既然是心之自然条理，为何不能规范'过'或'不及'呢？这些问题在阳明哲学中都未得真正解决。"（陈来 1991，81）

但王阳明对这些问题是有回答的，而且在我看来他的回答在相当大程度上是令人满意的。王阳明的回答，简单地说就是："夫恶念者，习气也；善念者，本性也。"（983）这里他说恶念来自习气。所谓的习气虽然可以理解为单一因素，把习看作气的修饰词，但我们也可以根据王阳明在别的地方对恶之起源的说明将习气理解为两个方面，一个是习，即一个人生长于其中的习俗和环境，另一个是气，即一个人生来禀赋的心理和生理构成。

一方面，王阳明非常强调一个人的出生和成长的环境，即习俗，对这个人的道德品质之形成的重大影响。例如，在《南赣乡约》中，他先引古语"蓬生麻中，不扶而直；白沙在泥，不染而黑"，形象地说明环境的重要。前一句说明，如果环境好，即使不好的人也可以变成好人，而后半句则说明，如果环境不好，即使好的人也有可能变坏。所以紧接着，王阳明就说："民俗之善恶，岂不由于积习使然哉！往者新民盖常弃其宗族，畔其乡里，四处而为暴，岂独其性之异，其人之罪哉？亦由我有司治之无道，教之无方。尔父老子弟所以训诲戒饬于家庭者不早，熏陶渐染于里闾者无素，诱掖奖劝之不行，连属叶和之无具，又或愤怨相激，狡伪相残，故遂使之靡然日流于恶，则我有司与尔父老子弟皆宜分受其责。"（599）这里王阳明特别强调一个人变坏不能只在这个人之性上找原因，而是要从这个人生长于其中的环境找原因。王阳明这种关于社会环境对一个人的道德品质之形成的影响的洞见很显然是一种常识，但这个洞见现在已经得到一些科学的解释。现代的神经科学发现人脑中有所谓的镜像神经元。科学家观察到，不仅是在一个人行动时，这种镜像神经元会被激活，而且在这个人看到或听到他人行动时，它也会被激活。因此在多次看到和听到别人做某件事以后，这个人也会倾向于做同样的事（Keyers et al. 2010）。这个现代科学的发现从一方面证实了儒家一般强调的正面的身教的重要性，而另一方面也证实了王阳明这里强调的负面环境对一个人道德品质的污染性。当然，值得注意的是，王阳明这里所说的使人变恶的环境主要不是说在这个人周围都是坏人，而是说政府管治之无道、施教之无方，家庭没有及早察觉和规劝，以及邻里缺乏经常的熏陶等。因此王阳明认为，所有这些方面都应该为一个人之变坏负责。

环境是恶之产生的一方面的原因。另一方面，王阳明将恶归罪于一个人生来禀赋的气或气质。关于这一点，王阳明指出："良知本来自明。气质不美者，渣滓多，障蔽厚，不易开明。质美者渣滓原少，无多障蔽，略加致知之功，此良知便自莹彻，些少渣滓如汤中浮雪，如何能作障蔽？"（68）这里气本身不是问题。气本身是必要的。没有了气，人性就无所依附。关于这一点，在谈到孟子的性善说时，王阳明说："孟子性善是从本源上说。然性善之端须在气上始见得，若无气亦无可见矣。恻隐羞恶辞让是非即是气。"（61）能从中看出性善之端的气乃清明之气，但在本段第一个引文中，有些气或气质不美，渣滓多，障蔽厚，善端就不得见，而恶则产生了。由于王阳明持这样一种看法，他对持与他相同看法的王文恪所撰论性善文赞赏有加，说"其所造论，后儒多未之及"（946），因此在其所撰《太傅王文恪公传》中，他从该文摘录了一大段。为什么王阳明对王文恪的性论如此推崇呢？王文恪说："气质者，性之所寓也，亦性之所由蔽也。气质异而性随之。"（946）这里王文恪用屋子与住户的关系作为类比说明性与气质的关系，以说明性对气质的依赖性。由于气质并不相同，住于其中的性也会受到不同的影响。为了说明这一点，王文恪用了另外两个类比。第一个是球与它垂入其中的渊水之间的关系："譬之球焉，坠于澄渊则明，坠于浊水则昏，坠于污秽则秽。澄渊，上智也；浊水，凡庶也；污秽，下愚也。天地间腒塞充满，皆气也；气之灵，皆性也。"（946）澄水犹清纯之气，人性在这样的气中，七情会得其中而为善。相反，浊水、污水犹浑浊之气，人性在这样的气中，七情或过或不及而为恶。第二个类比是月亮与江湖的关系："人得气以生而灵随之，譬之月在天，物各随其分而受之。江湖淮海，此月也；池沼，此月也；沟渠，此月也；坑堑，亦此月也，岂必物物而授之！心者，月之魄也；性者，月之光也；情者，光之发于物者也。"（946）虽然这是王阳明抄录的王文恪的话，但很显然这也很好地表达了王阳明自己的观点。一方面，如我们已经指出的，王阳明对王文恪这篇文章的评价极高；另一方面，这也确实与我们上面讨论的王阳明自己在这个问题上的观点完全一致。事实上，在另一个地方王阳明用的金喻跟王文恪上面的第二个类比十分相似："学者学圣人，不过是去人欲而存天理耳，犹炼金而求其足色。金之成色所争不多，则

锻炼之工省而功易成，成色愈下则锻炼愈难；人之气质清浊粹驳，有中人以上、中人以下，其于道有生知安行，学知利行。"（28）

从我们当代人的观点来看，在王阳明所列的恶之产生的两种根源之中，环境因素应该是没有问题的，这是后天的因素，谁都不能否认环境对一个人的道德品质之形成的影响。相对来说，他关于我们的道德品质也跟我们与生俱来的气的品质有关的观点涉及道德品质的先天因素，关于这一点也许我们会提出质疑，虽然我们也许不能完全排除这方面的因素。毕竟我们大多人同意一个人的智力不仅与后天环境有关也与先天禀赋有关，那么道德品质就一定与智力截然不同吗？另外一点值得注意的是，虽然王阳明认为不同的人出生时会禀受清浊程度不同的气，但这并不表明天生的浑浊之气在后天就不能澄清。在上面提到的金喻中，这种澄清浑浊之气的功夫就是炼金而求其足色。

三　道德运气

由于王阳明几乎同所有其他宋明儒一样，将恶的起源归于我们出生时就禀赋的浑浊之气和出生后成长于其中的负面环境，而无论是就我们生而禀赋什么样的气而言，还是就我们出生后成长于什么样的环境而言，很显然都不是我们自己能够控制和选择的，因此用基督教在讨论恶的问题时的话说，王阳明这里似乎只涉及自然的恶，而没有涉及社会的或者道德的恶。所谓自然的恶是指由像地震、海啸、飓风等对人类造成的不以人的意志为转移的伤害，而社会或道德的恶则是像杀人、放火、抢劫等由人有意做出的恶。王阳明讨论的恶是由人做出的，但如果人之所以做出这样的恶是由其不能控制的因素造成的，那也属于自然的恶。对人作的恶的这样一种解释的一个不幸后果是其显而易见的决定论色彩，而一旦我们持这样一种决定论，我们就不能在道德上要求一个人为其恶负责，就好像我们不能在道德上要求地震为其对人类造成的灾难负责一样。在一篇讨论朱熹类似的观点的文章中，台湾学者李明辉就认为，宋明儒对恶之起源的这样一种解释存在着一系列的理论问题：

首先，气质的特征，如刚柔、强弱、昏明、清浊、偏正、厚薄等，其本身只是一种自然的特质，并不具有道德意义；即使我们可以说气质之善恶，这也只能指"自然之善"和"自然之恶"。因此，为了说明"道德之恶"的根源，诉诸气质是不够的。其次，如果朱子混同"道德之恶"与"自然之恶"，将它们一概归诸气质，他将陷于决定论（determinism），乃至命定论（fatalism）的观点；而这将使道德责任及道德功夫完全失去意义。因为在这种情况下，我们势必要承认有些人是天生的恶人，有些人是天生的善人，乃至圣人。这个结论自然不是朱子所能接受的。再者，气质的特征固然能构成道德实践之障碍，因而在道德意义下被视为"恶"，但"道德之恶"的概念预设道德责任，而道德责任又须预设一个实践主体及其自由。因此单凭气质，无法充分说明"道德之恶"的形成。（李明辉 1993，564）

虽然李明辉这里的批评针对的是朱熹关于恶源于浑浊之气的观点，但由于王阳明也持这种观点，很显然如果李明辉对朱熹的批评是正确的，那也一定适用于王阳明。另外，虽然王阳明除浑浊之气外还用负面的环境说明恶的起源，但由于一个人得以成长于其中的环境与其生而禀赋的气质一样不为人支配，李明辉关于恶源于气质的观点的批评也就同样适用于恶源于环境的观点。尽管如此，我还是认为，对于宋明儒的这种关于恶的起源的观点，我们可以做些辩护。事实上，当代政治哲学家罗尔斯强调了不同的自然的偶然因素（即一个人生来的禀赋）和社会的偶然因素（即一个人的成长环境）对于人与人之间的不平等的深远影响，这与王阳明的观点非常一致。虽然罗尔斯自己是位康德主义哲学家，而康德主义往往强调与道德运气概念有冲突的理性选择和个人自主，但罗尔斯还是强调，不仅我们天生有多少聪明才智，而且这些天生的聪明才智在后天能够得到多大程度的实现，在很大程度上，不是我们可以控制的，因而在道德的层面是无关的。他称前者为自然的偶然因素，而后者则是社会的偶然因素。关于后一点，我们可以看到，即使两个人天生有同样的聪明才智，但由于其中一人生于富人家庭而接受高质量的教育，使其天生的聪明才智得到充分实现，而另一个生于穷人家庭而没有能进入最好的学校，最后两个在刚出生时没什么差别的人到成年时就有了很大的差别。所以罗尔斯认为一个人不能将其因自然和社会的好运气而获得的比他人更多的财富据为己有。这里罗尔斯的自然的偶然因素和社会的偶然因素与王阳明的气质和环境起着类似的作用。主要的差别在于王阳明要用它们解释的是不同的人之道德品质的不同，而罗尔斯主要想说明不同的人之经济创造能力的不同。但罗尔斯有时也认为这样的偶然因素，特别是社会的偶然因素，也会影响一个人的道德品质。换言之，一个人的道德品质高，至少不能完全归功于这个人本身；同样，一个人的道德品质差，我们也不能完全要这个人自己负责。他举例说，一个人的勤劳这种品质在很大程度上由于这个人的父母从小就给他灌输这个观念，而有什么样的父母则不是一个人可以自己决定的（Rawls 1999, 64）。

王阳明的这个洞见，特别是其关于环境对人的道德品质的影响的洞见，也以一种夸张的程度反映在米歇尔·穆迪-亚当斯（Michelle Moody-Adams）所谓的"不能"命题（inability thesis）中："有时候一个人在某种文化中所接受的教养使这个人不能知道某些行动是不对的。"（Moody-Adams 1994, 293）这个"不能"命题，正如穆迪-亚当斯所指出的，事实上也为不少当代著名的学者所接受。例如，斯洛特就说，古希腊的奴隶主"不能明白在奴隶制问题上需要有什么样的美德"，而且这"不（只）是他们受其自身能力的局限性，而且还需要社会、历史的解释，需要文化局限性的解释"（见 Moody-Adams 1994, 292-293）。艾伦·多拿根（Alan Donagon）也说，虽然一个桑德赫斯特军校或西点军校的毕业生如果在战时不知道其对于非战人士的责任，那这个毕业生一定要为其无知负责，"但是如果一个在希特勒的青年营培养出来的人不知道这样的责任则是情有可原的"；另外，沃尔夫也说十九世纪五十年代奴隶制所处的社会环境、二十世纪三十年代纳粹所处的社会环境、我们父辈的那些男性沙文主义者所处的社会状况使他们不可避免地持我们今天所谴责的价值（见 Moddy-Adams 1994, 292-293）。内纳德·蒂米特里耶维奇（Nenad Dimitrijevic）进一步说，这个"不能"命题所体现的是一种文化和心理的决定论："一个犯罪制度内的社会和文化背景的力量将犯罪者排除在可以算作道德人的共同体之外。在这个意义上，这些人与儿童和智障者无异。"（Dimitrijevic 2010）

罗尔斯所谓的偶然因素也可称作运气，因为在罗尔斯看来，这些偶然因素在道德上是不公平的，也就是说，这里没有什么道德的理由可以说明为什么有些人有这样的自然和社会的偶然因素（好运气）而别的人则有别的自然和社会的偶然因素（坏运气），因而我们不应该对前者做道德赞扬，而对后者做道德批评。换言之，运气，作为运气，是我们无法控制的东西，因而与道德是无关的，因为道德所涉及的是我们可以控制的东西。如果谁做了其可以不做的好事或者没有去做其可以去做的坏事，这个人就值得道德的赞扬；同样，如果谁做了其可以不做的坏事或没有做其可以做的好事，这个人就该受到道德谴责。这里涉及的是道德的领域，即人可以支配的领域。但如果谁做了其不可以不做的好事或没有做其不可以做的坏事，这个人就不值得道德赞扬；同样，如果谁做了其不可以不做的坏事或没有做其不可以做的好事，这个人就不该受到道德谴责。这里涉及的是运气的领域，即人不可以支配的领域。

正是在此意义上，威廉斯说："当我使用'道德运气'这个说法时，我知道这表示了一种矛盾的说法。"（Williams 1993, 251）但威廉斯认为，这之所以是一个矛盾说法，只是因为我们认为道德与运气完全无关，而这正是他要反对的观点。如果我们坚持道德与运气完全无关，威廉斯认为，那只是因为我们持一种非常狭隘的道德概念，而这种狭隘的道德概念不是很重要，它只是我们广义的、更重要的伦理概念的一小部分，而伦理概念可以让运气有一席之位。不管运气是否在广义的道德概念或威廉斯的、包含了狭义的道德概念的伦理概念中是否能起作用，威廉斯所要强调的是，有些事情、事件或行动者虽然完全不在人们的控制范围内，即出于运气，但对这些事情、事件和行动者做出道德或伦理判断和评价还是必不可免的。如果我由于自己无法控制的原因对他人造成了伤害，那么如果不是在道德上，那么至少是在伦理上，人家还是会"躲避、仇恨、冷淡、鄙视我"（Williams 1993, 254）。

在这一点上，内格尔持类似的观点。他说，道德运气之发生，是因为"一个人的行为的某个重要方面超出了其控制范围，但即使就是在这个方面我们还是可以对这个人做道德判断"（Nagel 1979, 26）。但为什么我们要对一个做了他无法控制的事情的人做道德评价呢？内格尔的回答很简单：不然的话，我们就不能就任何人做的任何事以任何方式做任何道德判断，"因为我们是成功地还是不成功地做了我们试图要做的事情几乎总是在一定程度上取决于我们不能控制的因素。几乎所有道德上重要的事情都是这样"（Nagel 1979, 25）；因此，如果我们要严格地将"能够控制的情形"作为标准运用到所有场合，我们就会发现，我们原来觉得可以很自然地做的一些道德判断都不可以做了（Nagel 1979, 26）。因此，就好像威廉斯说道德运气好像是个矛盾的说法，内格尔说道德运气是一个悖论："一个人应该为他所做的事情负责；但他所做的事情源于很多不是他做的事情；因此，在道德上他不应该为他应该负责的事情和不应该负责的事情负责。"内格尔并紧接着在括号里说明这不是矛盾，而是悖论（Nagel 1979, 34）。

在此意义上，我们可以说，在根据习和气来解释恶的起源时，王阳明所谈论的也是一种道德运气，因为我们生来禀赋什么样的气和我们生长于什么的习也不是我们可以支配的，而这些习气又严重地影响我们的道德品质，虽然道德品质又是道德判断的恰当对象。更具体地说，根据内格尔的分类，我们可以说，王阳明所讨论的是构成性的（constitutional）道德运气。内格尔区分四种道德运气。第一种是结果性的道德运气，即一个人的行动结果受运气支配（如一个人不小心开车撞人行道上，但正好人行道上没有人；而另一个人正常地开车，但突然有人窜上马路被他轧死。前者有好运气，后者有坏运气）；第二种是因果的道德运气，即一个人的行动结果是别人得到了帮助或者受到了伤害，但这个人的行动本身不是他自由选择的，而是由在先的原因决定的；第三种是情景的道德运气，例如一个生活在纳粹时代的德国人和生活在当今德国社会中的德国人的道德选择可能很不一样，而这是由他们所处的不同情景决定的；最后一种即构成性的道德运气，即有些是好人，有些是坏人。由于构成这两类人的道德品质不同，前者会做好事，而后者会做坏事，但他们的道德构成不是由他们自己决定的。在王阳明那里，一个人做什么事情，道德的还是不道德的，是由这个人选择决定的；而一个人之所以选择做道德的事情而不是不道德的事情或者相反，是由构成这个人的道德品质决定的，而一个人具有什么样的道德品质是由其所禀受的气质和所处的环境决定的。如果一个人的习气极纯，这个人就是上智，如果一个人的习气极浊，这个人就是下愚，而大多数人的习气可能居间，而他们的道德品质也居间。但不管如何，似乎起决定作用的习气都不是一个人自己所能够控制的。既然习气不是一个人所能控制的，那么，在直接的意义上，为习气规定的一个人的道德构成也不是这个人所能控制的，而在间接的意义上，为一个人的道德构成规定的这个人的所作所为也就不是这个人所能控制的。但即使如此，王阳明似乎跟威廉斯和内格尔一样认为，上智的人即具有美德的人值得赞扬，而下愚的人即缺乏美德的，甚至具有恶德的人值得谴责。

但在一个重要的意义上，王阳明在用习气来解释恶的起源时所考虑的东西可能与威廉斯和内格尔所讨论的道德运气概念有所不同。道德运气之所以听起来像矛盾的说法（威廉斯）或者悖论（内格尔）乃是因为道德的领域是我们可以控制的领域，而运气是我们不能控制的领域，但我们似乎又不可避免地要求一个人对其因不可控制的因素而做的事情负责。例如，威廉斯说："虽然好人特别是圣人可能不受偶然的运气的影响，但一个人之所以是圣人或之所以能够成为一个圣人仍然是个构成性的运气问题：对于很多人、对于庸俗的人来说，根据一般的看法，成为圣人是不可能的事情。"（Williams 1993, 20）威廉斯和内格尔都认为，我们可以对一个行为主体因其不能控制的因素而做的事情做道德评价。王阳明并不完全同意他们的看法。确实，王阳明也认为，我们可以要求人为其所作所为负责，即使他们之所以做他们所做的事情，是因为他们是他们所是的人，而他们之所以是他们所是的人，是因为他们有他们所有的气质和环境，但他们有他们所有的气质和环境则不是由他们自己可以确定的。既然如此，那我们就可以像问威廉斯和内格尔那样问王阳明：为什么我们还要人们为其所作所为负责呢？其理由是，在王阳明看来，虽然气质和环境是影响一个人道德品质的重要因素，但不仅对他要做什么样的事情，而且还对他要成为什么样的人，它们都不是不可控制的。这怎么可能呢？

四　道德责任

我们前面看到王阳明说："恶念者，习气也；善念者，本性也。"（983）光看这里，我们也许真的会得出王阳明是一个道德决定论者，认为他讨论的恶，真如李明辉就朱熹的观点所指出的，只是自然之恶而不是道德之恶（相应地，他所说的善也只是自然之善，而不是道德之善），因而没有办法解释道德责任的问题。但是，紧接着上面这一句话，王阳明又说："本性为习气所汩者，由于志之不立也。故凡学者为习所移，气所胜，则惟务痛惩其志。久者志也渐立。志立而习气渐消。"（983）这就说明，在王阳明看来，禀有不纯的气和生活在不好的环境中，虽然对一个人的道德品质有深刻的影响，但并不决定这个人的恶。换言之，虽然如果一个人禀赋的不是不纯的气而且也不是生活在不好的环境中，这个人固然不会成恶人、做恶事，但一个人禀受了不纯的气、生活在了不利的环境中，这个人也不一定会变成恶人，虽然如果这个人成为恶人我们也应该给以理解，而不应该完全责备他。这样看来，在王阳明那里，不好的环境和气质是一个人变恶的必要条件，但不是其充分条件。这些不好的习和气之所以能够遮蔽一个人的本心或良知并使之成恶在于这个人没有立志去抵制它们的污染。而这又很显然地表明，对于王阳明来说，一个人的意志既不同于纯善的良知，也不同于纯恶的浑浊之气与腐败的习俗及其产生的遮蔽良知的私欲，在道德上是中性的。就是说一个人的意志既不自动地使人成为一个善人或去做善事，也不会自动地使人成为恶人或去做恶事。它可以是善的，也可以是恶的，关键是看你立什么样的志。如果这是为善避恶的意志，那它就是善的意志；如果它是作恶避善的意志，那它就是恶的意志。另外，这也表明，在王阳明那里，人的意志并不是被决定的，而是自由的。不仅当不好的习气来污染良知时，一个人可以决定不作为，也可以决定加以抵制，而且即使良知被这样的习气及由之产生的私欲遮蔽时，一个人可以决定不作为，也可以决定消除这样的遮蔽："志立而习气渐消。"

王阳明关于习气及由此而来的私欲遮蔽了心的本体和良知的说法到底何指，我们还需要做进一步的探讨。假如人心有知（识）、情（感）和意（志）这三个方面，那么当王阳明说人心或良知被负面的习气和私欲遮蔽住了时，是不是人心的所有这三个方面都被遮蔽了呢？很显然不是的。

一方面，王阳明肯定并没有将（意）志包含在被遮蔽的内容中。这一点在我们上引的一段话中就可以看出。当他说"本性为习气所汩者，由于志之不立也"，那他也就是在说，如果一个人立了其意志的话，习气是无法将本性遮蔽的。但在王阳明那里不好的习和气的出现是否就是人的志之不立的原因呢？答案是否定的，因为王阳明说"志立而习气渐消"。这一点我们还可以从王阳明的下面这段话中得到证实：

> 夫志，气之帅也，人之命也，木之根也，水之源也。源不浚则流息，根不植则木枯，命不续则人死，志不立则气昏。是以君子之学，无时无处而不以立志为事……故凡一毫私欲之萌，只责此志不立，即私欲便退；听一毫客气之动，只责此志不立，即客气便消除。或怠心生，责此志，即不怠；忽心生，责此志，即不忽；懆心生，责此志，即不懆；妒心生，责此志，即不妒；忿心生，责此志，即不忿；贪心生，责此志，即不贪；傲心生，责此志，即不傲；吝心生，责此志，即不吝。（260）

这里王阳明提到了象私欲、怠心、忽心、懆心、妒心、忿心、贪心、傲心、吝心等。这些东西是由不纯的气造成的，但王阳明认为，只要立了志这些东西就不会产生，而且即使产生了，只要立了志，这些东西也会消失。但更重要的是，王阳明这里说明了志与气的关系："夫志，气之帅也。"是志率气而不是相反。值得注意的是，这句话原出自《孟子·公孙丑上》第二章。在这句话后，孟子又说"志壹则动气，气壹则动志也"，表明志与气有一种双向、互动的关系，但在王阳明那里，这是一种单向的、志率气的关系。关于这种关系，在上引的这段话中，王阳明又说，"志不立则气昏"，而志一立，不纯的气就会消失。这就表明习气在遮蔽本心、遮蔽良知时不会遮蔽（意）志，因为如果它们也会遮蔽意志，那意志是不可能克服不纯的气的。同时，虽然一个人是否有不纯的气和生活于其中的环境是否好不是由一个人的意志决定，但一个人的本心和良知是否会被这种不好的习气所遮蔽则是意志可以决定的，而且即使人的本心和良知被这种不好的习气遮蔽以后，一个人的意志还是可以决定是否让这种遮蔽持续下去还是将这种遮蔽消除。正是在这种意义上，王阳明在上面这段话中说，志是气之帅。

所以我们可以确定，习气和私欲在将心遮蔽时并没有遮蔽住作为心的一个方面的（意）志。即使一个人生有不纯的气和生长在不良的环境下，这个人的意志还是自由的。他可以决定任凭这样的习气去污染本心，也可以决定抵制他们的污染。而且即使在他一开始任凭这样的习气的污染而成了一个恶人以后，他的意志还是自由的。他还是可以决定继续做这样的恶人，也可以决定将自己改造成一个君子甚至圣人。在这一点上，陈立胜研究王阳明的一部非常出色的著作，在我看来也有一个盲点。他看到了意志在王阳明哲学中的重要性，但他又说，至于"何以有人能立志，有人不能立志，除了禀气的清浊外，看来王阳明也无法给出令人满意的解释"（陈立胜2005，99-100）。这里有两个问题。第一，陈立胜似乎认为，一个人的禀气的清浊会影响一个人是否能立志。但我们上面已经看到，王阳明明确地认为，即使一个人禀受的气再浑浊，这个人还是可以立志。更重要的是，如我们接下来会讨论的，恰恰是因为一个人禀受的气浑浊和所处的环境险恶，恰恰是因为一个人的良知被私欲遮蔽以后，一个人才需要立志。如果一个人禀受的气很纯、所处的环境很好，因而其良知没有被遮蔽，那他就不需要立志，他只要顺着其良知行事即可，即从心所欲即可，因为这样行事的话，他做的就一定是道德的事情。第二，当陈立胜认为，对有些人能立志做道德的事情而有些人不能立这样的志，王阳明需要但没有提供一种解释时，他似乎就假定了意志是不自由的，以为一定有什么东西决定一个人立志，并有什么别的东西决定另一个人没有立志，而我们在上面的讨论表明，在王阳明那里，一个人的意志是自由的。

如果人心确实可以有知情意三方面，意志只是其一方面。那么习气和私欲有没有遮蔽人心的其他两个方面即知（识）和情（感）包括欲望呢？在回答这个问题之前，先要说明一下情感和欲望的关系。王阳明说，"喜怒哀乐爱恶欲，为之七情"（111），因此王阳明把欲望看作情的一种，情感包含欲望，虽然在本章中我们主要讲欲望这种情感。

现在我们来回答上面的问题。关于这个问题，王阳明明确地说，习气和私欲会将良知遮蔽，因此好像知情意中的知肯定是被遮蔽了。但事实上情况比较复杂，其中至少有三点需要说明。首先，良知并不包括知的所有内容。当良知被私欲遮蔽时，并不是所有的知都被遮蔽了。良知是规范性的知识，但知也包括描述性的知识，如冬暖夏凉等，这样的知当然不会被私欲和习气遮蔽，因为王阳明所描述的其本心被私欲遮蔽的人是道德上有缺陷的人而不是理智上有缺陷的人。事实上，那些良知被私欲遮蔽的人往往比常人拥有更多的事实知识，使他们能够更有效地作恶。这一点是显而易见的。此外，当我们说良知是一种规范性知识而不是描述性知识时，我们当然不是说规范性知识就是良知。良知只是规范性知识之一，它是道德的规范性知识，但还有非道德的规范性知识。例如我知道我应该每天锻炼身体，我应该保持个人卫生等。那么私欲在将良知遮蔽时会不会将这样的非道德的规范性知识也遮蔽呢？很显然也不会。一个不道德的，即其良知被私欲遮蔽的人所有的非道德的规范性知识不一定比一个道德的，即其良知没有被私欲遮蔽的人所有的非道德的规范性知识少。良知是规范性的道德知识，所以当王阳明说私欲把良知遮蔽时，他并不是说私欲把所有的知都遮蔽了，而只是遮蔽了与描述性知识相对应的规范性知识的一种，即与非道德的规范性知识相对应的道德的规范性知识。

其次，当王阳明说良知被私欲遮蔽时，由于良知是道德的规范性知识。那么这种道德的规范性知识被遮蔽应该是没有问题了。但良知被遮蔽时被遮蔽的不只是这种知，而且还有与之相应的情。我们已经知道，王阳明的良知不只是一种知是知非之知，而且还是一种好是恶非之情，就是说，它是一种伴有根据这种知去行动的情感（包括欲望）的知。正是因为良知既是一种知识或信念，又是一种情感或欲望，我在别的地方曾论证，良知作为一种心智状态（mental state），既不只是信念（belief），也不只是欲望（desire），而是一种信欲（besire），即同时作为信念和欲望的心智状态（Huang 2014）。因此，如果私欲遮蔽了良知，它就不仅遮蔽了作为道德的规范性知识的良知，而且还遮蔽了作为道德情感或者欲望的良知。就是说一个其良知被遮蔽的人已经失去了去做道德的事情的情感和欲望，他们见父不想去孝，见弟不想去悌，见孺子入井不想去救等。所以当良知被私欲遮蔽时，不仅影响知情意中的知，而且还影响知情意中的情。当然，这不是说，当一个人的良知被私欲遮蔽时，这个人就不再有任何欲望、任何情感。良知既是知也是情、欲，但良知作为情和欲只是道德的情和欲，因此当良知被遮蔽时，只是道德的情和欲被遮蔽了，但除了道德的情和欲外，还有不道德的情和欲。例如遮蔽良知的私欲本身也是一种欲，是一种不道德的欲。但除了道德的情和欲与不道德的情和欲以外，还有非道德的情和欲，包括与非道德的规范性知识有关的那种非道德的情和欲。很显然，非道德的规范性知识以及与之相伴的情感或者欲望也没有被这种私欲遮蔽。假如一个人知道他应该每天锻炼身体（这是非道德的规范性知识），而且这种知识还伴有想每天去锻炼的情感或欲望，那么他事实上确实会每天去锻炼身体。现在再假定这个人的良知在王阳明所描述的意义上被私欲遮蔽了，也就是说他成了一个恶人，他是否就不知道他应该每天锻炼身体呢？很显然不会。那么他是否就失去了去锻炼身体的情感或者欲望并不再每天去锻炼身体了呢？很显然也不会。所以私欲只是把与良知有关的情和欲遮蔽了，而不是把知情意中的整个情都遮蔽了。

最后，我们上面说，良知被遮蔽时，被遮蔽的不只是良知这种道德的规范性知识，而且还遮蔽了与这种知相应的、想根据这种知行动的情感和欲望。但另一方面，良知被遮蔽时，这种道德的规范性知识似乎也没有完全被遮蔽。如果我们去问王阳明，一个其良知被私欲遮蔽了的人是否就不知道（例如）"他应该爱其父母"呢？王阳明的回答是否定的。在一个地方，王阳明说："良知在人，随你如何不能泯灭，虽盗贼亦自知不当为盗，唤他做贼，他还忸怩。"（93）很显然一个人去偷去盗这个事实就表明这个人的良知已经为习气和私欲所遮蔽，但王阳明又说，盗贼也知道不当为盗。在另一个地方，王阳明说："然知得善，却不依这个良知便做去，知得不善，却不依这个良知便不去做，则这个良知便遮蔽了，是不能致知也。吾心良知既不能扩充到底，则善虽知好，不能着实好了；恶虽知恶，不能着实恶了，如何得意诚？"（119）这里王阳明是在描述良知被遮蔽时的情况。这是一个什么样的情况呢？王阳明说这是知得善却不依良知去做，知得不善却不依这个良知不去做的情形，是善虽知好却不能着实去好善，恶虽知恶却不能着实去恶做的情形。有意思的是，王阳明说其良知被私欲遮蔽的人不仅知善知恶，还知好善恶恶，而这里的知显然不仅是规范性知识，而且似乎还是道德的规范性知识，而不是描述性知识，而王阳明说这样的知识并没有被遮蔽。那么当王阳明说良知被私欲遮蔽时，他到底指的是什么被遮蔽了呢？我们上面说过，良知不只是知是知非之知（信念），而且还是好是恶非之情（欲望）。而在上面这段话中，我们看到，当一个人的良知被遮蔽时，这个人还是有作为信念的知是知非之知，但没有了作为欲望的好是恶非之情。所以真正被遮蔽的乃是作为心的三个方面即知情意中的情的方面。那我们是否可以说，私欲只是遮蔽了一部分的良知，即作为情和欲望的良知，而良知的另一部分，即作为信念即知的良知，则得以保存下来了呢？我在上述那篇关于信欲的文章中强调，良知作为信欲是单一的心理状态，而不是信念和欲望这两个部分合成，因而也可以分割的混合的心理状态。信欲这种心理状态从一个视野看就完全是信念，而从另一个信念则完全是欲望。离开了作为欲望的良知，作为信念的良知也就不存在，反之亦然。那么在良知被私欲遮蔽时，王阳明明确地说还存在的这种知是什么样的呢？我们上面说这不是描述性知识，而是规范性知识，而且不是像我应该每天锻炼身体这样的非道德的规范性知识，而是像我不应该偷盗或者我应该爱父母这样的道德的规范性知识，即道德知识。

但现在我们知道，严格地说，这不是道德的知识，而只是关于道德的知识。良知是道德的知识，就是说这种知本身是良的、是好的、是道德的知识，而不只是关于道德的知识。为什么这种知是良的、是道德的、是好的呢？这是因为这种知识会促使其拥有者去做良的、好的、道德的事情。而我们上面看到，王阳明说，在一个人的良知被私欲遮蔽后，这个人虽然知道不当为盗却还继续为盗，知得善却不去作善、知得不善却还是去作不善，知应该好善却不好善、知应该恶恶却不恶恶，很显然这里的作为信念的知不再是良的、道德的、好的知，因而也不再是良知的知，因为这种知缺乏驱使人去按照这种知行动的动力，而驱使人做出与其知相应的行动则是良知作为知的一个显著特征。这样的知就是宋儒喜欢说的与德性之知（相当于王阳明的良知）相对的闻见之知，而这种闻见之知并不是真知而是常知，不是深知而是浅知。因此当徐爱就有人"知得父当孝、兄当弟者，却不能孝、不能弟"发问时，王阳明说，这不是知（行）的本来面目（本体），并说："未有知而不行者，知而不行，只是未知。"（4）王阳明这里在两种意义上使用"知"这个字。"未有知而不行"中的"知"和"只是未知"的"知"指的是良知、真知、德性之知，是促使人做出相应行动的知，而"知而不行"中的"知"则是浅知、常知、闻见之知，是不能驱使人做出相应行动的知。但是虽然这种知不能驱使人按照这种知行动，但它也不是毫无意义的。假设一个人知道应该诚实而不诚实，而另一个人不知道该诚实而不诚实，在这两个人之间是有重要区别的，就好像在一个知道不该抽烟而抽烟的人和一个不知道不该抽烟而抽烟的人之间也还是有差别的一样。因此，当王阳明说知而不行只是未知时，如我们上面指出的，王阳明只是说这个人未有良知，而不是什么知也没有。那么这种知而不行之知到底有什么意义呢？

这种知而不行之知的意义在于它可以帮助我们说明道德责任。我在别的地方曾经讨论过道德责任的问题（Huang 2008）。我们要人为其行为负道德责任，无论是正面的得到表扬还是反面的得到批评，都需要有两个条件。第一个是这个行为者有相关的知识，就是说，如果一个人在无知的情况下做了一件不好的事，我们就不能要求这个人为其行为负责，除非我们认为这个人要为其无知负责（见 Huang 2013）。例如，假如一个人不知道在公众场合抽烟跟他一个人在家里抽烟有什么不一样，那么我们就不能要求这个人为其在公众场合抽烟负责。而如果一个人明明知道他不应该在公众场合抽烟还继续在公众场合抽烟，那么我们就可以合理地要求这个人为其在公众场合抽烟的行为负责。

由于在王阳明那里，这样一种知没有被私欲所遮蔽，王阳明的哲学就满足了道德责任的一个条件。如果不好的习气和由之产生的私欲不仅将一个人好善恶恶的情感或者欲望遮蔽了，而且也将这个人关于应该好善恶恶的信念或知识也遮蔽了，使得这个人即使知道什么是善什么是恶却不知道应该好善恶恶，那么在王阳明的哲学中就无法有一个合理的道德责任概念。但光具有相关的关于道德的知识（与道德的或良的即好的知识相区别）而没有相应的自由意志，道德责任这个概念同样不能成立。因此自由的意志是道德责任概念的第二个必要条件。如我知道我应该帮助人，但假如有人绑住了我的手脚使我无法动弹从而没有办法帮助人，那么我不应该为我的无作为负责，人家也不能在道德上批评我。同样如果我知道应该帮助人，但虽不愿意帮助人却因有人用枪顶着我的背而不得不去帮助人，我同样不能为我的行为负责，人家也不能在道德上表扬我。在这两种情况下，我作为行为主体的行为或者行为的缺失都不是由我自由的意志决定的。我们上面看到，在王阳明那里，虽然一个人之所以作善或作恶是由这个人的品格决定的，好人作善，坏人作恶；而一个人之所以是好人或坏人，王阳明认为应该归因于这个人生而禀受的气质和其成长于其中的环境。但他没有说这两个因素决定了一个人的道德品格。他认为，一方面，这两种负面的因素之所以能影响一个人的道德品格，只是因为这个人没有立志去抵御它们的影响。如果一个人立志去抵御这两种因素，即使是再浑浊的气质、再败坏的环境，一个人还是可以有好的道德品质。另一方面，即使一个人因受这种负面因素的影响而成了坏人，只要这个人立志要成为一个善人，他还是可以澄清其天生的浑浊之气，并设法移风易俗，从而变成一个好人。所以，在王阳明那里，一个人之行善或作恶最终是由这个人的（意）志决定的，而不是由习气决定的，而一个人的（意）志是自由的，他可以决定让习气污染自己的本性，也可以决定抵御这样的污染；而且即使在被污染以后，他可以决定行善从而逐渐清除这种污染，也可以决定作恶从而使自己的良知被遮蔽得更加深厚。

这里，王阳明的自由意志概念为道德责任概念提供了另外一个必要的基石。

从上面的讨论，我们可以看到，王阳明的道德哲学中具有一个合理的道德责任概念，因为他认为其良知被私欲遮蔽的人一方面有自由意志，一方面又有相关的知识。这就是说，王阳明所讨论的恶并非如李明辉在讨论朱熹的观点时所说的只是一种自然的恶；相反它是一种道德的恶，对具有这种恶的人，我们可以合理地做出道德的批评，要求他们为其行为（或行为的缺失）负责。但在强调王阳明的道德责任概念时，我们是否就又必须认为，在王阳明那里没有道德运气概念呢？也不是的。确实，因运气不好、禀有浊气和成长于恶劣环境中的人，只要立志，就可以避免被这两者污染；而且即使在被这两者污染之后，只要立志，这个人还是可以行善避恶并逐渐消除这些污染而成为一个道德的人，但这样的人需要做出比常人大得多的努力。因此，针对学生问，"圣人生知安行，是自然的，如何有甚功夫？"王阳明说："知行二字即是功夫，但有浅深难易之殊耳。良知原是精精明明的。如欲孝亲，生知安行的，只是依此良知，实落尽孝而已；学知利行者，只是时时省觉，务要依此良知尽孝而已；至于困知勉行者，蔽锢已深，虽要依此良知去孝，又为私欲所阻，是以不能，必须加人一己百、人十己千之功，方能依此良知以尽其孝。"（111）这里王阳明将人分成三类，其良知没有被私欲遮蔽的圣人、其良知没有被严重遮蔽的常人和其良知被严重遮蔽的小人。这三类人所需的道德功夫的浅深难易程度不同。圣人不需要做什么功夫，"只是依此良知，实落尽孝而已"；中间一类人需要做一些功夫，"只是时时省觉，务要依此良知尽孝而已"；而第三类人所需要的功夫则最深、最难，"必须加人一己百、人十己千之功，方能依此良知以尽其孝"。

为什么有这三类人的不同呢？这就是他们的道德运气的不同。由于道德运气的好坏不是一个人可以控制的，所以王阳明反复指出，我们应该"不贵于无过，而贵于能改过"（975）。就是说，如果一个人的无过是由于一个人生来的气质纯清、身边的环境清纯，那么这种无过也没有什么可贵的，毕竟这是运气造成的，真正可贵的是自己立志改过。因此，王阳明说，如果以前有过，"但能一旦脱然洗涤旧染，虽昔为寇盗，今日不害为君子矣"（975）。

从这种意义上说天生的，即完全因为道德运气而成为圣人的人是没有什么可贵的，但这样的人在王阳明那里只是一种理论上的可能性。实际上他可能并不认为有人有天生完好的气质和完全理想的环境，因而天生的圣人在王阳明看来实际上是不存在的。人与人之间的差别只是生来的气质的清浊程度不同、周围的环境优劣不同而已。我们知道的圣贤都是通过立志改过而成的。关于这一点，王阳明在寄诸弟的一封信中就讲得很明白。

在该信的一开始，王阳明一般地说："本心之明，皎如白日，无有有过而不自知者，但患不能改耳。一念改过，当时即得本心。人孰无过？改之为贵。"（172）紧接着，他就提到三类人，虽然都是圣贤，但他们之间也有差别。首先他提到"蘧伯玉，大贤也，惟曰'欲寡其过而未能'"（192），说明像蘧伯玉这样的大贤也需要努力改过；再接下来，王阳明又提到"成汤、孔子，大圣也，亦惟曰'改过不吝，可以无大过'而已"（192），说明像成汤和孔子这样的一般看作学而知之的圣人，也需要努力改过；最后，王阳明更说，"有皆曰人非尧舜，安能无过？此亦相沿之说，未足以知尧舜之心。若尧舜之心而自以为无过，即非所以为圣人矣。其相授受之言曰：'人心惟危，道心惟微，惟精惟一，允执厥中。'彼其自以为人心之惟危也，则其心亦与人同耳。危即过也，惟其兢兢业业，尝加'精一之'功，是以能允'执厥中'而免于过"（192），说明即使是像尧舜这样的通常被看作生而知之的圣人也需要努力改过而变得无过，这也就说明，在王阳明看来，尧舜也不是生而知之的圣人；在最后，王阳明又总结说，"古之圣贤时时自见己过而改之，是以能无过，非其心果与人异也。'戒慎不睹，恐惧不闻'者，时时自见己过之功"（192）。这种通过努力改过而达成的无过跟只是在理论上有可能的、只因其道德运气好而达成的无过不同。我们上面看到，后面这种无过王阳明认为没什么可贵的，即在道德上没什么好赞扬的，但前一种无过则是通过长期的改过而实现的。因王阳明认为改过是可贵的，即值得道德赞扬的，这种因改过而实现的无过也就是可贵的，即值得道德赞扬的了。但即使这三类圣贤也有涉及禀赋和环境的道德运气上的差别，因而他们需要做的改过努力也不同。尧舜的道德运气最好，因而他们所需的改过努力最易；成汤、孔子的道德运气次之，他们需要做更多的改过努力；而蘧伯玉这样的大贤的道德运气更次，因而他们需要的改过努力则更大；当然我们常人的道德运气还要差，那么我们需要的改过努力就还要大；而少量的人的道德运气极差，它们就需要做出人一己百、人十己千的功夫。

所以我们看到，一方面王阳明有道德责任概念，一方面又有道德运气概念。这两个概念本来是不能合在一起的。道德责任的概念不仅假定行为者有相应的知识，就是说其行动不是在无知的状态下做出的，而且还假定行为者的行动是自由的，也就是说他的行动是在他的控制范围中：他可以不做他做了的事，他也可以做他没有做的事。而这种意志自由的概念则与道德运气概念相冲突，因为所谓运气指的就是为行为者不能控制的局面。正是因为这一点，我们上面看到，提出道德运气概念的威廉斯也承认这是一个矛盾的说辞，而内格尔则说这是一个悖论，尽管他们两个人还是认为有必要使用这样一个概念。在王阳明哲学中，之所以道德责任和道德运气不矛盾，是因为一方面他承认人有道德运气，认为为人所不能控制的习气对一个人的道德品质的形成起很大的作用，因此对于因不好的道德运气而变恶的人我们要理解，而且不能完全责怪他们。另一方面，王阳明又有一个明确的道德责任概念，因为他认为道德运气并不完全决定一个人的道德品质，只要一个人立志决定做一个好人，他可以抵御不好的道德运气的影响而不成为一个恶人，即使在成为一个恶人以后还是可以变成好人。把道德运气和道德责任概念结合起来，王阳明认为，一个因道德运气不好的人做好事、成善人比一个道德运气好的人做善事、成善人更可贵、更值得赞扬，因为前者比后者花了做了更大的努力；相应地，一个道德运气好的人做恶事、成恶人比一个道德运气不好的人做恶事、成恶人更不可原谅，因为前者比后者更不负责任。

五　欲望与意志

我们上面的讨论表明，在一个人的良知没有被负面的习气及由此产生的私欲遮蔽时，这个人当然会好善恶恶、行善避恶。但即使在一个人的良知被这样的习气及私欲遮蔽时，这个人虽然不能好善恶恶，但还是可以行善避恶。这是因为当一个人的良知被遮蔽时，良知作为一种信欲，即同时是信念（知识）和欲望的单一的心理状态，主要受到影响的是其好善恶恶之情感或欲望，但这个人关于孰是孰非、何善何恶之知还是存在的，当然这样的知已经不再伴有好是恶非的情感因而已经不再是"良知"之知而是"闻见之知"。另一方面，如果心有知（识）、情（感）、意（志）这三个方面的话，我们上面的讨论表明，由于良知只涉及知和情而不涉及意志，当负面的习气和私欲将良知遮蔽时，心的意志方面并没有被遮蔽。所以当一个人的良知被遮蔽时，这个人不仅还知道什么是、什么非，什么善、什么恶，虽然他没有好是恶非、好善恶恶的情感和欲望；这个人而且还有自由的、在道德上中性的意志。这个意志可以使他决定违背自己孰是孰非之知而放任其所有的私欲去行恶避善、行非避是，也可以决定根据其有的这种知去克服其想行非避是的欲望而去行是避非，尽管他还是没有好是恶非的欲望。正是因为这个人有这种自由的意志，同时又有孰是孰非之知，我们在上面论证说，即使一个人在其良知被遮蔽后，我们还是可以要求他为其所做的恶行或者没有做的善行负责，因为他知道何为善何为恶，而且他可以作善而不作恶。当然，如果这个人在这种情况下还是行善而不作恶，我们也应该给予道德赞扬，因为这个人也可以决定不作善而行恶。

这样一种看法会引起一个似乎不小的问题。这就是一个人既可以在私欲没有将良知遮蔽的情况下通过其自然的欲望去行善去恶，也可以在私欲将良知遮蔽以后通过其意志而行善去恶。既然在这两种情况下，一个人都可以有行善去恶的道德行为，一个是通过欲望，一个是通过意志，那为什么王阳明这么强调致良知，强调要去除私欲对良知的遮蔽从而恢复良知的本体呢？也就是说为什么王阳明认为由自然的欲望发出的道德行为高于由人为意志发出的道德行为呢？本节的目的便是讨论王阳明对这个问题的回答，并试图证明，王阳明对这个问题的回答会帮助我们更好地理解当代哲学中在休谟主义和反休谟主义之间的一场争论。

但在讨论这个问题之前，我们有必要回答一个在先的问题。我在上面说，王阳明的良知只涉及心的知情意中的知识和情感，但不涉及意志，因此在一个人根据良知行动时，没有意志的参与。虽然王阳明自己没有将心这样三分，更没有说良知只与知（识）、情（感）有关而与（意）志无关，但如果我们上面的论证是成功的，这是对王阳明文本的最好解释。但是也有学者认为，意志已经包含在良知之中。例如陈立胜就认为，良知本身就包含知情意三者，其近著《入圣之机：王阳明致良知功夫论研究》一书第七章的副标题就是"作为'知情意'三位一体的良知"。那么陈立胜在何种意义上认为良知包含意志呢？他说"良知拥有一种自身贯彻、自身实现之意志，是谓'良知之为好恶'"（陈立胜 2019，238），并引王阳明的下面这段话为证："良知只是个是非之心。是非只是个好恶。只好恶，就尽了是非。只是非，就尽了万事万变。"（111）应该说，王阳明在这里没有提到意或志，是陈立胜把王阳明这里的好恶理解为意志。但在我看来，好恶只是一种情感或欲望，而不是意志。在使用"好恶"时，王阳明反复强调《大学》中所说的好善如好好色，恶恶如恶恶臭。当我们看到漂亮的花时，我们自然会喜欢它，当我们闻到臭味时，我们自然会去厌恶它。在这个过程中，不需要有任何意志的作用。所以当我们好善如好好色时，见到善我们就自然会喜欢，而当我们恶恶如恶恶臭时，看到恶我们也自然会厌恶，这里也没有任何意志的作用。

在这一点上，陈立胜是承接劳思光的观点的，因为劳思光也把王阳明讲的好恶看作意志。劳思光先引王阳明讲好恶的另一段话，"故《大学》指个真知行与人看，说'如好好色，如恶恶臭'。见好色属知，好好色属行。只见那好色时已自好了，不是见了后又立个心去好。闻恶臭属知，恶恶臭属行。只闻到恶臭是已自恶了，不是闻了后别立个心去恶"（4），然后他说，"此处阳明之意主要落在'好'与'恶'二字上。'好'某种'好色'，'恶'某种'恶臭'，即表示一种意志上之迎拒活动（即某种意义之'肯定'与'否定'）"（劳思光 1981，434）。如果一个人在看到好色后进行了思考并决定喜欢它，在闻到恶臭后进行了思考并决定厌恶它，那么这里真的有了意志的迎拒即肯定与否定活动。但王阳明自己在这段话中讲得很清楚，这里发生的是，"只见那好色时已自好了，不是见了后又立个心去好"；同样，"闻到恶臭时已自恶了，不是闻了后别立个心去恶"，这里意志的迎拒即肯定和否定的活动根本没有发生。

但除此之外，劳思光还根据王阳明的其他一些说法认为，即使在良知没有被私欲遮蔽时，意志也有重要地位。例如，他引王阳明说："此心无私欲之蔽，即是天理，不需外面添一份；以此纯乎天理之心，发之事父便是孝，发之事君便是忠，发之交友便是治民，便是信与仁"（2），劳思光首先说，王阳明这里的心就是"指自觉意志能力而言"，而且这种"自觉能力本身即包含普遍规范之要求……此种要求，即是所谓'天理'之方向"；然后劳思光又说，因受私欲遮蔽，"此'心'并不必然纯合'天理'"；最后劳思光又说，"意志方向时时指向普遍规范，即是'存天理、去人欲'之实践"（劳思光1981，412）。这里我们就看到了对心的知情意功能不加区分的问题。如果这个心就是意志，那么私欲或人欲将这个心遮蔽也就是将这个意志给遮蔽了；既然意志被遮蔽了，这个意志怎么还能从事存天理、去人欲的实践呢？如果它还能从事这个实践，那就表明它没有被遮蔽。劳思光关于王阳明意志说的另一个依据是王阳明的这段话："此心若无人欲，纯是天理，是个诚于孝亲的心，冬时自然思量父母的寒，便自要去求个温的道理；夏时自然思量父母的热，便自要去求个清的道理。"（2）劳思光认为，王阳明的这段话"意谓道德意志为道德行为之根源及动力。人有'求孝'之道德意志，即直接'思量'父母之寒温问题之活动"；而且"有如此之道德意志，即会自然去求索决定所关行为之知识，以使此道德意志落实为一组道德行为"（劳思光1981，414）。这种解释是非常费解的，王阳明讲得很清楚，如果没有私欲遮蔽，一个有孝心的人会自然去思量父母可能有的不适，并自然会去解除父母的不适。这里王阳明强调这种思量和行为的自然性。事实上王阳明紧接着上引这段话，更用类比说这种自然就好像根长出枝叶之自然一样。很显然这里没有任何意志的作用。

我觉得，陈立胜和劳思光的问题可能是混淆了欲望与意志。欲望为一种情感，跟意志一样，都是使人行动的动力。但欲望与意志是不同的。第一，作为情感的欲望是自发性的，而意志是反思性的。感觉到了肚子饿，一个人就产生了吃东西的欲望；看到有人肚子饿，一个其良知没被私欲遮蔽的人就产生给他饭吃的欲望。相反，意志则是在对自发产生的欲望进行反思以后做出的决定。例如我肚子饿后产生了吃饭的欲望后，意志就会在反思的基础上决定是否让该欲望得以满足。当一个人有不能同时得到满足的多种欲望时，这种意志的作用就更明显。这里，意志确实有劳思光所说的迎拒即肯定和否定作用：某种欲望该不该得到满足，或者应该满足那种欲望、应该拒绝那种欲望。正是在此意义上，弗兰克福特称意志为第二阶的欲望，是对第一阶的欲望做评判的欲望（Frankfurt 1998, 12）。诚然，弗兰克福特认为欲望是所有动物都有的，而意志才为人所特有，但如果我们这里所谈论的是一种经过长期、有意的努力而修养而成的欲望，如孔子七十岁以后"从心所欲"的那种欲望，那也不是其他动物所有的，而为人所特有。虽然我们前面已经提到，但我们下面关于两种至善概念的讨论会更清楚地表明，王阳明哲学中的欲望正是这样一种培养起来的欲望。第二，根据欲望的行动是轻松、自然的，因为在根据自己的欲望行动时，他是在做他自己想做的事情。相反，根据意志的行动则需要一个人在内心做出巨大的努力，特别是当意志要求其做的事情是其没有欲望要做的事情时，或者是当意志不容许其做的事情是他有非常强烈的欲望要做的事情时。第三，与此相关，一个人成功地完成其有欲望驱使的行动就表明，这个人的欲望得到了满足，而欲望的满足使人感到快乐。由于儒家传统强调从心所欲地去从事道德行为，因此儒家非常强调乐的重要性。王阳明写过一篇《为善最乐文》，其中写道："若夫君子之为善，则仰不愧，俯不怍；明无人非，幽无鬼责；优优荡荡，心逸日休；宗族称其孝，乡党称其弟；言而人莫不信，行而人莫不悦。所谓无入而不自得也，亦何乐如之！"（925）相反，根据意志的行动的成功往往表明，为这种意志所否定的欲望受到了挫折，因此强调道德行为应当出于意志的康德就承认，在道德与幸福之间往往有不一致。

　　现在我们再回到本节要处理的主要问题：负面的习气和私欲对良知的遮蔽是不是真的如王阳明所强调的那么严重？毕竟在良知没有被遮蔽时，一个人当然会行善避恶，而在其良知被遮蔽以后，这个人还是可以照样行善避恶，因此一个人的良知是否被遮蔽好像确实不是一个很大的问题。要回答这个问题，我们可能还是要回到本章开头提到的无善无恶的至善概念。不过我们当初没有说明，王阳明实际上有两个无善无恶的至善概念。第一个至善概念与心的本体即心的本来状态有关，是在本心还没有应物起念时的状态。关于这样一个至善概念，王阳明指出："无善无恶者理之静，有善有恶者气之动。不动于气，即无善无恶，是为至善。"（29）我们可以称这种至善为自然的至善，是心的本然状态，即它还没有受气或外物刺激并对它们做出反应时的状态。说人心本善也即说人性本善，这是儒家传统的一个重要概念，而说这种善是无善无恶之善，并说这种无善无恶之善是至善，是因为在心的本然状态，它没有有意要好善，并没有有意要恶恶，而这是因为在心的本然状态，意还没有产生。除了表明人心、人性本善外，王阳明事实上并不是很重视这种意义上的至善。因为如果这种意义上的至善很重要，那我们就应该保持心的这种本然状态，而要保持这样的本然状态就不应该与外物有任何接触。在王阳明看来，不管是否可能，这正是佛教要追求的目标。因此当有学生就王阳明说无善无恶为至善而问"佛氏亦无善无恶，何以异"时，王阳明答曰："佛氏着在无善无恶上，便一切都不管，不可以治天下。"（29）

王阳明不这么重视这种意义上的无善无恶、至善的原因当然很清楚：儒家的理想人格特别是圣人是要治天下的，因此不能一切都不管，而应该接受外物的刺激并对这种刺激做出恰当的反应。所以，王阳明真正重视的是另外一种（虽然也并非全无关系的）同样无善无恶的至善。关于这种意义上的至善及其与第一种意义上的至善的关系，王阳明在其《大学古本序》中解释道：

> 《大学》之要，诚意而已矣。诚意之功，格物而已矣。诚意之极，止至善而已矣。止至善之则，致知而已矣。正心，复其体也；修身，着其用也。以言乎己，谓之明德；以言乎人，谓之亲民；以言乎天地之间，则备矣。是故至善也者，心之本体也。动而后有不善，而本体之知，未尝不知也。意者，其动也。物者，其事也。至其本体之知，而动无不

善。然非即其事而格之，则亦无以致其知。故致知者，诚意之本也。格
物者，致知之实也。物格则知致意诚，而有以复其本体，是之谓止至
善。"（242-243）

我们在前面看到，意是在本心应物起念时产生的。本心或良知是无善无恶
的至善，但应物起念而产生的意则有善有恶，所以需要诚意，而诚意之极
不仅是要去除作恶之意，还要修正有意作善之意，使其变成自然作善，这
样就达到了至善，所以他说："诚意之极，止至善而已矣。"这里的至善即我
们讲的第二种意义上的至善。很显然，这第二种意义上的至善是在去除私
欲后恢复第一种意义上的至善，所以王阳明这里说"正心，复其体也"，又
说"物格则知致意诚，而有以复其本体，是之谓止至善"。这说明这两种意
义上的至善的联系。人心本来是至善的，在人心受外物刺激而应物起念时，
产生了意，这种意不仅有善有恶，且其善也是有意作善。因此需要诚意，其
最终结果又是至善。但第二种意义上的至善并不是简单地回复到第一种意
义上的至善。第一种意义上的至善是静的至善（所以王阳明说"无善无恶
者理之静"），即在与外物没有交接时的至善，而第二种意义的至善则是动
的至善，即在与外物交接过程中的至善（所以他说"至其本体之知，而动无
不善"）。

　　正是在这种意义上，虽然王阳明和佛氏都强调无善无恶的至善，后者关
心的是静的、原初的至善，而前者关心的则是动的、修养出来的至善。静的
无善无恶的至善比较容易理解，关于动的无善无恶的至善还需要做些进一步
的说明。实现了第二种意义上的至善的是圣人（而本然的第一种意义上的至
善则在我们每一个人心中），如七十岁以后的孔子。孔子能够从心所欲，也
就是他不会有意地去好什么东西，也不会有意地去恶什么东西，所以王阳明
说："圣人无善无恶，只是无有作好，无有作恶，不动于气。"（29）但这并不
表示圣人就没有好恶，所以王阳明又说："不作好恶，非是全无好恶，却是无
知觉的人。谓之不作者，只是好恶一循于理，不去又着一分意思。如此，即
是不曾好恶一般。"（29）这里王阳明解释得相当清楚，圣人的无有作好，无

有作恶，不是说他们没好恶，不是说他们不会好善恶恶，而是说他们的好恶不是有意做出的，而是自然地去好恶，而且自然到这个程度，以致他们没有觉得在好（善）恶（恶），即"不曾好恶一般"。孔子说的"从心所欲不逾矩"中，从心所欲就表明他没有有意好善，也没有有意恶恶，但并不表明孔子没有好善恶恶，不然他就不会在从心所欲时"不逾矩"了。孔子的好善恶恶是"一循天理"即自然之理，没有任何做作。而这种没有做作的、一循天理的好恶的最好例子就是《大学》中所讲的好善如好好色，恶恶如恶恶臭。在我们看到漂亮的花时，我们会自然地喜欢他，不会有任何做作，不需要有意地去喜欢它；同样当我们闻到难闻的味道时，我们自然会不喜欢这种味道，也不会有任何做作，不需要有意地去恶它。所以当一个学生问，"'如好好色，如恶恶臭'，则如何？"时，王阳明便说："此正是一循于理；是天理合如此，本无私意作好作恶。"这个学生不解，"'如好好色，如恶恶臭'安得非意？"认为既然有好恶在，就一定有意在。对此，王阳明回答说，是有意在，但这"却是诚意，不是私意。诚意只是循天理。虽是循天理，亦着不得一分意，故有所忿愤好乐则不得其正，须是廓然大公，方是心之本体"（29）。

　　这里我们看到，王阳明所谓的有作好（即有意去好善、去做善事）和有作恶（即有意去恶恶、不去做恶事）的人实际上就是我们在上面所说的在良知被私欲遮蔽以后还知道孰善孰恶并通过意志的力量去行善避恶的人。他们当然跟那些良知同样被遮蔽以后作恶避善的人不一样。我们在上一节中说，在道德上，前一类人值得赞扬，而后一种人值得批评。但是较之王阳明在这里讨论的那些有好（善）恶（恶）而无有作善、无有作恶的圣人，这些需要有意作好、有意作恶的人还是道德上很不完满的人。他们之所以要借助意志的力量去好善、去恶恶，恰恰是因为他们没有好善恶恶的自然倾向和欲望，甚至有好恶、恶善的自然倾向和欲望。他们没有按照自己的不道德的自然倾向即私欲去行动，甚至通过压制自己的这种私欲去行动是对的，确实值得赞扬的，而就其还有私欲，还有好恶、恶善的自然倾向和欲望而言，则他们是有缺陷的。

　　这里我们可以回答本节一开始提到的在这一类人与良知没有被遮蔽或

者更确切地说将遮蔽其良知的私欲去除了的人之间的差别。虽然这两类人都会行善避恶，前一类人是在按照其心之知情意中的情或者欲望而行善避恶，而后一种人则根据其心之知情意中的意即意志行善避恶。我们看到，前一种道德行为是王阳明所推崇的行动，而后一种道德行为则为康德所推崇。那么到底哪一种行动更有价值呢？我们可以从行动本身、行动者和行动接受者这三个方面来考虑。

我们先考虑行动本身的价值。王阳明所推崇的这种德行与康德要反对的一种行动看上去很类似。康德说，有些人生来非常有同情心，没有任何虚荣和自私，他们乐于使其周边的人快乐，只要其行动能让他人得到满足就感到高兴（Kant 1997, 11）。这好像就是指王阳明哲学中那些良知没有被任何私欲遮蔽的人。但康德说，"这样的行动，不管它如何与道德义务一致，也不管它看起来多么可爱，没有任何真正的道德价值"（Kant 1997, 11）。为什么呢？在康德看来，恰恰是因为这样的行为产生于一个人的自然倾向。虽然康德自己没有用这个词，但康德的观点是，只是这些人的道德运气好，生来就有同情他人这种自然倾向，他们才做那些道德义务要求他们去做的一样的事情。与这些人不同，别的人可能运气不好，生来就有损人利己的自然倾向，因此不去做那些道德义务要求他们去做的事情，甚至去做道德义务不容许他们做的事情。但这些人也根据自己生来的自然倾向行事，在这一点上，他们与那些生来就有同情心的人根据其自然倾向去做道德义务要求他们去做的事没有什么差别。虽然他们的所作所为不同甚至相反，后者做的是与义务一致的事情，而前者做的则是违背义务的事情，但他们的所作所为在没有任何道德价值这一点上是一致的。康德反对这类行动的另一个理由是，纯然出于其生来的同情心行事的人，在自己遇到非常悲伤的事情时可能就失去了对他人命运的同情，从而不再有动力去帮助人。这就是说，出于天生的同情心的帮助行为不会持久。相反，康德认为，如果一个人的道德行为出于其善良意志，那么它之所以做这件事情是因为这件事情符合道德原则，即使他没有做这件事情的任何自然倾向，甚至具有很强烈的不做这件事或者做与此相反的事情的自然倾向。

对康德的这种批评，王阳明哲学可以有两个回应。一方面，如果那些能够好善恶恶的人之所以能够从心所欲完全是由于他们的运气好，那么王阳明可能会同意康德主义的批评，认为这样的行为没有什么道德价值，或者用王阳明自己的话说，这样的行为没有什么可贵之处。这与我们上面讨论的第一种意义上的至善概念相应。但我们上面看到，王阳明更重视的是第二种意义上的至善。与这种意义上的至善概念相应，确实一个人一旦到达了能够从心所欲地好善恶恶的境界，他们在行善避恶时就不需要做很大努力，但一个人之所以能够达到这个境界，正是因为他在此之前有坚强的意志不断克服自己的私欲。在这一点上，他们的为善避恶的行动就具有很高的道德价值。相对来说，康德所描述的那种要做很大努力与自己的自然倾向进行搏斗才能从事道德行为的人反而不那么值得赞扬，因为他们之所以在这个时候需要花这么大的力气，恰恰是因为他们在此之前没有花更大的力气克服自己的私欲并逐渐培养一种好善恶恶的自然倾向。另一方面，由于王阳明所强调的从心所欲地好善恶恶的自然倾向不是康德所想象的来自运气，而是经过意志的长期努力而培养起来的，康德所担心的那种道德行为的不稳定性就不会出现。事实上，与其他宋明儒一样，王阳明非常推崇所谓的孔颜之乐：即使是在最恶劣的情形下还能不改其乐和乐在其中地行善避恶。相对来说，在康德看来真正具有道德价值的道德行为是否具有稳定性倒是一个问题，因为他可能违背欧文·弗兰纳根（Owen Flanagan）所谓的最低限度的心理实在论。根据这种实在论，我们需要"确定，在构造一种道德理论或者提出一种道德理想时，我们所要求的品格、决定程序和行为对于像我们这样的存在物来说是可能的或者看上去是可能的"（Flanagan 1991, 34）。为了从事道德行为，我们偶尔被要求去克服我们身上与这种道德行为相反的自然倾向是可能的，但如果要求我们经常、长期地这样做，则可能不是大多数人所可能做到的。在这种情况下，王阳明的解决办法是，我们应该不断地、逐渐地克私欲，致良知，从而培养一种好善恶恶的自然倾向。这样，当我们去为善去恶时，我们就不需要与我们的自然倾向做搏斗，因为我们现在养成的自然倾向恰恰就是为善去恶的自然倾向。

我们现在再从行为者和行动接受者的角度来考虑这两种道德行动之间的差别。一方面，我们可以考察以这两种不同方式从事道德行为的人即行为者本身是否过一种好的生活。很明显的，由于王阳明的伦理学是一种美德伦理学，他们的道德行为是来自其自身的欲望，因而在从事这种道德行为时能够从心所欲。在这个意义上，他们的道德生活是一种好生活。同时作为他们道德行为的动机的欲望本身来自他们在克服了私欲以后的本心和本性，因而越是从事道德行为，他们的本心和本性也就得到越是完满的实现，他们也就成了更加本真的人。在这个意义上，他们的道德生活也是一种好生活。但康德强调的是道德行为，而不是行动者的好生活。事实上，如果一个人为了尽道德义务，经常要去做他没有欲望要做的事情，或者经常不能做其有强烈欲望要做的事情，我们很难能说这个人过着一种好生活。因此，迈克尔·斯道克（Michael Stocker）就针对康德主义者责问道："那些尽了其义务但从来没有或者很少想尽这样的义务的人过的是一种什么样的生活啊？"（Stocker 1997, 67）当然，康德主义也许对好生活有不同的理解：一个人的生活是否好不在于他自己在这种生活中是否得到满足和快乐，而在于这种生活是否会给他人带来满足和快乐，或至少使他人解除或减少痛苦。所以我们现在从行动接受者的角度来考虑。由于具有美德的人的行动也给他人带来满足和快乐，或至少也给他人解除或减少痛苦，所以在这一点上，它与康德主义所推崇的道德行为没有不同。但在另一点上，在这两者之间却有很大的差别。说明这个差别的最好方式就是再讲一遍斯道克假想的看望医院病人的故事：

> 假如你在医院里，正在从一个长期的疾病中康复。你感到很无聊，很焦躁，很无所事事。正在这个时候，史密斯又来看望你了。你现在比以往更确信，他是一个好人，一个好朋友，从大老远过来，花这么多时间让你振作起来，等等。你是这么高兴，不断地称赞他、感谢他，但他阻止了你，并说，他一直在做在他看来是其义务的事情，做在他看来是最好的事情。你开始以为他是以一种自我贬损的方式表示客气，使你

不要有任何道德负担。但你跟他谈论得越多，你越是清楚，他完全是在说实话：主要不是由于你、不是因为你们是朋友他才来看你。他来看你的根本理由是，他认为这是他也许作为一个基督徒或共产主义者或其他什么样的人的义务，或者就是因为他不知道还有其他人更需要他去振作精神或者更容易被他振作精神。（Stocker 1997, 74）

这个假想的故事再好不过地说明了，从心所欲地为善去恶比通过意志的力量为善去恶，即使是从行为接受者的角度看，也要优胜。

我们在本节开头提到，通过区分从心所欲地行善去恶和通过强烈意志而去行善去恶，我们的讨论还会有一个额外的红利。这就是王阳明在这个问题上的看法可以帮助我们更好地理解在当代西方道德哲学、道德心理学和行动哲学中休谟主义和反休谟主义的争论。休谟主义认为，一个人之所以行动，一方面是因为他有关于行动的某个特定的信念，另一方面是因为他有一个通过这个行动而能得到满足的欲望。例如，迈克尔·史密斯（Michael Smith）就说，行动"动机需要有一个有关的欲望及工具性的信念"（Smith 1994, 93）。而反休谟主义则认为，欲望并不是行动的必要动机，信念本身就有足够的动力使人行动。例如，托马斯·斯坎隆（Thomas Scanlon）就说："一个理性的人如果判定（judge）他有足够的理由做某件事，他通常会有做这件事的意图，而这种判定就是这种意图和实现这种意图的行动（因为行动是这种意图所涉及的部分内容）的充足理由。这里不需要再去寻求任何额外形式的动机。"（Scanlon 1998, 33-34）这里所谓的额外形式的动机，斯坎隆主要指的就是休谟主义强调的欲望。为表明欲望并非行动的必要动机，斯卡隆说，我们经常做我们没有欲望做的事情，而且不做我们有很强欲望要做的事情（Scanlon 1998, 39）。很显然，如果欲望是行动的唯一动机，这样的情形就很难解释。对此，有些休谟主义者就认为，斯坎隆之所以认为欲望并非行动的必要动机是因为他持一种非常狭义的欲望概念。如果我们持一种广义的欲望概念，只要行动如休谟主义和反休谟主义都共同认为的那样是自愿的和理性的，那么欲望确实是行动的必要动机（Arkonovich 2001）。例如为什么我们选择去做我们没有欲望去做的事情？那一定是因为我们有一个更强的、与之不能调和的欲望。但根据我们上面在欲望和意志之间的区分，我们可以看到，这样一种观点没有看到意志和欲望的区分，简单地把意志看作更强的欲望。而从我们上面讨论的王阳明的观点来看，休谟主义和反休谟主义实际上在讲的是两种不同的道德动机。假设两种动机都是道德的动机，休谟主义谈论的是作为欲望的动机，有这样的动机的人的良知没有被私欲遮蔽，或者更确切地说，遮蔽他们良知的私欲已经被去除，因此他们会自然地、轻松地、快乐地去行善去恶，而反休谟主义谈论的是作为意志的动机，有这样的动机的人的良知被私欲遮蔽了，他们需要一种强烈的意志去克服不道德的欲望，因此他们需要做很大的努力才能行善去恶。

六　结　论

在本章中，通过考察王阳明对恶的问题的儒家解决方案，我们分析了他在道德运气与道德责任问题上的看法。许多学者认为王阳明没有能够对恶的起源问题提供一种不是循环论证的、令人满意的、说得通的解释。与这种观点不同，我认为王阳明将恶的起源归于生来的气和生于其中的环境的努力基本上是成功的，它们与罗尔斯所说的自然的偶然因素和社会的偶然因素基本上是一致的。就其认为我们生有什么样的气和成长于什么样的习为我们无法掌握，而这两个我们无法掌握的方面又会极大地影响我们的道德面貌而言，在王阳明思想中确实有道德运气的概念。但同认为道德和运气合在一起一定会产生矛盾和悖论不一样，王阳明可以没有问题地接受道德运气的概念。这是因为在王阳明看来，虽然一个人的运气，无论是自然的还是社会的，确实会对这个人的道德品质产生重大影响，无论是从正面的意义上还是在负面的意义上，但他们并不决定一个人的道德面貌。这里真正关键的是意志。负面的习气和私欲之所以能使人不行善甚至作恶，是因为人没有确立加以抵制的意志，而一旦这样的意志确立以后，这个人就可以不再作恶甚至开始行善。但是，虽然王阳明强调意志的重要性，他也没有忽略习气对一个人的影响。因此作为被这样的习气影响的人，他们应该知道，他们需要做出人一己百、人十己千的功夫，而别人对这样的人之作恶则应该有充分的理解，不要过于指责，而要从自身找问题，看看作为这个人成长于其中的环境的一部分，他自己是否也应该为这个人之恶承担一定的责任。

参考文献

陈来：《有无之境：王阳明哲学的精神》，北京：人民出版社，1991 年。

陈立胜：《王阳明"万物一体"论——从"身-体"的立场看》，台北：台湾大学出版中心，2003 年。

陈立胜：《入圣之机：王阳明致良知功夫论研究》，北京：生活·读书·新知三联书店，2019 年。

劳思光：《中国哲学史》，台北：三民书局，1981 年。

李明辉：《朱子论恶之起源》，《国际朱子学会议文集》，台北："中央研究院"中国文哲研究所筹备处，1993 年。

王阳明：《王阳明全集》，上海：上海古籍出版社，1992 年。

Arkonovich, Steven. 2001. "Defending Desire: Scanlon's Anti-Humeanism." *Philosophy and Phenomenological Research* 63: 499–519.

Dimitrijevic, Nenad. 2010. "Moral Knowledge and Mass Crime: A Critical Reading of Moral Relativism." *Philosophy and Social Criticism* 36: 131–156.

Flanagan, Owem. 1991. *Varieties of Moral Personality: Ethics and Psychological Realism*. Cambridge, MA: Harvard University Press.

Frankfurt, Harry. 1998. "Freedom of the Will and the Concept of a Person." in his *The Importance of What We Care About: Philosophical Essays*. Cambridge: Cambridge University Press.

Huang, Yong. 2017. "Knowing-that, Knowing-how, or Knowing-to?: Wang Yangming's Conception of *Moral* Knowledge." *Journal of Philosophical Research* 42: 65–94.

Huang, Yong. 2008. "How Is Weakness of the Will Not Possible? Cheng Yi on Moral Knowledge," in Roger Ames, ed. *Educations and Their Purposes: A Philosophical Dialogue Among Cultures*. Honolulu: University of Hawaii Press.

Huang, Yong. 2013. "Virtue Ethics and Moral Responsibility: Confucian Conception of Moral Praise and Blame." *Journal of Chinese Philosophy* 40.3–4: 381–399.

Huang, Yong. 2014. "Why Besire Is Not Bizarre: Moral Knowledge in Confucianism and Hinduism." in Zhihua Yao and Ithamar Theodor, eds. *Brahman and Dao: Comparative Studies of Indian and Chinese Philosophy and Religion*. Lexington, Lexington Books.

Kant, Immanuel. 1997. *Groundwork of the Metaphsyics of Morals*. trans. by Mary Gregor. Cambridge: Cambridge University Press.

Keysers, Christian, Jon H. Kaas and Valeria Gazzola. 2010. "Somatosensation in Social Perception." *Neuroscience* 11: 417–428.

Moody-Adams, Michelle. 1994. "Culture, Responsibility, and Affected ignorance." *Ethics* 104: 131–156.

Nagel, Thomas. 1979. *Mortal Questions*. Cambridge: Cambridge University Press.

Rawls, John. 1999. *A Theory of Justice*. revised edition. Cambridge, MA: Harvard University Press.

Scanlon, Thomas. 1998. *What We Owe to Each Other*. Cambridge, MA: Harvard University Press.

Stocker, Michael. 1997. "The Schizophrenia of Modern Ethical Theories." in Roger Crisp and Michael Slote, eds. *Virtue Ethics*. Oxford: Oxford University Press.

Smith, Michael. 1994. *The Moral Problem*. Malden, MA and Oxford: Blackwell.

Williams, Bernard. 1983. *Moral Luck*. Cambridge: Cambridge University Press.

Williams, Bernard. 1993. "Postscript." in Daniel Statman, ed., *Moral Luck*. Albany, NY: SUNY Press.

后　记

　　本书的出版首先要感谢复旦老友吴震兄，虽然它本来不在我的计划中，因而具有一定的偶然性。好几年前，我答应吴震兄的邀请，将我原以英文出版的二程一书的中文版放入他主编的《复旦哲学·中国哲学丛书》中。但时间一长，忘记了自己的承诺，结果同意了让另一家出版社组织翻译出版该书。认识到自己的问题后，作为补偿，我答应给他另一部著作，这就是本书的渊源。

　　就所包含的内容和所使用的方法言，本书可以看作我去年由东方出版中心出版的《当代美德伦理：古代儒家的贡献》一书的姐妹篇，都试图说明儒家伦理学对于当代美德伦理学的贡献，虽然两书之间没有重复的章节，但有些相同的问题，两书从不同的角度，运用不同的材料加以阐发。另外，本书的内容跟前书一样，除了长篇导言为新撰外，均由已经出版的论文构成，而且这些论文发表的年代也大致重叠，基本上都是最近十年左右。所不同的是，本书的内容比较集中，全书围绕宋明儒，二程、朱熹和王阳明各三章，而且每一章一个主题，均与美德伦理学直接相关，而且各章之间也几乎没有重复，所以虽然不是一本系统的美德伦理学专著，更不是对宋明理学的系统研究，本书在较广的层面上涉及了宋明理学和美德伦理学的大量问题。另外在准备本书期间，正值我休学术假，又因"新冠肺炎"的疫情取消了原来计划的欧洲行，时间比较充裕。所以与前书基本以各篇论文原来出版的版本为准不同，收入本书的各章都做了大量的修改和扩充，除少数几章外，各章的篇幅都增加了一倍以上。

　　虽然经过这样的修改，收入本书的各章与其原来出版时的样子已经很不相同，有的已经面目全非，但我还是要感谢原来的出版物及其译者，特别是华东政法大学的崔雅琴老师，我的中文文章大多数由她翻译。第一章原来是为"Internet Encyclopedia of Philosophy"写的关于程颢的一个条目，相对较短，而且没有出版过中文版。这次我自己将其改、扩写为中文，篇幅差不多是原文的三倍。第二章原文为"Cheng Yi's Moral Philosophy"，收入 John Makeham 编的 *Dao Companion to Neo-Confucian Philosophy*（Springer, 2010），是我主编的英文丛书 *Dao Companions to Chinese Philosophy* 的第一卷。其中文版由南京师范大学的陶涛教授翻译，以"程颐道德哲学的当代意义"为题发表于《南京师大学报》2020 年第 1 期，在收入本书时做了一定程度的修稿和扩充。第三章原文为"The Cheng Brothers' Neo-Confucian Appropriate of the *Mencius*"，将收入由萧阳主编的上述 *Dao Companions to Chinese Philosophy* 丛书中的孟子卷。中文版由崔雅琴老师翻译，以"论二程如何化用《孟子》"为题发表于上海《社会科学》2019 年第 1 期。在收入本书时做了很大的扩充。第四章原文为"The Self-Centeredness Objection to Virtue Ethics: Zhu Xi's Neo-Confucian Response"，发表于 *American Catholic Philosophical Quarterly*, 84(4), 2010，删节的中文版以"关于美德伦理之自我中心的批评及朱熹的儒家回应"为题收于吴震主编之《宋代新儒学的精神世界：以朱子学为中心》（华东师范大学出版社，2009 年）。收入本书时，不仅补齐了原来没有翻译成中文的部分，而且又做了进一步的扩充。第五章原文为"Two Dilemmas of Virtue Ethics and How Zhu Xi's Neo-Confucianism Avoids Them"，发表于 *Journal of Philosophical Research*, 36, 2010。其大概思想曾以"当代西方美德伦理学的两个两难"为题以上下篇分两次分别发表于《中国社会科学报》2010 年 4 月 1 日和 6 日的第 13 版。完整的中文版由崔雅琴老师翻译，以"美德伦理的二重困境以及从朱熹新儒学而来的对策"为题发表于《文化与思想》第 11 辑（2012），在收入本书时又做了一定程度的修订和扩充。第六章原文为"Zhu Xi and the Fact/Value Debate: How To Derive Ought from Is"，收入由吴启超与我合编的 *Dao Companion to Zhu Xi's Philosophy*（Springer 2020），是上述丛书的第 13 卷。中文由天津社会科学院的段素革老师翻译，以"如何从实然推出应然：朱熹的儒家解决方案"

为题发表于《道德与文明》2018 年第 1 期。收入本书时做了非常大幅度的修改、重构和扩充，篇幅超过原来的一倍多。第七章原文为 "Empathy with 'Devils': Wang Yangming's Contribution to Contemporary Moral Philosophy"，收入 *Moral and Intellectual Virtues in Western and Chinese Philosophy*, edited by Michael Mi, Michael Slote, and Ernest Sosa（Routledge, 2015）。中文版由崔雅琴老师翻译，以 "对恶人的同感：我们能从王阳明那里学到什么？" 为题发表于由杜维明和张广智主编的《天人合一与文明多样性》（光明日报出版社，2015 年）。收入本书时有大量扩充，篇幅也差不多是原文的一倍。第八章原文为 "Confucian Virtue Environmental Ethics"，收入 *Routledge Handbook of Religion and Ecology*, edited by Mary Evelyn Tucker, John Grim, and Willis Jenkins（Routledge, 2016）。中文由崔雅琴老师翻译，以 "儒家环境美德伦理" 为题发表于《华东师范大学学报》2016 年第 3 期。在收入本书时，有大幅度的扩充，是原文的两倍多。最后第九章原文为 "Moral Luck and Moral Responsibility: Wang Yangming on the Confucian Problem of Evil"，收入 Ming-dong Gu, ed. *Why Traditional Chinese Philosophy Still Matters*（Routledge, 2018）。本文先前没有出版过中文版，收入本书时经过大幅扩充，篇幅也增加了至少一倍。

由于做了不在原计划中的大量修改，本书的交稿日期也比原计划的晚了差不多三个月。在这里我要感谢商务印书馆上海分馆的万骏先生，一方面他非常耐心地等待，另一方面又不忘微微的提醒。今天终于完稿，如释重负。

黄　勇

二〇二〇年六月十六日于香港中文大学寓所

补　记

　　由于出版社编辑的人事变动，本书的出版有所延搁，今年初经鲍静静主编重新安排，由李彦岑负责并由张鹏具体编辑，本书的出版走上正轨，在此致谢！特别是张鹏先生非常认真、负责、仔细的编辑使本书避免了不少错漏，尤为感激。

　　本书属国家社会科学基金重大项目"伦理学知识体系的当代中国重建"（19ZDA033）。

黄　勇

二〇二一年十月十二日于香港中文大学寓所